内蒙古歷代方志集成

第一輯 ④

綏遠志

綏遠志略

內蒙古自治區人民政府地方志研究室 編

山西出版傳媒集團 三晋出版社

圖書在版編目（CIP）數據

綏遠志；綏遠志略 / 内蒙古自治區人民政府地方志研究室編. — 太原：三晋出版社，2022.10
（内蒙古歷代方志集成）
ISBN 978-7-5457-2625-1

Ⅰ.①綏… Ⅱ.①内… Ⅲ.①綏遠—地方志 Ⅳ.①K928.6

中國國家版本館CIP數據核字（2023）第159102號

綏遠志 綏遠志略

編　　者：内蒙古自治區人民政府地方志研究室
責任編輯：王　甜
特約編輯：張仲偉
責任印製：李佳音
裝幀設計：劉　磊

出 版 者：山西出版傳媒集團·三晋出版社
地　　址：太原市建設南路21號
電　　話：0351-4956036（總編室）
　　　　　0351-4922203（印製部）
網　　址：http://www.sjcbs.cn

經 銷 者：新華書店
承 印 者：山西基因包裝印刷科技股份有限公司

開　　本：787mm × 1092mm　1/16
印　　張：51.25　插頁：6
字　　數：450千字
版　　次：2022年10月 第1版
印　　次：2023年8月 第1次印刷
書　　號：ISBN 978-7-5457-2625-1
定　　價：450.00圓

ISBN 978-7-5457-2625-1
9 787545 726251

如有印裝質量問題，請與本社發行部聯繫　電話：0351-4922268

〔清〕貽穀 修 〔清〕高賡恩 纂

綏遠志

十卷

清光緒刻本

綏遠志

序

今天下各省以至府廳州縣凡其疆域山川與夫風土人物之類莫不各有方志以備載之所以存故實資考證也轂自壬寅歲督璽來邊癸卯復奉

命留守綏遠公餘之暇取署中舊藏書籍均爲瀏覽而此邦志乘竟致闕如不勝悵歎溯自漢唐以迄有明蒙部之爲邊患幾如榻側卧虎防不勝防我

列祖

列宗智周慮遠不憚親履邊庭張皇六師用使倔强負固之雄咸歸稽首稱臣之列我

國家二百餘年來晏然無西顧之憂何其盛也今世變極矣而談時務者競言江海修鄰好者馳逐亞歐獨此西北一隅曩恃爲藩籬之固者今竟域外置之夫亦豈可慨已轂自承乏以來遠鑑

列聖之所經營近念中原之多故爰擬創修綏志俾此邦文獻不致湮沒無徵乃於丁未仲春延致甯河高谿亭先生總司纂輯適歸化文副都護潤齋歸綏胡觀察公度均欲爲所屬作志而介轂爲之請先生咸允之凡七閱月而書成計綏遠志十卷土默特志十卷業經先後刊竣歸綏道志四十卷尚未付梓復於各志外爲編墾政記甫經著筆以時

將入冬邊地甚寒恐非高年所宜送之歸里俟纂訂成書
再付手民是役也葢自數年來即有志焉而未逮者也今
乃得償所願何幸如之惟事屬草創疏漏良多擇精語詳
俟之來者因綴其原起以弁簡端云爾
光緒三十四年歲在戊申正月吉林貽穀

總裁
欽命督辦蒙旗墾務大臣理藩部尚書銜綏遠城將軍貽　穀

提調
分巡歸綏兵備道總理旗民蒙古事務胡孚宸

總纂
予假太常寺少卿高賡恩

參閱
鎮守歸化城等處地方副都統文哲琿
軍機處存記花翎奉天候補道張光鼐
花翎二品銜江西候補道李雲慶

花翎山東候補道斌儀

分修

分省試用知縣李鴻槵

分省試用府經歷田智楷

花翎道銜分省試用同知姜言修

贊訂

花翎分省候補知府陳光遠

花翎分省候補知府馮汝玠

花翎雲南候補知州景禔

採輯

花翎副都統銜綏遠城協領景秀
花翎綏遠城協領阿克敦
花翎知府銜山西即補直隸州知州綏遠城駐防穆騰武
藍翎揀選知縣綏遠城驍騎校音德納
綏遠城驍騎校合色貢
前署歸化廳同知代州直隸州知州劉鴻逵
署歸化廳同知武鄉縣知縣張嘉楨
署歸化廳同知花翎候補直隸州知州林毓杜
署武川廳同知魏銓
署薩拉齊廳同知屠義矩

署五原廳同知花翎候補知府姚學鏡
署豐鎮廳同知李保邦
署興和廳同知花翎候補知府陳時雋
署甯遠廳同知花翎候補直隸州知州甯存棪
署陶林廳通判賈栩
署清河廳通判吳福麟
署托克托廳通判任秉銓
署和林格爾廳通判余寶滋
署歸綏七學教諭常毓珍
土默特參領都克爾扎布

採訪

歸化關總辦花翎山西候補知府豫　臨

花翎山西候補直隸州知　州呂繼純

署和林格爾廳通判同知銜候補知縣喬樾蔭

藍翎同知銜直隸州用山西補用知縣焦連城

五品銜代理托克托廳通判大挑知縣曾茂林

總校兼分纂

分省候補直隸州知　州黃桂棻

分　省　試　用　府　經　歷田智楷

校正

花翎分省候補知府王德榮

分省候補直隸州知州宋乃楫

花翎同知銜山西候補知縣張光翊

大挑舉人候選教諭胡孚巽

同知銜分省候補知縣劉懷岳

分省候補知縣白垚

分省候補知縣喬桐蔭

直隸試用知縣閻毓善

五品頂戴江蘇試用道庫大使董其濬

五品頂戴國子監典簿高塾

直隸試用縣丞楊芳

候選府經歷武盡會

藍翎四品銜綏遠城防禦吉蘭

譯文

士默特參領都克爾札布

五品頂戴察哈爾正紅旗八色普徵額

星算

分省候補直隸州知州黃桂蓀

繕文

藍領五品頂戴綏遠城駐防榮年

七品頂戴綏遠城駐防全貴
七品頂戴綏遠城駐防桂森
七品頂戴綏遠城駐防存秀
七品頂戴綏遠城駐防海瑞
五品頂戴綏遠城駐防那音泰
八品頂戴綏遠城駐防廉普
八品頂戴綏遠城駐防恩年
藍翎五品頂戴綏遠城駐防永秀
七品頂戴綏遠城駐防瑞華
藍翎五品頂戴土默特驍騎校富林

五品頂戴府經歷銜綏遠城駐防鐵麟

測繪

花翎游擊銜管帶陸軍候補都司胡恩光

藍翎五品頂戴綏遠城駐防經武

藍翎五品頂戴協軍校綏遠城駐防麟祥

藍翎五品頂戴協軍校綏遠城駐防連貴

藍翎七品頂戴協軍校縣丞職銜綏遠城駐防國麟

藍翎七品頂戴協軍校綏遠城駐防恩綿

藍翎七品頂戴協軍校綏遠城駐防崇山

藍翎六品頂戴協軍校綏遠城駐防英隆

藍翎六品頂戴綏遠城駐防錫秀

藍翎七品頂戴綏遠城駐防松壽

監刊

五品頂戴候選府經歷李登瀛

綏遠志目錄

綏遠旗志卷首

帝制紀一 外見歸綏全道志

詔諭

雍正三年三月十七日

上諭治道莫尚於風化而節行實風化之首故旌揚盛典歷代崇之凡以闡幽光而彰至教也朕卽位以來拳拳以敦教化勵風俗爲務恩詔中勅令旌表節義使寒苦守節之家均沾恩澤嗣又頒發諭旨至再至三誠欲地方有司加意採訪俾深山窮谷之中側微幽隱無一不大顯於斯世也但每見直省舉節俱係民間婦女而營伍中絕少夫海

內營伍中其矢志勵操艱苦備嘗以完節行者斷不乏人而向來罕聞舉報豈以旌典例由生員具呈教官具結而教官生員與兵丁聲氣渺不相通無由真知灼見故舉報寥寥耶朕於兵丁一視同仁而兵之與民其秉彝好德之心濯磨激勸之道又未嘗有二營伍中節烈或竟湮沒不彰朕甚憫焉夫生儒與戎伍既恐聲氣不接而風化之原要未有不起於學校者必如何而使兵民一體凡營伍中節行貞烈之婦女盡得舉報不致冒濫亦不致隱漏舉向來湮鬱未著之幽芳並邀國家旌揚之盛典著九卿等詳議具奏以副朕廣勵風節至意特諭欽此

乾隆二年綏遠城將軍遵奉
勅書兼管右衛官兵歸化城土默特官兵如有需用綠旗官兵之處於大同宣化二鎮綠旗官兵內聽其酌量調遣
乾隆五年副都統汪渣爾　奏奉
諭旨將殺虎口驛站事務交綏遠城建威將軍兼管稽查
乾隆八年四月准兵部咨本部議　奏奉
諭旨嗣後駐防協領于到任之日起扣滿三年送部引
見
乾隆九年經巡查歸綏太僕寺員外郎保全　奏奉
諭旨歸化城土默特地方安設卡倫之處著令建威將軍派

委官員兵丁不時前往巡查
乾隆十一年奉
旨有副都統二員並將軍三員處所三年內著每年一員引
見
乾隆十七年五月准兵部咨大學士傅　等具　奏奉
旨
盛京西安江甯京口綏遠城將軍並天津都統熱河副
都統俱用廂黃旗色船廠甯夏青州將軍並山海關副都
統俱用正黃旗色黑龍江涼州將軍並成都副都統俱用
正白旗色
乾隆二十二年五月內奉

上諭將軍轎夫裁革應裁汰八名僅設執事人役四十八名
每月應領人役工食銀二十四兩
乾隆二十六年奉
上諭烏里雅蘇台住存綏遠城右衛兵一百名自二十一年
起已經存住五年理應更換就近由綏遠城挑選佐領一
員驍騎校一員帶領兵五十名作爲三年更換一次
乾隆二十七年奉
旨各省協領三年俸滿引
見後再過六年分别該協領或陞副都統或陞城守尉著該
將軍出具考語送部引

見
乾隆三十年奉
旨協領年滿引
見該將軍等不必分別堪陞何任仍照舊給咨引
見欽此現係遵照四十四年頒到八旗則例仍係六年分滿
送部引
見
乾隆五十年十二月奉
旨嗣後將軍一員副都統二員省分仍照舊每年一員輪班
進京外其副都統一員處所亦照定例三年一次來京將

軍一員副都統一員處所將軍進京後間一年再著副都
統來京副都統來京後將軍亦著間一年進京
乾隆五十八年准兵部咨奉
上諭嗣後各省駐防軍政卓異官員只將協領保送其佐領
等官俱不卓異保送以節糜費
乾隆五十八年十二月奉
旨嗣後外任將軍副都統年班進京務于封印前後到京不
必早來
乾隆五十九年奉
上諭嗣後各省將軍副都統如遇年班卽照例前來不必預

先專摺具奏俟將印信交與某人署理之處令其報部以
備察核
乾隆六十年十二月准兵部咨各省將軍副都統
陛見將起程日期報部到京之日亦即報部
嘉慶四年准兵部咨軍機大臣議　奏各省駐防驍騎校
防禦佐領協領等並無陞遷別路此內不乏可用之材如
有實在出色人員准令該將軍等保送兵部帶領引
見倘有記名人員遇有綠營缺出與在京八旗人員一體錄
用等因一摺奉
旨依議

嘉慶五年正月准兵部咨奉

上諭嗣後督撫提鎮藩臬除奉特旨諭令其來京外其曾經見朕者總俟三年後再行奏請入覲即有陞調亦不必陳請陛見各省將軍除年例輪班來京外其有陞調他省者均一體遵行

嘉慶五年奉

上諭外省將軍副都統跟隨人等並無數目嗣後外省將軍只准挑領催二名甲兵十名充當戈什哈跟隨副都統只准挑領催一名甲兵六名充戈什哈跟隨不得任意挑取官員跟隨此次訓諭之後將軍副都統倘敢多挑戈什哈

或挑官員跟隨者一經查出務必從重治罪決不寛貸也

欽此

嘉慶五年九月二十六日准兵部咨本部具　奏酌請嗣後軍政之期所有駐防世職驍騎校仍停止薦舉外其佐領防禦仍照舊例入於軍政考驗如有賢能出色之員准其一體薦舉以昭甄敘等因一摺奉

旨知道了　本處每遇軍政卓異官員定例止准保薦二員

嘉慶十年奉

上諭嗣後挑選協領佐領等缺擬正擬陪務須斟定著有勞績熟字意通曉滿蒙話語騎射兼優辦事能幹者准其送

京入覲倘有送京人等內才學不佳不能辦事或將曾經出征勞績優長人員擬陪等弊該副都統等務須更正聲明參奏

嘉慶十一年五月內奉

上諭據河南河北鎮總兵蔡弼奏所屬弓馬守兵丁內挑選年力精壯者兼習長矛以備臨陣之用等語今既陳奏及此事屬可行著交各省將軍督撫如何酌定額兵演習之處妥議具奏欽此前任將軍春　議以本城精壯前鋒二百名兼習長矛之處具　奏

咸豐九年十月奉

上諭前據綏遠城將軍成凱奏請酌減大青山後牧地租銀當交戶部議奏茲據奏稱大青山後沙拉穆楞等處地畝磽薄原定租額過重以致地戶逃棄租銀拖欠請照該將軍等所議將租額酌減等語所有大青山後牧廠租銀著照議減爲每畝徵銀二分一釐五毫以紓民力經此次議減之後務須年清年款其舊欠租銀應如何分年帶徵之處著該將軍等體察情形報部核辦從前經徵官員雖有侵挪情弊究屬催徵不力著查取職名交部議處此後經徵各員儻敢仍前玩泄卽著照大同朔平二府徵收糧石例議處餘依議

綏遠志卷首

帝制紀二

宸翰

康熙　年

聖祖仁皇帝御製彙宗寺諭各盟蒙古碑文

我國家承天順人統一寰宇薄海內外悉賓悉臣自

太祖

太宗握樞秉軸駕馭風雲蒙古諸部相繼效順曁於朕躬克

受厥成前所未格罔不思服惟喀爾喀分部最多而又强

盛朕綏德輯威薰陶漸革二十餘載七家之衆既震且豫

咸來受吏乃除其頑梗扶其良弱錫之封爵畀以土疆朕親北巡以鎮撫之於康熙庚午之秋大宴賚於多倫諾羅四十八家名王君長世官貴族靡不畢集拜觴起舞稽首踴躍蓋至是而要荒混同中外一家矣酺賜既畢合辭請曰斯地川源平衍水泉清溢去天閑芻牧之場甚近而諸部在瀚海龍堆之東西北者道里至此亦適相中而今日之宴賞敷錫合萬國以事一人又從古所無也願建寺以彰盛典朕爲之立廟一區令各部落居一僧以住持朕或間歲一巡諸部長於此會同述職焉至於今又二十餘年矣殿宇廊廡鐘臺鼓閣日就新整而居民鱗比屋廬望接

儼然一大都會也先是寺未有額茲特允寺僧之請賜名曰彙宗蓋四十八家家各一僧佛法無二統之一宗而會其有極歸其有極諸蒙古恪守侯度奔走來同猶江漢朝宗於海其亦有宗之義也夫是爲之記以垂永久云

康熙三十九年

聖祖仁皇帝御製平定青海詔

朕君臨天下早夜孳孳勤求治理惟恐一夫不獲其所初未嘗有歧視中外輕事兵戎遠伐異域之事厄魯特噶爾丹向與七旗喀爾喀同奉職貢嗣因兩國交郄搆兵喀爾喀汗等爲所敗匍匐叩關內附噶爾丹乃借辭追擊闌入我

邊境恣行狂逞朕屢頒勅諭令其悔罪自新而狡寇不知省悟益肆鴟張其逆謀叵測實有偪處近塞窺伺中原之漸朕思此寇包藏禍心倘不卽行撲滅則異日必緣邊設防重滋民困何如及時聲討立靖根株於是昭告
天地
宗社躬統禁旅不憚勤勞三出塞外去年夏賊踞克魯倫河自度力不能抗倉皇宵遁朕親追至土喇河適西路大兵遮截其後擊敗之於昭木多賊勢大挫冬月復駐蹕鄂爾多斯收撫其降眾遏絕其外援而賊益困蹙機會所在刻不可失遂以今年春西巡邊境從甯夏出塞遣發大兵兩

路進剿而西海烏思藏人等皆先後輸忱自效哈密國人
又俘獻噶爾丹之子於行在噶爾丹窮迫已極一聞大軍
壓境計無復之於阿爾阿穆塔台地方飮藥自盡揆諸料
敵成謀適相符合自此寇氛盡滌邊圉永安而朕爲民除
害不得已而用兵之意亦可曉然共喻於天下臣民矣武
功告成之會正太和殿鼎建工竣巍煥方新臨御伊始協
氣集於九重觀瞻肅於萬國是用覃敷慶澤以上答
郊廟社稷之靈下慰中外人心之望所有事宜開列於後於
戲懋武功而敷文德聿臻熙皞之風建宸極而鞏皇圖永
慶平成之治誕告中外咸使聞知

雍正三年五月

世宗憲皇帝御製平定青海告成太學碑

我國家受

天眷命撫臨八極日月所照罔不臣順遐邇乂安兆人蒙福

乃有羅卜藏丹津者其先世固始汗自國初稽首歸命當

時廷臣建議畀以駐牧之地其居雜番羌密近甘涼我

皇考聖祖仁皇帝睿慮深遠每廑於懷既

親御六師平定朔漠威靈所加青海部落札什巴圖兒等震

讋承命

聖祖仁皇帝因沛殊恩封爲親王兄弟八人咸錫爵祿羈縻

包容示以寬大而狼心梟性不可以德義化三十年來包藏異志朕紹登寶位優之錫賚榮其封號尚冀革心輯甯部眾而羅卜藏丹津昏謬狂悖同黨吹拉克諾木齊阿爾布坦温布藏巴札布等寔爲元惡謂國家方弘浩蕩之恩不設嚴密之備誕敢首造逆謀迫脅番羌侵犯邊城反狀彰露用不可釋於天誅遂命川陜總督太保公年羹堯爲撫遠大將軍聲罪致討以雍正元年十月師始出塞自冬涉春屢破其眾凡同叛之部落戈鋋所指應時摧敗招降數十萬眾又降其貝勒貝子公台吉等二十餘人朕猶憫其蠢愚若悔禍思愆束手來歸尚可全宥而怙惡不悛負

險抗違乃決剪滅之計以方略密付大將軍羹堯調度軍謀簡稽將士用四川提督岳鍾琪爲奮威將軍於仲春初旬禡牙徂征分道深入搗其窟穴電掃風驅搜剔巖阻賊徒蒼黃靡潰窮蹙失據羅卜藏丹津之母及逆謀渠魁悉就俘執擒獲賊眾累萬牲畜軍械不可數計賊首逃遁我師逾險窮追獲其輜重人口殆盡羅卜藏丹津孑身易服竄匿荒山殘喘待斃自二月八日至二十有二日僅旬有五日軍士無久役之勞內地無轉輸之費克奏膚功永清西徼三月之朔奏凱旋旅鐃鼓喧轟士眾訢喜四月十有二日以得逆之吹拉克諾木齊等三人獻俘

廟
社受俘之日臣民稱慶伏念
聖祖仁皇帝威靈震於遐方福慶流於奕葉用克張皇六師
殄滅狂賊行間將士亦由感激
湛恩厚澤爲朕踴躍用命斯役也芟夷凶悖綏靖番羌俾烽
燧永息中外人民胥享安阜實成
先志以懋有丕績廷臣上言稽古典禮出征而受成於學所
以定兵謀也獻馘而釋奠於學所以告凱捷也宜刊諸珉
石揭於太學用昭示於無極遂爲之銘曰天有雷霆聖作
弧矢輔仁而行威遠甯邇維此青海種類實繁錫之茅土

列在藩垣被我寵光位崇祿富負其阻遐禍心潛構恭惟
聖祖慮遠智周瞻念荒服綏撫懷柔朔野既清西陲攸震爵
號洊加示之恩信如何兇狡造謀逆天鼓動昏憨寇侵於
邊惟彼有罪自干天罰桓桓虎貔爰張九伐王師即路冬
雪初零日耀組練雷響鼙鉦蠢茲不順敢逆戎旅奮張螳
臂以當齊斧正如山嶽疾如雨風我戰則克賊壘其空彼
昏終迷曾不悔戾當剪而滅斯焉決計厲兵簡將往擣其
巢踰歷嶔嶇垣若坰郊賊棄其家我縶而獲牛馬谷量器
仗山積蹇兎失窟何所逋逃枯魚遊釜假息煎熬師以順
動神明所福旬日凱歸不疾而速殪彼逆謀懸首藁街獻

俘成禮金鼓調諧西域所瞻此惟雄特天討既申聳畣惕
息櫜戈偃革告成辟雍聲教遐暨萬國來同惟我
聖祖親平大漠巍功煥文邁桓軼酌流光悠久覩此銘辭繼
志述事念茲在茲
臣謹案
十朝聖訓與
列聖宸翰之垂及
欽定經史各編瑤函錦贉金薤琳琅充滿宇宙固史志之所
不能詳矣惟是
六飛載降特沛綸音暨平勒銘燕然紀功瀚海

鑾輿憑眺輒灑丹毫其繫乎此邦之治理垂金石而被絃歌
者所當綈袠藏之球圖奉之蓋日星與之爭耀山嶽
與之並峙焉於是敬繕以弁篇首在
詔諭之次亦 畿輔志例也其緣綏軍政而發與頒書新城
者專入旗乘其爲塞上所共如
御製青海之作亦並錄歸志中示臣下以無忘
武功也臣謹識

綏遠志卷首

帝制紀三

宸翰

將軍署所尊藏

太祖高皇帝聖訓清十六冊漢十六冊

太宗文皇帝聖訓六冊

世祖章皇帝聖訓六冊

聖祖仁皇帝聖訓共一百八十二冊又六函

世宗憲皇帝聖訓清漢三十六冊

世宗憲皇帝聖訓清漢共一百四十四冊

上諭共四十五冊又清漢各一函

欽定八旗則例清漢各三冊

上諭清文共七十冊

廷寄二道

萬壽聖典四函

御製木蘭記一卷

御製八旗箴一卷

御製八旗簡明語一卷

御書墨刻四言韻文一卷

綏遠志書籍考

將軍署所收藏

雍正旗務議覆五十九冊又三十七冊又八冊

中樞政考漢二函清二函各十冊又清漢各一函各七冊

大清會典漢十四函二百五十冊又十四函共二百三十九冊

清字大清例二函四十七冊又二冊

漢字大清例二函四十七冊又二冊

大清律集解附例二十冊又十九冊

清通誌十六函共一百五十冊又一百三十四冊又一百

三十四冊

清字續纂大清例二函五冊又二冊

漢例訓九冊

漢氏族通譜二函四十九冊又二十六冊又一函又二冊

又一函又二冊

清氏族通譜三函四十六冊又二十六冊

豫工直賑捐例一冊

清字行軍例二函六冊又續纂二函五冊

欽定八旗則例清漢各三冊

蒙古例四冊

漢八旗通誌二十函五百冊
兵部條例八冊
清例訓一百二十七冊又五十一冊又四十冊
漢兵部則例二函八冊
行軍則例二冊
洗冤錄一函四冊
督捕則例四冊
續纂條例二冊
詩經樂譜二十一冊
清八旗則例一函四冊

處分則例一冊
漢處分例二函二十四冊
旗務奏議五十三冊
右出左司舊稿乃當年
頒發原額後經戊戌秋霖書庫滲漏損溼舊帙已過半矣
丙午八月清查立案

綏遠志卷首 凡例

序例

一綏遠歸化向無志乘山西通志作於康熙二十一年其時尚無歸綏各屬惟右衛官兵略一及之雍正十一年朔平志出乃載右衛與歸化城事乾隆中續統志始有歸綏一境新通志成於光緒十七年乃著綏遠旗事而並及一道七廳然第述大端鮮列條目今綏遠將軍轄境愈廣歸屬又增新五廳乃議剏修綏遠暨道廳並土默特各志惟文獻無徵聖賢猶難簡略之譏其不免哉

一引用舊編求其有關於茲土者蓋不多得自續統志續通志朔平志外以張小圃識略爲要此外綏城及諸廳採訪各錄詳略不同然摭拾零星悉資腋集

一
興朝謨烈累簡難詳惟
親征之舉屬之歸境者錄焉
詔書
御製作於斯頒於斯或屬全道或藏軍府非他郡所有者敬誌篇首不敢雜入分門中尊曰
帝制畿輔志之例也

一將軍以下分官六十餘屬蔚爲重鎭與地方有司分旆而馳自右衛徙綏以來旗務綦繁材行競曜故自成一編其職官以土默特副都統右衛城守尉附將軍之次糧餉分府盈甯庫大使雖兼道事實隸綏城皆附焉至旗員並世職員名累萬無籍可詳只紀今名以著其槪其土默各官更倍於綏亦用茲例

一綏軍各政代有可採而近日時務較煩軍府經畫尤詳故於籌綏與蒙輯爲二卷殿綏志之後以省鉛槧

一綏遠五協領各署一司旗志事體不似郡邑之繁因各以其司繫之不轄於司者如疆域官制山水城池

之類選舉宦績人物之屬皆另爲編土默特有戶司兵司亦準此類

一近年新法代興學堂巡警陸軍之類經費浩繁大紓籌策綏遠軍府於此既竭其忠而仍於所部兵民力拯其疲敝之舊是以百務具舉悉數難終茲於其故有者用案語附各條之末其未有者乃起其例爲觀新政者樹之幟焉

一綏志略以封廕附選舉之後脗合畿輔等志例不錄貢生亦不及廩增附於選舉錄一並仍之若歸志獨詳焉者建學已晚以罕而珍故不同也

一宦績人物存者不錄公例也按綏志略紀軍府政績附以欽使只寥寥數公本乏阿好溢美之虞至糧儲司馬二百年來祇存其一而如文清勤直尤彪炳人寰不可湮沒者　見在諸公不合著錄之例祇可俟諸後之君子惟其人既隱或官已罷其有實政可紀仍得附誌以存公評

一費大將軍烜赫史冊塞上父老能言之而訛傳之事頗似年將軍又冊有一費一伯費故并存諸說以張其本俟夫後之知言論世者

一廉俸薪餉列表附官職之後其武職已汰者略焉今

日陸軍巡警皆所以易兵政之舊因並籍其薪餉以著成規

一綏之駐防將弁移自 京師首善之區文學而外節烈尤著故分年以隆其綽楔分族以表其閥閱爲歸化諸廳風

一自二十八年今將軍貽公以少司馬奉
命督辦蒙旗墾政於今六年放地千餘里縱横十萬頃之外決渠枝幹數百邊屯大啟農氓蟻集增租賦以鉅萬計曠代所希不可不記於是徵墾制攷局章圖經界志河渠根諸奏牘掇諸文告爲記四卷以當嚆矢

之先聲

一內蒙旗四十九外蒙旗八十六及青海諸旗皆我

朝藩封也疆臣實司之況土默一部及伊烏兩盟本爲綏軍府暨都護所統轄口外諸廳實治其人民璽政大

臣奉

命實邊闢茲土地治茲田野又烏可視爲化外故先爲土默特一志又列藩部疆域藩部世系各一冊分遣使馳驛蒙疆稽諸曩冊羅厥新聞遵一統志增新疆藩部之例以揚

聖化而拓鴻基

一故城廢縣之多與夫舊郡縣若軍若鎮若州若衛之盛推歸綏爲最而牧廠察哈爾之境及伊烏兩盟之旗亦間有所聞雖不能深攷其基址詳辨其主名顧遣編具在成數可稽綜爲一篇以著興替平陂之跡俾後之增新邑復舊規者有所考焉

一軍府所司既多蒙地茲編所裒更得數冊及於諸藩其中山川名邨鎮名之類大抵佶屈聱牙不譯則是編如峋嶁宛委不可讀矣因輯爲方言一書至人名官名雖三史國語不獲本義第證其傳聞之誤無多訓故其各本字形之差但以字同爲斷不復剖其眞

賸至零星引用語隨筆搭記又考之土人爲雜誌一卷綴焉

一史家傳志等序必有一種正大議論藉以起例發凡筆之簡端且將垂訓萬世抑或有傳中所不能徧及而餘人餘事餘論又有不可泯然者則簡焉非略繁焉非冗蓋不例之例然也後代作志乘於一門一體必爲之弁文往往浮辭漲墨如棘闈作策冒焉者又或衍爲駢文選體至末語必爲點逗曰志某某甚無謂也茲編既不敢拘其例而如綏之旗志蒙志事簡而類繁更不俟篇梳而節櫛故爲述其大旨如此

綏遠志卷一

疆界公所圖

綏一城也而疆界最遠綏官一屬也而公署最多何者一城之外至於十二廳十三旗之地東暨於察哈爾西迄於阿拉善之界皆將軍所轄即墾務所屆蓋延袤至數千里之遥已將軍而下協領五佐領二十防禦驍騎校各二十員員各有署署各有方與夫廟院營防之屬多莫多於此矣綜之不能徧析之不能分則圖爲尤要故錄而誌焉

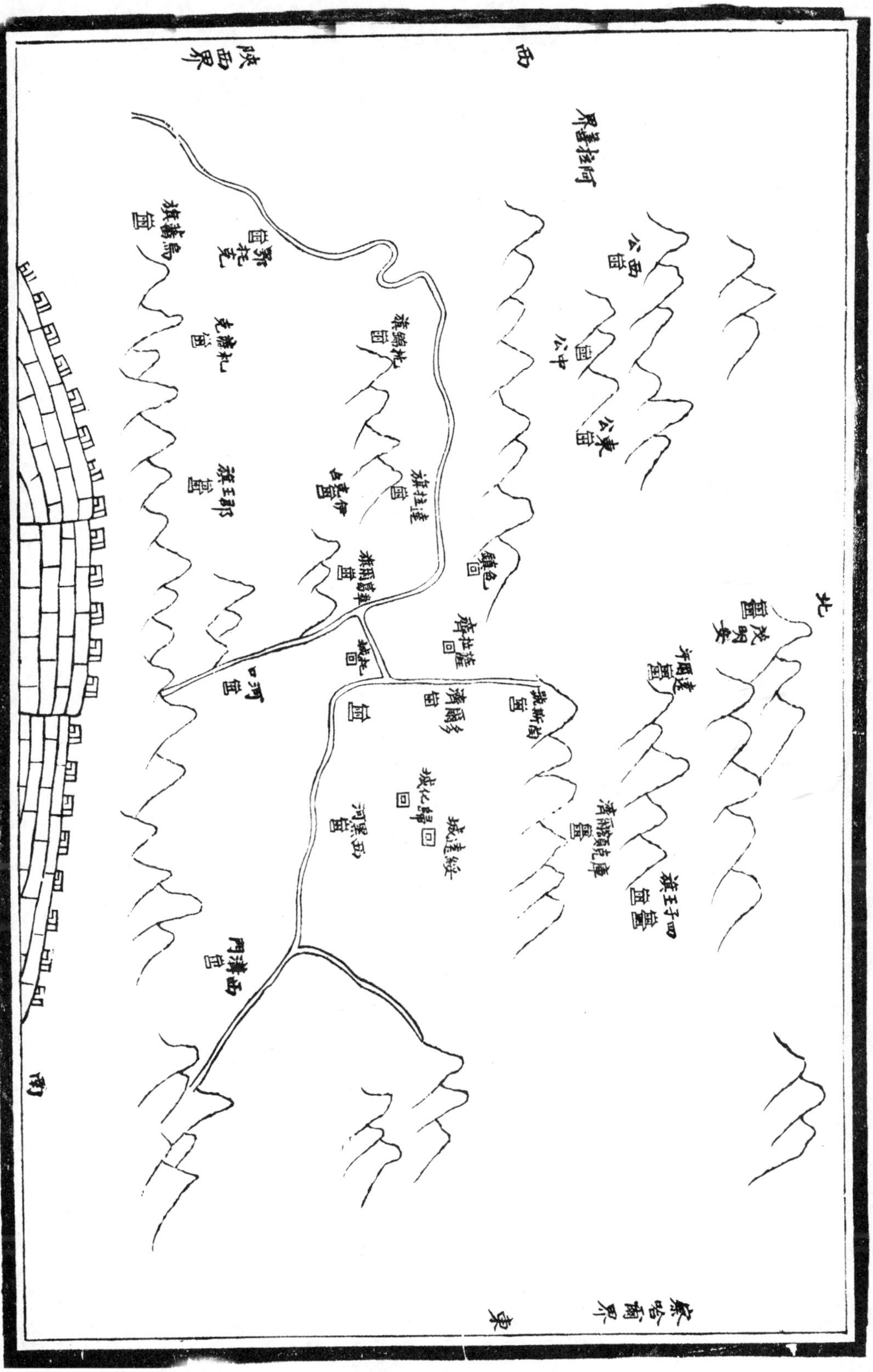
北
西
東
南
陝西界
察哈爾界
阿拉善界
西公
中公
東公
茂明安
四子王旗
綏遠城
歸化城
西黑河
西溝門
河口
郡王旗
烏審旗
鄂托克
扎薩克
達拉旗
杭錦旗

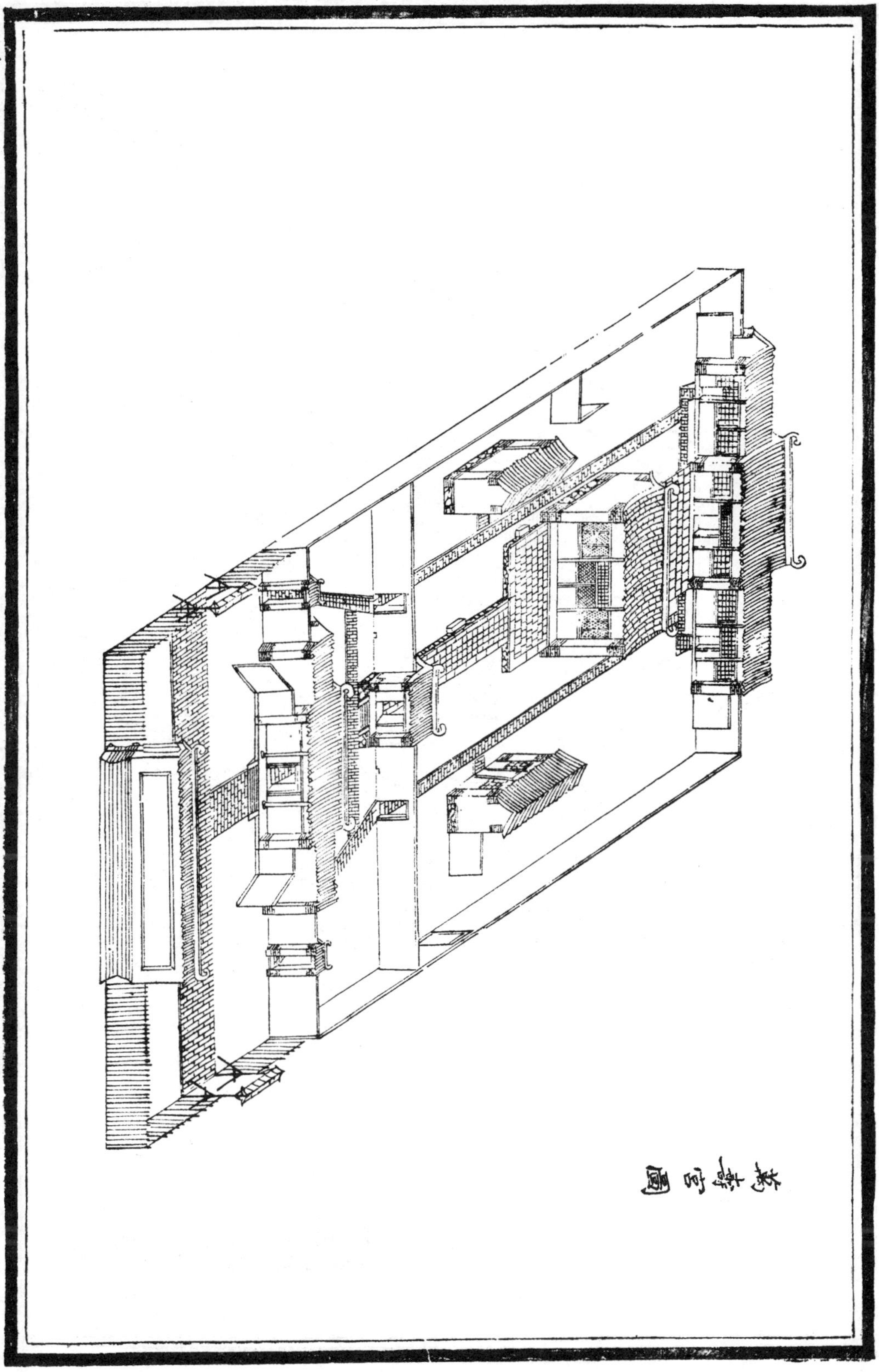
萬壽宮圖

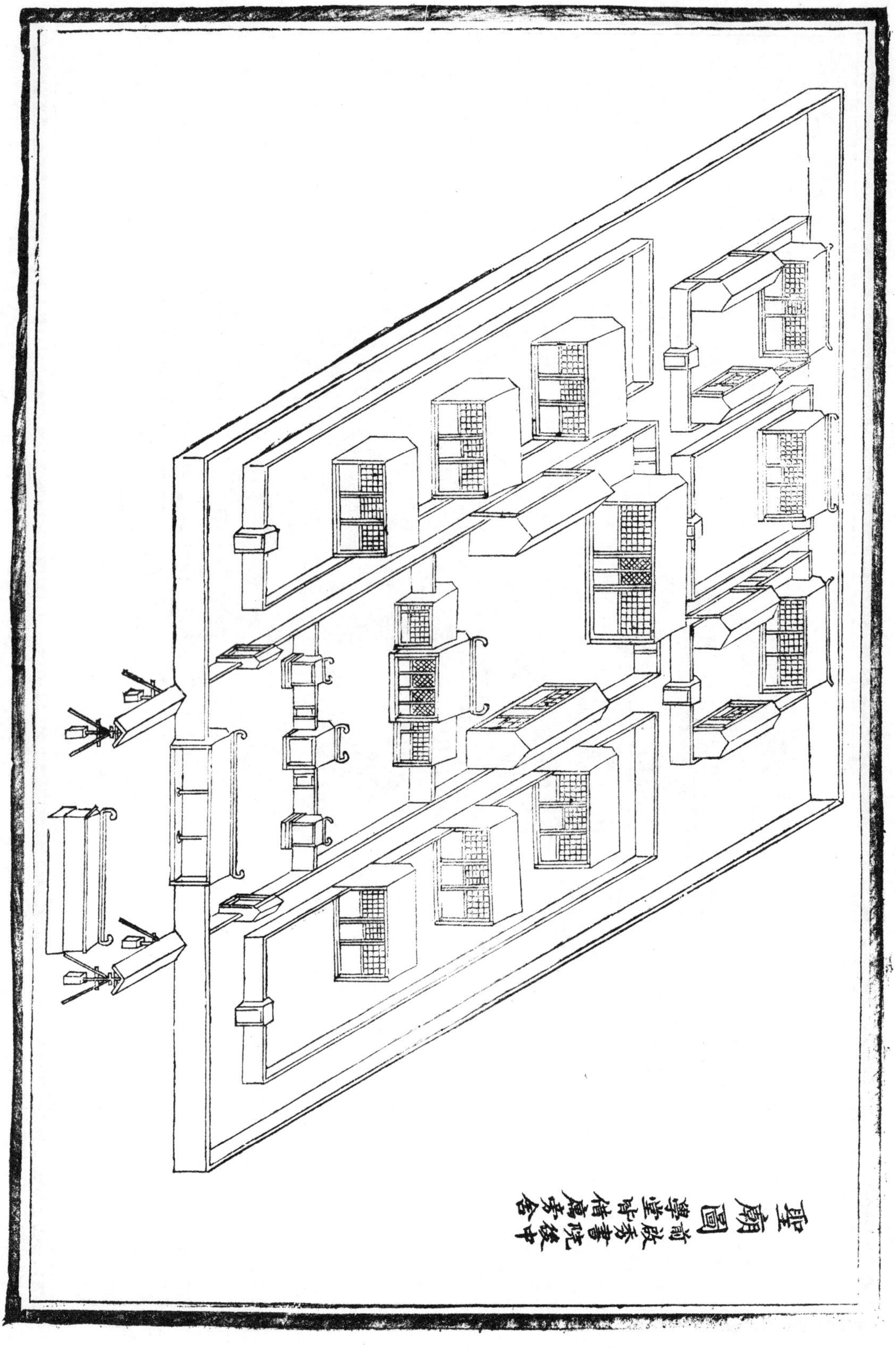
聖廟圖
前啟秀書院後中
學堂皆借廟旁舍

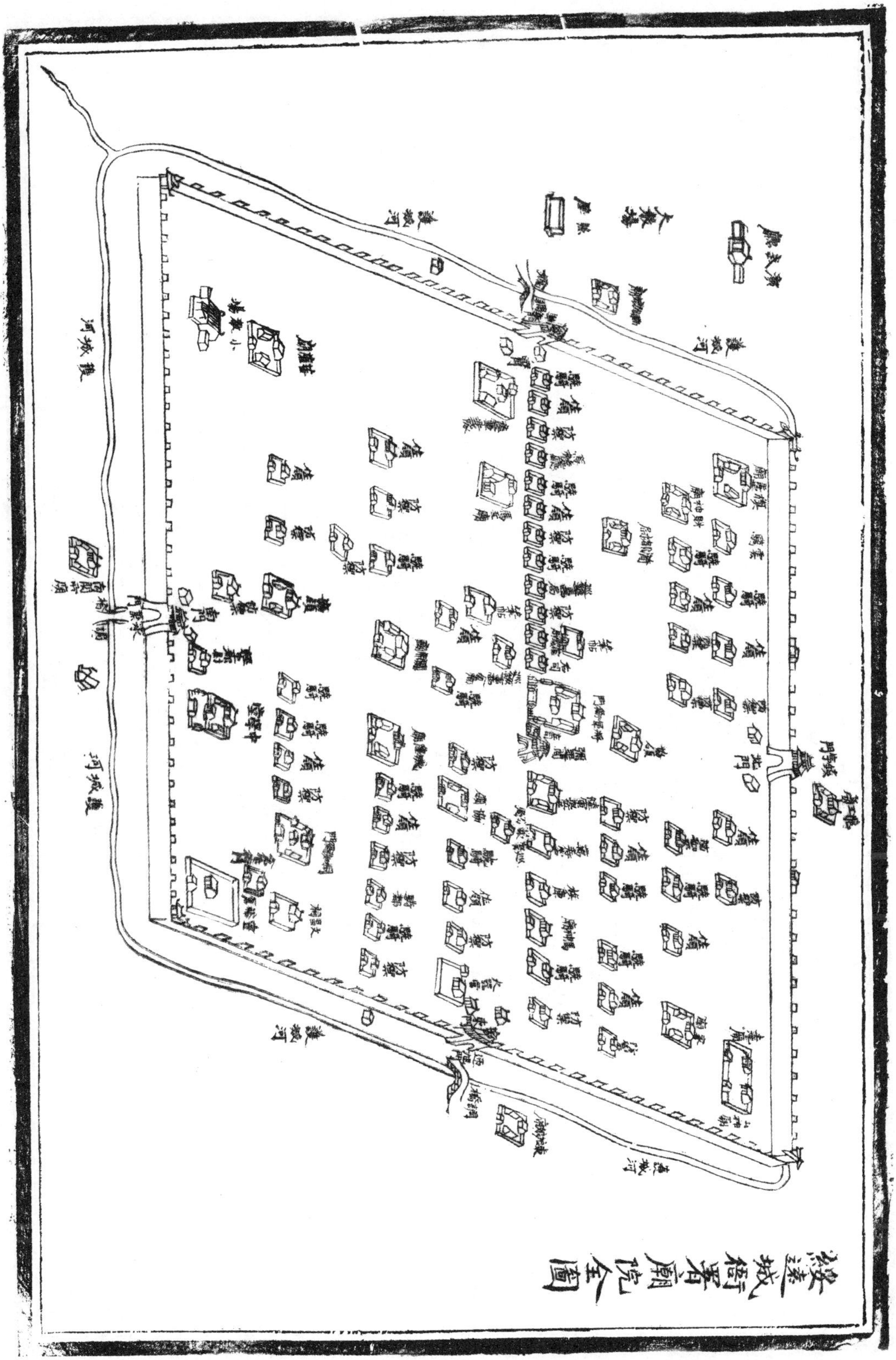
綏遠城衙署廟院全圖

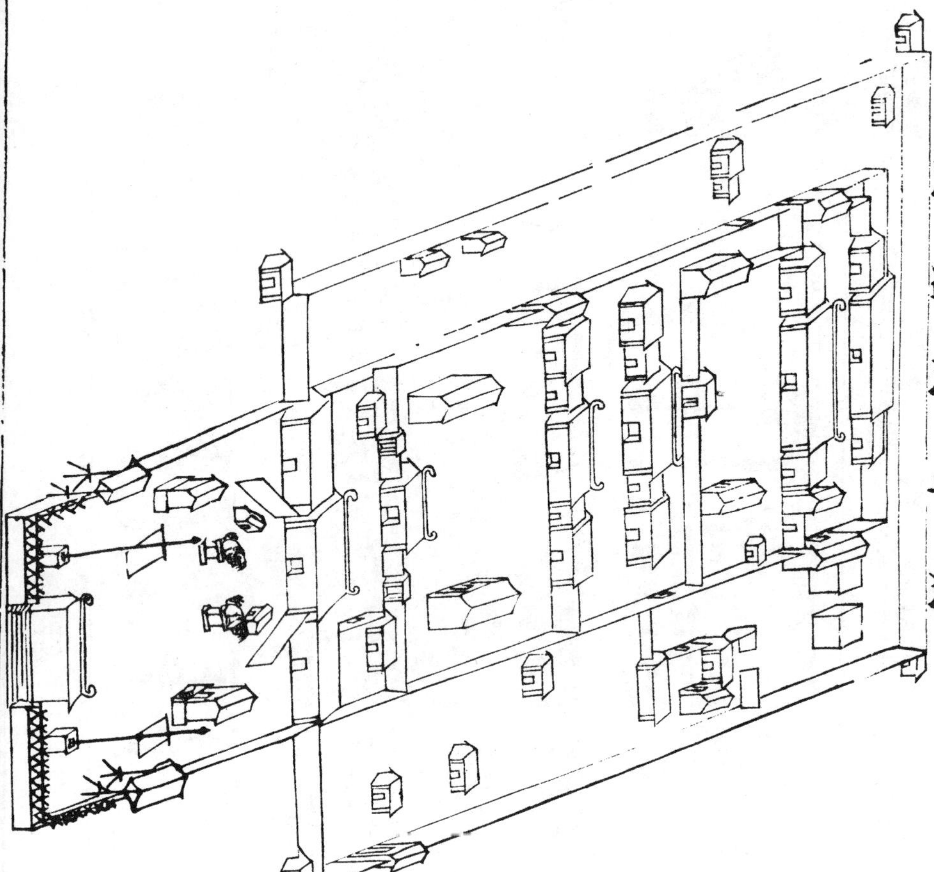

將軍衙署圖

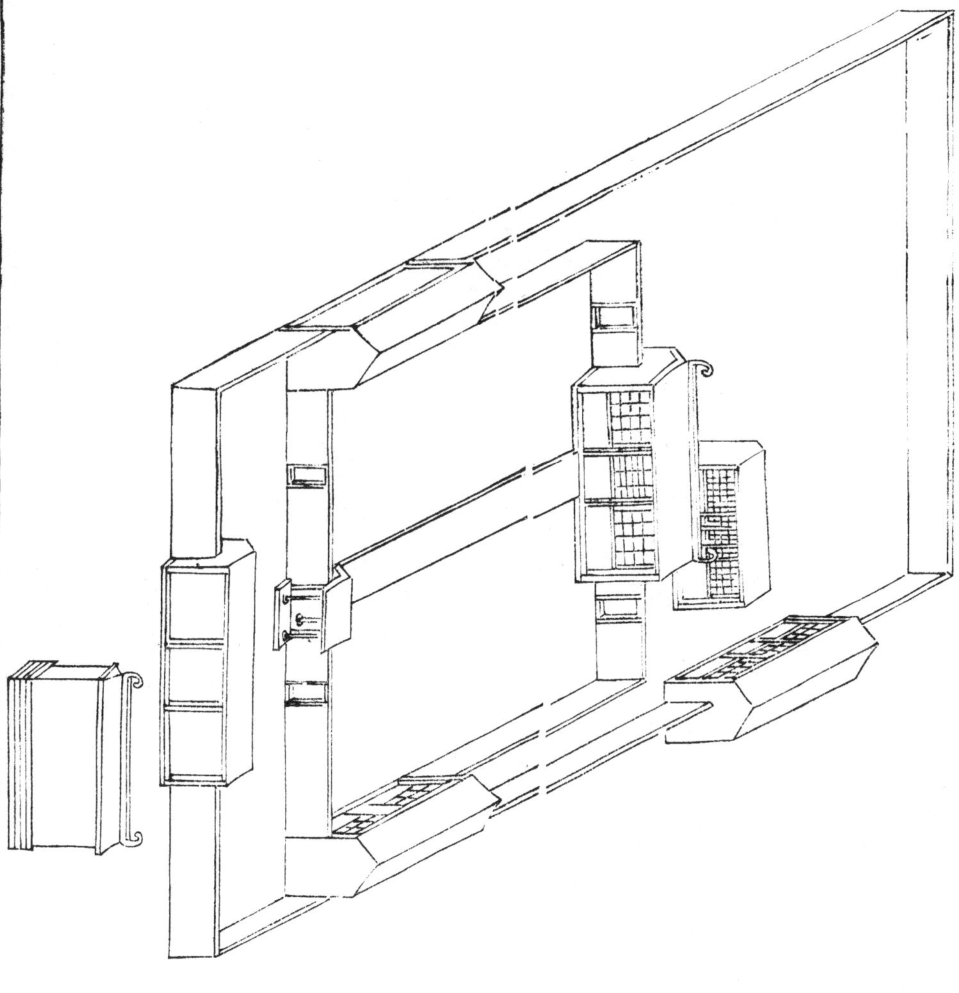

左司署圖

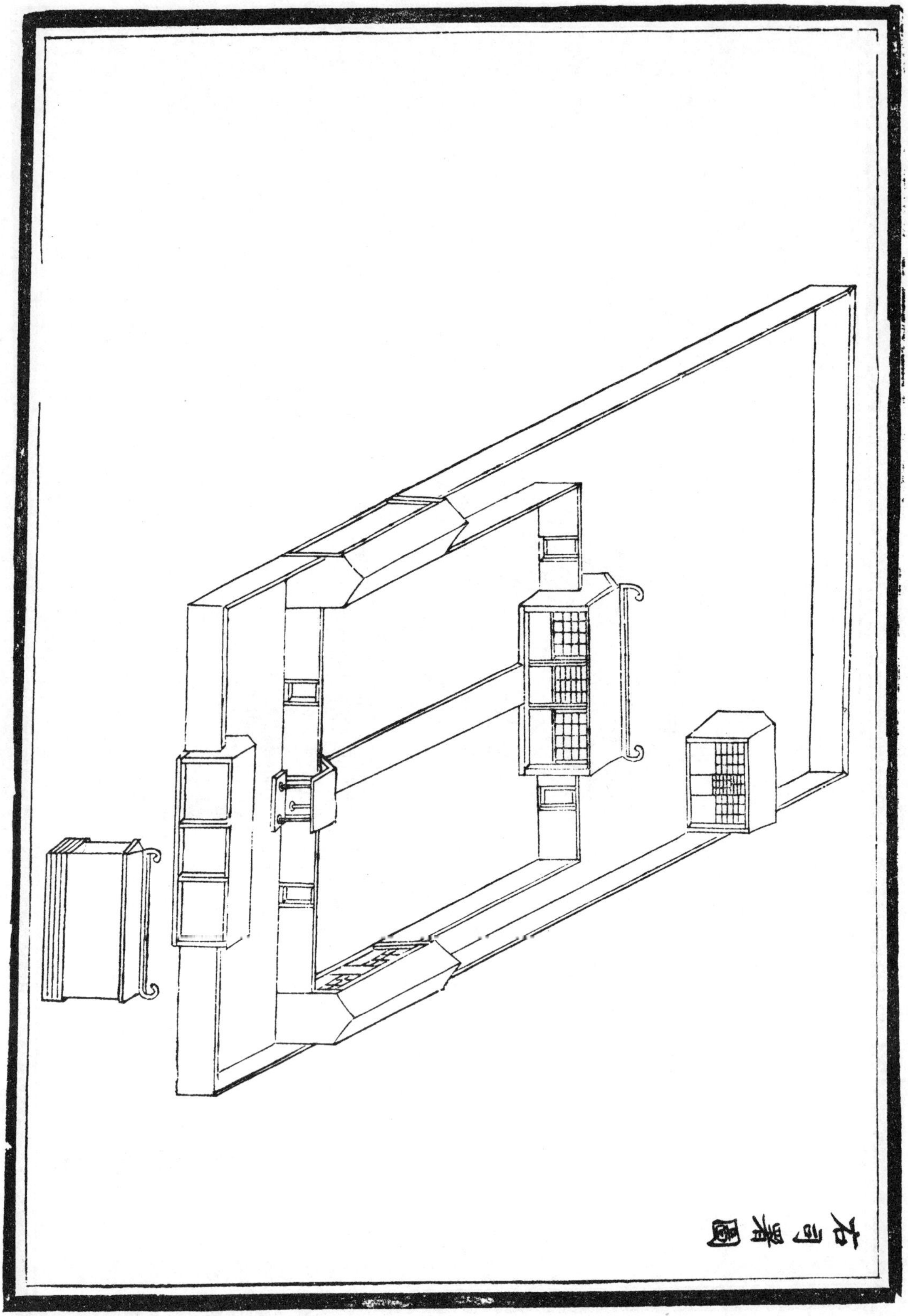

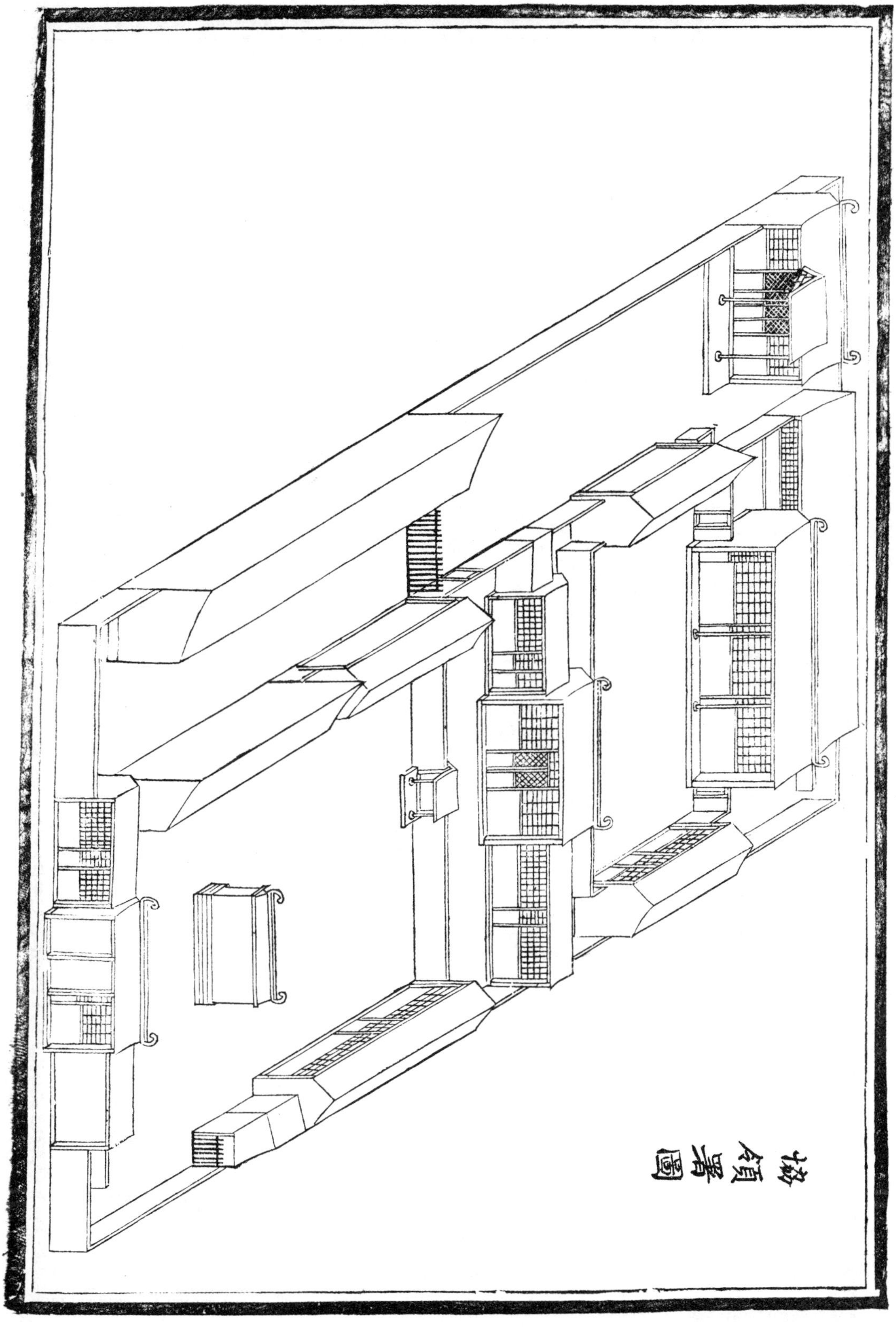
協領署圖

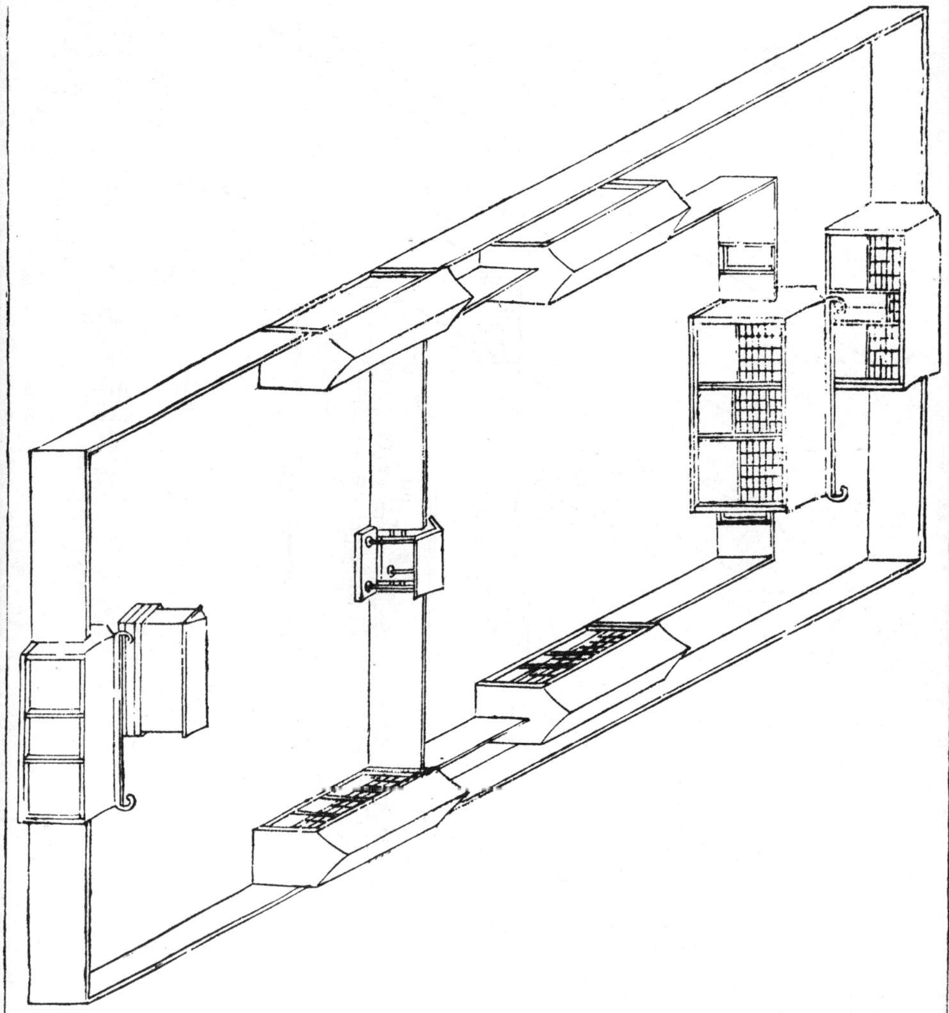

佐領署圖

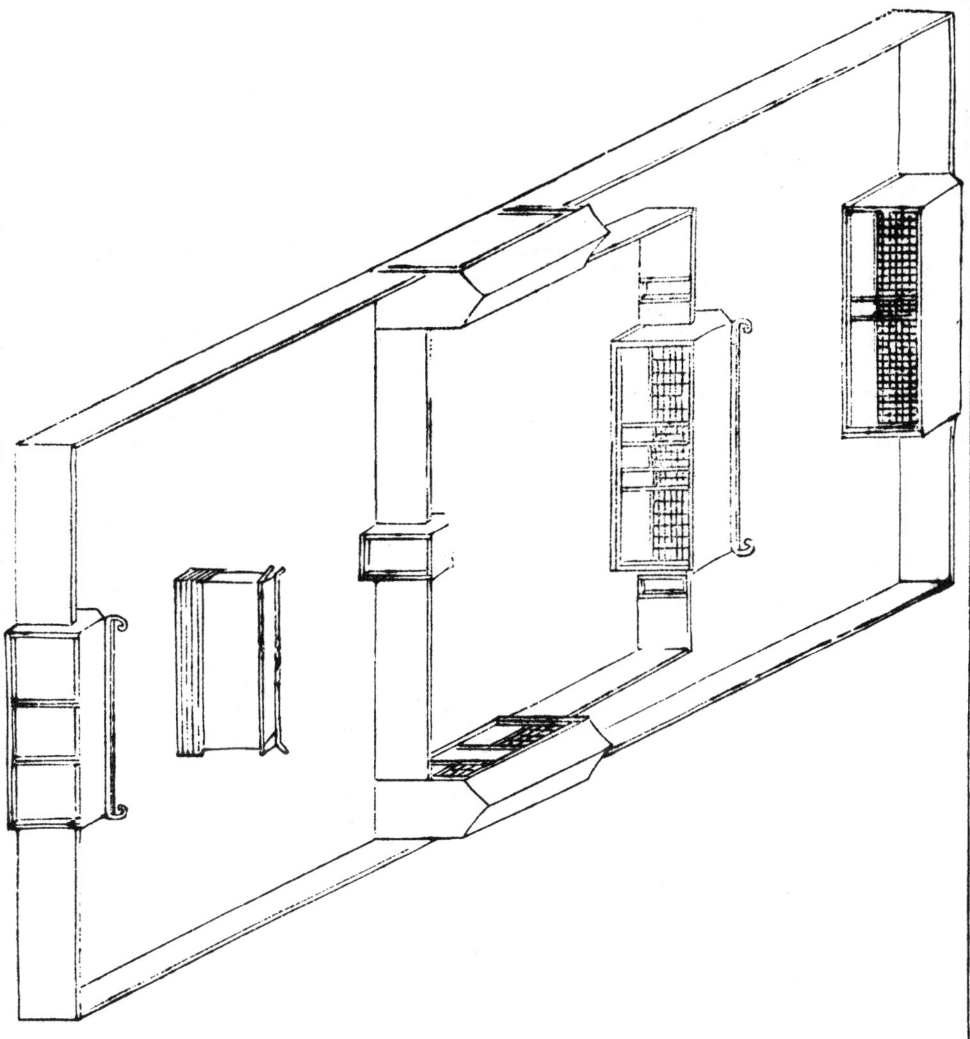

防禦署圖

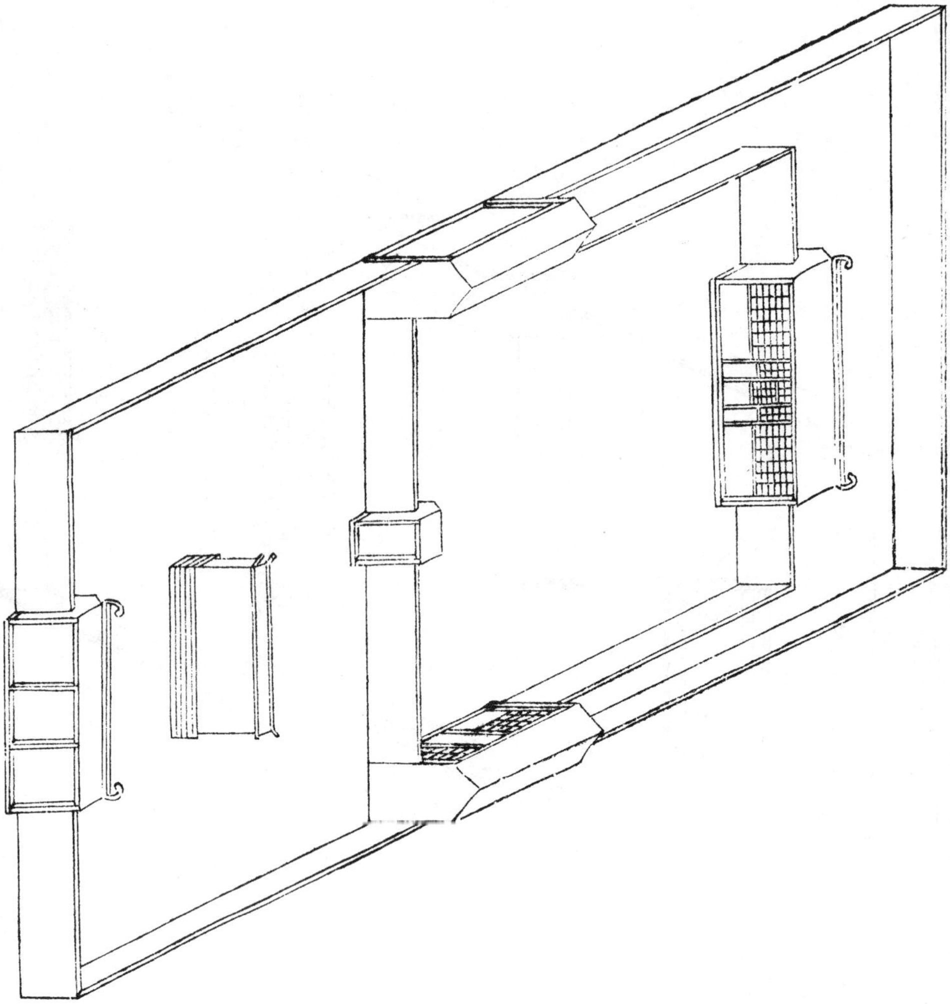

驍騎校署圖

糧餉理事府署圖

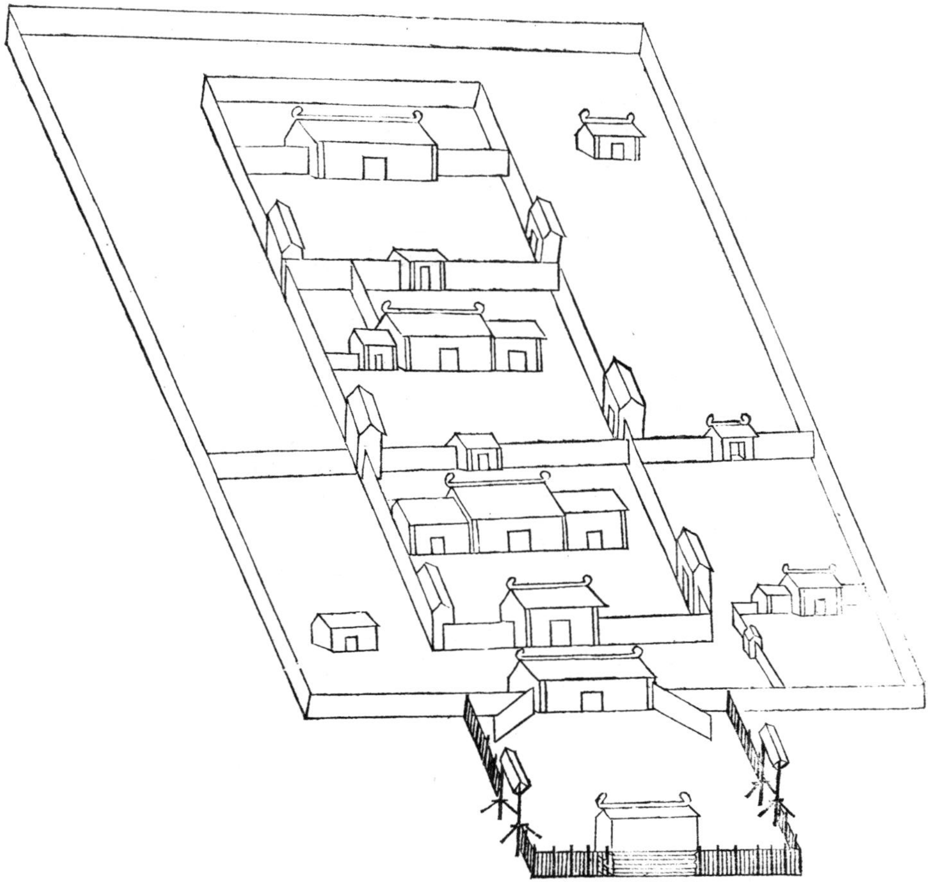

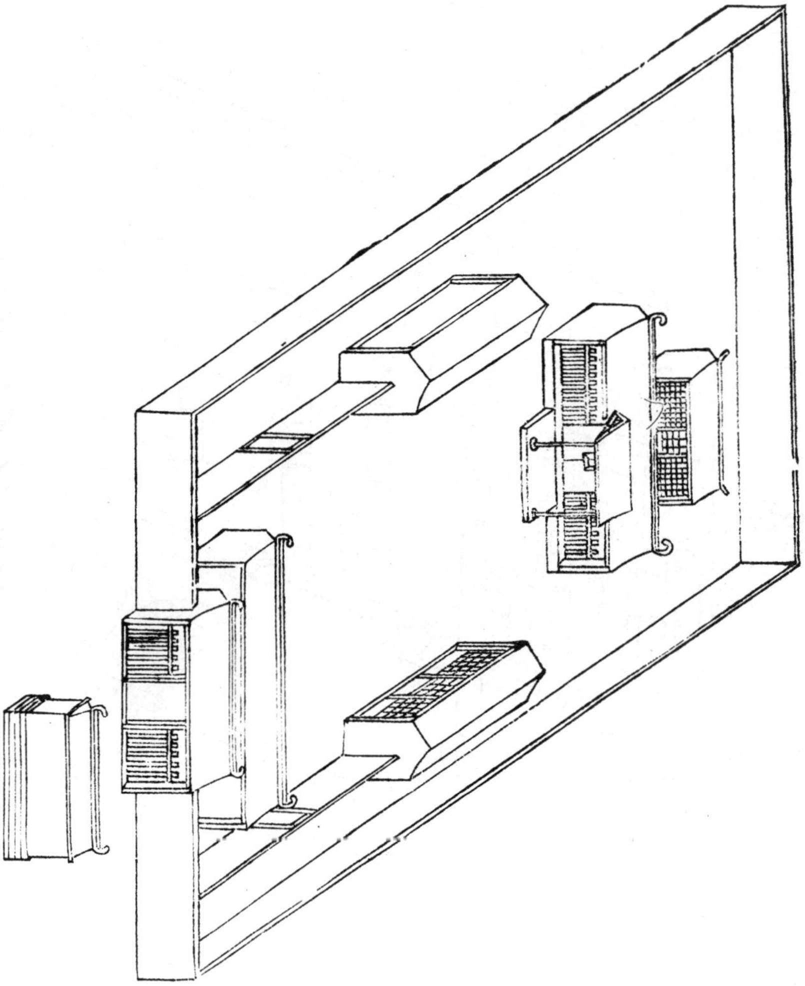

旗庫圖

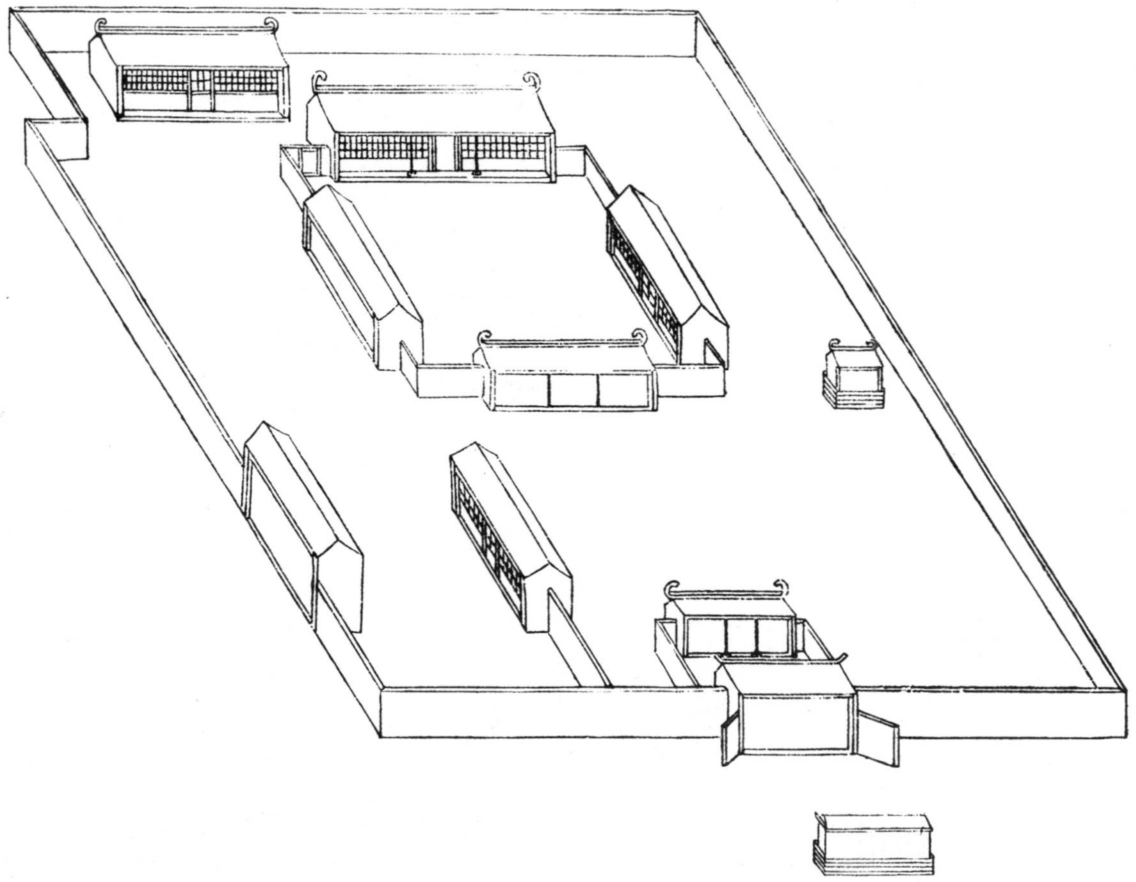

甯盈庫圖

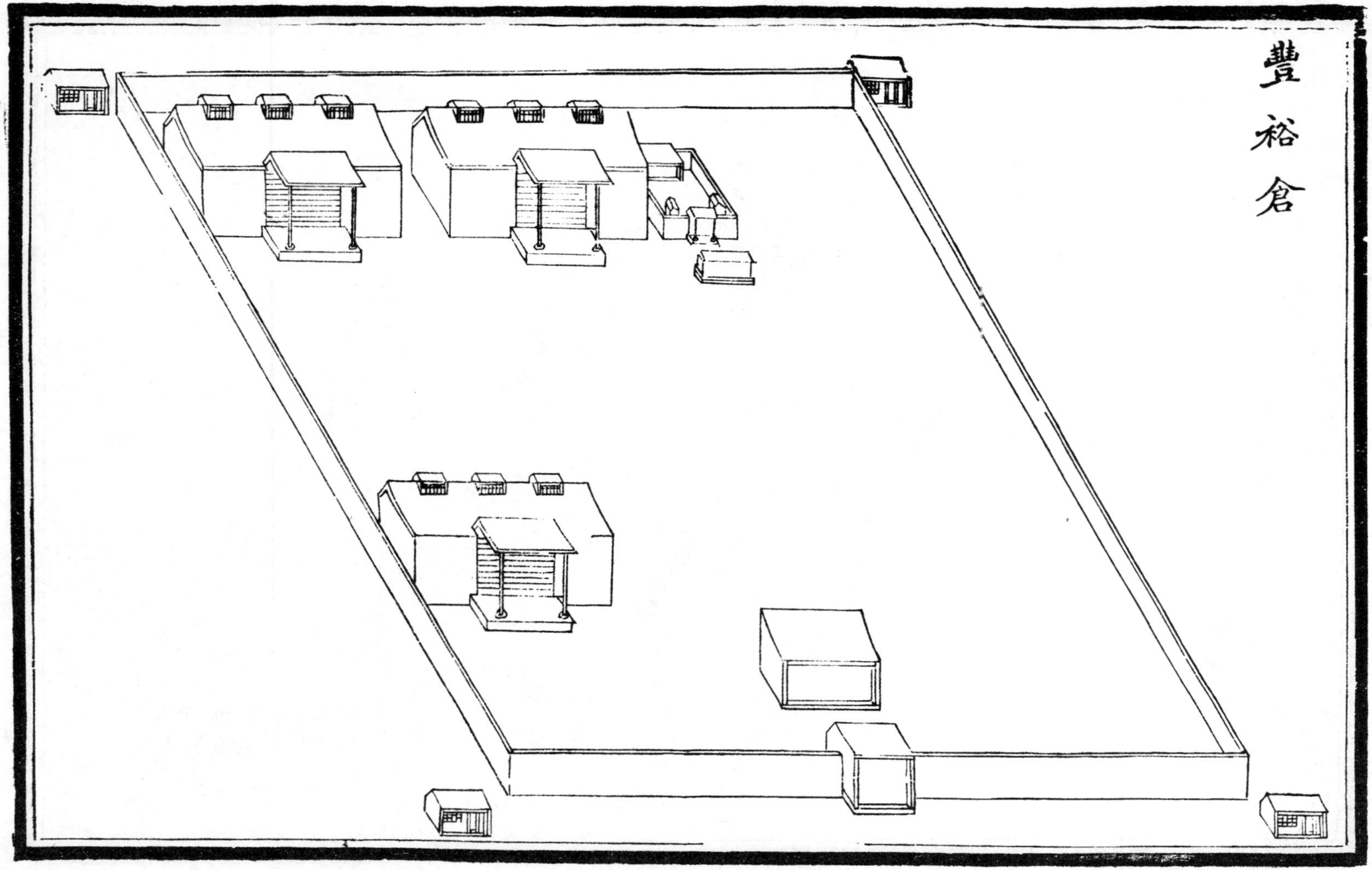
豐裕倉

大教場

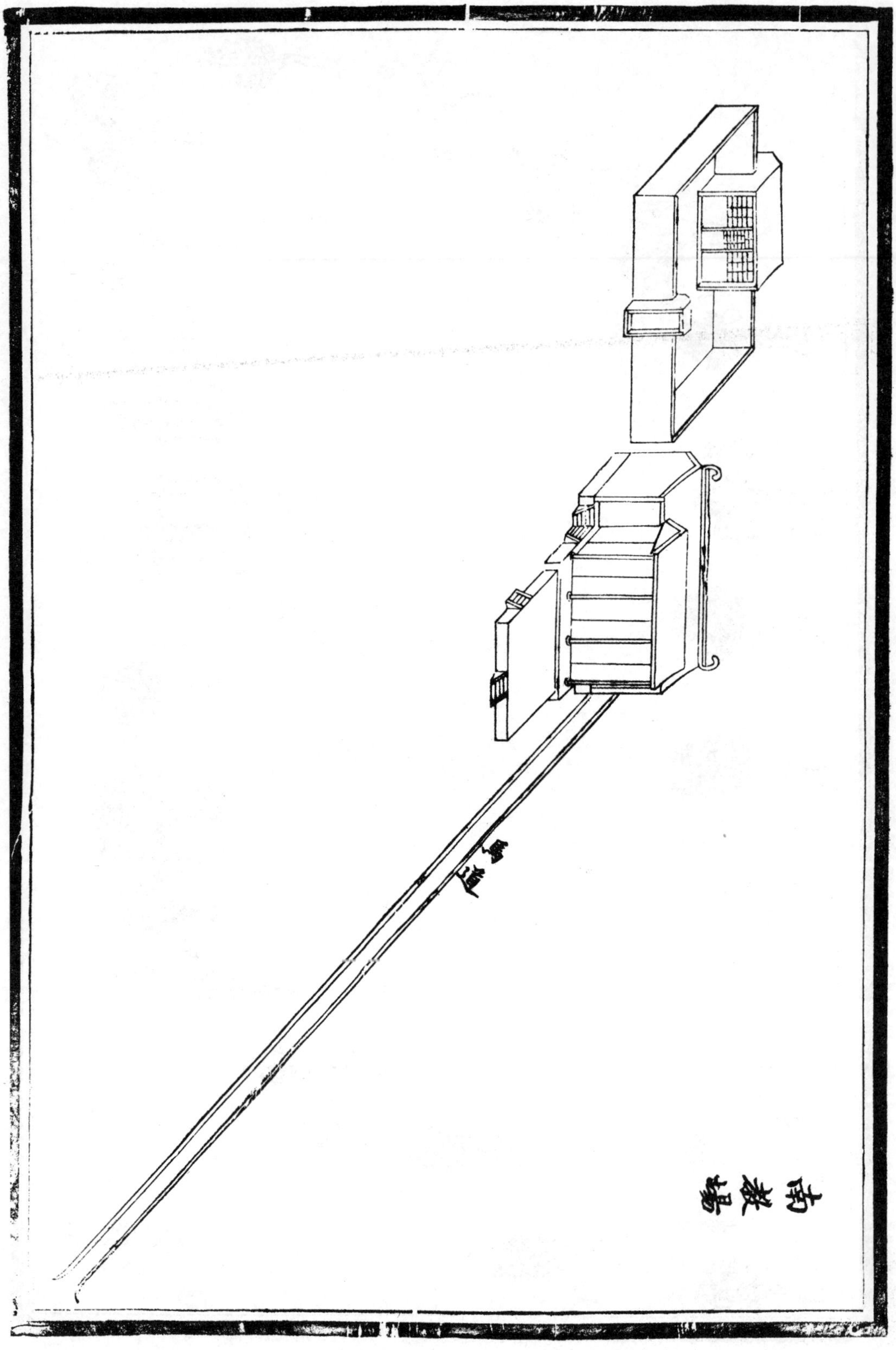
南教場
馳道

八旗馬廠總圖

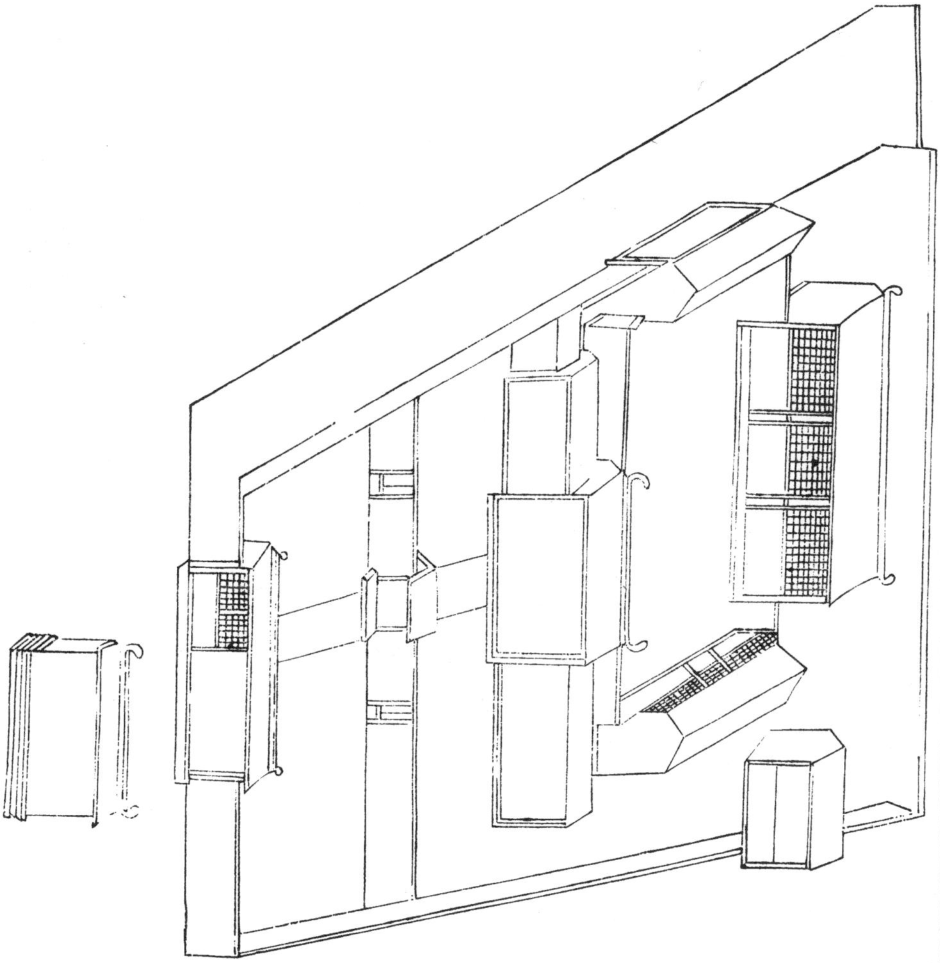

右衛城守尉署圖

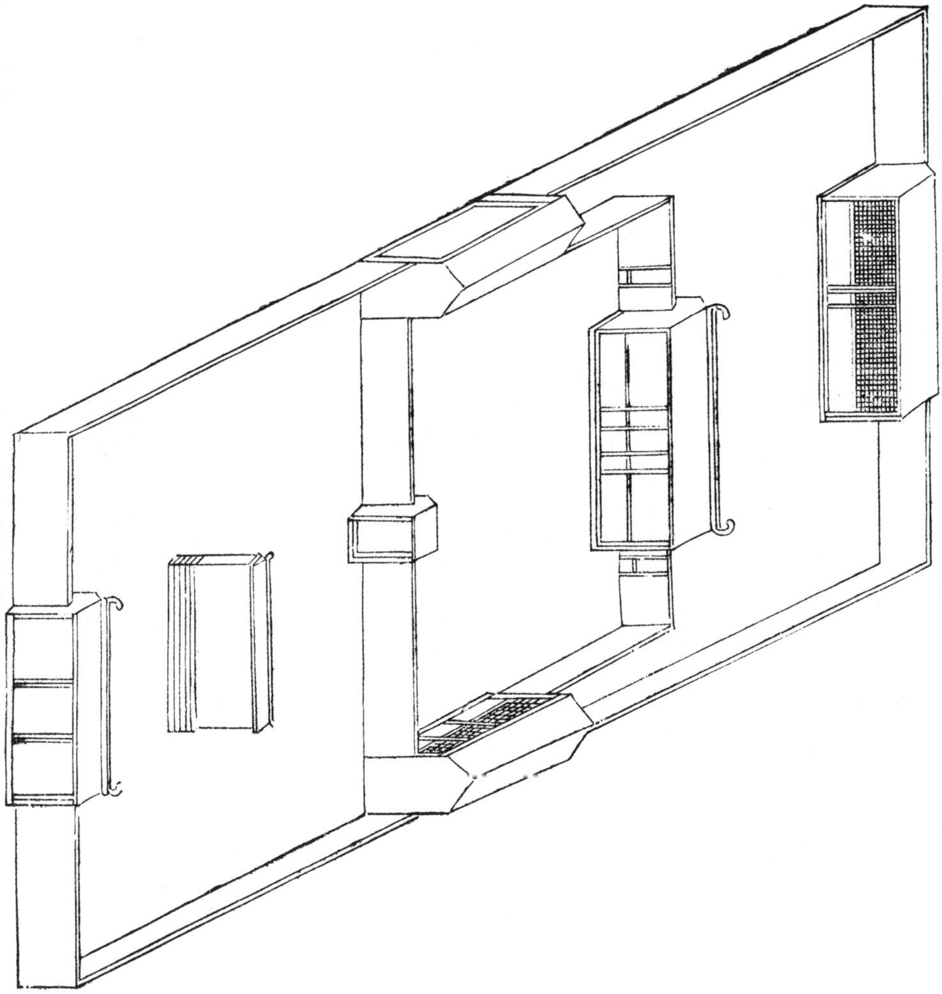

右衛防禦署圖

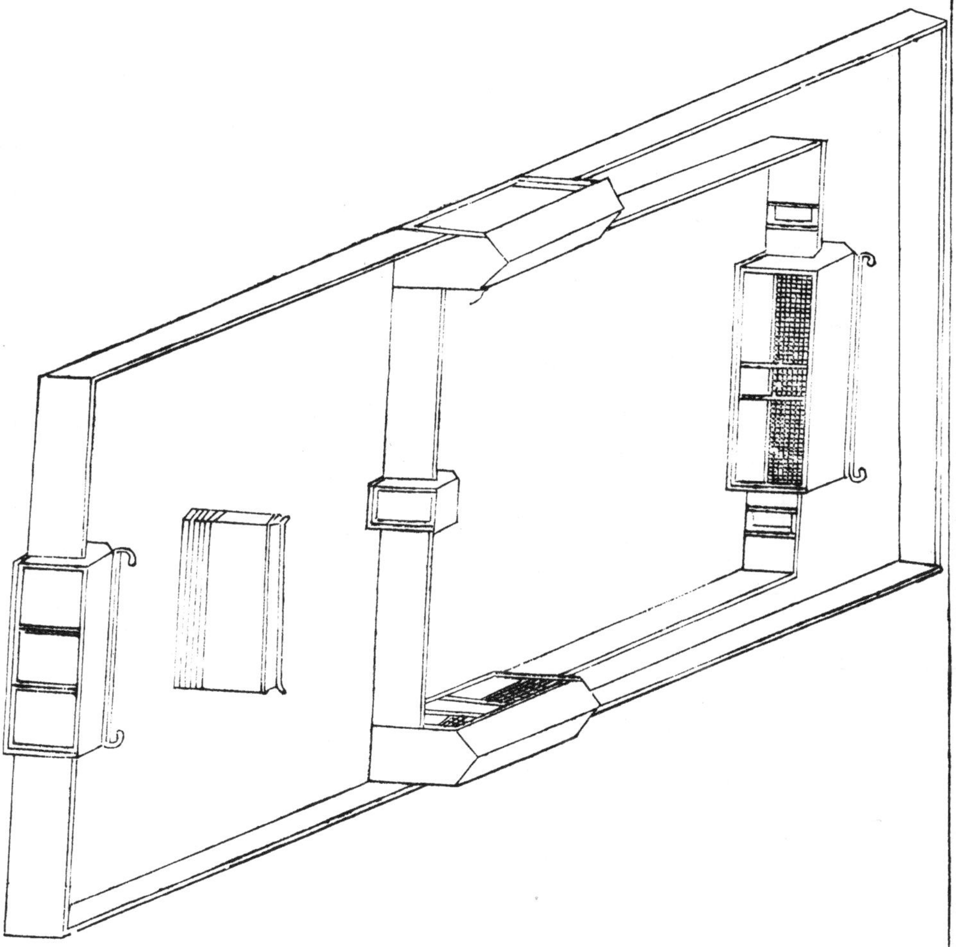

右衛驍騎校署圖

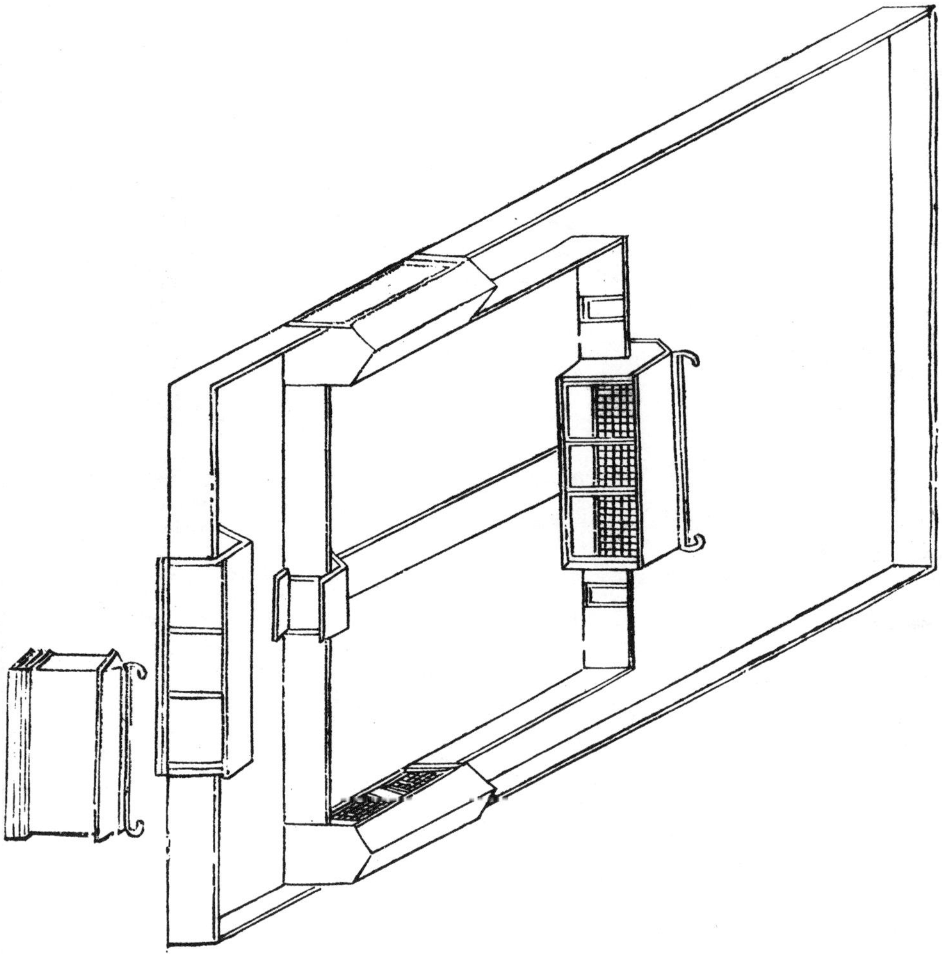

右衛印務處圖

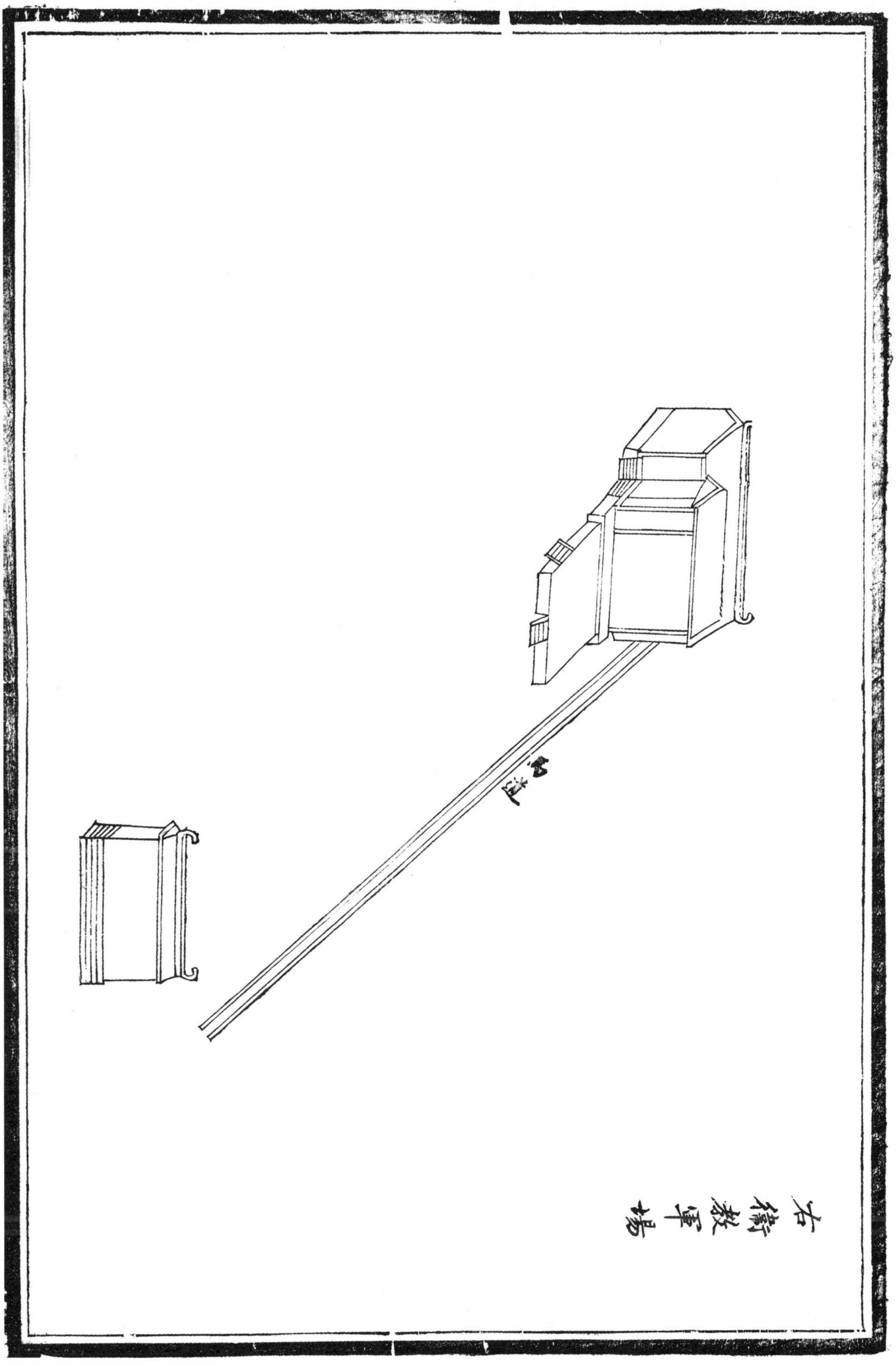
右衛教軍場
御道

綏遠志疆域沿革表

唐虞夏	朔方幽都 地 後分并州 又爲冀北 之野
商	代子國西 北
周	要服 春秋戎狄 近居戰國 屬趙
秦	雲中九原 地 勝州
漢	雲中 西部都尉 治莽曰永 武 五原稒陽 縣地 宿虜城 北輿 原陽
後漢 魏	雲中 隸新興郡 定襄 五原 達割城 在中受降城北綏遠舊名

晉
雲中
赫連勃勃所居賈耽方域道里云古雲中城西五十里有綏遠城

北魏
盛樂
拓拔猗盧所居地後隸懷朔鎮

北齊
厥備部地隸北道行臺

北周（即西魏）
永豐鎮地
綏州
時有侍中開府儀同三司行綏州事

武泉

隋
永豐縣
北至五原
豐州
白道川
開皇四年居突厥沙鉢略可汗於此境
北輿
原陽

唐（五代附）
東受降城
寶歷時節度使張惟清徙置綏遠峰南即今綏遠城址
白登州地
隸單于六都護後僑治朔方廢界後唐置天德軍後晉後割契

宋遼附	豐州仍號天軍尋改天德軍 富民 振武改置金河縣
金	淨州隸雲內州地大定十八年折置天山縣升為豐州支郡 天山
元	淨州 東勝州卽綏遠烽地
明	歸化地土默特俺荅所居
國朝	綏遠城乾隆四年築在歸城東北五里為將軍治所八旗駐防置綏遠糧廳

丹

綏遠志卷二

山水

綏曰新城歸曰舊城一城之間耳既爲歸綏十二廳山川考矣胡復志綏之山水顧綏將自爲志不得略其疆域與其形勢氣脈之大然則舉歸之所有而予之乎曰不然綏一隅也近十二廳則遠近詳而遠略詳則統夫或小或大或名或不名而無所遺略則舉其典要者而特揭名山大川而考之且考之則窮其原與委而氣脈發於千數百里之遥形勢極乎千數百里之闊而究其始終起伏去來向背夷險且有遠

及十數屬之外不能限者而豈一隅之可據而有哉
志一隅第言某山在某境某水當某向已耳今按諸
紳之所紀既不踰於歸綏之外而又頗爲佗冊之所
未備故約略爲疏著之於歸綏諸山水之外而別具
一觀

諸山

大青山在城北三十里亦曰大斤山又稱陰山卽陰山也在東南者亦名青嶺其近綏遠城者於古爲白道特一隅耳

白道嶺在城北三十里俗名吳公壩水經注芒干水又西南逕白谷口有城在右卽此

神山在城北北連喀爾喀界卽翁袞山亦名吳公山卽青山之支脈

都田貴山在城西北後魏行宮在此卽阿計頭殿也

石磙山在城西七十里蒙古名哈爾金和碩山

牛心山在城西北一百一十里蒙古名顏米爾克

蟠羊山在城東北七十里蒙古名衣馬圖魏太祖天賜四年北巡至參合陂東過蟠羊山卽此

哈喇克沁或作親山小黑河發源於此

黑山　在城東北古豐州富民縣有神山黑山

烏蘭察布山

紅山　在城東北二十五里蒙古名烏蘭察布輯要作五藍又抬音近無旌卽四子部落等會盟所也谷內產松柏樹

官山　東勝衞西北黑河發源於此舊豐州地也在茂明安旗西南七十里

心山肺山　心肺二山相連在官山旁有九十九泉流入黑河

七寶山　在城東北卽古鍾山金河卽大黑河發源於此勝衞西北源出舊豐州之官山輯要云寶山在綏遠城東八十里

劂嶺　魏書天興六年七月北巡東北踰劂嶺出參合代谷喀爾喀右翼達爾漢部西南百里接茂明安界有劂嶺四子部落

富峪口　西南至巴顏鄂博土名富峪百五里接綏遠土默特界

黑勒庫谷土名黑牛溝在城西七十里谷內盡松柏

石人灣路旁二石人對立

榆溝土名石人灣在城東北九十里蒙古亦名烏里雅蘇台

猴山在秦家窰奇峰突起巨石森列如猨猱坐立狀

玉帶山在包爾合少村北山腰横亘白石數十丈如玉帶環之

獅子山形如卧獅

虎頭山在奎樹溝危峰矗立如虎昂首虎口一泉注地成渠村人資灌漑之利焉一名滴水崖

稱錘山在哈拉沁溝口以形似得名

雕窠山亦在哈拉溝石牙森列極爲險峻

蟠龍山在烏蘭布浪北

西筆架山在城西北二十里烏素圖村三峰並峙高出諸山

硯台山在筆架山前五嶺蟠結登此遠眺歸化城樓臺煙火歷歷可數

馬頭山在筆架山南里許孤峰聳峙望之似馬頭故名

烏素圖谷在城西北谷深四十里麓多文杏沿谷溪流若盤腸村落界西而居溪東為東烏素圖西為西烏素圖

喇嘛洞在畢齊克齊北上有招寺常住黃衣僧數百終日禮佛諷經寺外松柏茂密

銀洞與喇嘛洞比相傳昔時有老僧入洞進不數武仄路紛岐前阻溪水上架枯木為橋僧不敢進悵然而返

卧牛山在畢齊克齊鎮北頭南形家謂鎮之祖山

元寶山在城西北偏

鵰鶚山在城西北山勢巍峩巓建聖母廟相傳蒙女煉形委蛻於此負身即塑洞每歲四月八日祈子拈香

者紛集

鳳凰山在城東北一百六十里大納令村

臥龍山在城東北與鳳凰山東西對峙出火石

天門山在城東北其山高峻夏日遊人陟其嶺望下方倉翠難名殊不知其雨也

筆架山在城東北一百六十里前後火房之東與西筆架山別山形聳峭下連上岐望之如太華日峰高出雲袁土人以形似筆之

銀礦山在城東北六眼井村

福壽山隆盛山腦包山斗合山東紅山皆在烏藍花東

黑山在大扛灘東山下有古城天陰則見

馬鬃山在非菜溝腮忽洞西南形如馬鬃

老虎山在察哈爾黃旗西

平頂山在旗下營子村南

德令山在毛獨亥村東

力圖直山在席片腦包東

文武山在保爾板升西南

四號山在圪奚爾村南土人言有古瞭將台

馬鞍山在四號山北再西二十里有狀元碑其文曰雍正十三年狀元李如柏行兵所兩處

諸水

大黑河在城南二十里即水經注之荒干或作芒干水也發源大青山東北官山西南流至北圍子村入托克托廳界案採訪圖大黑河有兩源一源速力圖弔拉圖二村西山一源上高高速太北山至下拐角鋪村二水合流爲大黑河

小黑河在城南十里發源東北哈喇克沁山即水經注之武泉水也隋書謂之𧙋河下流至阿力拜村

哈拉沁河發源東北山麓流經綏遠城下爲護城河

札達海河在城治前自公主府而下居人鑿渠分爲二派一繞城隍廟坦左至廟前架木而空其中引溉城東北一帶蔬圃一由廟後西南流經道署前

營房前水發源東北山麓流經城隍廟前西入札達海河

吳公壩口水發源城北吳公壩南流合於札達海河

烏素圖河發源烏素圖谷南流至二道河入札達海河

豐州灘在城西百二十里源出蘇爾哲谷東南流入黑河或以爲歸綏一帶總名

水磨溝河黑牛溝河在畢齊克齊北即水經注之白道中溪也源由後山來至此二水合流兼
北山諸小水注之波濤洶湧動水磑十五盤蔬圃農田多資灌

榆樹溝河在察素齊鎮西北上合萬家溝水動水磑二盤

萬家溝泉在萬家溝內土名水神廟即水經注之塞水也東西二泉清澄澈底遇旱察素齊鎮蒙民來此
祈禱亦如畢鎮之黑水泉也

黃水河西拉烏蘇河在城南黑河又西流有西拉烏蘇河呼圖克圖河一水源自殺虎口北山
西北合流

石人灣水自甯遠界流入綏境至豪賴溝入於大黑河

二十家子在城西南自和林界西北流入綏境至北圐子村同上歸於大黑河

天干河在活佛灘村東從中什拉流來西北入烏藍花村界

察汗營河在德令山東從烏藍花流來西入塔布河

哈拉烏素村河從筆架山流出入察汗營河

土城子河從古力半不浪流來西入塔布河

塔布河在可可烏素村東北從察汗營來流入戈壁水性湍急

補龍河在黑藍以力更村南從塔右河流來北入什拉莫力召

河子村水從非栄溝來流歸席邊河

席邊河在塔套爾西北西流入達爾汗貝勒境

大青河在粱蓋村北水從天義泉來流經西北蘇力惱包

老龍潭在綏城東數百武地名卧龍岡側有一泉水性甘冽市民每日以水車往還

海窟在城東南泉高於地四周石甃冬夏不增減旁有罅隙出水左右蔬圃資灌溉之利

城南温泉在城南土堡外菜圃中水性甘温經冬不凍

十八眼泉在牌樓板升村外平地出泉縱橫十八眼羅列泉清而味甘土人名九龍十八眼

瓦房院湖在瓦房院北周遭二畝餘中產鯉魚土人謂之小海子

儻不浪村靈泉村側龍王廟前有泉一水浮歲色蘋藻鬱然

黑水泉在畢齊克齊鎮南六里外時逢亢旱官民虔禱取水甘霖立澍

烏素圖温泉在村北龍王廟左隆冬不氷沍寒時碧草油然

龍潭在廳西元寶山前土人言與萬家溝神泉潛通相距百里投物於彼輒出於此

甘水井　一在北茶房關帝廟門前　一在慶凱橋北河畔　一在道署照壁前西南角　一在小西街西口

一在城內都統署南倉院中　一在外羅地東巷內俗名四眼井

以上諸水俱本現今採訪錄

城垣東距京一千二百里南距太原府省城一千里距右衞二百四十里東界察哈爾鑲紅旗西界鄂爾多斯南界朔平府北界烏蘭查布部落

雍正十三年奉
旨興工建造城垣至乾隆二年工竣具　奏奉
旨賜滿漢名曰綏遠城週圍九里十三步高二丈九尺五寸頂濶二丈五尺底濶四丈四門樓門二重東門曰迎旭南門曰承薰西門曰阜安北門曰鎮甯週圍角樓四座城上四面堆撥八處每處建蓋房三間城內適中處鐘樓一座上有
玉皇彌羅閣

城在歸化城之東北五里許大青之山擁其後伊克圖爾根巴罕圖爾相之水抱其前喀爾沁之水帶其左紅山口之水會其右地勢寬平山林拱嚮實當翁穩嶺喀爾沁口軍營之衝城周一千有九百有六十丈其高二丈有四尺其巔之厚如其高其趾之厚增其高之三之一炮臺四十有四四十布四圍四當四隅陴俔之高五尺有七寸女墻三尺五寸

城之門四南承薰北鎮寧東迎旭西阜安皆出

聖裁門之樓四樓各五楹箭樓四樓各三楹角樓四樓各七楹晝夜巡察兵之隊子房八皆列城上門外之橋各一瀉

水河一石橋二甕城祠廟各一隊子房各一城內遵祀典
建神祠關帝廟一城隍廟一旗纛廟一馬神廟一接職守
以營寺舍倉庫一將軍衙門一兵戶司衙署各一筆帖式
住房四副都統衙署二理事廳衙門一固山大住房十二
佐領住房六十防禦住房六十驍騎校住房六十倉庫大
使衙署各一官學八鐘鼓樓一積貯之倉十有五倉各七
楹合一百有五楹四街市房一千有五百有三十城西教
武場場之內演武廳一八旗之甲士各有家室居處計一
萬有二千間以實其內爲 二段出都統通公智碑記
綏遠城在歸化城東北五里周九里許建於乾隆四年移

右衛八旗官兵駐防於此兩城犄角而當關外之衝扼隴西之隘所謂北門鎖鑰者洵無以要於茲矣出將軍定公安碑記

城自建築後考之碑記案卷經兩次重修一自同治七年將軍定公來鎮茲土重建北城門樓補修陴睨樓櫓濬濠引水繞護外城又於道旁夾植楊柳萬餘株以防濠身沙淤閘根水齧至於十年樹木效猶淺也迄三十年將軍貽公下車即論以前栽樹株尚多未活飭令如數補種仍於各路添栽樹一千一百餘株西門內起碑樓一城西南修洩水閘二四面浚隍仍續築備路各工通費足錢一千九百貫有奇出右司稿

東門一堆正白鑲白二旗官一員兵二十名一替五日值

班西門一堆正紅鑲紅二旗官一員兵二十名一替五日

値班南門一堆正藍鑲藍二旗官一員兵二十名一替五

日值班北門一堆正黄鑲黄二旗官一員兵二十名一替

五日值班

四城上堆撥八處每處每班馬兵五名鼓樓值更甲兵每

班十名 出右司稿

按城濠發源自哈拉沁來分期貧民灌漑兼養園

城楊柳勒有碑誌無何上游淤塞樹枯池涸經將

軍貽穀派員疏濬後園圃咸資膏沃歲租若干歸

之旗庫又見綏遠城漸傾圮釀貲修葺一毫不費
民力祟墉圪然餘欵六千金發交薩廳商肆生息
以備歲修之費

道里

正東至甯遠廳所轄之石八灣九十里通京大路距京城一千一百六十里

東南至和林格爾廳所轄之沙畢納爾七十里通京通省大路距省城九百六十里舊日通京通省大路係走一間房子至和林格爾廳一百里後因道路被水沖壞且山嶺亦甚險峻客旅因之不行

西南至三兩莊七十里係通托克托城大路又至喇嘛灣一百九十里係通清水河廳大路

正西至察素齊一百里係通薩拉齊廳包頭鎮並黃河

以西鄂爾多斯烏拉特各旗大路

正北至壩口二十里又逾蜈蚣壩至克克以力根七十里即通大青山後四子部落茂明安達爾漢各旗之大路並西北之賽拉烏素庫倫烏里雅蘇台科佈多以及古城新疆伊犁塔爾巴哈台各城亦皆由此取道焉

本城達京師程限自綏遠城起五里歸化城站一百四十里甯遠廳站卷查光緒十年巡撫張於七廳改制案內奏準右玉縣至歸化廳向出殺虎口以和林格爾廳為譯路咸豐年間甯遠廳新開商道往來行旅不復取道和林行店車馬恐以甯遠為聚集之所以致和廳支應車馬店口雇覓為難官民交累請以和林格爾廳一應往來文報差使均歸甯遠廳接遞支應

八十里右玉縣右玉軍站六十里左雲縣左雲軍站六十里左雲縣高山軍站六十里大同縣大同軍站六十里大同縣聚樂軍站六十里陽高縣陽和軍站六十里天鎮縣天城軍站入直隸界　卷查驛站奏銷冊開軍站十天鎮縣天城站陽高縣陽和站大同縣聚樂站大同縣大同站左雲縣高山站左雲縣左雲站右玉縣右玉站右玉縣威遠站平魯縣平魯站平魯縣井坪站　除威遠平魯井坪三站見本省北路驛程內茲不載　又查雍正七年提督袁立相奏準將各營所管軍站改歸州縣管理六十里直隸懷安縣懷安驛一百二十里宣化縣宣化驛六十里宣化縣鷄鳴驛六十里懷來縣土水驛六十里懷來縣榆林驛六十里延慶州居庸關驛六十里昌平州榆河驛七十里京師皇華驛共計程一千一百三十五里按日行六百里計共限一日十時五刻九分

省城北至綏遠城由山陰縣行走程限自陽曲縣臨汾驛起分道由陽曲縣臨汾驛分道
八十里陽曲縣凌井驛一百二十里靜樂縣康家會驛一百二十里岢嵐州永甯驛　里河曲縣沙泉
唐站達保德　由康家會驛分道八十里甯武縣甯化邊站一百里甯武縣甯武邊站五十里神池縣神
池邊站六十里神池縣八角邊站　里偏關縣老營邊站四十里偏關縣水泉邊站達口外　由甯武
邊站分道八十里五寨縣五寨邊站六十里五寨縣三岔邊站八十里偏關縣偏頭邊站達陝西　由神
池邊站分道六十里神池縣利民邊站六十里平魯縣井坪軍站達朔平大同七十里陽曲縣成
晉驛七十里忻州九原驛八十里崞縣原平驛　由原平驛分道七十里崞縣閙泥驛
五十里甯武縣甯武邊站五十里神池縣神池邊站一百里代州雁門驛五十里代州
廣武邊站六十里山陰縣山陰驛六十里應州安銀子驛　由安銀子驛分道八十里渾
源州上盤驛一百二十里廣靈縣馬廠驛五十里直隸蔚州六十里懷仁縣西安驛七十

里大同縣甕城驛由甕城驛分道一百里豐鎮廳站大同府志內載乾隆十年設一百五十里甯遠廳站未詳添設年分六十里左雲縣高山軍站六十里左雲縣左雲軍站六十里右玉縣右玉軍站由右玉軍站分道一百二十里和林格爾廳站卷查乾隆五年設由和林格爾廳站分道一百八十里清水河廳站卷查乾隆五年設又分道一百九十里托克托城廳站卷查乾隆五年設又由右玉軍站二十里八十家蒙古站一百里二十家蒙古站五十里薩爾沁蒙古站六十里歸化城蒙古站八十里甯遠廳站一百四十里歸化廳站卷查乾隆五年設由歸化廳站分道二百三十里薩拉齊廳站卷查乾隆五年設五里綏遠城將軍駐劄所共計程一千二十五里按日行六百里計共限一日八十四刻

又省城北至綏遠城由朔州行走程限自陽曲縣臨汾驛起由山陰縣前往綏遠

城道上代州廣武邊站分路三百七十里代州廣武邊站四十里朔州馬邑鄉廣武驛四十里朔州本城塘站六十里平魯縣井坪軍站六十里平魯縣平魯軍站六十里右玉縣威遠軍站五十里右玉縣右玉軍站卷查驛站奏銷冊開軍站十右玉縣右玉站右玉縣威遠站平魯縣平魯站平魯縣井平站左雲縣左雲站左雲縣高山站大同縣大同站大同縣聚樂站陽高縣陽和站天鎮縣天城站除右玉左雲高山大同聚樂陽和天城七站見綏遠城達京師驛程內茲不復載又查雍正七年提督袁立相奏準將各營所管軍站改歸州縣管理八十里甯遠廳站一百四十里歸化廳站五里綏遠城將將駐劄所共計程九百五里按日行六百里計共限一日六時十二分

綏遠志卷三

故城郡縣考

案張小袁識略云此間秦漢以來古郡縣有名無蹟者衆矣有蹟無名亦無慮十餘城頹垣廢堞所在皆是曾留滯漠南持議必有所見惜其未及搜討也今得覽此間圖籍與聞土人所傳城得百二十有奇郡縣百七十有奇洵如會之所云也爰網羅散失囊括舊文爲故城攷及各郡縣考綜其成數乃逾百側聞綏遠將建省會增置郡邑以此地輿家之所昉亦如新四廳之取名於古者焉

盛樂故城

盛樂故城在歸化城南漢置成樂縣爲定襄郡治後漢建武十年省後移定襄郡治善無以縣屬雲中郡漢末廢章懷太子曰定襄故城在今勝州界後魏之初建都于此通鑑魏甘露三年鮮卑拓跋力微始遷于定襄之盛樂晉建興元年猗盧城盛樂以爲北都咸康六年什翼犍始都雲中之盛樂宮太元十一年代王珪徙居定襄之盛樂二十年珪還雲中之盛樂胡三省注按盛樂前漢書作成樂屬定襄後漢書作盛樂屬雲中疑定襄之成樂即雲中之盛樂也然魏書帝什翼犍三年移都於雲中之盛樂明年築盛樂于故城南八里則已非後漢之盛樂疑定襄之盛樂乃前漢之成樂城雲中之盛樂乃後漢之故城也蓋建武之初匈奴侵擾民悉內徙其後擇地更爲必有非其故處者水經注白渠水西北逕成樂縣北魏土地記曰雲中城東八十里有成樂城今雲中郡治一名石盧城也元和志單于大都護府今爲振武節度理所在朔州北三百五十里本漢定襄郡之成樂縣也後魏都盛樂亦謂此城武德四年平突厥于此置雲州貞觀二十年爲雲州都督府麟德三年改爲單于大都護府聖歷四年改安北都護開元七年

隸屬東受降城八年復置單于大都護府管縣一金河縣天寶四年于城內置其振武軍景龍二年張仁愿于今東受降城置天寶四年節度使王忠嗣移于此續通典唐振武軍即漢定襄之成樂縣在陰山之陽黃河之北按隋始于盛樂改置金河縣唐爲振武軍遼爲振武縣屬豐州金廢爲鎮屬富民縣以水經注白渠水逕成樂縣北推之當在金城之南

桐過故城在歸化城西南濱河漢置屬定襄郡後漢末省水經注河水南入楨陵縣西北又南過赤城東又南過定襄桐過縣西河水于二縣之間濟有君子之名

武進故城在故盛樂城東南漢置屬定襄郡爲西部都尉治後漢改屬雲中郡建安末省水經注白渠水出塞外西逕武進縣故城北世祖建武中封趙慮爲侯國也

定襄故城在歸化城東漢置屬定襄郡後漢改屬雲中郡建安省蕭德言括地志定襄故城在朔州善陽縣北三百八十里今按明統志定襄故城在大同府西北二十八里乃唐時定襄非漢時之定襄也

武皋故城在歸化城北漢置屬定襄郡爲中部都尉治後漢省水經注芒干水南逕陰山西南逕武皋縣今按以水經注推之故城當在城東北界

武城故城在歸化城西南漢置屬定襄郡後漢末省魏書太宗紀永興三年詔尉古眞統兵鎮太洛城五年自太室南次定襄太洛城水經注太羅水逕武城縣故城南十三州志曰武城縣在善無西五十里北俗謂之太羅城　按太羅即太洛聲之訛也胡三省注通鑑謂太洛即漢之駱縣恐非又按駱縣故城武要故城亦當在歸化城界內

陶陵故城在歸化城界內漢置屬雲中郡爲中部都尉治後漢省

原陽故城在歸化城西漢置屬雲中郡後漢末省水經注芒于水南逕原陽縣故城西

北輿故城在歸化城西界漢初屬雲中郡爲中部都尉治後漢末省水經注武泉又西屈逕北輿縣故城北按地理志五原有南輿縣故此加北也按其地在古雲中城北北武泉縣南

武泉故城在歸化城西界史記周勃從高帝擊韓王信于代以前至武泉擊胡騎破之武泉北後置縣屬雲中郡後漢末省水經注武泉水出武泉縣故城西南西逕北輿縣故城南

陽壽故城在歸化城界內漢置屬雲中郡後漢省 按隋書地理志金河縣初曰陽壽蓋相近故取名也

武川鎮城在歸化城西北後魏置爲六鎮之一魏書高祖紀太和十八年八月幸武川鎮水經注芒于水西南逕雲中城北白道中谿水注之水發源武川北塞中南流逕武川鎮城景明中築以禦北狄元和志武川城今名黑城後魏六鎮從西之第三鎮在東受降城北三百里

大利故城在歸化城西界隋書高祖紀開皇十九年以突利可汗爲啟民可汗築大利城處其部落地理志定襄郡治大利縣大業初置帶郡有長城有陰山有紫河唐書突厥傳貞觀十五年思摩帥衆十餘萬渡河設牙于故定襄城其地南大河北白道畜牧廣衍龍荒之最壤括地志定襄郡即故雲中郡也

隋初置雲州後置定襄郡貞觀十四年移雲州于恆安其故城在榆林縣東北四十七里

淨州故城在歸化城東北陰山之後金史地理志淨州治天山縣舊爲確場大定十八年置縣又升縣爲淨州爲豐州支郡舊志元曰淨州路明初廢在大同府西北四百二十里

玉林故城在歸化城東南明初設衛永樂初內徙宣德元年于豐州東南復築城置玉林衛正統十四年徙于大同右衛城內

雲川故城在歸化城西南明初設衛永樂初復徙宣德元年復于豐州西南築城置雲川衛設官軍正統十四年復徙雲川衛官軍于大同右衛城內又有雲川古城在其西

古長城在歸化城北陰山史記匈奴傳趙武靈王築長城自代並陰山下又秦始皇本紀三十三年北斥逐匈奴自榆中並河以東屬之陰山水經注曰道嶺上有垣若頹基沿溪亙嶺東西無極疑趙武靈王之所築也

蘇武城在歸化城西北明統志在大同府城西北五百餘里相傳漢武帝時武出使被留居此城西有李陵碑

單于城在和林格爾地又有單于臺漢元封元年勒兵十八萬騎出長城北登單于臺唐武后永昌初使僧懷義討突厥刻石單于臺元和志臺在雲中縣西北四百餘里九邊圖舊清遠即單于城在兔毛河西北

喀喇城在和林格爾地又賀通圖城在城南八十里五藍城在城南百五十里渾津城在城西南四十四里以上四城今無考

雲中故城在托克托城地史記趙武靈王置雲中雁門代郡漢書地理志雲中郡治雲中縣後漢書光武帝紀建武二十六年遣中郎將段郴受南單于璽綬金入居雲中魏志建安二十年省雲中郡魏書地形志雲州領雲中郡水經注白渠水又西南逕雲中故城南故趙地秦始皇十三年立雲中郡縣曰遠

服矣元和志雲中故城在勝州榆林縣東北四十里趙雲中城秦雲中郡也　按古雲中在陰山之南黃河自西來折南流之處即今歸化城以西托克托城地漢時雲中郡治雲中縣定襄郡治成樂縣兩地東西相距止八十里初不相混也後漢始以成樂定襄等縣屬雲中及後魏初都盛樂號雲中于是定襄有雲中之名至隋以雲中置定襄郡大利縣而雲中有定襄之名然相去不遠猶近故地自唐以馬邑郡雲內之恒安鎮置雲州雲中郡及雲中縣又于忻州置定襄郡定襄縣于是雲中定襄之名移於古雁門太原二郡去故地始遠今謂大同爲雲中又太原府有定襄縣皆唐以後所名雲中郡也

咸陽故城在托克托城地漢置屬雲中郡後漢末省水經注大河東逕咸陽縣故城南又傳包鎮東二十里

楨陵故城在托克托城地漢置屬雲中郡爲西部都尉治後漢省水經注河水南入楨陵縣西北注緣狐山歷沙南縣東北兩山二縣之間而出縣在山南北去雲中城一百二十里今按楨陵與沙南縣隔

河相對楨陵
在河東岸

沙陵故城在托克托城地漢置屬雲中郡後漢末省水經注水過沙南縣北界從縣東屈南過沙陵縣西北界渠水逕沙陵縣故城南西注沙陵湖 按其地在沙陵湖近今黑河入黃河處

東受降城在托克托城地黃河東岸唐景龍二年張仁愿築元和志東受降城本漢雲中郡地在榆林縣東北八里今屬振武節度東北至單于都護府一百二十里東南至朔州四百里西至中受降城三百里北至磧口八百里唐書地理志寶應元年節度使張惟清以東城濱河徙至綏遠烽南元史地理志即今東勝州是也大同府志在府西北五百里

豐州故城今托克托城即遼豐州地本漢定襄郡地遼置豐州天德軍治富民縣屬西京道金因之元至元四年省縣入州屬大同路明初廢 大同府志豐州富民城在府西北五百里近葫蘆海 按遼金時豐州在今歸化城地西去隋唐豐州八百餘里遼史地理志誤襲舊文謂即隋唐豐州元史從之殊爲

失考遼史又云本漢五原郡地今考漢五原郡在黃河北遼豐州與大同接壤乃漢定襄郡地遼史以隋唐豐州有五原之名遂謂即漢之五原郡耳

東勝州故城在托克托城地黃河東岸本唐東受降城地遼置東勝州屬西京道遼史地理志東勝州武興軍隋置勝州改榆林郡唐貞觀五年于南河地置決勝州故謂此爲東勝州太祖神冊元年破振武軍勝州之民皆趨河東州廢晉割代北來獻復置金史地理志東勝州國初置武興軍有古東勝城領東勝縣元史地理志唐張仁愿築三受降城後以東城濱河徙置綏遠烽南即今東勝州是也金初屬西夏後復取之元至元二年省寧邊州之半入焉舊有勝縣四年省入州大同舊志東勝城在大同府西北五百里與故勝州隔河相望明洪武初故建左右二衞兵民皆耕牧河套中永樂初移治佐輔其地遂墟　按故城在歸化城西南一百四十六里湖灘河朔渡口即今之托克托城也唐之勝州在黃河西本隋之舊未聞移置河東亦無東勝州之名遼史所言未知何據

以上歸綏道舊治故城

托克托城注見歸綏志並土默特旗志城池下

廢淨州在旗界金史地理志淨州刺史大定六年以天山縣升爲豐州支郡刺史兼權議察北至界八十里縣一天山舊作椎場大定十八年置爲倚郭元史地理志淨州路領天山一縣　按故淨州在昌州之西豐州之北其地當在旗西北與喀爾喀接界處

九原故城在旗北史記秦世家武靈王讓地西至雲中九原又秦始皇本紀三十五年除道道九原抵雲陽塹山湮谷東道之漢書武帝紀元朔二年置五原郡地理志九原郡治九原縣後漢書光武帝紀建武二十年省五原郡徙其吏人置河東二十六年南單于遣子入侍於是雲中五原朔方北地定襄雁門上郡代郡八郡民歸於本土魏志建安二十年省五原郡酈道元水經注河水東逕河陰縣故城北又東逕九原縣故城南秦始皇置九原郡始此漢武帝更名五原也其城南面長河北背連山杜佑通典勝

州榆林縣西有漢五原城李吉甫元和郡縣志敬本故城在中受降城北四十里鄭虔軍錄曰時人以張仁愿河外築三城自古未有今敬本城周一萬八百七十二步壕塹深峻亦古之堅守賈耽古今述曰以地理求之前代九原郡城也 按九原故城在漢朔方之東北雲中之西今套北黃河東流處也唐勝州在套內東北九原直其西北通典以爲在西疑脫北字其北即陰山又北爲光祿塞西即北假秦漢時號爲絕塞隋唐豐州雖亦名九原五原乃漢朔方郡地也括地志謂勝州連谷縣本秦九原郡明統志謂在陝西神木縣皆誤

五原故城在故九原城西漢置縣屬五原郡後漢末省

水經注九原縣西北接對一城蓋五原縣之故城也

臨沃故城在故九原城東漢置屬五原郡後漢末省水經河水東過臨沃縣南注石門水自石門障東南流逕臨沃城東

宜梁故城在故九原城西漢置屬五原郡後漢末省水經注河水東逕宜梁縣故城南闞駰曰五原西南六里今世謂之石崖城

成宜故城在故九原城西漢書地理志五原郡成宜中部都尉治原亭西部都尉治田辟有鹽官後漢書南匈奴傳建武二十六年遣中郎將段郴副校尉王都使南單于其庭去五原西部塞八十里水經注河水自西安陽東逕田辟城南又東逕成宜縣故城南又東逕原亭故城

西安陽故城在故九原城西陰山南漢置屬五原郡後漢末省水經注河水逕朔方縣東北屈南過五原西安陽縣南

河目故城在故九原城西漢置屬五原郡後漢末省水經注河水自陽山南南屈逕河目縣左王泰括地志漢五原郡河目縣在北假中　按河目故城當在陽山南高闕東南北河之間又如五原所屬曼柏縣亦在黃河北岸惟河陰一縣在河南耳

稒陽故城在故九原城東北史記魏世家惠王十九年築長城塞固陽注正義曰按魏築長城自鄭濱洛北達銀州至勝州固陽縣爲塞也漢書地理志五原郡東部都尉治稒陽又稒陽縣北出石門障得光祿城又西北得支就城又西北得頭曼城又西北得虖河城又西北得宿虜城後漢書和帝紀永元元年度遼將軍鄧鴻出稒陽塞與匈奴戰於稽落山大破之魏書太祖紀登國六年衛辰遣子直力鞮出稒陽塞侵及黑城帝襲五原屠之收其積穀還紐垤川於稒陽塞北樹碑紀功水經河水東逕稒陽縣故城南又東逕塞泉城南而東注　按稒陽在五原郡東北近雲中郡

漢受降城在旗北漢九原北塞外漢書武帝紀太初元年遣因杅將軍公孫敖築塞外受降城又匈奴傳呼韓邪單于自請留居光祿塞下有急保漢受降城　按後魏太平眞君九年北討至受降城積糧城內留守而還蓋卽漢城也

懷朔鎭城在旗東北後魏太武破蠕蠕列置降人於漠南東至濡源暨五原陰山竟三千里分爲六

鎮曰懷朔武川撫冥懷荒柔遠禦夷惟懷朔最西孝昌中改置朔州後廢魏書高祖紀太和十八年八月癸丑幸懷朔鎮己未幸武川鎮辛酉幸撫冥鎮壬子幸柔遠鎮胡三省通鑑注此六鎮自西徂東之次第也地形志朔州本漢五原郡延和二年置鎮後改懷朔孝昌中改爲州後陷今寄治并州界水經注光祿城東北卽懷朔鎮城也元和志光祿城東北有古懷朔城在今中受降城界

中受降城在旗西黃河北岸唐景龍二年張仁愿築本古拂雲祠地元和志中受降城本秦九原郡地漢更名五原開元十年於此置安北大都護府後又移徙東至東受降城三百里西北至天德軍二百里南至麟州四百里北至磧口三百里新唐書地理志中受降城有拂雲堆祠接靈州境有關元和九年置又横塞軍本可敦城天寶八載置十二載廢　在今薩拉齊境

西受降城在旗西北黃河北岸新唐書地理志豐州有西受降城唐景龍二年張仁愿築元和志西受降城在豐州西北八十里蓋漢朔方郡臨河縣故理處開元初爲河水所壞至開元十年總管張說於

故城東別置新城其後城西南隅又爲河水所壞正東徼南至天德軍一百八十里東南渡河至豐州八十里西南至定遠城七百里北至磧口三百里先是朔方軍北與突厥以河爲界河北岸有拂雲堆祠突厥將入寇必請祠祭酬因牧馬料兵而後渡河張仁愿爲總管時突厥默啜盡衆西擊突騎施波葛仁愿請乘虛奪取漠南之地於河北築三受降城首尾相應以絕其南寇之路中宗從之六旬而三城俱就以拂雲祠爲中城與東西兩城相去各四百餘里北拓地三百餘里於牛頭朝那山之北置烽堠一千八百所自是突厥不得度山放牧朔方無復寇掠唐文粹呂温有三受降城碑銘曰韓侯受命志在朔易北方之强制以全策亘漢橫塞揭之雄壁如三鬬龍躍在大澤並分襟帶各閉風雷俯視陰山仰看昭回一夫登陴萬里洞開日晏秋盡纖塵不來又有李華三城韓公廟碑序

天德軍城在旗西北中受降城西北二百里唐天寶中置元和志天德軍舊理在西受降城權置軍馬於永清柵元和九年詔受理舊城本安北都護貞觀二十一年於西受詔城東北四十里置燕然都護

以瀚海等六部督皐蘭等七州並隸焉龍朔三年移於磧北同鶻本部仍改名瀚海都護總章二年又改名安北都護尋移於甘州東北一千一十八里隋故大同鎮垂拱元年置同城鎮其都護權移理刪丹縣西南九十九里安西城景龍二年又移理西受降城開元十年又移理中受降城天寶八年張齊印又於可敦城置橫塞軍於大同川西築城名曰天安軍移理焉乾元後改為天德軍緣居八較少西南移三里權居永清柵其理所又移在西受降城自後頻為河水所侵至元和八年黃河泛溢城南面毀壞轉多李吉甫請修天德舊城以安軍鎮詔從之於是復移天德軍理所於舊城焉西南渡河至豐州二百里西北至橫塞軍城二百里西至西受降城一百八十里西南至新宥州一百里東南至中受降城二百里遼史地理志西京道天德軍本中受降城唐乾元中改置天德軍移永濟柵今治是也太祖平党項遂破天德盡掠其民以東後置招討使以國族為天德軍節度使有黃河黑山峪盧城威塞軍秦長城唐長城又有牟那山鉗耳嘴

城在其北焉

故大同城在旗西北故天德軍城西南三里隋時所築

隋書長孫晟傳開皇十九年染干因晟奏雍間作具欲攻大同城詔發六總管分道出塞討之唐書地理志天德軍乾元後徙屯永濟柵故大同城也

按永濟柵元和志作水清柵

雲內州故城在鎮西北遼史地理志西京道雲內州開遠軍本中受降城地遼初置代北雲朔招討司改雲內州淸甯初升有威塞軍古可敦城大同州天安軍永濟柵安樂戍拂雲堆領柔服甯人二縣

舊志金雲內州領柔服一縣大定後省甯人縣入之增領雲川縣元初省柔服雲川二縣仍爲雲內州屬大同路明初廢宣德初置設官兵戍守正統中遷代州應渾等處

古長城在旗北陰山史記秦始皇本紀三十三年西北斥逐匈奴自榆中並河以東屬之陰山以爲三十四縣城河上爲塞遼史地理志天德軍有秦長城唐長城

以上烏蘭察布盟旗故城廢州

朔方故城在右翼後旗界內詩小雅城彼朔方史記匈奴傳秦始皇使蒙恬將十萬衆北擊胡戎收河內一百二十塞築四十四縣城臨河縣一帶諸侯叛王悉復收其地之南與中國界於故塞後冒頓南犯樓軍與討平之傳元朔元年授蘇健騎將軍

臨河故城在朔方故城西北漢置屬朔方郡後漢及水經注河內自高闕南又東逕臨河縣故城北又南河東逕臨戎縣故城北又東逕臨河縣南按黃河北流逕故朔方之西行五百餘里一支分為二岐東注水經所謂南河也其北河流至套外之阿爾布坦山南迤西溢為大河土名騰格里腦兒即古屠申澤也自此屈而東流過古高闕南行二百里許稍東南流又折而西南與南河合水經所謂北河南屈逕河目縣左又南合南河是也始直向東行經古五原之南至大土爾根河入河處始轉向東南行過古東勝州境以地勢測之漢臨河縣在北河之南南河之北水經所謂自高闕南而東逕故城北者北河也自臨戎縣北而東逕縣南者南河也

渠搜故城在故朔方城東漢置屬朔方郡爲中部都尉治後漢省水經注河水自朔方東轉逕渠搜縣故城北

廣牧故城在故朔方城西漢置屬朔方郡爲東部都尉治後漢末省水經注南河自臨河縣南臨戎縣北又東逕廣牧縣故城北

臨戎故城在故朔方城西河向北流之東岸漢書地理志朔方郡領臨戎武帝元朔五年城後漢書郡國志朔方郡治臨戎縣水經注河水北逕臨戎縣故城西元朔五年立舊朔方郡治元和志豐州永豐縣在州西一百九十里本漢臨戎舊地後漢末廢北人又謂之賀葛眞城周武保定三年於此置永豐鎮隋開皇五年廢鎮置永豐縣武德六年省永徽元年復置延綏志臨戎縣故城啞把湖在其內 按前漢朔方郡治三封三封故城在套外黃河西岸水經注曰河水東北逕三封縣故城東十三州志云在臨戎縣西一百四十里是也元和志曰漢武帝置朔方理在三封在豐州西一百里其地在今鄂爾多斯右翼

後旗正西河外又窳渾故城沃埜故城皆在套外水經河水北過朔方臨戎縣西又北有枝渠東出謂之銅口東逕沃埜故城南又北屈而爲南河出焉又北迤西溢於窳渾縣故城東又屈而東流爲北河 按此則沃埜故城當在今套外河水北流一曲之西而窳渾故城則在今阿爾坦山之南騰格里湖之側朔方一郡惟此三縣在套外耳

奢延故城在右翼前旗西南漢置屬上郡後漢因之晉省水經注奢延水出奢延縣西南赤水阜東北流逕其縣故城南 按奢延水即今榆林之無定河及石窯川河旗西南哈柳圖河額圖渾河即古奢延縣也

白土故城在左翼中旗南漢置屬上郡後漢因之晉省水經注圁水出白土縣圁谷東逕其縣南括地志白土故城在鹽池東北三百九十里 按其地近今神木縣北

大成故城在左翼前旗界漢置屬河西郡後漢曰大城改屬朔方郡後廢後漢書南匈奴傳逢候將

萬餘騎向滿夷谷鄧鴻等追擊逢侯於大成塞破之

富昌故城在左翼前旗界漢書地理志西河郡武帝元朔四年置治富昌縣有鹽官後漢書順帝紀永和五年南匈奴左部叛徙西河居離石注離石在郡南五百九里西河本都平定縣至此徙於離石水經注湳水東逕富昌縣故城南隋書地理志榆林郡富昌開皇十年置榆林舊志富昌故城在故勝州南　按漢書西河郡自治富昌後漢書注謂出郡平定當是後漢初所徙治也隋復置富昌屬榆林唐初省其地直今榆林府東北

美稷故城在右翼前旗東南漢置屬西河郡後漢因之晉省水經注湳水出西河郡美稷縣　按通典隰城縣有美稷鄉在今山西平定州界乃後漢中平中所徙置非前漢故縣也

代來城在左翼界內晉書赫連勃勃載記苻堅以衛辰爲西單于督攝河西諸部屯代來城通鑑晉太元十六年魏王珪自五原金津南濟河徑入衛辰國直抵其所居悅跋城胡三省注悅跋城即代來城也

勝州故城在右翼後旗隋書地理志榆林郡開皇二十年置勝州大業初置郡元和志勝州戰國時為趙地始皇時為雲中郡漢末匈奴侵邊其地遂空晉末屬赫連氏後魏迄周往往置鎮不立郡縣隋開皇三年於此置榆林郡七年又置榆林縣屬雲州二十年割雲中之榆林富昌金河三縣置勝州大業五年以勝州為榆林郡十五年郡人郭子和以城入突厥武德四年子和歸國其地又陷梁師都貞觀二年平師都三年仍隋舊理置勝州以決勝為名西南至麟州四百里至夏州九百里南至銀州七百里北至豐州七百里又榆林郡郭下本漢沙南縣地北近榆林因名屬雲州二十年改屬勝州榆林關在縣東三十里開皇三年置樂史太平寰宇記勝州西北至河十里正東至河四十里陝西通志勝州城在榆林衞東北四十五里按其地在套內東北瀕黃河屈南流處與遼金東勝州相近但隔河耳又按唐勝州在豐州東不在南元和志於豐州下既去東至勝州五百三十里此又云北至豐州七百里疑誤

豐州故城在右翼後旗界內隋書地理志五原郡開皇五年置豐州仁壽元年置總管府大業元年

府廢治九原縣元和志豐州在秦上郡之北境漢置朔方郡靈帝末羌胡擾亂城邑皆空永嘉後匈奴衛辰父子居其地後魏爲夏州之北境周武帝於今永豐縣置永豐鎮隋開皇三年於鎮置豐州後廢貞觀四年突厥降附又權於此置豐州都督府不領縣惟領蕃戶以史大柰爲都督十一年大柰死復廢府以地屬靈州二十二年又分置豐州天寶元年改爲九原郡乾元元年復爲豐州東至勝州五百三十里西南至靈州九百里東南至夏州七百五十里西北至河西城八十里又九原縣郭下本漢之廣牧縣地永徽四年重置縣其城周隋間謂之甘草城唐書唐休璟傳永淳中突厥圍豐州朝廷議棄豐保靈夏休璟上疏曰豐州控河遏寇號爲襟帶自秦漢以來常郡縣之土田良美宜耕牧隋季喪亂不能堅守乃遷就靈慶戎羯得以乘利而交侵始以靈夏爲邊唐初募人實之西北一隅得以完固今而廢之則河防地復爲賊有而靈夏亦不足以自安非國家利也高宗從其言　按豐州至宋慶曆中陷於西夏嘉祐七年復以府州蘿泊川置豐州地在今河套東南陝西府谷縣之北非此之隋唐所置豐州也

廢宥州在右旗前旗西南宥新舊二州俱唐置元和志廢宥州在鹽州東北三百里開元二十六年置寶應以後廢新宥州在廢宥州東北三百里東去麟州六百里西南至靈州六百五十里南至鹽州六百里初調露元年於靈州南境置魯麗含塞依契六州以處突厥降戶長安四年并爲匡長二州神龍三年復置蘭池都督府在鹽州白池縣北八十里仍分六州各爲一縣以隸之開元十一年康待賓叛克定後遷其人於河南江淮諸州二十六年還其餘黨於此置宥州以寬宥爲名也後爲甯朔郡領縣三曰懷德延恩歸仁天寶中宥州寄理經略軍寶應以後因循遂廢元和九年詔復於經略軍城置宥州乃爲上州於州郭下置延恩縣爲上縣改隸夏綏銀觀察使又自州北至天德置新館十一所從天德取夏州乘傳奏事四日餘便至京師舊唐書地理志宥州天寶元年爲甯朔郡至德二年改爲懷德郡都督府乾元九年復爲宥州元和十五年移治長澤縣爲吐蕃所破長慶四年夏州節度使李祐復置

高望廢縣在右翼前旗直榆林北漢置屬上郡爲北部都尉治後漢省

虎猛廢縣在右翼前旗界內直榆林北漢置屬西河郡
後漢省又漢置西河郡領增山縣北部都尉
治有道西出眩雷塞又穀羅縣武澤在西北後漢
俱省其地俱在今套內之南與榆林邊界接境

河濱廢縣在左翼前旗界內元和志河濱縣本漢沙南
縣地後魏及周為銀城縣地隋為榆林縣地
貞觀三年於此置河濱縣東臨河岸因以為名改雲
州為威州立嘉名也八年廢威州以縣屬勝州河濱
關在縣東北貞觀七年置唐書地理志勝州河濱縣
貞觀三年以縣置雲州四年曰威州八年州廢來屬
寰宇記縣在勝州南一百九十里五代時與州俱廢
按此在黃河西岸為唐時勝州之河濱若遼置東
勝州亦領榆林河濱二縣其地
在黃河東岸非隋唐舊地也

故白城在右翼前旗界內直榆林西元和志攸白城一
名契吳城在夏州朔方縣北一百二十五里契
吳山赫連氏因山所築勃勃嘗所歎
美故其子因立此城以立勃勃之廟

以上伊克昭盟旗故城廢州

且如故城在旗東南漢置縣屬代郡爲中部都尉治後漢省魏書太宗紀神瑞二年幸沮洳城水經注于延水東南逕且如縣故城南應邵曰當城西北四十里有且如城故縣也代稱不拘名號變改較其城就相去遠矣舊志故城在張家口西北按于延水今名兆哈河亦曰昭哈河則故城在水旁明矣

延陵故城在旗地漢置縣屬代郡後漢省水經注延鄉水東逕延陵縣故城北地理風俗記曰當城西北有延陵鄉故縣也舊志在天鎮縣西北

琦城俗謂卽延陵故城

柔元鎮城在旗東南後魏太和中置爲六鎮之一魏書高祖紀太和十八年幸撫冥鎮又幸柔元鎮水經注于延水出柔元西長川城南通鑑胡三省注柔元鎮在于延水東漢且如縣西北塞外又武冥鎮在武川柔元之間

長川城在旗東南魏書始祖率所部北居長川天興二年分命諸將襲高車常山王遵從東道出長川

水經注于延水出柔元鎮西長川城南小山通鑑胡
三省注長川在禦夷鎮西北大漠之東垂也

威甯廢縣在旗西南八十餘里金史地理志撫州威甯
縣承安二年以撫州新城鎮置元史地理志
興和路威甯縣元初隸宣德府中統三年來
屬李賢明統志在哈密衞東北二百一十里

沃陽故城在旗界漢置屬雁門郡爲西部都尉治後漢
省後魏復置屬善無郡北齊省水經注沃水
逕沃陽縣故城南北
俗謂之可不泥城

可不泥城俗謂卽沃陽故城

阿養城俗亦謂卽沃陽故城

梁城廢郡在旗界後魏置北齊省魏書地形志恒州梁
城郡天平二年置領縣二參合裋鴻水經注
沃陽縣鹽池北十里卽涼城郡取名焉地理志曰澤
有長丞此城卽長丞所治也大同舊志涼城故城在
助馬堡北邊牆外舊
志在殺虎口東北

參合廢縣在旗界後魏分沃陽縣置屬梁城郡北齊省沃水東逕參合縣南魏因參合陘以名也北俗謂之倉鶴陘道出其中南謂之參合口陘在縣之西北魏立縣以隸涼城郡也西去沃陽故城二十里縣北十里有都尉城地理志曰沃陽縣西部都尉治者也北俗謂之阿養城按漢參合縣屬代郡在平城之東此乃後魏分沃陽縣置非漢故縣也地形志謂即漢縣水經注又謂即慕容寶軍潰處俱誤詳見大同府

宣甯廢縣在旗界遼置宣德縣屬德州金大定八年改宣甯屬大同府元因之明廢明統志在大同府北八十里

平地廢縣在旗界元史地理志大同路平地本號平地裊至元二年省入豐州三年置縣曰平地明初廢

以上察哈爾旗故城廢郡縣

杜爾筆城在牧廠東南五里周一里一百七十步有奇高三丈東西門各一

插漢城在牧廠西南七十里周一里二百六十步有奇高三丈南北門各一撥二城俱未詳建自何時

開平故城在牧廠東北灤河北岸巴哈呼爾虎之城土人呼爲兆柰曼蘇默忒直獨石口東北二百二十五里元史地理志上元路唐爲奚契丹地憲宗五年置恒州元初爲札拉爾部烏嚕郡王營幕至憲宗五年命世祖居其地爲巨鎭明年世祖命楊秉忠相宅於恒州東灤水北之龍岡中統元年爲開平府五年以闕廷所在加號上都歲幸焉至元二年置留守司五年爲上都路總管府十八年升上都路留守司並行本路總管府事邊防考洪武二年常遇春取開平建衛於此二十七年置馬驛八東曰涼亭沈河賽峯黃崖四驛接大甯西曰恒州威虜明安隰甯四驛接獨石宣德五年總兵薛祿上言自大甯棄後開平孤懸寡援敵兵出沒餉道艱阻乃移開平衛治獨石舊址遂廢棄地蓋三百餘里宣鎭舊志元上都城在鎭城東北七百里城周四十里內有大明殿門左曰星拱右曰雲從儀天殿門左曰日精右曰月

華寶雲殿側有東西暖閣寢慶殿側有東西香殿玉德殿後有壽昌堂慈福殿有紫檀閣連香閣延春閣其前拱辰堂爲百官儀政之所後御膳亭凝暉樓側有線珠瀛洲亭有金露臺又有留守司凡省院官署七十餘元至元中所建明時俱廢按兆柰曼蘇默城在灤河北有重城外城方十餘里東西各二門南北各一門內地方五里東西南三門其外城東北隅有元至元中石碑城址猶在而宫闕舊蹟俱已湮沒札拉西舊作札剌兒烏魯舊作兀魯今俱改正

恒州故城在牧廠北界開平城之西南土人呼爲庫爾圖巴爾哈孫城直獨石口東北一百八十六里金史地理志西京路恒州威遠軍節度使明治七年改置刺史北至舊界一里半縣一清塞元史地理志上都路恒州本上古郡地金置恒州元初廢至元二年復置明統志恒州城在雲州堡北三百六十里宣府舊志州本烏恒所居故名有二城南爲新北爲故城相去三十里按恒州城卽今庫爾圖巴爾哈孫城城址周八里已毁灤水經其南又東東北流經兆柰曼蘇默城之南城北有土岡岡北有伊黑呼爾虎

山與巴哈呼爾虎山連接此城蓋即元時所名新城明初於此置恒州驛所謂開平西南之第一驛也

疆陰故城在牧廠地漢置疆陰縣屬雁門郡後漢因之後廢舊志在大同縣邊外

興和故城在牧廠西南二十里南至張家口百里本金時撫州金史地理志西京路撫州鎮寧軍節度使遼秦國大長公主建爲州章宗明昌三年復置刺史爲恒州支郡治柔遠明昌四年置司候司承安二年升爲節鎮軍名鎮寧元史地理志興和路唐屬新州金置柔遠鎮後升爲縣又升撫州屬西京元中統三年以郡爲內輔升隆興路總管府建行宮治高原縣宣鎮志高原縣城在懷安衞北一百六十里舊志興和城在開平西南四百餘里宣府北三百餘里膳房堡邊外開平之通道宣府之外藩也明洪武初置守禦千戶所永樂中移千戶所於宣府其地遂廢

按此城土人名喀喇巴爾哈孫城周六里餘門四故址猶存即興和城也又按金史撫州有旺國崖大定八年五月更名靜寧山有瑪達格山大定二十九年更名呼圖哩巴有水井倚郭柔遠縣大定二年置於燕子城隸宣德州明昌三年來屬有燕子城國言

曰古勒達爾罕北羊城國言曰和甯權場札拉沔嶺山大魚濼行宮有樞光殿有雙山七里河石井蝦蟆山得勝口舊名北望淀大定二十年更今皆不可考又按金史柔遠縣有燕子城趙秉文撫州詩燕賜城邊春草生野狐嶺上斷人行沙平草遠望不盡日暮惟有牛羊聲蓋本名燕賜後又以吾相近訛爲燕子城耳○瑪達格山舊作麻達葛山胡圖哩巴舊作胡土白山故勒達爾罕舊作吉甫魯山苑和甯舊作火唵札拉舊作查剌今俱改正

沙城在牧廠西北二十里舊興和城北十里元時所建城楊榮北征錄沙城卽元中都此處最宜牧馬 按此城土人名插漢巴爾哈孫城周七里門四故址猶存

集甯廢縣在牧廠地金史地理志撫州集甯縣明昌三年以春市場置北至界二百七十里元史集甯路領集甯一縣舊志集甯城在興和西一百五十里

豐利廢縣在牧廠界金史地理志撫州豐利縣明昌四年以泥濼置有蓋里泊舊志金豐和縣元廢

在興和西大同天城衛邊界

以上牧厰地故城廢縣

故城續考

太羅城亦曰太洛城卽漢駱縣故城　見魏書太宗紀下同

武要故城連上二城皆當在歸化界內

河陰故城在九原故縣南　見水經注

敬本故城在中受降北四十里　見元和志　周八百七十二步　賈耽謂卽九原郡城

石崖城闞駰謂卽宜粱城在五原西南六里

田辟故城在西安陽之東成宜縣之西　見水經注

原亭故城在田辟城之東

光祿城在稒陽縣北出石門障得此漢光祿勳徐自爲所築故名在壞朔鎭西南　見漢書地理志

支就城

頭曼城

虖河城

宿虜城同上皆五原郡東　今五原廳界卽烏喇忒旗界

黑城在稒陽塞亦近五原廳　見魏書太祖紀

塞泉城在稒陽故城東　北魏置此於河北

新受降城在西受降之東中受降之西唐開元中總管張說築北有下鸊泉

前後雞延城在九原舊城附近雞延卽居延之轉音

郎君城同上出寰宇記皆烏蘭察布界內卽今五原廳地

懷遠城近白土城在鄂爾多斯界

可愷城遼史地理志聖宗統和年以可愷城爲鎭州軍曰建安又云河董城本回鶻可愷城唐天寶年

於此置横塞軍

盧城黄河黑山峪北出處同上

割達城

綏遠城唐寶歷年振武節度使張惟清以受東降城濱徙置綏遠烽賈耽圖云古雲城西五十里有綏遠城是

盧城同上在中受降城北　或與盧爲一

定遠城豐州八十里西南　在歸化武川廳界

富民縣城本臨戎城今富民莊是其故址今鎮川口外西南四十里歸廳界

石盧城即戍樂城魏土地記

統萬城在黑水南　統萬即赫連民所都亦赫連所居

夏州故城

沃埜故城見臨戎故城注地在套外皆鄂爾多斯境

窳渾故城同上 當在今伊克昭盟界

忻都城在渾懷障之西南 以下出邊界形勢論亦見

臨戎故城注城皆河套內今五原廳界

腦兒城亦名西故城對契丹故城而言

省嵬城

兒峯城同上皆雲中西境地 今著五原志略邊防門

靜邊城東南至上京千五百里

同城鎮垂拱三年置

安西城開遠軍遼西京道在雲內州

故丹縣近中受降城在

白道故城歸城西北縈帶長城者北魏築今在豐鎮和林界豐境白道泉和境白道渠皆云有故城

獨谷孤城在古涼城旋鴻縣西南即今豐鎮境牧地之永旺莊如渾水流逕此地

焉城縣故城在高柳東二百四十里修水逕其東南

零丁城在焉城之東延陵故城西

馬城故縣當在柴溝堡北　豐鎮廳界

善無縣故城見水經注貨敢水西北流逕此莽之陰館也

中陵縣故城在善無縣南七十里樹頹水所逕莽之遮害也又名北右突城

都尉城沃陽縣故城北十里地理志曰沃陽縣西部都尉治也見水經注河水又南樹頹水注

阿計頭殿宮城魏帝行宮也在白道嶺北阜上其城員角而不方四方列觀城內唯臺殿而已

渾津巴爾哈孫舊城在渾津村南十里外距歸城四十四里

三封故城在忻都城軍惱兒城之間亦今五原界內

鳳凰城在神水海之東見邊關圖

蘇武城在黃河東岸相傳出使被羈於此在今五原廳界

黃昏城黃昏城在塞外爲魏文所築杜甫詩所謂獨留青塚向黃昏是也

以上由古蹟補入出諸史諸志諸圖籍

十二連城在黃河西五里黑土崖前視其有城基一連數處本境民人呼之十二連城

二古城一在白塔北一在白塔南二城相距不遠城基均有約二尺許訪之鄉人俱不知爲古何城俗云宋楊業所築

襄陰城與武要城近在今甯遠廳北陶林廳界

高原縣城在懷安衞北百六十里近興和縣

燕子城本名燕賜在柔遠縣隸宣德州近興和城

秦漢以下舊郡縣考

秦置雲中九原等郡朔方郡未置以前九原郡兼河南地以爲三十四縣

漢置雲中郡秦置莽曰受降屬并州在歸綏之西南縣十一　雲中莽曰遠服　咸陽莽曰賁武　陶林東部都尉治　楨陵緣胡山在西北西部都尉治莽曰楨陸　犢和　沙陵莽曰希恩　原陽　沙南惟此在河西　北輿中部都尉治師古曰闞駰云廣陵有輿故此加北　武泉莽曰順泉　陽壽莽曰常得

置定襄郡高帝置莽曰得降屬并州即今歸綏六廳地縣十二　成樂一名石盧城　桐過莽曰椅桐師古曰過音工禾反　都武莽曰通德

武進白渠水出塞外西至沙陵入河西部都尉治莽曰伐蠻　武皋荒干水出塞外西至沙陵入河中部都尉治莽曰永武

襄陰　駱莽曰遮要　安陶莽曰迎符　武都莽曰恒就

武要東部都尉治莽曰歈胡師古曰歈音一葉反　定襄莽曰著武　復陸莽曰聞武此與安陶武都在察哈爾牧厰廂紅廂藍旗地今甯遠與和界

置五原郡秦九原郡武帝元朔二年更名東部都尉治稒陽莽曰獲降屬并州即今烏喇特等地

縣十六　九原莽曰成平　固陵莽曰固調　五原莽曰塡河亭　臨沃莽曰振武　文國莽曰繁聚

河陰　蒲澤屬國都尉治　南興莽曰南利

武都莽曰桓都　宜梁　曼柏莽曰延柏師古曰曼音萬

成宜中部都尉治原高西部都尉治田辟有鹽官莽曰艾虜師古曰辟讀曰壁艾讀曰刈

稒陽北出石門障得光祿城又西北得支就城又西北得頭曼城又西北得虖河城又西北得宿虜城莽曰固陰　莫䵣如淳曰音切恒師古曰音丁葛反

西安陽莽曰鄣安　河目

置朔方郡元朔二年遣將軍衛青李息收河南地屬并州　縣十三

封　朔方　修都　臨河

呼遒　窳渾　渠搜

沃壄　廣牧　臨戎

盧芳之亂邊郡並廢

建武中置郡屬并州仍治雲中領十一縣省雲中三縣屬定襄三縣又省諸縣屬定襄三縣

魏置新興郡領縣三　雲中古城在托廳東四十里　九原

定襄

晉不置城邑為拓猗盧地後東以居越勒莫弗部河西為赫連所居

北魏徙都盛樂即成樂永嘉四年城　又徙平城置　司州治　代都

平城

置雲中郡後改爲鎮　又置鎮二　懷朔在今烏拉特部

武川在今茂明安部　皆不領縣後改司爲　恒

又改懷朔爲　朔州

置雲中治郡四　盛樂　雲中

建安　真興即今歸綏道地下同隨附錄　并

朔州屬郡二　廣甯　神武

恒州屬一　梁城郡　參合

旋鴻

代郡屬縣一　永固　善無郡屬縣一　沃陽

孝昌之亂多陷

寄治并州領郡四縣九 盛樂郡 歸順

還安 雲中郡 延

民 雲陽 建安郡

永定 永樂 眞興郡

眞興 建義 南恩

朔州寄治并領郡四縣十三廣甯郡 石門即石門障

中川即白道中溪 神武郡 尖山

殊頹即吐頹山樹頹水

司州寄治秀容領郡八代郡善無郡梁城郡俱在內 縣十四

按未置朔州以前歸綏一帶皆隸司州爲畿內

地

天興定京邑東代郡西善無南陰館北參合爲畿內田

魏主燾置六鎮 武川此鎮置山後今名黑城在白道中溪水上在今歸化城西 撫冥在喀爾喀右翼北 懷朔今榆林鎮故豐州漢五原郡也

懷荒 柔元在四子部落地 禦夷此六鎮自西徂東

朔州領郡二 盛樂 廣牧套內濱河今右翼後旗界

北魏置郡兼領 富昌漢屬西河今爲鄂爾多斯右翼前旗

後改廣牧與五原並屬附化郡

雲州郡領郡 建安 眞興

朔州領郡　太安　廣甯

神武　太平　附化

北齊置　安遠　威遠等部兼有大同

北周置永豐郡　隋置豐州後復立　五原郡兼河東西言之

隋唐勝州　兼有河東地

大業置帶郡亦稱帶關曰長城郡　陰山郡

紫河郡

開皇置榆林郡　雲州後改定襄郡　領縣四

陽壽內置榆林關立總管府後改雲州總管　油雲上二縣在河東後並改置金河縣隸勝州

又隸榆林兼雲內地榆林　富昌開皇置上二縣在河西　又築大

利城居突厥可汗徙雲州府治之

唐平突厥後置雲州治縣一　定襄　突厥州十

九　府三在河西

置狼山府在烏拉東西十里　改雲中爲大單于府

今五原廳界

甯朔領州四　阿德　執失

蘇農在突厥稱此等爲二十四州　拔延

龍朔置雲中受降城不出此都督府領州五　合利

阿史　那　綽

壁　白登隸燕然

定襄都督府後分置桑乾領州四　郁射

藝失　卑失　叱略

呼延都督府　領州三　賀魯　葛

邏　跌跌

振武軍節度押善落使乾元領州二　麟

此近陝之榆林勝　大歷領州二　銀

綏此近陝之延綏等處

麟德更雲中為縣　金河改燕然為瀚海舊有新黎等

七都督仙萼　賀國等八州

開元　安北都護府治中受降城仁愿舊築

西受降城後徙天德軍　東受降城德宗徙綏遠烽後徙榆林縣東北振武軍亦移在此幷爲一城

五代初地陷於遼

遼置豐州建應天軍　領縣二　富民

振武　後升總管府　仍爲節鎭　置縣一　天山

州一　淨州

置雲中州一名石盧城建開遼軍天朔　領縣二　柔服

甯人亦作仁增　雲川　屬西京道

置東勝州初置武興軍不設縣　領河西縣　榆林在今托克托廳黃河西岸

河濱　後置東勝縣隸之　又領鎭一　甯化

置甯邊州亦不設縣　置德州　領郭下宣德縣

後改宣甯　後置甯邊縣隸之　元廢

金置豐州并隸西京道路自宋以來俱以歸化城爲豐州治　領縣二

富民　淨州

元置縣　平地　仍宣甯隸大同

仍天山

明州縣并廢

明置東勝衛五　又衛四　玉林

雲川　鎮虜　宣德後改左

右二衛

宣德時仍置豐州　雲內縣

正統多棄於蒙古

萬歷中俺答歸華置　歸化城

計在

國朝以前郡三十八　軍五　府三　州二十

五　縣八十五　鎮八　城五　衛四

綏遠志卷四

官制考

天聰九年以貝勒駐守歸化城會典下同

崇德元年歸化城編爲二旗設左右翼都統各一人

康熙三十三年歸化城土默特兩旗增設副都統二人

乾隆三十一年以綏遠城將軍兼管右衞歸化城事務

三十五年奉

諭嗣後歸化城副都統管理綏遠城滿兵事務

乾隆二年設綏遠城駐防將軍一人副都統二人滿洲協

領八人佐領防禦驍騎校各十九人蒙古協領二人佐

領防禦驍騎校各八人漢軍協領二人佐領防禦驍騎校各八人滿洲蒙古漢軍兵三千九百名撥出征効力之在京八旗開戶兵二千四百名熱河駐防漢軍一千名右衞駐防内議裁未盡之蒙古兵五百名以充其額内委署前鋒校十六人前鋒一百八十四名領催一百四十名驍騎校三千五百六十名箭匠鐵匠五十四名六年撥右衞駐防滿洲下五旗佐領防禦驍騎校各五人改駐綏遠城通考下同十二年裁駐防蒙古佐領防禦驍騎校各四人漢軍協領一人佐領防禦驍騎校各四人改撥八旗開戶兵二千四百名於直隸山西二

省補綠旗營由京城撥滿洲兵一千二百名復選駐防餘丁五百名充補兵額共八旗滿洲蒙古兵三千二百名內委前鋒校十六人前鋒一百八十四名領催一百二十八名驍騎校二千八百七十二名箭匠鐵匠各二十八名　二十五年改駐防兵額設步軍四百名養育兵四百名實存領催驍騎校二千四百名　二十六年裁歸化城都統一人並裁綏遠城副都統一人　二十八年復裁歸化城都統一人令土默特二旗歸綏遠城將軍兼轄惟設副都統二人一駐綏遠城一駐歸化城尋止留歸化城一人　二十九年裁駐防漢軍協領佐

領防禦驍騎校各員及漢軍兵二千一百十七名悉全出旗分撥直隸山西二省改補綠旗營實設滿洲蒙古兵二千名 三十年裁滿洲兵佐領防禦驍騎校各八人 三十五年裁協領四人佐領四人蒙古協領一人箭匠鐵匠各二十名增馬步兵七百名

凡見在員名兵額及各俸餉米折馬匹馬乾等數目俱詳後列表

歷任將軍左翼副都統右翼副都統右衛城守禦 乾隆二十三年改設

理事糧餉同知　倉庫大使

康熙朝

都佛 正紅旗滿洲人三十三年任

自是年以禁旅駐防右衛蕩平噶爾丹後將軍以下駐防如故朔平府志載官職一門乃綏遠城之權輿也

方額 正藍旗滿洲人三十三年任

馬齊 鑲藍旗滿洲人三十三年任

伯費揚古

黨愛 鑲白旗滿

白音布 鑲紅

理事一缺亦雍正年新制以後所錄三人見朔平志餘無考是職專司糧餉兼管本城旗民交涉詞訟及城外渾津黑河二里十三戶莊頭等事衙門乾隆二年建

正白旗滿洲人三十四年任

洲人三十四年任

旗滿洲人三十四年任

宗室費揚古 正藍旗滿洲人三十五年任

禪布 正藍旗滿洲人三十八年任

馬爾岱 鑲藍旗滿洲人四十四年任

覺羅廷壽 鑲黃旗滿洲人五十七年任

何雅圖 鑲黃旗滿洲人五十年任

羅祭 鑲紅旗滿洲人四十八年任

索諾木喇什鄂爾布 正紅旗滿洲人五十九年

正藍旗蒙古人五十

四年任

瑪哈禮廂白旗滿洲人五十五年任

任

雍正朝

烏禮布鑲紅旗滿洲人二年任

宗室申慕德正黃旗滿洲人四年任

朔平府志錄至此年

穆禮庫鑲白旗滿洲人二年任

圖爾賽正黃旗滿洲人四年任

阿禮渾正藍旗蒙古人五年任

烏禮布鑲紅旗滿洲人元年任

覺羅延壽鑲黃旗滿洲人二年任

達爾馬正黃旗滿洲人四年任

色楞八年任

根篤思和九年任

多爾濟元年任

法保七年任

止後至乾隆二年三月以前或另有更代之員不可考

明亮 鑲黃旗滿洲人 五年任

阿山 正黃旗滿洲人 六年任

乾隆朝

王昌 二年三月任

朝和納 二十八年任

依哷愼 五年二月任

吉福 二十九年任

巴爾賽 鑲黃旗滿洲人 六年任

舒魯元 十年任

佛保住 正紅旗滿洲人 三十三年任

宗室長慶 正藍旗滿洲人 三十八年任

永敏 八年任

糧餉一缺本乾隆四年設前任是職者闕後任是職者道光以前闕

補熙 旗人五年七月任	富昌 旗人十四年二任	保德 旗人二十一年九月任	恆祿
常清 正藍旗滿洲人三十一年任	伯成 正黃旗滿洲人三十一年任	積善 正白旗蒙古人四十四年任	七十五 正藍
鼐拉圖 旗人四十七年任	舒通阿 鑲藍旗滿洲人五十五年任	海興阿 正紅旗滿洲人年	

旗　　八 二十四年 六月任	
如松 旗　　八 二十六年 三月任	旗蒙古八 五十年任 宗室**慶怡** 旗　　八 五十七年
蘊柱 旗　　八 二十七年 三月任	
嵩椿 旗　　八 三十一年	

正月任

巴祿　八旗　三十二年十月任

傅艮　八旗　三十三年四月任

諾倫　八旗　三十四年六月任

容保
旗人
三十七年
七月任

烏米泰
旗人
四十一年
十一月任

雅郎阿
旗人
四十二年
二月任

弘晌

旗
四十四年
四月任
嵩椿
八旗
四十六年
五月再任
烏爾圖那遜
八旗
四十九年
五月任
積福
八旗
四十九年

十月任

嵩椿
旗人
五十一年
二月任

興肇
旗人
五十四年
二月任

圖桑阿
旗人
五十八年
二月任

永現　旗人　六十年十二月任

烏爾圖那遜　旗　八　六十年十二月任

嘉慶朝

富銳　旗人　元年四月任

永慶

西拉布　正藍旗滿洲人　六年任

吉勒章阿　正黃旗蒙古人　十二

德保保　正白旗滿洲人　二年任

德住　鑲白旗滿洲人　十一年任

旗人三年三月任
崇何　旗人六年八月任
德勒格楞貴　旗人八年九月任
奇臣　旗人九年五月

二年任
希林泰　正黃旗滿洲人十二年任
額爾濟　鑲紅旗蒙古人十三年任
博卿阿　正白旗滿洲人二十三年任

慶祿　鑲藍旗滿洲人二十年任

任
春甯
旗
九年六月
八
任
來儀
旗
十二年十
八
二月任
郭勒豐阿
旗
十六年四
八
月任

八十六 旗人 二十三年十二月任
祿成 旗人 二十四年正月任

道光朝

德英阿 旗人 二年二月任
宗室奕顥 鑲藍
年 德 鑲黃旗滿洲人 元年任
伊興阿 鑲白旗滿洲人 二年任

江 阿 正白旗滿洲人 十一年任
圖伽佈 正藍旗蒙古人 二十三年

覺羅寶昌
恒祐
阿克敦佈
巴克坦布

吳家春
李明德
黃鍾
于文炤

旗滿洲人四年八月任

宗室育昌正藍旗滿洲人七年八月任

特依順保 旗人八年八月任

那彥保 旗人九年三月

富爾嵩阿正藍旗滿洲人六年任

祥康正藍旗滿洲人九年任

惠顯鑲黃旗滿洲人十二年任

錫麟鑲黃旗滿洲人十七年任

特登額鑲黃

任

吉忠阿正白旗滿洲二十九年任

旗人二十七年八月任

旗人二十五年任

雙奎 旗人三十年六月兼理任

文山 旗人三十年七月任

覺羅希昌 旗人三十年十

任

昇寅鑲黃宗室旗滿洲人十年六月任

彥德正黃旗滿洲人十二年正月任

棍楚克策楞鑲黃旗滿洲人十八年十月任

旗滿洲人十八年任

成凱鑲黃旗滿洲人二十年任

盛壎鑲黃旗漢軍人二十五年任

官恪旗人二十九年任

二月任

色克精額　鑲藍旗滿洲人二十年七月任

宗室奕興　鑲藍旗滿洲人二十一年九月任

英隆　旗人二十七年六月任

成玉

旗人二十八年九月任

托明阿正紅旗滿洲人二十九年四月任

咸豐朝

慶如旗人五年十一月任

宗室成凱鑲紅旗滿洲人六年五月

德勝鑲白旗蒙古人九年任

桂成正白旗滿洲人九年任

全安正白旗滿洲人二年任

都克精阿旗人四年十月任

塔思哈旗人七年二月

任

德勒克多爾濟　喀爾喀圖什業圖漢部落八十一年五月任

署任

常生　旗八　七年八月　署任

青齡　旗八　八年四月　署任

庚棫　旗八　八年六月　任

同治朝

福興 旗人 五年八月任

裕瑞 鑲黃旗滿洲人 六月六月任

定安 鑲藍旗滿洲人 七年八月任

富勒琿 正藍旗滿洲人 八年任

奎英 正藍旗蒙古人 十三年任

光

善慶 鑲紅

奎成 正黃

松鶴 正紅旗蒙古人 元年任

奎英 正藍旗滿洲人 四年任

阿克敦 正黃旗滿洲人 十三年任

文順 正白

德永 旗 二年十

裕厚 旗人 七年七月任

覺羅清長 旗人 八年三月任

善徵

龍慶蘭 直隸人 元年六月任

孟 浙江人 十三年六月任

董滋杏

緒朝

旗漢軍人元年八月任

慶春　正黃旗滿洲人三年任

宗室瑞聯　正藍旗滿洲人三年十月任

豐紳　鑲白旗滿洲人六年九月任

旗蒙古人二十三年任

文瑞　旗人二十七年六月任

文哲琿　正藍旗滿洲人三十一年八月任

旗滿洲人三年任

國順　鑲黃旗蒙古人十八年任

額圖琿　鑲白旗滿洲人二十五年任

旗人十年三月任

平勝　鑲白旗滿洲人十一年十一月任

延祉　旗人十七年二月署任

全綸　正白旗滿洲人十七年五

人年任

賀炳林　人四年任

鄭祏堃　人五年任

龔旭徵　人十一年任

葉恩沛　人十六年任

沈淦

克蒙額 正白旗滿洲人 十年七月任

永德 正白旗滿洲人 二十一年六月任

信恪 鑲黃旗滿洲人 二十七年六月任

宗室鍾泰 正黃

月署任

成熙 旗 人 二十年八月署任

文麟 鑲藍旗蒙古人 二十一年三月任

承啟 旗 人 二十五年任

人 十七年任

張嘉楨 人 十八年任

潘翊旌 人 二十三年任

金慶榮 人 二十三年任

文麟

旗滿洲人二十八年八月任

恒壽　正黃旗滿洲人二十九年七月任

貽穀　鑲黃旗滿洲人二十九年十月任

吉泰　正藍旗滿洲人二十六年任

二十三年八

周熙雍　二十三年八

馬澤沛　二十四年八

綏遠城八旗滿蒙兩翼職官表 光緒三十三年現職

滿洲	廂黃		正白		廂白	
協領五員		普祥	掌右司關防			德克吉克
佐領二十員	頭甲 奢哩	二甲 祥紳	頭甲 博勒合恩	二甲 喀爾札希	頭甲 普祥	二甲 達林泰
防禦二十員	色拉芬	依興阿	瑞肇	吉蘭	納蘇泰	喜通
驍騎校二十員	阿克丹	崇秀	達敏泰	滿廉	音德納	合色賁
輕車都尉 驍騎尉 雲騎尉 恩騎尉	同先 輕車		廣恩 騎		榮壽 雲	
筆帖式 廕監			八品 麟祥			

正藍			正黃			正紅			
管理前 鋒管					吉玉	管理旗庫			
頭甲 春秀	二甲 瑞壽		頭甲 德克吉克	二甲 圖伽本		頭甲 金奇暹	二甲 德普詩		
玉明	穆都哩		佈勒合恩	耆暉		莪哈蘇	鍾祥		
善瑞	奎祥		廉清	額騰依		紹聞	錫齡		
	富貴恩		景秀雲	明倫騎		瑞景恩	承壽雲	吉拉敏恩	瑞廣恩
八品 恩榮	八品 魁連	八品 恩俊		榮麟	景泰				

	廂紅			廂藍		蒙古	廂黃	
			景秀	掌左司關防				
	頭甲阿克敦	二甲祥光		頭甲恩光	二甲吉玉		文瑞	
	托莫爾歡	崇秀		保瑞	塔斯哈		德克精額	
	善麟	昭倫		淩秀	桂斌		吉瑞	
英瑞恩	榮貴恩			吉亮雲	明陞雲	詩莫訥賀雲	奎明輕車	桂秀雲

廂白	正黃	廂紅
	哈布爾札布 管理印房	
景秀	觀瑞	額爾德蒙額
書勳	栢壽	英山
文興	奎慶	奎運
		榮祿 恩
		書棉

官制兵制表

官祿	將軍
員額	一員
俸銀附廉	每年俸銀一百八十兩減二成五十四兩實支銀一百二十六兩養廉銀五百八十六兩二錢六分共銀七百一十二兩二錢六分
米本色	粳米二口每口月二斗五升共歲支六石粟米三十八口每口月支二斗五升共歲支一百一十四石
折米	粳米六石一半折銀五兩四錢一半折銀四兩四錢一分本色粟米一百一十四石一半五十七石折銀五十九兩八錢五分
馬乾附紙張心紅	二十匹每匹月支豆九斗草六十束歲支七箇月豆每石折銀八錢五分草每束折銀二分七釐每匹歲折銀一十六兩六錢九分五釐二十四匹
統支	每歲共支銀一千一百三十三兩三錢七分

協領

五員

每員歲支俸銀一百三十兩五員共支銀六百五十兩

每員粳米二口每口月支二斗五升共歲支六石又每員粟米二十八口每口月支二斗五升共歲支粟米八十四石

粳米六石一半折銀五兩四錢一半折銀四兩四錢一分又粟米八十四石除本色二十五石二斗共五十八石八斗折銀六

共折銀三百三十三兩九錢心紅紙張歲支銀一十七兩五錢五分

每員十二匹每匹月支豆九斗草六十束歲支七箇月豆每石折銀八錢五分草每束折銀二分七厘五員共馬六十匹共折

歲共支銀二千一百七十兩一錢

佐領
十五員
每員歲支俸銀一百五十兩一十五員歲共支銀一千五百七十五兩
每員粳米二口每口月支二斗五升歲共支六石又每員粟米一十八口每口月支二斗五升一十八口共支五十四石
粳米六石一半折銀五兩四錢一半折銀四兩四錢一分又粟米五十四石除本色一十五石共三十九石折銀四十兩九錢五分一十五員共折十一兩七錢四分五員共折銀三百五十七兩七錢五分
每員八匹每匹月支豆九斗草六十束歲支七箇月豆每石折銀一兩七錢草每束折銀二分七厘八匹折銀一百五十四兩九錢八分一十五員豆草銀一千一百六十二兩三錢五分
歲共支銀四千六百一兩一錢

防禦	雲騎尉兼職
十九員	一員
每員歲支俸銀八十兩	每歲支俸銀八十五兩二十員共支銀一千六百五十兩
每員粳米二口每口月支二斗五升歲共支六石又每員粟米一十二口每口月支二斗五升十二口共支三十六石	

粳粟米銀七百六十一兩四錢

粳米六石一半折銀五兩四錢一半折銀四兩四錢一分又粟米三十六石除本色九石六斗共二十六石四斗折銀二十七兩七錢二分共粳粟米折銀三十七兩五

共折銀二千三百二十四兩七錢

每員五匹每匹月支豆九斗草六十束歲支七箇月豆每石折銀一兩七錢草每束折銀二分七厘五四共折銀九十六兩八錢六分二厘五毫二十員共一百匹折銀

歲共支銀四千二百九十二兩八錢五分

筆帖式

三員

每員歲支銀二十一兩一錢一分四釐三員共支銀六十三兩三錢四分二釐

每員粳米二口每口月支二斗五升歲支三石二口共支六石又每員粟米一十口每口月支二斗五升一十口共支三十石

錢三分二十員共折銀七百五十兩六錢

一千九百三十七兩二錢五分

粳米六石一半折銀五兩四錢一半折銀四兩四錢一分又粟米三十石除本色九石共二十一石折銀二十二兩五分共粳粟米折銀三十一兩八錢六分三員共折

每員四匹每匹月支豆九斗草六十束歲支七箇月豆每石折銀一兩七錢草每束折銀二分七釐四匹共折銀七十七兩四錢九分三員共折銀二百三十二兩四錢

歲共支銀三百九十一兩三錢九分二釐

	驍騎校
	二十員
	每員歲支銀六十兩二十員共支銀一千二百兩
	廿員粳米二口每口月支二斗五升歲支三石二口共支六石又每員粟米一十口每口月支二斗五升一十口共支三十石
粳粟米九十五兩五錢八分	粳米六石一半折銀五兩四錢一半折銀四兩四錢一分又粟米三十石除本色八石四斗共二十一石六斗折銀二十二兩六錢八分共支粳粟米折銀三十二兩四
七分	每員四匹每匹月支豆九斗草六十束歲支七箇月豆每石折銀一兩七錢草每束折銀二分七厘四匹共折銀七十七兩四錢九分二十員共折銀一千五百四十九
	歲共支銀三千二百九十九兩六錢

錢九分二兩八錢
十員共折
銀六百四
十九兩八
錢

世職表

	輕車都尉	騎都尉	騎都尉又一雲騎尉
員數	二員	一員	一員
俸銀	每員一百六十兩	一百一十兩	一百三十五兩
俸米	粳粟米石與防禦同	粳粟米石與防禦同	粟米十九口五分每月每口二斗五升歲支五十八石五斗
	粳粟米石折銀與防禦同	粳粟米石折銀與防禦同	本色米二十二石折色三十六石四斗五升共折銀三十八兩
	豆草折銀與防禦同	豆草折銀與防禦同	豆草折銀與防禦同

	雲騎尉	雲騎尉兼防禦	恩騎尉
	八員	一員	八員
	每員八十五兩	八十五兩	每員四十五兩
	粳粟米石與防禦同	粳粟米石與防禦同	粳粟米石與驍騎校同
二錢七分二厘五毫	粳粟米石折銀與防禦同	粳粟米石折銀與防禦同	粳粟米石折銀與驍騎校同
	豆草折銀與防禦同	豆草折銀與防禦同	豆草折銀與驍騎校同

俸餉表

名額	隨甲八名
俸餉銀附官婦俸	每名月支銀一兩歲支銀一十二兩八名共支銀九十六兩
米本色	每名粟米三口三分每口月二斗五升歲支三石三口三分共九石九斗
米折	粟米九石九斗每石折銀一兩五錢共折銀一十兩三錢九分五釐八名共折銀八十三兩一錢六分
馬乾支領月分	每名三匹每匹歲支七箇月豆六石三斗草四百二十束折銀一十六兩六錢九分五釐三匹共折銀五十兩八分五釐八名共折銀四百兩六錢八分
統支	歲共支銀五百七十九兩八錢四分

領催八十名	每名月支銀四兩歲支銀四十八兩八十名共支銀三千八百四十兩
	每名粟米十口每口月支二斗五升歲支三石十口共支三十石
	粟米三十石除本色一十石二斗共一十九石八斗每石折銀一兩五分共折銀二十兩七錢九分八十名共折銀一千六百六十三兩二錢
	每名二匹每匹月支豆九斗草六十束歲支七箇月豆六石三斗草四百二十束共折銀一十四兩三錢三分二厘五毫二匹共折銀二十八兩六錢六分五厘八十名共折銀二千二百九十三兩二錢
	歲共支七千七百九十六兩四錢

前鋒馬甲	
	二百名 一千七百二十名
銀數與領催同	每名月支銀三兩歲支銀三十六兩一千七百二十名共支銀六萬一千九百二十兩
粟米石數與領催同	每名粟米十口每口月支二斗五升歲支三石十口共支三十石
粟米折數與領催同	粟米三十石除本色一十石二斗共十九石八斗每石折銀一兩五分一千七百二十名共折銀三萬五千七百五十八兩八錢
豆草折數與領催同	每名二匹每名歲支七箇月豆六石三斗草四百二十束共折銀一十四兩三錢三分二厘五毫二匹共折銀二十八兩六錢六分五厘三千七百四十匹共折銀四萬
	歲共支銀一十三萬四千五百九十八兩六錢

步甲 七百名

每名月支銀一兩五錢歲支一十八兩七百名共支銀一萬二千六百兩

每名粟米五口每口月二斗五升歲支三石五口共支十五石

粟米十五口除本色七石八斗每石折銀一兩五分共折銀七兩五錢六分七百名共折銀五千二百九十二兩

九千三百三兩八錢

歲共支銀一萬七千八百九十二兩

養育兵 六百名

每名月支銀一兩五錢歲支一十八兩六百名共歲共支銀一

官兵孀婦　一名

孀孤　一名

萬八百兩
佐領半俸五十二兩五錢
防禦半俸四十兩
驍騎校半俸三十兩
領催半餉
前鋒半餉二十四兩
馬甲半餉十八兩
步甲半餉九兩
月一兩隨月支領
凡俸餉馬乾分四季

行知歸綏道委員赴藩庫請領

右衛官兵員額俸饟表

	城守禦
員額	一員
俸廉饟銀	每年俸銀一百三十兩於咸豐四年遵照部示每兩核減三成銀三十九兩又減六分平銀五兩四錢六分實領銀八十五兩五錢四分每年養廉銀二百兩每兩核減
本色	本色 每年春秋二季本色粟米五十九石
米折	每年春秋二季粳米六石每石折銀一兩八錢共折銀十兩八錢光緒三十三年照章每兩核減六分平銀共六錢四分八厘實領銀十兩一錢五
馬乾心紅紙張	附馬乾無每年支心紅銀八兩二錢內除每兩減六分平銀四錢九分二厘實領銀七兩七錢八厘
統支	歲共支銀二百二十一兩八錢四分

	防禦
	四員
一成銀二十兩又減三成銀五十四兩又減六分平銀七兩五錢六分實領銀一百十八兩四錢四分	每員每年俸銀八十兩於咸豐四年遵照部示每兩核減三成銀二十四兩又減六分平銀三兩三錢六
	每員每月粳米二口每口月支二斗五升歲共支六石粟米一十二口每口月支二斗五升歲共三十六
分二厘	粳米六石一半折銀五兩四錢一半折銀四兩四錢一分光緒二十三年照章每兩核減六分平銀共五
	每員額設馬五匹俱存城每匹日支草二束豆三升每年設支七個月共草二千一百束每束折銀二分
	歲共支銀五百八十二兩三分八厘六毫

分實領銀五十二兩六錢四分

石

錢八分八厘六毫共實領銀九兩二錢二分一厘四毫粟米三十六石除支一半本色一半折銀十八兩九錢內除減六分平銀共一兩一錢三分四厘實領銀十七兩七錢六分六厘

七厘共銀五十六兩七錢每兩核減六分平銀三兩四錢二厘實領銀五十三兩二錢九分八厘共豆三十石一五斗內支一半本色豆十五石七斗五升一半折色豆十五石七斗五升每石折銀八錢五分共

銀十三兩三錢八分七厘五毫每兩核減六分平銀八錢三厘二毫五絲實領銀十二兩五錢八分四厘二毫五絲

驍騎校	四員
每員每年俸銀六十兩於咸豐四年遵照部示每兩核減二成銀十二兩又於光緒	
每員每月粳米二口每口月支二斗五升歲共支六石每口月支二斗五升歲共支	
粳米六石一半折銀五兩四錢一半折銀四兩四錢一分內除減六分平銀五錢八	
每員額設馬四匹俱存城每匹日支草二束豆三升每年計支七個月共草一升六	
歲共支銀四百八十七兩四錢八厘八毫	

二十三年三三十石

遵照部示每兩核減六分平銀二兩八錢八分實領銀四十五兩一錢二分

分八厘六毫共實領銀九兩二錢二分一厘四毫粟米三十石除支一半本色一半折銀十五兩七錢五分內除減六分平銀九錢四分五厘實領銀十四兩八錢五厘

百八十束每束折銀二分七厘共銀四十五兩三錢六分每兩核減六分平銀二兩七錢二分一厘六毫實領銀四十二兩六錢三分八厘四毫共豆二十五石二斗內支一半本色豆十二石六斗一半折色豆

十二石六斗每石折銀八錢五分共銀十兩七錢一分每兩核減六分平銀六錢四分二釐六毫實領銀十兩六分七釐四毫

筆帖式

一員

每年春秋二季俸銀二十兩一錢一分四釐於咸豐四年遵照部示每兩核三成銀

每月粳米二口每口月支二斗五升歲共支六石粟米十口每口月支二斗五升歲

粳米六石一半折銀四兩四錢一分內除減六分平銀五錢八分八釐六毫共實領

額設馬四匹所俱存城支與馬乾同驍騎校

歲共支銀八十九兩九錢六分六釐二毫一絲二忽

領催八名

六兩三分四釐二毫又除減六分平銀八錢四分四釐七毫八絲八忽實領銀十三兩二錢三分四釐一絲二忽

每名月支餉銀四兩歲共支銀四十八兩由咸豐四年每兩核

共支三十石

每名月支粟米十口每口月支二斗五升歲共支米三十石

銀九兩二錢二分一釐四毫粟米三十石除支一斗本色一斗折銀十五兩七錢五分內除減六分平銀九錢四分五釐實領銀十四兩八錢五釐

粟米三十石除支一斗本色一斗折銀十五兩七錢五分內除

每名額設馬二匹每匹日支草草二束豆三升每年計支七個

歲共支銀五百四十二兩二錢二分九釐六毫

減二成共減銀九兩六錢又於光緒二十三年每兩核減六分平銀共二兩三錢四釐實領銀三十六兩九分六釐

減六分平銀九錢四分五釐實領銀十四兩八錢五釐

月共草八百四十束折銀十二兩六錢內除減六分平銀七錢五分六釐實領銀十一兩八錢四分四釐共豆十二石六斗除支一半本色一半折銀五兩三錢五分五釐內除減六平銀三錢二分一釐三毫實

馬甲二百九十二名	每名月支餉銀三兩歲共支銀三十六兩內除減二成銀七兩二錢又減六分平銀一兩七錢二分八厘實領銀二十七兩七分二厘	與領催同	與領催同	與領催同	領銀五兩三分三厘七毫	歲共支銀一萬六千一百五十六兩三錢三錢七分二厘四毫
養八十名	每名月支銀一兩	每名月支粟米五口	粟米十五石除支八			歲共支銀二千五百

育兵

五錢歲共支銀十八兩內除減六分平銀一兩八分實領銀十六兩九錢二分

每口月支二斗五升歲共支十五石

分本色二分折銀三兩一錢五分內除減六分平銀一錢八分九厘實領銀二兩九錢六分一厘

九十兩四錢八分

綏遠志卷五上

經政署五司所職總記

綏城惟將軍握金印協領則有關防佐領圖記而已協領關防須自乾隆二年右衛將軍王昌移鎮之始　奏定綏遠駐防設左右二司由禮部頒給關防左司所職卽吏刑兵也右司所隸則戶禮工也由協領擇委二人其三協領曰管理旗庫分戶工之任也曰管理前鋒營分兵刑之一事也曰印房並吏禮事而分之者也綜六而二折二爲五又融三於六條理井然而土默特之兩司彖焉今志綏遠卽本此以爲例先兩司繼三司扼其要旨以五者爲經諸

政緯之隱寓周官法度於時制之中雜而不殺瑣而不猥斯謂以綏志綏者歟

左司事務兼印房數則

一乾隆二年將軍奏准於每年四月十五日兵丁馬匹出廠每二旗派官一員每旗馬兵十名在廠監放至九月十五日回城喂養出廠時每佐領下留存城當差馬各十五匹共馬三百匹以備差務牧廠處所另有圖說

一所司將軍以下員數兵額馬匹定額及馬乾並折銀數目均見列表並見庫貯馬價條

一將軍

敕書兼管右衛歸化城土默特官兵如有需用綠旗官兵之處於大同宣化二鎮綠旗官兵內聽其酌量調遣

一每年春季二月十五日起至三十日止秋季八月初一日起至十五日止吹海螺近用洋號

一每年二月十六日開操起至四月十六日止七月十六日開操起至九月十六日止

一春季演槍打牌七日秋季打牌九日每年秋季派委官兵在於哈爾沁溝口地方演礮十日以上改用陸軍章程

一由　盛京等處發來遣犯名數有無之處著於每年十月內截數咨報軍機處刑部查核

一記名協領坐補仍照舊例具　奏咨報部旗佐領防禦等官坐補時咨報部旗外仍於十月內截數分咨一併彙數咨送值年旗歸入坐補驍騎校案內辦理

一將軍移咨兵部領火票勘合四道以備緊急公務其有無動用之處年終咨報兵部　印房存儲

一殺虎口驛站事務交綏遠城將軍兼管稽查每年九月內派官一員前往殺虎口各處查點馬匹臕分

一春秋二季操演槍礮應需藥鉛等項遵奉部文遇每年正月間派員赴部請領年終造冊咨核　同上

一廣覺寺命盜案件每年春秋二季派官一員前往查

核喇嘛數目咨報理藩院查照三年届數將單親身

前往查核一次

一歸化城貿易商民前往烏里雅蘇台等處執持部票

勒限貿易其部票係派員赴部請領俟商民貿易完

竣將票限內送部繳銷見歸綏商集門

一蒙古印票十張儻遇緊急公務以便遣員執持前往

各蒙古地方公幹有無動用之處每年年終咨報理

藩院查照印房存儲

一大小官員出身歷任陞轉年月官冊並筆帖式經制

冊每年春秋二季造冊送部查核

一歸化城等處蒙古命盜案件由各該廳會同兵司叅領等官定擬再由副都統歸綏道會勘明確咨報將軍覆審轉咨理藩院核覆

值班堆撥名額　見該班兵額條

一留防馬隊官兵　見陸軍表

左司事務新案　續錄

一光緒二十五年　奏派練軍步隊一營旋經改為常備軍嗣復改設陸軍一營現在官兵五百六十四員名其兵丁係由領催前鋒馬甲內挑派　奏咨在案

一光緒三十年十月准兵部咨本部議覆翰林院侍讀

伊克坦　奏請駐防世職雲騎尉以下暨六品驍騎
校以下均免其引　見
一光緒三十一年十二月兵部籌議變通武備章程內
開所有引　見八員著毋庸持弓京外各旗及東三
省旗員赴引均照綠營成案一律辦理其各旗營此
較箭枝挑補官兵等事應即停止
一光緒三十二年九月　奏嗣後遇有協佐防驍各項
官缺如本翼本旗能有相當之人仍照舊章辦理儻
人不相當即不分左右兩翼滿蒙各旗通行揀選
一光緒三十三年正月准陸軍部咨旗營武職軍政揭

內聲稱舉行軍政之旗期營舊例係考驗弓箭今應
此照綠營考驗槍礮以歸畫一

右司事務

一改題奏銷糧餉同知經征渾津黑河莊頭十三戶一年應徵米石交糧餉同知搭放兵糈

一年終咨銷歸化城同知每年經征大青山後廠地租銀解交糧餉同知充放養育兵孀婦孤女餉銀之需其領過銀兩撥年造冊送部核銷

一改題奏銷朔平同知經征助馬口外莊頭十五戶每戶各下分給草地各六十頃一年應徵折色銀兩交

朔平同知支放右衛兵餉

一本城糧餉同知庫儲軍需銀兩動用數目年終照例奏銷

一綏遠城右衛二處徵收鋪面官房租銀年終照例奏銷

一八旗官員衙署兵丁房間遇有應修之時　奏請借項修理分作四年扣還歸欵

一三年一次派往烏里雅蘇台換班官各支借半俸兵丁鹽菜由軍需項下放給　奏銷

一將軍並八旗官員春秋二季應領俸銀由糧餉同知

減成減平支領

一八旗官兵一年領過俸餉米石馬乾折色等項按年造冊送部核銷

一本城每年所收房租銀內除各項公用外餘剩銀兩作爲兵等出差盤費等項公用由旗庫移司咨部查核

一八旗兵丁紅白事件遠近差使所借急需銀兩每年分晰造冊移司咨部核銷

一八旗兵丁紅事賞銀奉文停止其白事賞銀由歸化城同知征收新舊案牧廠地租項下放給每年正月

內旗庫造冊移司咨部核銷

一八旗兵丁補倒倒斃駝馬並更換駝馬借支房租銀兩數目按季由旗庫造冊移司查核咨部

一凡送 奏摺所需騾價銀兩由司移付旗庫在於房 項下動給

一印房左右司旗庫公費等項銀兩由旗 儲房租項下減成放給

一八旗遇有應請 旌表節婦奉部 奉准後所需建坊銀兩在於房租項下減成放給

一春秋二季致祭各

廟所需祭品並十一　廟每月香鐙銀兩在於房租項下
動給
一大青山後卡倫所領盤費　明改入巡警局經費
一將軍並八旗官兵按月應領餉銀米石馬乾折色銀
兩由糧餉同知除成平照數關領
一將軍四季應支養廉銀兩由司按季移付歸化城戶
司按季減成減平照數關領
一旗庫存儲八旗官兵馬價銀兩數目年終造冊報部
核銷
一旗庫存儲八旗官兵駝馬價銀內遇有派往烏里雅

蘇台換防官兵照數領出回城後於關領折色月分
扣還按月咨報查核
一八旗官兵等所住房間並無私行租典每年年終由
各旗具結呈司咨部
一八旗遵照部文三年比丁一次由旗造冊送司咨報
戶部京旗
一八旗各佐領下比丁後閒散人等名數有多寡不齊
者具 奏均撥
一渾津黑河助馬口外莊頭等三年一次造送家譜由
該同知及城守尉承造詳送咨報戶部內務府

一糧餉同知收儲歸化城等五廳每年征解土默特廠地租銀遇糧價平減之年採買米石充放兵米由歸綏道核轉前來咨部核銷奏改入官兵本色米石貼價

一豐鎭寧遠二廳征解民地米折並新平口外莊頭等退換圈地租銀以及耗羨等項糧餉同知查收詳報咨部

一歸化城右衛二處一切關係錢糧米石戶口事務該處咨部到日由司核對咨部

一八旗官兵墳地二十一頃九十畝係乾隆五年奏准賞給坐落北門外四望莊

管理旗庫事務

一八旗官兵儲庫馬價官員病故應領出庫馬價

一八旗兵等儲庫加添馬價

一兵等儲庫駝價以上項皆兵等三年一次烏科戍守換防應領之價

一備用官兵紅白事件差務急需應放官兵紅白事件差務急需

一本城空閒地基並鋪面房租應放各廟香燈祭祀摺差騾脚價各處公費等項

一生息備用八旗官兵坐卡倫盤費改放巡警營經費

一生息兵等白事賞卹應放兵等白事賞卹

一生息八旗閑散津貼應放八旗閑散津貼

一按季收各廳生息應收賞䘏一項　應收八旗津貼一項應收卡倫盤費一項

均准右司付咨放給施行

管理前鋒營事務

原設總管協領一員委翼長佐領一員委章京四員前鋒二百名隨盔甲二百付內有前鋒委官二十名委什長十六名旗录二十四名書手四名應設將軍衙門每日值班委章京一員前鋒十名應辦年終軍器報銷冊籍呈遞左司轉送報部

印房事務

一於八月二十五日以前五月初十日以前拜發慶賀

皇太后
皇上萬壽表文賫送山西巡撫彙進
一於九月二十五日前六月初間拜發慶賀
皇太后
皇上萬壽叩頭摺
一於冬至前五十日拜發
長至
皇太后
皇上表文賫送晉撫彙進
一於十一月初間拜發慶賀

皇太后

皇上元旦表文賫送晉撫彙進

一於十二月初間拜發元旦叩頭摺

一切

題奏事件均歸印房繕寫各歸各衙門主稿

一遇軍政之年

題本十月內拜發

遇有

皇上恭謁東西陵具

奏接送駕請安摺

一將軍得
賞福字謝恩或片或摺遇奏事之便具
奏
一繙譯教習三年期滿循例保題
一恭遇
萬壽元旦穿蟒袍日期傳知八旗
一軍政之年遇有年逾六十五歲堪以保留供職之員
先行專摺具奏
一軍政之年保留逾歲官員具奏奉
旨准留者仍續入題本本內聲明一併具題

一軍政之年遇有堪保卓異之員即於題本內聲明一
併具題
一遇有收到催送公文部發火票按季造具漢字清冊
咨送陸軍部查銷
一每季有無收到排單之處牌飭山西按察使
一殺虎口驛站遇有應付過勘合差使接據該驛傳道
[redacted]籍隨時咨報陸軍部查核又每月接遞過
表文奏摺夾板公文火票照依該驛傳道造送原冊按月
咨報陸軍部查核並俟年終再造統冊咨報陸軍部
一每年封開印信奉到部咨隨時轉飭所屬一休遵照

一每年各壇廟祭祀齋戒日期奉到部咨隨時轉飭所屬一體遵照
一遇有日月食日期接到布政司來文隨時轉飭所屬一體救護
一將軍帶印公出往返日期咨報陸軍部
一遇有收到烏蘭察布伊克昭各盟之札薩克等咨送理藩部蒙古封套隨時備文咨送陸軍部轉送理藩部
一遇有繙譯鄉試會試之年接准部咨遵限據實咨報禮部並照會布政使司

一本衙門拜發　表本　奏摺暨起更開閉城門需用火藥歸化等廳輪流觧交

一各處遞到各項來文由印房呈堂打到後分交各衙門辦理

一應　奏各摺片奉到硃批暫行存收半年恭繳

一筆帖式三年期滿照例咨部註冊

綏遠志卷五下

經政署五司所職類記附近政

軍　政以下吏政屬左司

每逢五年舉行軍政接到兵部來文定於八月節後將軍副都統親加考驗有無舉劾於十月內具題其六十五歲以上精力未衰者照例出具考語專摺保留將軍副都統造具事實冊八旗官員等均造具四註清冊呈請將軍副都統填註考語隨本揭送兵部兵科都察院京畿道惟兵科備具文批專員賫送

駐防軍政卓異官員只將協領保送其佐領等官俱不必

卓異保送

軍政之期所有駐防世職驍騎校停止薦舉外其佐領防禦仍照舊例入於軍政考驗如有賢能出色之員准其一體薦舉以昭甄敘

本將軍副都統每遇軍政卓異官員定例止准保薦一二員挑選協領佐領等缺擬正擬陪務須酌定著有勞績熟習字意通曉滿蒙話語騎射兼優辦事能幹者准其入選送京儻有送京人等內才學不佳不能辦事或將曾經出征勞績優長人員擬陪等弊須更正聲明參奏

按旗員出缺原按左右翼分補不相通假將軍貽

覈慮爲例所拘或致才地不稱　奏請嗣後遇協
佐防驍等缺不分左右翼滿蒙各旗但取人地相
需一體請補光緒三十二年　允行

綏營舊存軍器數目 兵政屬左司

盔甲　撒袋　腰刀

協領佐領防禦驍騎校輕車都尉騎都尉雲恩騎尉
及委前鋒什長小旗前領催至馬甲各一　惟步甲無
盔甲養育兵改步甲並無撒帶

弓

協領至恩騎尉一一張委前鋒以下至養育兵一張

梅鍼箭二百五十枝

自協領而下輕車都尉而下遞減五十枝委前鋒以下七十枝馬甲步甲養育兵五十枝又各批箭五枝

海螺　纛

惟協領佐領有之纛則協領亦無

帳房　銅鍋

前鋒領催馬甲四人有其一前鋒並有手鎗一桿鈴鐺四箇麻繩七丈

現存官兵盔甲一千六百六十四幅綿甲八百件帳房六百頂銅鍋六百口鳥槍纛八桿鳥槍小旗五十

二桿驍騎纛二十桿驍騎小旗一百桿贊巴拉特鳥

鎗八百桿撒袋二千四百六十四幅腰刀二千七百

六十四口梅針箭十四萬六千枝批箭一萬三千三

百六十五枝長鎗六百桿弓二千八百二十八張長

矛二百桿

二十佐領下存貯裁汰佐領軍器

腰刀七百口梅針箭二萬一千六百枝銅鍋二百六

十六口長鎗一百五十七桿批箭一千五百枝贊巴

拉特鳥鎗一百六十桿現操子母炮二十位

四城樓存貯

九節十成銅砲三位冲天炮二位牛腿炮一位威遠炮三位大子母炮一百位小子母炮八十六位堪用鎗五千一百九十七桿修理堪用鎗二千七百三十桿

按舊軍械所止存火槍等械後將軍信恪　奏添常備軍三百名在神機營請領毛瑟槍率朽不堪用旣經將軍貽穀疊次籌欵購到馬槍四百二十桿步槍一千一百桿馬快礮六尊並前留忠毅軍馬快礮四尊足資操演　快鎗二次購辦詳　奏牘

光緒三十二年四月將軍貽穀　奏陸軍餉章摺內稱查

有八旗庫儲棉甲自乾隆初迄今垂二百年從未動用
迭經派員詳查大半黴朽擬揀其未全霉爛者變價改
製軍衣
三十二年十月陸軍部核覆綏遠城餉章咨文內稱原奏
八旗庫儲棉甲擬揀未全霉爛者變價改製軍衣一節
查此項棉甲是否每年遞存現在已霉爛者若干可變
價者若干每分棉甲可得售價若干應令詳晰咨覆再
准變價
三十三年二月將軍聲覆陸軍部咨文內稱棉甲一項自
乾隆年間發綏從未動用案查卷宗原日發下共七百

二十五件百餘年來日見其短少亦日見其霉爛若不及時變價將成朽灰並即於無因於去年三月間全行檢出按七百二十五件共變價銀一千零五兩三錢七分二釐五毫即以此項價銀添置軍衣使百餘年以後之兵挾百餘年以前之纊化無用爲有用仍屬以公濟公若再例存數年之後即此微些之價亦不能變其詳細數目另冊咨報以備查核

該班兵額

四門堆撥每班十名

鼓樓值更甲兵每班十名

旗庫馬兵每班八名

捕盜廳每班官一員馬甲十五名

豐裕倉堆汎四處每班領催一名馬甲四名

大教場值班馬甲四名永遠看守

小教場每班馬甲四名

糧餉同知銀庫值班馬甲八名永遠看守

望火亮堆汎五處每班馬甲四名

八旗步甲堆汎

將軍衙四角堆汎四處每班各值班步甲四名

四大街堆四處每處每班步甲四名

八旗堆汛八處每處每班步甲四名

陸軍部步隊第一營

總欵

一入察哈爾左右翼墾務罰欵歸東路公司股本五萬

一千四百九十八兩

用欵

一出購新民七密粒口徑五響毛瑟步槍四百枝馬槍

二百一十枝每枝帶子彈一千粒六十六兩五錢八

分共銀四萬二千四百四十八兩

一出購無煙子彈十五萬粒共銀六千七百五十兩

一出購單響鉛頭子彈十萬粒共銀二千二百兩

收欵

一入由東廳領津貼銀七千三百九十八兩（每月銀六百一十六）兩五錢

一入由東廳領城平銀三千五百五十四兩三分（分作大小）建

一入由官錢局暫借銀一千二百兩

一入豐甯興解交四釐另租銀一千六百一十五兩六錢七分（每年多寡不等）

以上四頃一年共入銀一萬三千三百六十七兩七

錢

一出年做軍衣兩次約需銀二千兩

一出每月應發薪費津餉等項銀一千一百四十三兩

五錢一年共支放銀一萬三千七百二十二兩

以上二項共出銀一萬五千七百二十二兩

按八旗牧廠界內煤產頗饒經將軍信恪　奏歸

地方官經徵礦釐以餘利助武備學堂之用未及

行嗣經將軍貽穀覆　奏歸綏遠徵釐仍以濟陸

軍學堂

按右翼四釐另租每畝一分八釐向以一分四釐

升科，維正之供，餘四釐以二釐歸管垣，以二釐歸綏將軍貽穀督墾，並以輪晉之二釐　奏歸綏遠陸軍。

陸軍步隊官兵薪費津餉表

官弁兵夫員名	薪水	公費	津貼	月餉
幫帶 一員	一百兩	八十兩		
督隊 一員	五十兩			
隊官 四員			四兩	
排長 十二員			二兩	
司務長 四員				
軍需長 一員			五兩	
書計長 一員			四兩	
正目 三十六名			一兩六錢	

副目	三十六名	一兩五錢五分	
正兵	二百四十四名	一兩五錢	
副兵	二百八十八名	下同	
號兵	八名		
護兵	十九名		
司書生	六名		
號目	一名		十兩
匠目	一名		九兩

兵事

光緒三十年正月匪酋曰劉天佑哈密架王李老仙等糾合甯夏匪首僞號耿大王李四軍門等分寇後套杭錦旗五和公黃慍樓一帶五原廳薩廳同知姚學鏡清治偕馬隊管帶遊擊胡太才會稟綏遠將軍貽穀派管帶常備軍德克吉克並管帶續備軍四旗馬隊譚湧發分路堵截又派驍騎校春秀聾楞山磴並莫支克鋼磴至大中灘地逼賊壘克之哨長王殿邦以力戰沒於陣時大同護鎮孔慶唐所統馬步全軍亦至追獲匪酋陳玉山劉天佑等五名並悍黨葉三虎等三十七名俱伏誅又擒獲呂繼金等百

九十餘名俱以脅從罔治冒充官兵之劉長清等五十名押赴各廳編管獲各鎗械大車騾馬無算分儲省局甃局勞慰諸軍因　奏獎德克吉克春秀及桑高才諸人至孔慶唐等則已由晉撫張曾敭保　奏矣出籌綏奏牘及薩廳志草

命盜案件　此刑政屬左司

綏城命盜各案付糧餉同知承審讞具由軍府覆審其重案分別　奏聞至旗漢交涉事件或旗漢相戕統由歸化廳官訊鞫將軍派協佐各員赴廳會訊定擬後旗由將軍覆審漢由山西按察使判斷其右衛命盜重案亦同此例

八旗男婦子女數目　以下戶政屬右司

男四千三百六十一名　婦三千六百一十五名
子一千五百九十六名　女二千一百五十五名
以上男婦子女共一萬一千八百二十七名

綏遠城田賦表

職司

地段	頃數	佃民	米徵（細零不錄）	銀徵	草折	總數
渾津黑河原墾地	二百八十一頃四十六畝四分四釐		每畝一升共米二百八十一石四斗四升有奇	每一石折銀一兩六錢	每畝折銀九釐共銀二百五十三兩三錢一分有奇	共實徵銀七百七十四兩五錢九分二毫四絲
大青山後牧地	四千二百三十頃			每畝徵銀二分一釐五毫		共額徵銀九千九十四兩五錢
熟地	三千三百八十二頃二十五畝四分					共徵銀七千二百七十一兩八錢四分有奇

大青山後四旗空閑牧地	四百五十七頃三十一畝八分有奇			共徵銀九百八十三兩二錢三分有奇
又十五溝地	九十七頃一畝一分有奇	每畝二升九合六勺共米二百八十七石一斗五升有奇	每畝折銀一兩六錢	共徵銀四百五十九兩四錢四分有奇
土默特牧地	一百七十五頃九十九畝五分		每畝徵銀一分七厘至二三五分不等	共徵銀五百二十二兩六錢五分
又熟地一百六十五頃	一百六十五頃四十九畝五分			共徵銀四百九十一兩一錢五分
渾津黑河	四百一十七頃九十	每畝三升三合三勺		共米一千三百九十

知徵留暉統餉地

二畝七分有奇

二石九斗五升有奇

渾津河

三百六十一頃六十七畝一分有奇

王文魁

劉金鍾

宋勝

吳永茂

杜萬山

劉佩

潘世福

共米八百七十二石一斗四升有奇

黑河

一百五十十六頃二十五畝六分七厘有奇

趙玉剛

王成

張承業

丁開山

胡建基

李自明

共米五百二十石八斗三升三合八勺

倉儲 戶政屬右司

儲糧處即積穀義倉平日蓋藏之鮮由公家月放兵米籌欵之艱且或窘於目前又遑計備荒之策將軍貽穀履綏後預籌鉅欵用實倉儲現可購穀二萬五千石大興常平養倉之政

按豐裕倉在大使署東南以豐裕民安樂時和百室甯囷廪慶陳因編字爲十五厫近則空倉雀噪矣兵糈朝入而夕須初無一囷之畜萬一 水毀木機其不至流亡餓莩者幾何將軍貽穀履綏即慮及此丙午中稔輒欲糴米入之佐領阿某曰歲

當再熟公姑待之固請乃已迄丁未大有年穀斗數百緡乃增價收入倉前購不及萬者今乃二萬餘石矣民大悅倉有三年之食矣

奏設官錢局

光緒三十年十二月十三日經將軍貽穀附奏以綏遠城兵米不敷月放改將一年應放之米一半歸成月折即此月折且積欠數月兵米一有愆期人人朝不謀夕重爲各旗無窮之累始倘自行典當賠補久亦典當無資一有急需動指米餉息借鋪店按月攤還而商賈謀斷居奇外加內扣層層剝折母子循環一本百利兵之

積累日多一日商之盤剝亦日甚一日卒至餉不自有貧不聊生較之京城米碓房之苦制旗兵情形尤爲可憫因擬仿照奉天湖北江西河南等省在省城設立官錢局辦法於綏遠城試辦有無緩急調劑盈虛俾市面流通公私兩便庶兵丁從此永不爲奸商所制雖官家利益尚待將來而各旗佐窘苦異常已於目前均沾實惠惟開辦官本旗庫無款可籌暫由墾務公司借銀一萬兩以資經始俟辦理有效陸續歸還並委廉公協領一員總司其事現屆歲暮又值年荒八旗萬家待劑孔急已飭先行試辦如經理得法利於推行再行酌量推

廣等情當奉
硃批戶部知道欽此查官錢局自開辦以來將及三年現已逐加推廣盈虛酌劑闤闠流通軍民獲緩急足恃之益而不受奸商盤剝之害公私兩便成效昭然綏之人自茲以往當無艱窘慮矣顧從來善政難在創尤難在守不愆不忘率由舊章是所望有位之君子

鹽法　戶政屬右司

驛傳道所管伊克昭盟河西東素海台站有地一段東西廣十五六里南北袤一里至三里不等地脈磽瘠不宜墾種素產土鹽又名小鹽資味均遜該處貧民於春季埽土

淋水於夏秋兩季煮鹽計安鍋五十餘口資本無多出產不旺於光緒三十二年十二月由殺虎口站地經務總局擬將此段鹽地劃留招集股商設立官鹽號收購所熬之鹽廉價轉售小民酌取商釐每石一錢五分每歲最旺可售萬餘石將此釐金撥充綏遠城學堂的款於是月附奏

奉

旨允行次年春經商人惠殿元籌集股本銀萬兩承充官鹽號商請驗批示取名公裕鹽號在該台與河口設總分局各一所并發給官本二千金飭領試辦時接口外包頭鎮官鹽局移稱該局奉巡鹽部院批准兼辦河口鎮鹽防梁

東西兩場熬鹽其委員已在台境黄土圪粱聚魁圪粱兩處設立分卡不肯撤退復由將軍咨商晉撫始令口外鹽仍照章銷售大鹽東素海台歸綏遠鹽號只銷零星小販與附近數十百里村戸及蒙古准噶爾旗一隅與河東引鹽不相關涉與口外鹽局並行不悖皆咨度支部立案

房租地租 右司兼旗庫

綏遠鋪房四街八面一等至六等共千五百三十間二十六年分改修兵房二百六十二間三十九年分變價房一百七十二間實存千九十六間乾隆二十四年至三十九年八旗分管鋪後房一百六十六間變價房十間實存百

五十六間裁汰佐領取租房二十四間七分取租官空閑
房七十三間以上五項共應有取租房千三百六十八間
現空房二百間取租房千一百六十八間每月納收銀三
百五十九兩有奇乾隆十六年起徵收折毀房間空閑地
基菜園租銀每年約收銀二百九兩零一年共約收房租
地基菜園租銀四千五百一十七兩有奇內開除本城各
項公用銀千五百一十三兩有奇下剩銀二千九百九十
九兩零於四十九年前任將軍積福將前項餘銀　奏准
作為兵丁修理軍械堆撥盤費使用乾隆二十四年將軍
保德　奏准兵丁駝馬遇倒斃或更換駝馬許借銀二十

兩十兩十五兩七兩不等四十箇月扣還又紅白賞銀亦
准暫借詳後篇
按綏遠城內官地年久浸沒租額不敷經將軍貽
穀派員清查降等定租歸入旗庫以濟各署辦公
之需

庫存馬價

乾隆六年前任將軍補熙　奏准八旗官兵庫貯馬價協
領每員本身存馬價銀十八兩佐領每員存馬價銀三十
二兩防禦驍騎校輕車都尉騎都尉雲騎尉每員各存十
六兩恩騎尉存八兩兵丁各存貯四兩官兵共貯存庫銀

九千四百八十兩內於三十五年奉戶部來文在於馬價銀內撥出銀八千兩爲官兵差使紅白事宜急需借用作爲二年扣還乾隆三十九年將軍容保　奏准八旗兵丁各添扣馬價銀六兩貯庫此外由承恩當提出歸於旗庫作兵丁紅白賞之銀兩案在三十四年每年春秋二季由藩庫領解每季領銀八百兩如不敷支放暫於房租項下借動俟領到日歸還原款所發賞銀數目列表於左

官木廠

按官木廠爲八旗兵房官署經年失修而設籌本二千金張於東肆自開設以來工不失時材無妄用於旗

務實屬有裨

旗營官兵紅白事例借資助表 附差費衙房

	紅事	白事歲需千六七百兩	遠差
協領	四十兩	同	三十兩
佐領	三十兩	同	二十兩
防禦	二十五兩	同	二十兩
驍騎校	二十兩		十五兩
筆帖式	十兩		十五兩
馬甲	六兩	八兩	六兩
領催、前鋒	六兩	八兩	六兩
步甲、養育兵	三兩　紅事賞近停	六兩	

近差衙房將軍百三十二間都統五十四間

八兩
三十八間
二十四間
輕車　騎尉
都
同只三所

八兩
十九間
雲騎尉同
只五所

四兩
十四間
十四間
恩騎尉同
只二所

二兩
二間

二兩
二間

二間
養育兵
無房

儀從執事以下禮政屬左司軍役附

黃傘二柄　金黃棍一對　廂黃色旗八桿　扇二柄

兵拳一對　鳫翎刀一對　飛虎旗一對　鎗二對

獸劍一對　刑杖一對　迴避牌一對　肅靜牌一對

標旗一對寬二尺二寸黃心紅邊長五尺三寸　旗桿上大旗一對寬六尺一寸長七尺五寸

謹案祀典惟將軍有事旗纛廟與山川同祭旗之重

如此

將軍原設一切執事於乾隆二年准總理事務處議

奏應照提督之例辦理額設執事人役並轎夫共三十

六名

謹案軍署有黃纛龍章蜿蜒役者曰大將軍例建此

莫知所昉或謂崇德間　貝勒駐守歸城留此遺制

抑出自

特賜乎又黃桿上亦繪蟠龍當同此例

旗員服制

在京在外駐防滿洲蒙古漢軍武職官員如遇親父母祖父母及所後父母在任故者以故日爲始居喪百日在他處故者以聞訃日爲始居喪百日其親父母及所後父母並爲祖父母承重者仍私居持服盡三年禮如本生父母親伯叔父母兄弟妻室娶妻之子及養母故者居家一箇月若同居承辦喪事者居家兩箇月親伯叔祖之子親伯叔之子親兄弟妻之子親嫂親媳娶妻之孫及有子庶母叔者送殯後七日令其行走親伯叔祖子之妻親伯叔祖之孫親弟婦親伯叔子之妻親兄弟子之妻親孫之妻故

者送殯後即令其行走宗族故者照常行走凡官員居喪
持服俱呈明該旗都統及該管官准假再在京官員有上
朝會射等事該旗將准假情由報明吏兵二部　奏摺不
必復行具題

蒙古學堂經費屬印房禮政兼隸右司

向有甌脫地在察哈爾廂藍旗西北界四子王旗東北界兩旗纏訟頻年經將軍貽穀派員諭解遂各以爲虞芮之閒田三十二年十二月　奏免升科租給蒙古學堂經費東兩翼西兩盟特此培植後進

四成地內有河頭餘地歲租約四百金向乃達拉特旗所留讓地於河以防水患瀕河之民私相授受大啟爭端遂於三十二年冬經將軍貽穀　奏歸蒙古學堂

旗庫租稅存儲出入數目以下戶工政屬右司兼隸旗

馬廠地租

大青山迤北地方係乾隆三年　賞綏遠城駐防官兵牧馬草廠南至郭郭圖北至多倫鄂博爲界計闊二百里東至昆篤倫喀爾沁溝西至哈達瑪勒沙布爾台爲界計長三百里共計地三萬二千四百頃內六十年經前任將軍永　奏准開墾地三千八百三十頃每畝徵銀二分一釐五毫共徵銀八千二百三十四兩五錢孀婦孤女每月每口給銀一兩又於嘉慶十一年經前任將軍春　奏准於民人原種地內丈出餘地二千七百二十五頃每畝亦徵銀二分一釐五毫共徵銀五千八百五十八兩七錢五分

馬場冢地

乾隆十年七月撥給綏遠城駐防八旗兵丁馬廠地作塋者二十一頃九十畝內廂黃旗滿洲地一頃八十二畝一分正白旗滿洲地二頃五畝二分廂白旗滿洲地二頃五畝二分正藍旗滿洲地二頃五畝二分東翼蒙古地二頃七十三畝二分正黃旗滿洲地一頃九十三畝一分正紅旗滿洲地二頃三畝八分廂紅旗滿洲地一頃八十九畝一分廂藍旗滿洲地二頃一十畝八分西翼蒙古地一頃二十四畝坐落北門外隅四王莊

按牧廠屯田經將軍貽穀倡率八旗滿蒙二十佐各撥荒地六十頃每佐先遣一戶試辦屯田所資

牛具籽種房間均由屯捐項下籌備其地在四旗蒙古之間已漸成村落於二十九年十二月　奏辦

又牧廠水草之交凡番商羊馬北來者先牧於此其或未經銷售且留牧以待來年謂之存廠由官徵之謂之水草租悉以交庫並助旗費

又牧廠多産藥薄收藥釐爲八旗經費

又境外之地若杭錦四段藍銷渠地沃土也貽軍府督墾之餘爲領五百頃一畝六分又於烏喇忒西公地名什拉胡素內五分子領地九十二頃二

十五畝四分又二十九頃四十六畝一分代籌
荒留以贍綏遠旗族
又右衞馬厰在和林境久爲和民所私種貽將軍
督鑾務派委會和廳丈租於民此租歲計七百餘
金充綏遠並右衞公款

旗庫呈開四項生息銀兩出入數目右司旗庫司兼管

耗羨生息原在於山西藩庫耗羨銀内撥解銀二萬兩發商生息每月徵收息銀二百兩每月放給官兵赴大青山後巡緝搶竊盜賊盤費一百九十八兩每月餘銀二兩一年共餘銀二十四兩存庫接放

舊案生息原在於本城糧餉聽庫存牧廠地租銀内提銀一萬兩發商生息每月徵收息銀一百兩每月放給土默特蒙古卡倫盤費銀三十四兩五錢餘銀添補兵丁白事賞卹

新案生息原在於本城糧餉聽庫存牧廠地租銀内提銀

二萬兩發商生息一年徵收息銀二千四百兩以一千二百兩歸入兵丁白事賞邺以一千二百兩歸入演練抬鎗抬礮閑散津貼其兵丁白事賞邺歲有餘銀以備接放並奏准歲修
宮廟之需惟津貼一項一年儘數用完
賞項生息原在於兵丁白事賞邺餘存銀內提銀八千兩發商生息每年徵收息銀九百二十兩歸入餘剩房租項下開放修理軍器堆撥兵等出差盤費等項一年儘數用完
旗庫公費冬春每月領銀九兩二錢五分夏秋每月領銀

七兩二錢五分二年共領公費銀九十九兩除減三成減
六分平實領銀六十五兩一錢四分二釐

盈甯東庫收放各款數目糧餉同知與盈甯庫大使兼司庫事

一收由山西藩庫通年領到防餉銀一萬兩

查此項防餉專放綏遠城將軍印房一年辦理摺奏紙張薪水銀五百二十八兩又放綏遠親軍馬隊並支發書手一年鹽乾口分銀一萬六千四百一十八兩一分如防餉不敷在于稅課撥充防餉項下湊放

一收歸化關餉發通年稅課銀一萬三千四百二十兩

八錢二分六釐

查此項税課除應放土默特例提一年採買谷價銀一千五百兩又放伊犂官兵二年餉銀三十六兩下餘銀一萬一千八百八十四兩八錢二分六釐淨數撥充防餉項下

一收由山西藩庫通年領到綏遠陸軍步隊津貼並左司心紅銀七千六百八十六兩

查此項津貼心紅專放陸軍步隊一年津貼並左司心紅銀七千六百八十六兩

一收由山西藩庫委員解到烏科二城通年經費銀九

萬五千七百六十六兩四錢

查此項經費專放烏科二城委員來綏接領運解經

費銀九萬五千七百六十六兩四錢

盈甯西庫收放各款數目

一收由山西藩庫通年領到八旗官兵俸餉粳粟米豆

草折等銀十八萬八千八百七十六兩六錢八分八

厘遇閏加一萬八千三百二十兩一錢一分三厘

一收歸化廳通年解交額徵入官房地租銀八百五十

七兩三錢七分

一收清水河廳通年解交額徵米折正銀一萬七百四

十六兩五錢五分五厘

一收豐甯興陶四廳解交額徵民地各王公廠地租耗銀一萬九千三百七十四兩四錢八分四厘遇閏加徵銀六百一十五兩四錢一分六厘

一收清和二廳解交額徵廠地租耗銀一千二百九十二兩八錢九分一厘遇閏加徵銀三十一兩三錢四分一厘

查前五項由省領到俸餉並各廳解到各項米折租耗等銀專放八旗官兵通年俸餉米豆草折等銀有閏之年共放銀二十二萬七百一十七兩五錢

三分四厘無閏之年共放銀二十萬九千五百五
兩八分二厘
一收歸驛解交額徵大青山後牧厰地租銀一萬三千
九百四兩一錢四厘
查此項牧厰地租專放八旗養育兵並孀婦孤女通
年餉銀有閏之年共放銀一萬二千二百一十一
兩無閏之年共放銀一萬一千二百九十四兩
一收通年應扣俸減三成餉減二成銀一萬四千三百
餘兩
查此項減二三成奏准截留抵放八旗官兵粟米例

折銀一萬三千九百餘兩

一收光緒十五年間奉前任將軍克奏請領回軍需銀一萬兩除陸續動用外現存銀一千五百餘兩

查此項軍需歷年遵奉將軍奏派八旗官兵每屆三年換防一次應在軍需項下借支俸銀應領一往盤費製裝鹽菜等銀四百餘兩又通年應領需用鞘繩價值等銀一百一十餘兩

一收歸和托薩豐甯六廳通年額徵粟米一萬四千四百一十九石二斗五升四合一勺並豐甯二廳週閏加徵米一百五十七石五斗六升八合八勺三抄按

每石一兩三錢共折銀一萬八千九百四十九兩八
錢六分九厘九忽
查此項粟米折銀專放採買八旗官兵六箇月本色
米一萬三千二百餘石
一收歸薩清和托五廳通年解交額徵土默特廠地租
銀三千六百一十五兩
一收歸化廳通年解交額徵大青山後空閑廠地租銀
一千六百四十八兩三分二厘
一收遵奉新章添扣八旗兵餉米折六分減平銀一萬
一千餘兩

一收由豐甯二廳新地租銀內通年撥補和托二廳豁缺兵米銀四千二百二十八兩二錢二分四厘

一收由山西藩庫通年領到各廳運米脚價銀二千八百四十七兩八錢八分二厘

查前五項奏准專放貼補八旗官兵採買不敷米價銀兩之用

一收糧餉廳應徵運津黑河二里莊頭十三戶通年本色米一千五百四十一石一斗六升一合七抄內有光緒三十年分新升科本色米一百四十八石二斗七合七勺一抄八撮

查此項莊頭米石專放八旗官兵本色米石之用

一收應抽渾津黑河二里莊頭十三戶土藥厘金銀兩

查此項莊頭厘金通年抽收若干尚無定數

教藝各所 工政屬右司 第二段兼戶司

工藝局之設自光緒三十年始將軍貽穀會同地方官商集貲近萬金以栽絨氍毹及熟羊皮爲業人競趨之於是兩城旗民鮮游手是局一倡歸化亦設局以織機染絲爲業軍府亦助重貲以爲推廣工藝之漸八旗學子業此者亦數十人

八旗孀孤雖有半俸之給不足於養煢煢無依者多矣將軍貽穀防各省養濟院敬節會孤貧所之立擇淨地築室以居孤嫠貧孀官給衣食俾習縫紉紡績之業學製軍衣以充其費現已收四十餘名命曰恤緯堂

學制

綏遠城駐防附歸化廳考試無定額科場條例內載嘉慶四年禮部議准於考試五六名內取進一名光緒九年巡撫張　奏綏遠城駐防舊有學額向隨右衛考試今歸化廳既已設學自應改歸歸化廳一切章程及取進學額仍照舊例十年署巡撫奎等　奏七廳向難遽定學額擬請援案酌量取進內稱綏遠駐防向隨右衛考試今歸化既有專學自應即予改歸十一年禮部等部議　奏前揭稱查綏遠城駐防向隨右衛附朔平府棚

考試今歸化等廳文童既准就近應試所有綏遠駐防文童亦應如該署撫等所奏改歸歸化廳考試一切考試章程及取進學額仍照舊例辦理

綏遠城駐防繙譯童生由將軍副都統考試均無定額科場條例內載各省駐防繙譯童試三年兩考歲試於八月內考試將取進試卷送部科試於鄉試前一年預期考試如歲試恭遇恩科亦於鄉試前一年預期舉行均限定鄉試年三月內將取進試卷全行送部照京旗辦理錄科及童試均由該將軍副都統城守尉等造辦令該士子前期十日投卷親身書寫卷面填明年歲及

滿洲蒙古漢軍佐領並駐明應滿洲繙譯試字樣鈐用
印信關防由將軍副都統先考騎射合式者方准與考
駐防繙譯童生滿洲蒙古進額均各五六名取進一名至
多不過五名應試人數如在一百十名以上酌加進額
一名一百三十名以上酌加進額二名一百五十名以
上酌加進額三名毋論人數增多總不得過八名

選舉表

進士

光緒癸未科

承先

朝滿洲正黃旗人貴州都勻縣知縣現已過班知府仍留原省候補

舉人

道光乙酉科

戊子科

辛卯科

壬辰科

光朝

塔清阿 蒙古鑲黃旗人歷官協領掌左司關防署理歸化城副都統兼署將軍

尙阿泰 滿洲鑲白旗人任協領掌右司關防改名文山會審臨汾縣案一同前往

忠善 滿洲鑲紅旗人後改名忠順任佐領軍功藍翎

慶祥 蒙古鑲紅旗人以大挑二等選七品小京官

同治朝

癸酉科

恒喜 滿洲鑲紅旗人任佐領承先 見進士表

光緒朝

科	姓名	履歷
乙亥科	景秀	滿洲鑲藍旗人科布多掌印主事歷官協領花翎副都統銜掌左司關防事務署理右衛城守尉
	合色貢	蒙古鑲黃旗人已丑大挑二等於光緒二
丙子科	尼克賁	蒙古鑲黃旗人已丑大挑二等於光緒二十三年補授光祿寺署丞
	文緒	滿洲正紅旗人
乙卯科	景廉	滿洲正紅旗人後改名善恆
	孟克圖	滿洲正紅旗人已丑大挑二等選七品小京官
壬午科	穆騰武	滿洲鑲藍旗人由科布多俄商局主事保花翎知府銜山西遇缺即補直隸州知州
乙酉科	文衡	滿洲鑲藍旗人
	錫麟	滿洲正白旗人戊戌大挑二等於光緒二十九年補授國子監助教改用撫民同知分發新疆
戊子科	錫齡阿	滿洲鑲紅旗人科布多兵部幫辦章京
	瑞廉	滿洲正白旗人烏里雅蘇台戶部幫辦章京

十二年補授光祿寺署丞

己丑科

通泰

蒙古鑲紅旗人以辦理賑務保舉五品頂戴

倭什本

滿洲正藍旗人由烏里雅蘇台工部筆帖

辛卯科

全山

蒙古正黃旗人

癸巳科

音德納

滿洲鑲黃旗人歸部註冊揀選知縣

瑪麟

滿洲正白旗人

丁酉科

英順

蒙古鑲紅

式保舉俟補知縣後在任以直隸州知州遇缺即補

武舉

嘉慶朝

癸酉科
色郎阿　滿洲鑲藍旗人

丙子科
斐仁　蒙古正黃旗人

戊寅科
固倫岱
泰敏　滿洲正黃旗人

己卯科
素魯克　滿洲鑲紅旗人
哈祿堪　滿洲正白旗人

道

辛巳科

壬午科

乙酉科

戊子科

辛卯科

壬辰科

光朝

懷塔 滿洲鑲藍旗人
愛星阿 滿洲鑲藍旗人
泰佈 滿洲鑲黃旗人
賽尚阿 滿洲鑲藍旗人
玉升 滿洲鑲藍旗人
花沙圖 滿洲鑲藍旗人

富成
蘇哈春 滿洲正紅旗人
德通 滿洲鑲黃旗人
蘇哈坤 滿洲正紅旗人

甲午科
特克什納
薩淩阿 滿洲正黃旗人

乙未科
定祿 滿洲正黃旗人
達杭阿 蒙古鑲黃旗人

丁酉科
賽淩阿 滿洲正紅旗人
額哈春 滿洲鑲紅旗人

己亥科
全祿 滿洲正紅旗人
烏什哈 滿洲鑲藍旗人

庚子科
納瑪山 滿洲鑲藍旗人
圖們泰 滿洲正藍旗人

癸卯科
齊春
佛德 滿洲正紅旗人

甲辰科

丙午科

己酉科

博勒忠武薩拉山 滿洲鑲藍旗人
巴圖爾山 滿洲正白旗人
增林 滿洲正藍旗人
音登額 滿洲正紅旗人
魁連 滿洲正藍旗人
慶祥 滿洲鑲白旗人
格琫額 滿洲鑲藍旗人

咸豐

辛亥科 召羣

壬子科 遜彰阿

乙卯科 碩罕

戊午科 景春

己未科 合色本

辛酉科 吉勒罕佈

朝蒙古鑲黃旗人　滿洲正紅旗人　滿洲鑲白旗人　滿洲鑲黃旗人　滿洲鑲白旗人　滿洲鑲白旗人

達　仁　倭什渾　多仁佈　春　林　吉勝保

滿洲鑲白旗人　滿洲鑲藍旗人　滿洲鑲藍旗人　蒙古鑲紅旗人　滿洲鑲白旗人

同治壬戌科　甲子科　丁卯科　庚午科　癸酉科

札拉芬　佈音圖　懷　塔　懷塔哈　巴圖隆阿

朝滿洲鑲紅旗人　滿洲鑲紅旗人　滿洲正藍旗人　蒙古正黃旗人　滿洲鑲紅

光緒丙子科　己丑科　辛卯科　癸巳科　甲午科　丁酉科

榮　春　佈音達什　榮　連　文　陞　文　佈　佈　林

朝滿洲鑲黃旗人　滿洲鑲白旗人　滿洲鑲白旗人　滿洲鑲黃旗人　滿洲鑲黃旗人　滿洲正白旗人

三音口　春　凌　成　凱

蒙古鑲黃旗人

滿洲正白旗人 滿洲鑲紅旗人

恩特賀 榮志

滿洲鑲藍旗人 滿洲鑲藍旗人

烏爾圖那

遜

滿洲鑲藍旗人

仕宦文職凡進士舉人職銜見選舉門不復錄
封蔭附

阿克敦佈滿洲正紅旗人由科布多兵部筆帖式遞保藍翎道員用試用班前儘先補用直隸州知州歷署薩拉齊同知

吉爾噶春蒙古正黃旗人於咸豐六年補授雲南臨安府阿迷州知州

麟慧滿洲鑲藍旗人附生由山西候補縣丞保以免補本班以知縣仍留原省歸候補班補用

平順蒙古正黃旗人光緒初年任刑部主事

仕宦武職同上

克仁額滿洲鑲藍旗人乾隆年間撥往綏遠城駐防陞鑲紅旗協領裁缺後補授伯都諾副都統調甯夏將軍

福格滿洲正紅旗人嘉慶年補授直隸省正定鎮廣平營遊擊

鶴　齡　滿洲正白旗人遇缺即選副將協領咸豐三年授湖南長沙協副將陞四川川北鎮總兵

德　善　蒙古鑲黃旗人咸豐中由防禦陞直隸建昌路都司調武淸縣都司歷陞浙江楓嶺營遊擊

倭哩克　蒙古鑲紅旗人咸豐中由驍騎校陞石匣路守備歷陞密雲縣都司

烏勒賀　滿洲鑲紅旗人咸豐中任宏堡把總

穆精阿　滿洲鑲紅旗人正黃正紅二旗滿洲協領咸豐三年隨同　欽差大臣江寧將軍托出師江南安徽河南等省打仗奮勇嗣於咸豐五年將軍托　保奏河南剿匪出力官兵案內奉　旨賞戴花翎蒙　恩委署歸化城副都統印務二次及護理將軍一次

佈　可　蒙古鑲黃旗人光緒初年任攔車鎮守備

英　秀　滿洲鑲藍旗人科布多理藩院主事光緒二十八年　上諭著賞給三等侍衛作為科布

多帮辦大臣

文哲琿滿洲正藍旗人花翎副都統銜協領光緒三十一年奉 上諭補授歸化城土默特副都統

榮昌蒙古鑲黃旗人記名簡放副都統銜花翎協領光緒三十一年賞給副都統銜作爲伊犁額魯特領隊大臣

封蔭

麟祥滿洲正白旗人因伊父福珠哩於協領任內積勞病故經將軍信 具奏給予八品廕生

恩榮滿洲正藍旗人因伊父佟林於佐領任內在防病故經將軍裕 具奏給予八品廕生

魁廉滿洲正藍旗人因伊父那斯渾以防禦在科布多年久積勞病故經科布多參贊大臣魁 具奏給予八品廕生

恩俊滿洲正藍旗人因伊父玉善以協領在科布多軍營積勞病故經兵部核議給予八品廕生

綏遠城各學堂表

中學堂

承辦人員 學額 班級 程度 學科 規章

監督陳光遠現挑選學第二學年講堂條規

不支薪水生四十名第四學期十四則

津貼領班經學

八名伍錢國文

餘肆錢 算學

程度相等英文

統歸一班格致

教習管理各項人員	經費並雜項
科學博物格致喬登春正	肆拾兩薪水下同
圖畫算學國文崇振清副高	貳拾兩
歷史修身地輿於文開	拾捌兩
經學國文潘璽仁	拾肆兩
地理歷史薛朝鳳	貳拾兩
英文方龢	貳拾兩津貼
體景雲	各支壹兩津貼

圖畫
歷史
修身
地輿
體操
科學
博物

操　惠綿
教務提調　李鴻標　二十兩
兼學　喬登春
庶務提調　蒙哈蘇吕支津貼
書手四名每名壹兩伍錢
夫役十名每名壹兩
夫役兼作飯　一名貳兩
常年三千六百兩

按牧廠地經將軍貽穀倡領三百四十四頃九畝五分自繳押荒奏免升科八旗二十佐各佐認領二十頃共四百頃以所租作中學堂經費三十年案也

高等小學堂表

承辦人員

學額班級

現挑選學第一學年生五十名第一學期程度相等統歸一班

程度學科

經學
國文
算學
格致
圖畫
歷史

規章

教習管理各項人員

同中學堂
書手三名
夫役四名

經費

修身
地輿
體操
科學

陸軍學堂表

承辦人員　學額　班級　程度　學科　規章　教習管理各項人員經費
監督陳光遠　六十名　第一學年　二十則　兵　胡恩光　二十兩
不支薪水　第一學期　學　閆善堯　十兩
修身　英文　方和　二十兩
國文　漢　合色本　十兩

英文
歷史
地理
算學
格致
圖畫
訓誡
操練
兵學

文　音德納　同上
幫　崇愷　八兩
教　廣啟　同上
習　明秀　二兩
學長　麟祥　同上
提調　文秀　二十兩
司事　四員　每員二兩五錢
稽查　六員　每員二兩五錢
書手　一名　二兩
樂兵　三名　每名一兩五錢

差役九名
一兩一錢
一兩
常年共五千五十三兩

初等小學堂表

校長庶務人員學額
校長喬桐蔭　現挑選學生四十名
不支津貼　前十名每名每月津貼一兩五錢
庶務奢渾
務員鍾祥　每月津貼四兩另款支領

程度學科　三年畢業
修身
讀經講經
中國文字
算術

規章
考驗章程七節
齋舍規條七節
講堂規條十二則
體操規條三節
禮儀規條六節
放假規條六節

教習管理各項人員經費
韓鳳樓　十四兩薪水下同
閣級　三十兩
劉漢鼎　十四兩
體操

左右翼五路蒙養學堂表

承辦人員				
等級				
學額	歷史	地理	格致	體操
學科所同諸學	賞罰規條十節			
教習管理人員各項	司事陞畢爾罕	奎元	存元	夫役五名 夫役兼作飯二名
經費	每名一兩五錢			每名一兩 每名一兩五錢並燒燃等項共常年經費一千三百二十兩

左翼	哈布爾札布津貼十兩　額爾德蒙額津貼三兩	東北路高等	十八名	經學	白暎斗	十兩
		東北路次等	二十名	修身	普齡	六兩
		中路高等	二十名	歷史	任懋功	十兩
		東南路次等	二十名	地輿	恆麓	六兩
		東南路高等	十六名	算學	程際雲	十兩
		半日學堂	六十名		司事音哲渾	每名二兩
					特克什納	一兩五錢　一兩
右翼		西北路高等	十二名	同上	潘錫麒	十兩
		西北路次等	十八名		嚴天純	十兩

	中路次等	十八名		桂斌	
	西南路次等	十八名		札拉芬泰	
	西南路高等	十二名		王經腴	十兩
	半日學堂	六十名			
				司事柏英	二兩
				崇惠	三兩
				夫役六名	一兩五錢
					一兩
					常年經費并燒燃等項共二千四百兩
普祥	滿蒙學堂		四書	阿克丹	四兩下同

喀爾喀 一齋 三十七名滿文

吉蘭 二齋 三十六名蒙文

三齋 下同

四齋

合色本

明林

文緒

祿普

凌秀 三兩下同

薩爾強阿

啟元

司事烏哷本 每名二兩

鍾音

夫役四名 共銀四兩五錢

綏遠志卷七

宦績 使節附　費大將軍集錄附

宦績人物存者不錄公例也按志略紀軍府政績附以使臣只寥寥數公如襄壯文清勤直尤彪炳人寰不可湮沒者其至糧儲司馬二百年來祗存其一其無阿好溢美可知但如今日某某二公雖衆建生祠不在著錄之例可徐俟諸萬世公評耳

費將軍揚武揚古別爲集錄著卷後另有案語茲不書

松筠字湘浦蒙古人嘉慶十年以兵部尚書奉使來歸化城訊烏拉特三公案并署理綏遠城將軍先札薩克中

公車楞旺楚克多爾濟重斂苛虐其下經協理台吉車楞敦多克密都布約七十餘人聯名訐告正盟長西公巴圖鄂濟爾副盟長東公拉特那巴拉積不能容公廉得其情奏削中公札薩克印正盟長交理藩院議其印派副盟長拉特那巴拉權之道光十二年以大學士
命勘定大青山後各旗游牧界地諸藩悉讋服公勇於任事明於斷事地方爭訟爲之一清性復慈惠愚老稺疲癃者時賑卹之生平善擘窠書尤善作數尺虎字士民求書輒喜爲之一時寶貴嘗以之歐邪上妖去之日寒上羣謳思繪像祀費公祠後公以壽終諡文清

昇寅字賓旭號晉齊滿洲廂黃旗人嘉慶庚申舉人歷官
至都察院左都御史尚書晉贈太子太保謚勤直道光
十年官綏遠城將軍時邊塞無事惟春秋操時訓練不
使駐防軍士欺壓商民在任甫币歲輿誦至今不衰阮
文達公作年譜序略謂公之學以勇於行爲務其於吏
事無不諳其施之於政無不斷所至卻苞苴絕請託故
無所阻撓暇則出入經史以補其所不足當奉使命崎
嶇道路間讀書聲時入人耳詩文俱有寄託不以流連
光景爲工著有使喀爾喀紀程草皇華草晉齋詩草行
世

哲成額字省庵滿洲正紅旗人道光中任綏遠城糧餉同知收放銀米必躬督出納胥吏無侵尅弊委審事件判決如流軍民交頌松文清相國勘大青山後游牧界址及安設各卡倫時輒倚之如左右手去任之日行李蕭索有一琴一鶴之風

定安字靜村滿洲鑲藍旗人同治七年任綏遠將軍時河西一帶寇氛日熾羽檄交馳公籌餉練兵調遣各營部署守禦軍聲大震寇聞風去繼而修城濬隍復於城外衢旁遍植材木至今比之蘇公堤云改八旗佽助章程使婚喪咸以其時每遴官選兵一秉大公尤加意於人

才籌款建長白書院規模大備復集捐數千金藉權子母以爲肄業者膏獎之需又爲八旗立義塾二十餘所嚴定課程綏之文風一振士子感戴嘗於書院東北隅建祠以祀

慶春滿洲正黃旗人光緒初年莅綏遠將軍任性廉介自奉儉約於常祿外一介不取惟時大青山匪徒倡亂民心惶惑公不動聲色密運戎機賊偵知有備相率渡河而西民賴以安尤能體恤士子捐集鉅款以爲鄉會試賓興之需文教武略至今人豔稱之

宗室瑞聯字睦庵壬戌翰林由察哈爾都統於光緒三年

任綏遠將軍於整軍經武之餘尤加意文學因前將軍定安所建長白書院改爲啟秀書院　奏明立案每逢月課必臨院親閱試卷爲士子口講指畫歷數年不倦又倡捐鉅款添膏火二十餘分用資獎勵士林愛戴奉公之祿位爲祠以酬公德云

使節

劉統勳字爾鈍一字延清山東諸城人雍正甲辰進士官至東閣大學士清節貴望著聞朝野爲政舉大綱不務苛切有古大臣風乾隆中奉使來綏城訊辦將軍保德與同知背喜互訐一案襆被出塞密訪月餘人莫之識

後置保德曾喜等於法并杖斃蠹役白德明其餘官吏分別定罪無縱無枉去後數年市上每見白髮翁衣服浣潔者輒相驚以爲公又至矣其聲名藉甚爲吏民所畏服如是一時綏受多福云卒諡文正祀賢良祠

斌良字備卿又字笠耕滿洲正紅旗人由廕生歷官刑部侍郎駐藏大臣嘉慶十年以刑部郎中隨松文清公讞烏拉特三公旗案讞詞奏牘之類悉出公手遇地方訟事亦多委訊鞫一時頌松公者并及公焉駐城兩月所著有輶車振遠雁門回鑾等集俱載抱沖齋集中洎乎視漕江左陳臬陝豫皆有政聲

費大將軍集錄

費揚武正白旗滿洲人以內大臣撫遠大將軍兼攝右衛

建威將軍康熙三十五年噶爾丹犯塞

上親統大軍出中路令費揚武率右衛大同及陜甘之師由

西路邀擊時噶爾丹在克魯倫河登山望見

御營大警沿河西竄費揚武遇之於昭莫多乃遣兵挑戰故

不勝以誘之而分軍爲三隊列陣以待賊至官軍皆步戰

聞角聲乃上馬衝擊踰時賊大敗死傷蔽山谷我軍乘夜

追逐三十餘里餘衆多降獲馬駝器械無算噶爾丹以數

騎遁明年

上幸甯夏復令統兵進剿中途知噶爾丹自殺厄魯特部衆相繼降擒其子女以歸凱還論功封一等公卒謚襄壯

以上山西通志

費揚古滿洲正白旗人父鄂碩爲

國勳戚封三等伯十四歲襲父職擢領侍衛內大臣撫遠

大將軍駐扎邊境綏緝蒙古從征厄魯特還晉爵內大臣一等公時歸化城商販初集蒙古兵弁強攫貨物有索價者輒倚勢淩暴商民苦之公至力除其弊有犯者卽懲以法康熙三十七年二月朔奉

特命還京師塞外軍民商賈攀轅泣送立生祠歸綏人至今

尸祝之歸綏識略小傳

通志府志於名宦則曰伯費揚武正白旗滿洲人以內大臣撫遠大將軍兼攝右衞建武將軍康熙三十五年統滿漢兵出殺虎口與大同總鎮康調元殺虎協鎮王元登天山過瀚海直抵昭莫多地方征勦厄魯特嘎爾噶爾丹飲藥死擒其妻子以歸斬獲甚衆凱旋論功封爲一等公府志於祠祀則曰白將軍生祠以致相沿至今俱稱白將軍於八旗駐防將軍則曰白費揚武正白旗滿洲人康熙三十四年以內大臣撫遠大將軍兼攝右衞將軍事宗室費揚古正藍

旗滿洲人康熙三十五年由右衛左翼護軍統領擢
補後封輔國公於藝文則有歸化城撫遠大將軍費
公祠堂碑記有白大將軍生祠等詩所謂大將軍者
皆指伯費揚武而言與費揚古顯屬兩人雖伯之與
白白之與費稱謂不一而要與名古者無涉也及讀
邵陽魏氏記於我
聖祖親征准噶爾一事則並無伯費揚武之名而康熙三十
一年五月噶爾丹遣使至歸化城其遣兵迎詰且遏
之者將軍費揚古也三十五年噶爾丹將入寇其與
振武將軍孫思克等率陝甘兵出西路邀其歸者大

將軍費揚古也我軍至昭莫多其先據小山次衝入陣斬獲追降暨三十六年以噶爾丹自伏天誅奏者無一非費揚古也殷提督西征紀略亦言撫遠大將軍費揚古于清端公年譜於西路班師由中路歸者亦言費大將軍而無伯與白之稱袁簡齋文集有領侍衛內大臣撫遠大將軍費襄壯公傳則曰費公揚古滿洲正白旗人居董鄂地方以地爲氏數家所紀費大將軍功烈俱與府志伯費揚武同而簡齋所作傳中有世襲三等伯一語疑即誤稱伯費與白之由而武與古決非兩人矣且讀

欽定清語冊及清文鑑三合切音謂老生子曰飛鴉昂鯿鴉昂切揚飛與費同音鯿與武古同音此等語言本無定字無俟深考惟府志成於雍正十一年距費大將軍時未遠傳聞不應如是之異且駐防將軍到任年月尚歷歷可考即使當時果係兩人亦不妨作一樣名字何必故為武古之異轉滋淆惑況忽稱為伯忽書作白矛盾者更不一而足耶至俗傳誅喇嘛過害之說顯與碑記所云命歸勳第傳所云薨謚襄壯者異齊東野語尤不足辨忻州王印川孝廉錫綸謂誅喇麻一事遠近同聲可以確信惟遇害之說乃彼教中

張大其詞倭佛者遂從而信之其實爾時藉

聖祖如天之福大將軍不世之威決不敢以瘦犬反噬也其語最有見解塞上文獻缺乏笥中又只此數卷書則姑據見聞所及以正府志之誤俟遇知者再爲論定焉崞縣張曾小袁費大將軍辨所稱府志朔平志也

以上歸綏志略

費公揚古滿洲正白旗人居董鄂地方以地爲氏年十四歲襲三等伯爵性樸直而貌雄奇待人以和無疾言遽色好在

上前自言已短人多笑之康熙十九年以御前侍衛爲火器

局總管兼議政大臣二十九年厄魯特噶爾丹不靖
聖祖命隨裕親王征之破賊於烏蘭地方先是厄魯特部落
與喀爾喀連界厄魯特之子縱獵喀爾喀地方爭獸被殺
厄魯特酋長噶爾丹謀報讐陰令番僧千人詭游牧在其
界內一年而喀爾喀不知也突於除夕率衆鼓譟直入所
伏千僧從中接引喀爾喀度歲轟飲醉臥矣變起倉卒父
子不相顧向南狂犇噶爾丹追逐所殺士卒無算喀爾喀
至中國款關求救面目如鬼自言饑餓垂死乞
大皇帝活命
聖祖憐而納之仍與位號賜牛馬撥有水草處俾居遣人諭

噶爾丹曰汝兩小國唇齒相依當各守甌脫何必互相吞噬朕仰體天地好生之心不喜人爭鬥汝可休兵回國無違朕命噶爾丹　奏曰喀爾喀殺我子我理當報讐
大皇帝要我罷兵可將我讐人車臣汗哲卜尊二人交出我便回去
聖祖詔答云人窮促來歸朕心哀之其肯以讐人畀汝汝他日窮促來歸朕亦如待車臣者待汝不歧視也噶爾丹恃强不服
聖祖怒下詔親征分三路出塞命公出西路
御駕出中路將軍馬思哈出東路先遣諜者誘其來噶爾丹

疑
聖祖必不親臨果以兵至到克爾倫地方離中路營四十里
其前哨探知
御駕所在精兵悍將萃焉西路費將軍兵已糧盡噶爾丹遂
避中路直犯西軍公下令曰我兵深入不毛噶爾丹探知
糧盡故直來犯我我當先示弱以驕之而一鼓作氣以擒
之我軍今日視我鳴角然後發矢礮我角不鳴先發矢礮
者斬令畢噶爾丹兵數千至矣各列隊兩山岡公先遣疲
卒四百人挑戰噶爾丹張兩翼圍之四百人盡歿於陣噶
爾丹大喜直薄我師矢石如雨公端坐胡牀手執大角而

不吹將軍孫思克跪請曰事急矣賊騎相離二十步我軍張弓引矢張目待將軍若再不戰事恐不支公怒叱之退又稍稍近前公鳴角左右俱鳴角矢礮齊發瞬息間烟塵蔽天賊衆披靡馬散走山凹公仰天大笑指揮衆兵取虜粮物而窮追之其衆大潰酋長頭目或死或降噶爾丹僅以身免奏上

聖祖諭云九月十三日卿奏已到朕甚欣慰現丹濟勒雖降噶爾丹降表未至然知其破壞已極不能支拒倘其來降卿可善言諭導令至歸化城候旨當籌一地方安置之亦是聖人柔遠之意

王師凱旋公以軍功進爵一等仍管撫遠大將軍事公退而告人曰我兵枵腹不能耐久故鼓其銳氣忘命一戰竟能麾之如彼持重不鬥環圍一日則我敗矣或有頌其功者謝曰我有罪無功我恃勇深入至於絕糧一罪也約會期致勞聖虜二罪也倘不仗聖主如天之福虜不知兵我死有餘辜尚敢言功乎其謙退如此公在軍中與士卒同甘苦坐帳下事無大小皆親決之有求見者不待傳宣登時召入好讀左氏春秋手不釋卷一日立營未久民捉一兵至訴其闖入渠家調其婦公

問被污乎曰未也公拔一刀與之曰今立營之初斬之不祥嗣後此兵敢再來汝家卽將此刀斬之民與兵皆叩頭去後作先鋒衝虜陣者卽此兵也朔漠既平

聖祖詣箭亭觀射諸大臣皆彎弓發矢公奏臣臂痛不可以弓

上許之出而告人曰我曾爲大將軍倘一矢不中有損國家威重無乃爲外夷所笑故不與諸將軍角技也人服其雅量薨後賜謚襄壯此傳據事直書不愧史筆惟傳聞恐有失實如以四百人挑戰之說不過示之弱耳必使盡歿於陣含寃者將何處昭雪耶況自謝兩罪並未及此襄壯公當日決不如是善忘至厄魯特攻喀爾喀時日此云除夕魏氏記作二十七年夏又未知孰誤矣

以上袁枚子才作費襄壯公傳

釁者噶爾丹違阻聲教頻年跳梁侵擾各蒙古部落以致九邊柝起灞上烽然祁連以北俱爲鋒鏑之場矣

天子赫然震怒推轂委大將軍駐劄歸化城凡內外滿漢官兵及各蒙古部落咸屬調遣時甲戌季春也自大將軍出鎮邊外雞犬不驚貿易交錯兵無匱餉之怨民鮮輸輓之苦且秉雄謀具遠略威儀外嚴風神內照謙光下物赤心示人無論官民軍卒咸被仁風而遵紀律焉不料渠魁負固屢犯

天朝雖逞螳臂之威恐爲尾大之釁

皇上親統六師深入不毛
勅命大將軍會合諸路協力勦除三十五年五月十三日登
壇誓衆指揮三軍於召木多地方矢石并集白刃交前殲
數年之狡寇解生民之怨讟積甲如山尸封塞河大將軍
復深入巢穴收合餘燼俾遺孽途窮喞壁軍前皆畏威仰
德共待
皇恩向之窺伺中夏憑陵同盟者莫不一朝底定也奏捷後
御駕凱旋復以大將軍精忠性成壯武夙具其密謀碩畫素
匡贊於
宸聰者不可枚舉但鶉奔鼠竄之黨匿形山谷遺患將來

特命留鎮邊庭以防復作封爲撫遠大將軍凡滿漢諸軍既蒙用命之賞復被投醪之惠而將軍則揚旗瀚海繫馬陰山嚴刁斗而守烽燧朝夕無暇逸焉方將軍之用兵也三令五申不拘孫吳舊書暗合衛霍方略是以極蹺邊外懾服遐方且器量深沉知人善任山藪無棄芭藍不行兵不敢欺盜不敢發於歸化城駐節數載以致商賈駢集泉貨交通荒萊既墾黔黎茂育兵革之餘倏成繁華之地雖古之紀功狼胥勒石燕然者未若斯之盛也三十六年八月十一日晉爲內大臣一等公三十七年二月初一日

皇上眷念封疆大臣久駐塞外以致谷靜山空無復畔志

特命迎歸勳第朝夕啟沃凡塞外兵民商賈共深河內之請
同念黎陽之別將軍以
皇命諄諄不遑久滯與故老營弁多方勸諭撫恤相別凡經
過之處無論老幼莫不攀轅迎頌歡聲四起頌將軍之德
皆戴
天子之恩於無疆也至於今塞外塵閧撲地歌吹動天皆將
軍之遺惠所垂雖
朝廷屢頒寵眷之典而草野詎忘涓埃之報於是營方面吉
地選山澤良材命虞衡之匠引至勵之司建造祠堂以紀
宏勳而慰民望祠成凡軍民商旅仰瞻其下者無異昔年

帷幄鼓吹時也首事人等欲勒諸貞珉問序於余余僅以管窺之見述其大概云爾至於大將軍生平事業翊贊忠藎侯諸麟閣之紀焉

以上鄭祖僑作歸化城撫遠大將軍費公祠堂碑記

遺像今何似當年駐馬時一方民父母千載世神祇勒石全軍勝屯田上策奇乾坤應不朽留與後人思

以上無名氏題白大將軍生祠詩

按費將軍有二舊志所載故老所述昭然也張曾論必以爲一人恐非信史頃聞貽將軍與滿城諸紳耆皆云二人又言遇害事碻或云功高氣溢得

罪與年大將軍同皆與張論左竊疑通志只傳揚古殆謂揚武之晚節不保故諱之耶然觀國史所編多入巡幸記與諸傳記所稱其功蓋宇宙不可於綏而沒之也且其得罪與否又或傳聞失實故於諸名宦外另編一集括諸說而存焉以俟知言論世之君子

綏遠志卷八

忠節

墨默理正黃旗滿洲人授雲騎尉又因征阿庫里泥滿地方陞騎都尉世襲罔替

什漢厢黃旗滿洲人大軍用雲梯收取湖州什漢首先登城　賜巴圖魯勇號授三等輕車都尉後戰殁於陣男江肅襲一等輕車都尉加一雲騎尉世襲罔替

塔布囊希爾達厢黃旗蒙古人授騎都尉從征山東攻牆子嶺克之加一雲騎尉入關遇流賊馬步二十萬同固山額眞吳賴步戰敗之陞三等輕車都尉世襲罔替

達賴正白旗滿洲人騎都尉因伊孫阿爾布征勦噶爾丹
時奮力堵截發矢殪賊聞於　朝
上追念舊勳由騎都尉加一雲騎尉世襲罔替
雅喇正白旗滿洲人入關之日遇流賊馬步兵二十萬擊
敗之授騎都尉後因擊馬賊功加一雲騎尉後迭獲勝
仗超陞三等男爵世襲罔替
格綳廂白旗滿洲人從軍潼關擊流賊第二營敗之夤夜
哨二人斬十一人給雲騎尉後攻廈門率本翼兵船擊
賊敗之進逼海岸力戰死特贈二等輕車都尉雲騎尉
世襲罔替

王國柱正紅旗滿洲人從征江西在石匣地方力戰死之
贈雲騎尉恩騎尉世襲罔替
色爾濟廂紅旗蒙古人征勦噶爾丹時徒步赴前敵饑疲
戰益力捷聞給雲騎尉因病以親男石彥保承襲後在
和通哼爾哈接仗死之贈騎都尉以恩騎尉世襲罔替
噶賴正紅旗滿洲人從征福建海寇攻廈門力戰死之給
雲騎尉世職以子沙賴承襲後沙賴征勦額魯特噶爾
丹有功由雲騎尉贈騎都尉以恩騎尉世襲罔替
兆柱正紅旗滿洲人大軍征準噶爾賊犯我北路憤擊死
之事聞給雲騎尉世職恩騎尉世襲罔替

福受正紅旗滿洲人從征准噶爾賊犯我軍北路迎擊遇害贈雲騎尉恩騎尉世襲罔替
德福受廂黃旗滿洲人同征准噶爾當大軍北路鏖戰死之賞給雲騎尉恩騎尉世襲罔替
富勒渾廂紅旗滿洲人同前征准噶爾截其北路力戰死軍前　贈雲騎尉世職恩騎尉世襲罔替
巴克塔正藍旗滿洲人同前四人因准噶爾賊撲戰效命
索鼐正藍旗滿洲人從征四川攻朝天關扼隘挑濠搶築本城斷賊歸路賊撲戰死之事　聞予以雲騎尉恩騎尉世襲罔替

鄂勒哲依廂黃旗蒙古人從征江南等處禦賊捐軀　贈
雲騎尉世職
齊克愼正黃旗滿洲人死江南軍事　贈雲騎尉世職
達敏廂紅旗滿洲人在安徽軍營死國難　贈雲騎尉
碩隆武鑲紅旗滿洲人在景山等處禦賊卒於行閒　贈
雲騎尉世職
遜彰阿正紅旗滿洲人從征安徽定遠縣戰死　贈雲騎
尉世襲罔替
伊勒哈春滿洲鑲藍旗人在南路軍營接仗死之　贈雲
騎尉世職

岳松武鑲藍旗滿洲人在佈倫托海與敵遇奮勇死之

贈雲騎尉

阿克棟阿鑲藍旗滿洲人　瑪潞坎正白旗滿洲人　貴

忠鑲藍旗滿洲人

以上三人皆在烏里雅蘇台接仗死之　贈雲騎尉

銘山蒙古鑲黃旗人任蒙古正黃旗佐領溶擢章京適烏里雅蘇台賊方圍城數重公督兵固守以援絕城陷公急趨軍署懷印坐堂皇曉賊以逆順賊欲降公公斥之被縛鹿角柵矢集如雨公詈賊不絕口死之

連陞滿洲正藍旗人武生咸豐中收復泗水縣之役戰死

祥慶滿洲正藍旗人任烏里雅蘇台筆帖式城陷死之奉

旨卹以雲騎尉世職

志永滿洲鑲藍旗人亦烏里雅蘇台筆帖式城陷以殉

薩喜正白旗滿洲人候補防禦任烏里雅蘇台戶部主事

與城俱亡奉　旨議卹以直隸州知州禮葬

富勒洪額滿洲正白旗人察隆阿蒙古鑲紅旗人

此上二名均於咸豐三年間豐儀鎮之役力戰死之

奇徹佈蒙古正黃旗人於咸豐三年間在蔡邑縣之戰沒

於軍

福祥滿洲鑲藍旗人安喜滿洲鑲藍旗人

以上二名於咸豐三年間在河南一帶接仗

烏雲額滿洲正白旗人栢勒忠武

以上二名咸豐三年間經托將軍協領鶴齡帶領在

逢邑縣勦匪戰死

達哈滿洲正黃旗人倭恒額滿洲正黃旗人福倫滿洲正

黃旗人奎山滿洲正黃旗人

以上四名咸豐三年間在南路軍營力戰死之

搭奇先滿洲鑲黃旗人咸豐六年勦匪死之

穆克德渾滿洲鑲黃旗人哲淩額滿洲鑲黃旗人穆克德

賀滿洲鑲黃旗人恩車賀滿洲鑲黃旗人瑞全滿洲鑲

黄旗人玉慶滿洲正白旗人那彦泰滿洲正白旗人依
蘇泰滿洲正白旗人穆特恩滿洲正白旗人雙明滿洲
正白旗人吉玉滿洲正白旗人富蘭圖滿洲正白旗人
吉順滿洲正白旗人淩祥滿洲正白旗人佛倫佈滿洲
正黄旗人巴呢音泰滿洲正黄旗人吉爾噶春滿洲正
黄旗人榮亮滿洲正紅旗人根德滿洲正紅旗人蘇哩
滿洲鑲白旗人巴哈泰滿洲鑲白旗人倭什渾滿洲鑲
白旗人吉何蘇滿洲正藍旗人泰斐音滿洲正藍旗人
喜福滿洲正藍旗人慶年滿洲正藍旗人富通滿洲正
藍旗人赶祥滿洲正藍旗人巴圖嚕山滿洲正藍旗人

富慶滿洲正藍旗人吉祥蒙古鑲黃旗人訥莫音蒙古鑲黃旗人倭哩吝蒙古鑲黃旗人喜福蒙古正黃旗人胡東阿蒙古鑲紅旗人

以上三十五名均於咸豐八年間在徐屬濉溪口力戰死之

玉林滿洲正紅旗人西拉琫阿滿洲鑲白旗人穆奇先蒙古鑲黃旗人常祥蒙古鑲紅旗人琫增額滿洲正白旗人

以上五名均於咸豐八年間宿州高家樓之戰死之

特佈硜額滿洲正黃旗人祿祥滿洲正黃旗人豐紳佈滿

洲正黃旗人

以上三名於咸豐九年出征戰死

明泰滿洲鑲紅旗人依勒喀春滿洲鑲藍旗人

以上二名均於景山口接仗死之

普瑞滿洲正黃旗人於咸豐十年間南路軍營接仗死之

瑪克但佈滿洲鑲黃旗人豐申佈滿洲鑲黃旗人玉祥滿洲鑲黃旗人巴克三圖滿洲鑲黃旗人喜明滿洲鑲黃旗人三音圖滿洲鑲黃旗人莫爾根滿洲鑲黃旗人音登額滿洲鑲黃旗人榮慶鈕勒洪阿滿洲正紅旗人廣平滿洲鑲白旗人來祥滿洲鑲白旗人穆克德恩滿洲

鑲白旗人吉杭阿滿洲鑲白旗人呢瑪杭阿滿洲正藍旗人呢瑪昌阿滿洲正藍旗人瑞慶滿洲正藍旗人連喜滿洲正藍旗人常成滿洲鑲紅旗人富順滿洲鑲紅旗人愛仁滿洲鑲藍旗人諾們蒙古鑲黃旗人穆𧾷蒙古鑲黃旗人景祥蒙古鑲黃旗人該哈蘇蒙古鑲紅旗人德全蒙古鑲紅旗人普亮蒙古鑲紅旗人

以上二十七名均於咸豐十年間運河南岸及萬年

閘丁廟之役力戰死之

慶安滿洲鑲黃旗人咸豐十一年間戰死

奇徹賀蒙古鑲紅旗人瑞慶蒙古鑲紅旗人發福爾蘇蒙

古鑲紅旗人

以上三名於咸豐三年間在河南汜水縣接仗死之

魁明滿洲鑲紅旗人於同治十年間在烏里雅蘇台軍營力戰損頭骨死於軍中

孝友

瑞景字雪蕚滿洲鑲白旗佐領孝友性成母病癱瘓轉側須人瑞景率妻高恭人夙夜養侍歷三年無倦容憂勞之壯年未五十兩鬢已皤且於諸弟友于甚篤弟欲與析爨乃取先世所遺財物悉與諸弟弟家日用仍悉爲之籌弟慼之亦克恭厥兄一味之甘未嘗自私二十餘

年無少異焉

富拉敏泰滿洲鑲藍旗前鋒性資恭讓友愛克敦與弟分產不較贏絀後相感而共爨人比之田氏荆

舒明滿洲正藍旗人母病癉輾轉牀蓐者累年明冠帶以養無妻子之助菽水僅供俾母忘其貧病晝眎夕不離左右云

義行

福祥滿洲正黃旗生員後改就武補防禦生平急公好義善行最多同治中將軍定公開言路祥上興利除弊稟十條中有修書院立義學等事將軍委其襄辦祥認眞

辦理於書院一節尤盡力整頓不辭勞怨以故綏遠文風日上登鄉榜者歷科不絕祥之子承先登進士第人以爲振興文教之報云

泰寶滿洲正藍旗人家素封道光間官協領初旗庫盜取數千金筦庫諸官秘不敢宣逾數年將軍定期察庫衆惶恐曰事若發覺我輩無立足地矣寶曰若輩勿憂姑俟我乃出金如其數潛納之庫中衆得免

德克精額蒙古鑲紅旗人咸豐軍興本旗麾下馬無留良衆患之乃人贈良馬一騎後衝鋒陷陣諸軍人皆獲馬力

富通滿洲正藍旗前鋒生平恥爲守錢虜同旗有因婚葬稱貸者輒出金償之歸乃自焚其劵以致千金散盡晚年幾不能自存終無怨悔故至今父老猶嘖嘖道之

綏遠志卷九

懿維

聖清式化中原

宮壼之賢超邁前古內教所孚必自親始於是宗藩勳閥

雝雝乎有二南之風焉雖其出師命戍遠及乎千里

之外而家室相偕闤門中閫之防一醮不改之道柏

舟漸臺之義孝娥鐵女之仁猶足振邊陲之禮教播

外服以徽音竊於綏城中之旗民窺

王化於萬一焉於斯錄列女

烈婦

劉氏鑲紅旗漢軍右翼已故協領徐嘉英之妻嘉英於雍正五年二月二十二日病故氏年三十六歲即於二十四日投繯以殉

趙氏鑲黃旗滿洲防禦世襲拜他拉布喇哈番常祿之妻常祿於雍正九年八月初六日丑時病故氏年三十四歲即於是日未時投繯以殉

以上出朔平府右衞志案

杭嘎台氏蒙古鑲紅旗人浙江楓嶺營游擊德善保妻咸豐中夫率隊出剿髮匪適賊攻破楓嶺營氏率家人徐萬寶並使女等駡賊不屈均被害浙江巡撫李題請

旌表奉　旨祔祀昭忠祠

筆氏鑲紅旗滿洲已故忠慶元配時年二十二歲於同治十一年六月旗人某謀欲犯之氏堅不從懼難自白忿恨飲藥死由將軍　奏請　旌表奉准部示准其建坊入祠

趙氏滿洲鑲紅旗人國仁妻咸豐中隨夫任烏里雅蘇台戶部主事夫因公出外適賊至氏率子魁元殉難

節婦

楊氏正黃旗滿洲增官佐領下領催胡都納妻康熙三十五年伊夫在招磨多軍前病故氏自二十五歲寡居至

雍正六年五十七歲守節三十三年於本年十一月將
軍咨部彙題奉　旨建坊旌表　下皆同此

闞加氏正藍旗滿洲何保佐領下護軍馬成妻康熙三十
五年伊夫在招磨多軍前病故氏自二十九歲寡居至
雍正六年六十一歲守節三十三年

焦加氏鑲藍旗滿洲達爾布佐領下護軍四格妻康熙十
三年伊夫陣亡氏自十九歲寡居至雍正六年七十三
歲守節五十五年

高氏正藍旗蒙古雙喜佐領下原係在京巴牙爾圖佐領
下護軍牙圖妻康熙十三年伊夫病故氏自一十八歲

寡居於康熙三十三年隨子偏圖來右衛駐防至雍正六年氏年七十二歲守節五十五年

達祿氏鑲藍旗蒙古五雅圖佐領下領催祉楞妻康熙三十五年伊夫病故氏自二十九歲寡居至雍正六年氏年六十一歲守節三十三年

高氏鑲黃旗漢軍田璋琮佐領下披甲于朝選妻康熙三十五年伊夫病故氏自二十九歲寡居至雍正六年六十一歲守節三十三年

宋氏鑲黃旗漢軍田璋琮佐領下廕生田璋玉妻康熙三十五年伊夫病故氏自二十歲寡居至雍正六年五十

二歲守節三十三年

王氏鑲白旗漢軍劉元勳佐領下披甲王應登妻康熙十五年伊夫病故氏自一十九歲寡居至雍正六年七十一歲守節五十三年

羅氏鑲白旗漢軍劉元勳佐領下披甲王可艮妻康熙五十五年伊夫在招磨多軍前病故氏自二十六歲寡居至雍正六年五十八歲守節二十三年

以上出朔平府右衞志案

鈕胡嚕氏鑲藍旗滿洲海圖之妻守節二十二年嘉慶十五年旌

何西哩氏係鑲藍旗滿洲阿爾琫阿之妻夫於乾隆五十六年病故該氏時年二十八歲矢志守節二十二年得
旌

瓜爾佳氏大族也阿拉琫阿之妻守節二十五年嘉慶二十一年　旌其後有同族女爲同旗正紅旗滿洲薩崇阿之妻守節二十四年善福之妻守節二十九年均於光緒二十五年　旌更有同族女爲鑲藍旗克興額之妻守節二十九年同治七年　旌更有同族呢楚賀之妻於同治七年夫亡矢志守節二十二年光緒十四年
旌

烏札拉氏鑲藍旗滿洲玉德之妻守節二十六年道光六年　旌

烏庫哩氏正藍旗滿洲已故烏里山之妻由嘉慶十八年苦志守節至道光十五年　旌

劉張氏正藍旗滿洲已故額爾色勒恩之妻守節二十八載於道光十七年　旌

瓜勒佳氏鑲白旗滿洲代玉之繼妻道光元年守節裕胡哩氏鑲藍旗佛尼音泰之妻守節二十四年道光二十三年　旌

瓜勒佳氏綽杭阿之妻道光二年守節至二十七年　旌

索隆果特氏鑲黃旗蒙古全喜妻守節二十九年道光三
十年　旌
布裕嚕氏鑲藍旗滿洲色勒春之妻守節二十三年咸豐
三年　旌
富察氏鑲紅旗滿洲已故惠祥之妻自二十六歲守節咸
豐十年　旌
官佳氏正紅旗滿洲已故車拉莫哩之妻守節二十四年
於咸豐十一年　旌又有額蘇勒氏鑲白旗蒙古慶喜
之妻守節二十七載亦於是年　旌
那闊氏正藍旗滿洲烏勒清阿之妻守節二十四年於同

治五年　旌

李佳氏廂紅旗滿洲已故額爾哲依圖之妻自二十一歲守節至同治六年五十歲請　旌同族女廂紅旗滿洲已故增祥之妻自二十二歲守節至光緒八年三十三歲故例得　旌表

趙佳氏廂藍旗滿洲吉雅圖之妻守節二十八年同治十年　旌

那拉氏正藍旗滿洲貴陞之妻於道光二十九年守節同治十二年　旌

畢劉氏正白旗滿洲博勒忠武妻夫從軍陣亡氏年二十

九歲矢志守節事姑教子備極艱苦享年七十三歲同
治十三年　旌
富關氏滿洲正藍旗人連祥妻咸豐三年連祥陣亡氏年
二十八歲家貧無子矢志靡他守節二十四年
瓜拉佳氏正藍旗滿洲已故連祥之妻其夫于咸豐三年
從征陣亡該氏艱苦守節光緒元年　旌
博爾袼特氏正黃旗蒙古已故喜福之妻喜福於咸豐八
年在灘溪口打仗陣亡氏時年二十九歲守節二十二
年光緒四年　旌
同喜氏滿洲正藍旗人巴圖山妻咸豐中夫陣亡氏年二

十八歲守節二十餘年

唐和（一作吳）氏滿洲正藍旗人呢瑪昌阿妻咸豐中夫從征陣亡氏年二十八歲守節二十餘年

奇塔氏正藍旗滿洲巴圖嚕山之妻夫於咸豐八年從戎陣亡該氏苦節自貞

莫爾德特氏正白旗滿洲榮林之妻光緒元年在烏里雅蘇台軍營積勞病故氏守節二十四年於光緒二十五年　旌

賫白氏滿洲正白旗人那彥泰妻咸豐八年夫從軍陣亡氏年二十六歲矢志撫孤守節二十五年以子貴　封

安人
以上皆夫殉忠而守節者由歷任將軍奏請旌
表
圖瑪氏正黄旗蒙古科布通武之妻咸豐三年夫故氏時年二十八歲守節二十二年於光緒元年旌
伊哩氏廂黄旗蒙古巳故蘇呼肯之妻守節二十七年光緒三年旌唐氏蒙古廂黄旗達哈春之妻守節二十四年亦於是年旌王佳氏富倫之妻亦同旌
何什哩氏廂藍旗滿洲蘇楞額之妻夫於咸豐六年故氏時年二十七歲矢志守節三十三年光緒四年得旌

伊劉氏正藍旗滿洲已故西哼春之妻守節二十九年於
光緒五年　旌又有瓜拉佳氏蒙古廂黃旗已故瑞慶
之妻守節二十四年先是有巳雅爾氏瑞慶之妻二年
旌又有巴雅爾氏達哈之妻也亦於是年　旌
帑勒斯氏配武舉廂白旗滿洲吉拉罕佈二十九歲夫歿
撫孤守節又闞李氏正藍旗滿洲已故恩福之妻守節
二十三年均於光緒六年　旌
于胡嚕氏廂黃旗滿洲察蘇泰之妻自二十七歲守節至
五十二歲於光緒七年　旌又有圖色哩氏夫英明正
白旗滿洲人於咸豐十年故氏窮嫠矢節吳佳氏廂黃

旗滿洲松山之妻自二十六歲守節富察氏蒙古廂黃旗善淩之妻守節二十八年關佳氏廂藍旗滿洲訥勒賀之妻守節二十八載均於是年　旌

那拉氏其夫順全正白旗滿洲人於咸豐八年間在天津軍營病故氏守節二十五年光緒八年　旌

依爾根覺羅氏正黃旗二甲巴彥之妻咸豐二年孀居光緒九年　旌

達布淌氏夫淩祥正白旗滿洲人於咸豐十年故時氏始二十三歲寒苦守節於光緒十二年　旌

馬佳氏廂白旗蒙古祥慶之妻守節二十九年光緒十三

年十二月　旌
富察氏廂黃旗滿洲已故玉林之妻自二十八歲守節至五十三歲汪佳氏廂黃旗滿洲已故蘇嗒山之妻自年二十七歲矢志守節至五十二歲均於光緒十四年
旌
什勒德特氏正黃旗蒙古玉恒之妻玉恒於同治五年故氏時年二十七歲守節二十三年於光緒十五年　旌
伊特默氏鑲紅旗滿洲常興之妻二十六歲寡畢魯氏正白旗滿洲已故雙存之妻自二十七歲守節光緒十七年　旌

白佳氏正黃旗滿洲六品前鋒雙成之妻同治九年二十
九歲守節唐佳氏廂白旗滿洲順祥之妻同治十年孀
居又納佳氏達們泰之妻二十八歲守節均於光緒十
八年　旌
唐佳氏廂黃旗滿洲會淩之妻自同治十年守節格濟氏
正白旗滿洲已故達蘭泰之妻自二十九歲守節均於
光緒二十年十二月　旌
烏佳氏正白旗滿洲已故盛德之妻氏守節二十六年於
光緒二十一年　旌
妞楚渾氏蒙古廂黃旗阿克敦布之妻守節二十九年光

緒二十三年　旌又有佟佳氏廂黃旗滿洲已故巴爾
噶圖之妻自二十八歲矢志守節至五十二歲亦於是
年　旌
孟氏廂紅旗蒙古已故阿敦之妻夫光緒三年歿於河南
永城縣軍營氏時二十五歲矢志二十八年　旌噶佳
氏廂紅旗蒙古胡圖克泰之妻夫於光緒七年病故氏
年二十七歲矢志守節二十三年皆於三十年十二月
旌
戴佳氏正紅旗滿洲已故瑞恒之妻守節二十三載光緒
二十五年　旌

蘇木魯氏蒙古廂黃旗阿克都堪之妻守節二十三年於
光緒三十年　旌
那拉氏廂白旗滿洲敦仁阿之妻光緒五年二十五歲夫
歿守節二十七年又
白育特氏正藍旗滿洲額勒克蘇之妻該氏於光緒九年
二十九歲守節同於光緒三十一年被　旌於　朝
按綏俸餉例佐領防禦驍騎校三項職官皆有孀婦
半俸之條又查兵丁孀婦亦有半餉自領催前鋒馬
甲步兵以下有差又平民孀婦孤女亦月贍白金一
兩未嘗不歎上官行法之善既足以膽生靈亦足維

風化也觀此篇節烈之所錄可以知其效之深矣

孝女

趙氏滿洲正黃旗人防禦生員福祥之季女性至孝父病危甚女夙聞古人有割股醫親適醫言須以人肉爲藥女遂潛割其股以進福祥果愈

此等奇行近例須專摺請　旨旌表慮傷生也然吾嘗見割肝之孝每倏然自合其創無所病苦至誠　神本足以帥其血氣若閭閻之秀初不參以世情於是更無可疑議耳志例於此類須經綽楔而後錄茲乃得其一事而亟登之者發於天者旣有足珍而寒門孤詣更慮表章之無人致足貴也

觀瑞
音德訥　校對

綏遠志卷十

方言

凡志多有方言一門不過傳其土音俗語蓋無庸也官話通譯可以達四方詔萬國何事於齊登楚穀南北黄王而儆之綏遠所屬土默特暨烏伊兩盟皆係蒙部而蘭籥所載亦多蒙語況夫山川村落概沿蒙旗之舊號無以譯之將使開卷茫然致歎於索解之無從爰擇蒙古精通中文之士逐類繙譯雖未能悉臻全備亦可得其大略庶使不習於蒙者皆因以嫻蒙文蒙語而彼蒙人亦得識我國文以視向之第傳其土音俗語者或少有裨助歟

天文類

騰格哩天　得該都騰格哩上天天　格根騰格哩清天

庫克騰格哩蒼天　格哥爾巴天亮了　烏的希保力巴晚了

納楞日　格哷勒光　巴嚕克搜的勒影響

納楞克爾將巴日食　薩楞月　格根薩楞明月

薩楞補嚕凱依月暗　得該都哈噶斯上弦　倒勒都哈噶斯下弦

薩楞都古合月圓　薩楞克爾特巴月食　鄂都星

阿勒坦噶達素北辰天德　巧勒孟明星　倒倫鄂都七星

瑪奇特昂星　安吉順諾胡希古畢星　烏立雲

圖納勒巴霞　補爾庫巴陰　諾古庫烏立浮雲

補登霧　阿雲格雷　阿雲格都晌雷格爾巴

察克勒斡電　包朗雨　包朗祆拉巴下雨

索倫噶虹　們都爾雹　希古的爾露

克嚕古霜　恪素雪　阿烏爾氣

薩力肯風　迺力圖薩力肯和風　哈隆薩力肯溫風

時令類

阿爾噶陽　畢里格陰　阿爾板額希十天干

庫克甲　庫克圪沁乙　烏藍丙

烏拉格沁丁　什拉戊　什拉克沁巳

察汗庚　察汗圪沁辛　哈拉壬

哈拉格沁癸　阿爾板和彥爾額哩奇騰十二支　胡拉格納子
烏庫爾丑　巴拉斯寅　挑賴卯
祿辰　茂蓋巳　茂哩午
和尼未　密奇申　特克雅酉
諾亥戌　噶亥亥　恰克時
烏拉哩拉季　哈布爾春　郡夏
納穆爾秋　額佈勒冬　額爾騰古
鄂多今　塔本瑪哈漠特五行　吉勒年
吉勒補哩每年　恩格爾生吉勒去年　烏哩都吉勒先行
烏爾濟能吉勒前年　亥圖吉勒明年　依哩庫吉勒來年

孟吉本年　巴彥吉勒富歲　額力伯克勒豐年

烏彥爾潦　剛旱　依柳色楞閏月

薩楞依克月大　薩楞巴格月小　額羅遜薩拉單月

特古斯薩拉雙月　額都爾日子　賽音額都爾吉日

茂古額都爾凶日　胡沁烏的希除夕　額勒吉圖額都爾節日

烏爾都額都爾昔日　額楚克額都爾昨日　額諾哥額都爾今日

瑪爾嘎額都爾明日　額都爾補哩每日　希能尼更初一日朔

阿爾板塔佈十五日望　畢圖公三十日晦　額柯爾早

烏得午　烏得希晚　本奇刻

哈隆熱　奎騰冷　穆素冰

庫拉得巴煉二寸

數目類

尼格　和彥爾二　古爾板三

都爾板四　塔布五　珠爾噶六

多羅七　邇木八　伊蘇九

阿爾板十　和林二十　古沁三十

都沁四十　塔畢五十　吉楞六十

達楞七十　納彥八　伊林九十

昭百　明格千　圖孟萬

補木億

地輿類

噶咱爾 地　洒騰 濕　奇各大 潮

胡賴 乾　達布素太噶咱爾 鹽地　胡吉爾圖噶咱爾 鹹地

鄂勒噶咱爾 本地　哈拉雅圖噶咱爾 所管地　果畢 沙漠

額哩素 沙　討告素 塵土　沙補爾 泥

塔拉 野灘　庫得額 澤　托布齊克 丘

古獨古爾 阜　和托果爾 下濕抵淮　凱哩 曠野

阿烏拉 山　習勒 岡　托博 陵

茫哈 沙岡　達巴 山嶺　哈畢爾 山肋

哈木爾 山鼻　哈少 山嘴　額爾更 河灣

哈波爾山陽　阿魯山陰　哈達石峯
和布海荒山　阿貴洞　齊魯石
烏庫爾齊魯盤石　達賴海　穆楞江
潭各勒湖　果勒河　淖爾池
多海大海灣　佛拉克泉　胡都克井
烏素水　烏彥爾山水　烏藍以力更紅土坎
和爾買山根　蘇巴克溝渠　畢柳磨石
巧凱古爾火石　必拉哈巴水泛溢　希爾圪巴水干了

五行類

阿力塔金　們格銀　古哩銅

吉斯紅銅　挑拉格鉛錫　特穆爾鉄

希哩密生鉄　印獨木　伍素水

噶勒火　習羅土

方向類

郡特東　巴隆特西　額木納南

惠納北　郡額木納東南　巴隆額木納西南

巴隆惠納西北　郡惠納東北　得該希往上

倒郜希往下　烏嚕克希往前　惠希往北

郡希向左　巴隆希向右　德該勒在上

倒郜勒在下　東木達中　奇克正

哈吉該歪　吉嚕斜　昆都倫横

都爾板足克四方　珠爾汗阿吉勒吉爾六合　和力圖縱

德該都上　倒力都下　額特該德方

珠布克斯拐角　鄂賴頂上　哈珠側傍

德力格特根前　和隆特中間　嘉哈邊上

物形類

烏爾圖長　阿胡爾短　通格拉克清

補林爾濁　恭深　歸背淺

和洛遠　哀爾近　德該都上

倒爾都下　珠講厚　寧根薄

阿古吉木廣　哈布楚勒狹　恩都爾高
保部尼低　噶爾出　鄂羅入
額爾根寬　爲騰窄　都爾波力津方
波林凱依圓　奇力波爾易　波爾凱依難
哈挑硬　蔣楞軟　烏尼爾騰有味
和凱臭　哈格爾亥破　畢圖整
烏實　胡達拉虛　賽狠狠好
莫烏不好

城池類

和屯城　巴力噶素土郭　尼斯拉力和屯京都

烏魯斯國　庫克和屯歸化城　阿色爾城樓
甲木路　拏庫訥蘇關　察汗克力密邊關

宮室類

鄂爾登宮　哈爾希殿　伊順達不胡哩九重
色古哩寶座　蘇密廟　召大寺
格爾家　板申房　哈沙柵子
什不個籓籬　蘇布爾噶塔　烏達門
哈拉克關　强吉窗

人倫類

漢君　額正主　賽特大臣

諾彥 官　胡隆齊 高祖　額隆齊 曾祖

額補克作齊克 祖父　額密更額琦 祖母　額奇克 父

額珂 母　依克阿巴格 伯　巴格阿巴格 叔

阿哈 兄　波哩更 嫂　扣 子

波勒 媳　阿巴該 阿哥　斗 弟

斗波勒 弟婦　諾庫爾 朋　哈尼 友

哈同 夫人　諾庫爾 丈夫　額爾 男人夫

額寄 女人妻　阿奇 孫　吉齊 曾

古奇 玄　烏爾 嗣　圖嚕勒 族

鄂保克 姓　烏彥 世　袁爾 親近

阿克拉各踈遠昆人　巴克什師
設畢生徒門人扣肯女　庫哩更婿
扣克特孩子們鄂木克姓　尼哩名
圖嚕勒宗族忒吉該僧扣養子　巴汗額密妾

職官類

賽特臣　圖布穆勒官　噶畢牙圖賽特功臣
塔爾哈噶拉克僧賽特原品致仕大臣　珠爾幹雅不達拉衙門六部
額勒肯賽特尚書　托特噶都賽特侍郎
補占特甲凱嚕克僧賽特總督　察克登交卡克齊賽特巡撫
將軍將軍　胡希古諾賽特都統　姜楞尼章京副都統

扎薩克得力格嚕克僧圖希木力布政司　拜察斡布古庫圖希木力按察

府吉密特圪齊知府　州音密達格齊知州　縣諾密達圪齊知縣

哈木圖密特圪齊同知　尼楞希古克齊通判

察克達格齊巡檢　巴克齊圖巴總　明安圖千總

禮制類

邀斯拉力禮　吉各斯各力儀伏　邀斯倒得贊禮

達不習前進　索古得跪　牡爾古叩頭

包斯起　牡歸斯凱揖　迺力塔力畢讓

額該退　珂希克都牡爾古謝恩　阿力巴板哩進貢

吉隆吉習雅年班　楚拉斡會盟　塔拉買散了

音樂類

塔本阿雅拉克 五音　肯格爾各 鼓　中肯 鐘

哈楞各 鑼　強 鐃鈸　托卡強 雲板

烏庫爾波運 牛腿號　比拉爾 嗩吶　鄂齊拉經平 木鐸

圖利雅土克 琴　畢習古爾 簫　雅吐克 箏

茂屯楚古爾 胡笳　茂屯茂哩 竹馬

政事類

扎薩克 政事　蘇爾噶古哩 教　可斯該 感化

和隆 威　額爾可 權　商 賞

巴 罰　和里 律例　察噶吉 法

察噶特買　巡狩　拜奇　查　希特該　辦

寧吉　捜　阿力板可哩克　公務　可本可哩克　常事

噶必牙　功　察噶吉　律　和例　例

德性類

邀素　道　額嚕希彥勒　仁　珠嚕密　義

邀素拉勒　禮　密爾更　智　巴圖　信

素嚕　威儀　額力波爾力　孝　斗伍齊　弟

阿斯爾　事奉　甲勒　使令　額依波哩　順

爲拉特買　事　察賴克楚　色難　珂奇彥歸　謹敬

勒齊庫爲貴　無違　固圖噶乎烏貴辱　無忝不玷　阿齊拉勒　極孝

茂好希烏貴不圓　希達爾古忘　齊克正
尼古爾齊拉胡魯貴不徇情　達嚕胡烏貴不諱　達力特力胡烏貴不瞞
額磨力胡烏貴不護短　克力波哩胡烏貴不偏　齊波勒兼
奇嚀烏貴無瑕　尼古爾太體面　齊沁聰明
特古力得爾靈巧聰慧人　哥更明白　密得齊通慧者
索諾不色爾心靈　阿布木該從善　烏化補爾聰敏
烏化太敎悟　密達知識

福祉類

補音
補音太有福分　伊囉勒圖全福人
額勒濟壽
額勒濟太有壽　克什格造化

克什格太 有造化　巴彥 富　額爾克密

巴彥爾 喜　賽音 好　恩克 太平

阿穆古楞 安康　圖布壢 平　邀羅 福瑞

巴力克 先兆　伊布格巴 保佑　該哈本希克 神妙奇瑞

文學類

額爾德穆騰 文學人　都爾板畢奇克 四書　塔本諾穆 五經

依克蘇爾塔力 大學　奇布東達都 中庸　希古穆吉力奇拉力 論語

孟子 孟子　晉力克拉力圖諾木 詩經　札薩克圖諾木 書經

珠爾亥圖諾木 易經　邀素拉力圖諾木 禮記　沙津圖諾木 春秋

額爾德木圖 有才有學問　烏特哈 文　烏銀格 章

滿吉畢奇克滿州書　蒙古力畢奇蒙古書　特木的茂都策簡
丹巴冊檔　迺幹力榜文　色都布題目
烏爾齊古勒繙譯　蘇嚕力噶習　蘇嚕貝學
文習貝讀　脊該吉力背　克奇彥勤學
習木達貝發憤　達古哩雅効法　尼布達爾吉通了
泰力補哩力講

文具類

畢奇克書　甲奇的力信　察阿素紙
波坷墨　比依哩筆　交羅力硯
依的古力蘸筆

武備類

奇力克兵　卬哩圖奇哩克馬兵　雅步幹奇哩克步兵

薩克圖奇爾克防兵　習力達克精兵　丹音戍師旅

補哩彥海螺　脫克纛　凱依哩旗

哈拉哈力籐牌　訥木弓　素木箭

果都里包頭箭　強格拉灸緊　姿該部位隊支

倒古拉克盔　胡彥克甲　吉達矛

色勒木順刀　伊勒都腰刀　色哩彥鋼叉

佈鳥鎗　烏庫爾佈大炮　丹哩火葯

東木鉛子　畢力特該預備

身體類

討力蓋頭　額斯髮　尼都眼
奇克耳　哈麻爾鼻　阿穆口
庫木色克眉　索爾茂斯眼睫毛　哥吉各辮
尼力補斯淚　尼素鼻涕　習力素津涎
齊素血　切賴臉面　莽迺額顱
切穆爾亥鬢　尼古爾臉　嚕力齊齊凱瞳人
杭箱爾山根　習都牙　貝勒牙關
克勒舌　甲究爾腮　烏嚕力唇
和賴咽喉　色胡勒胡鬚　庫珠脖項

牡隆 眉甲　托亥 肘　噶爾 手

阿拉各 掌　胡魯 指　胡木斯 指甲

謙吉 胸膛　庫可 奶頭　阿邀力亥 心窩

奎斯 膀　旻吉 胯　補各斯 臂

古彥 大腿　額力迷 脚面　保爾畢 脚後跟

烏力 脚心　牙斯 骨　哈畢斯 肋骨

賽爾 脊骨　珠爾克 心　額力各 肝

德里古 脾　烏什凱 肺　波勒 腎

額可 油　習爾赤素 筋　訥古素 脊髓

東力蘇 胆　和倒的 胃　哥的素 腸

達不色克尿泡　阿密命　烏各烏力元氣

阿密斯胡力氣　東尼素魂　素克魄

庫彖斯汗　習布力足心汗

流品類

滿吉昆滿洲人　蒙古力昆蒙古人　可塔特昆民人

畢齊克昆讀書人　塔拉洒昆農　達爾汗昆工人

胡都力特洋藹昆買賣人　喇嘛黃衣僧　和尚青衣僧

本布道士　哥更清明活佛　迪彥齊修行人

呼彌力汗知前世仙人　呼圖克圖活佛封號　阿倒齊放馬人

蘇拉閑散　哈拉昆俗人　果尼綿

波力伯松寡婦　噶克齊獨　額拏沁孤

文奇媒人　巴達爾沁化緣人　歸林齊乞丐

甲拉齊听差人　奇哩克昆兵丁　密特格傳事人

庫奇諾昆工人　古祿格齊昆獵人　察八斡齊女姑子

額密齊醫生　倒齊唱曲人　庫圖齊跟馬人

包拉奴才　音吉婢

人事類

克哩格事　烏奇勒情　阿力巴厶務

加嚕克呈詞　加哩亥訟　圖布克太煩

奇嚕勒爭　楚斡閙　胡哩木宴席

叅音邀請　烏楚爾緣故　巴圖魯勇賽音好

牧惡　賽狠狠好

言動類附語助

烏噶言　庫德勒動　拜那有

烏貴沒有　惱奇太有碍　該貴不妨

牙布走　伊勒來　鄂齊去

哈哩回　噶拉出　鄂勒進

可布特臥　掃坐　包斯起

德布希歇　交克掃站　克勒說

阿掃何　梭納斯听　烏吉看

額克給與　伊念笑　危拉哭

那特要　倒達呵　阿巴奇拏去

阿巴依勒拏來　阿布那要　阿不胡貴不要

齊你　齊尼你的　畢我

密你我的　特勒他　特登洒凱他們的

瑪洒咱們的　懇誰　克你凱誰的

阿力巴洒凱公中的　孟是　布魯非

畢替不要　包勒那可以　佑凱那做甚麽

察噶那那邊　那噶那這邊

助語類

特斯克力烏貴不勝 巴拉蘇魯克烏貴無蹤跡 田貝有甚麼傷

牙公都爾何所夫何何以何爲 牙奇拜蘇保力胡如何是好奈何 由奈豈是那裡

哈密噶何處 哈那斯從何處 克哩波哩如東

額公都爾於此 何賴幾乎 額那肯特爾肯這門那門支脂

保力胡烏貴不可 鄂克圖全然並 依魯常是

和果色噶爾徒然 畢替休要不可 依木如此這樣

該貴不妨 得迷力平白的 可哩克烏貴無用

畢林現成 密特庫烏貴不知 哈密噶烏貴無干涉

哈密噶太有干涉 特公都爾問他 推拉極至

梯木那樣 烏達歎 肯誰

特力 彼　八斯 又

枝術類

烏林 巧　達爾亨 匠　察賴新吉各奇 相面人

烏吉拉各齊 推算人　烏里各爾齊 說書人　倒齊 唱曲人

古羅齊 打牲人　色特古力 報捷人　補哥齊 祈福人

殘病類

和吉格爾 禿子　梭和爾 瞎　潮哈爾 麻子

倒哈楞 拐子　塔珂爾　都哩 聾子

克哩荄依 啞子　色特爾凱 缺唇　額木特可爾 豁牙

格力吉格爾 歪脖　戴不噶爾 蹩足　凍尼公 羅圈腿

額布沁病　圖土吉不特克殘廢人

冠服類

瑪拉蓋帽　津斯圖頂戴　胡不七蘇衣

胡諾爾服　圖哩依和不七蘇朝衣　德波勒袍子

庫魯木褂　德哩枕頭　蟒訥克德波勒蟒袍

蒲斯圖庫魯木補褂　瑪海靴　古特力皮靴

額木特褲子　哎木素襪子　挑不齊扣子

布蘇腰帶　珠不察皮襖　齊該吉木七砍肩

察木七襯衣　咚波能毡雨衣　孥木爾該簑衣

沙亥鞋

器用類

習連 桌子　散達哩 椅子　鄂尼蘇 鎖子

圖勒庫爾 錀　德波爾 壺　洪達汗 罇

隆乎 罈　阿彥各 碗　薩不哈 箸

丕勒 盤　安吉蘇 犁　湯那古爾 耙

托里 犁鏡　阿爾齊古爾 鋤　麻拉塔古爾 杷子

田呼木 碾子　盈 磨　麼楚爾 木石杵

得布爾 簸箕　額力格克 篩籮　補拉 碌碡

哈達古爾 鐮刀

飲食類

布達米飯　古哩爾面　瑪哈肉
塔爾紅肥　圖弄害瘦　胥勒湯
胡賴庫尼素干糗　阿爾凱依酒　達哩素黃酒
包爾素克餑餑　伊第吃　烏飲
烏達勒打中伙　甲吉拉嚼　掃克托醉
阿木塔力嘗　察達吉飽了　額魯斯吉餓了
額力波爾吉飢　圖凱生的　包魯吉熟了
哈隆熱的　奎騰冷　波聯溫
胡賴乾　佘騰濕　阿哩凱依燒酒
達哩素黃酒　阿爾奶子酒　巴齊麻格燒酒粕

沙嚕格黃酒糟才茶　通格勒才清茶

哈拉才熬茶　蘇太才奶茶　麻林古牙芝麻茶

吉哩爾太才酉茶　蘇奶子　哀哩克酸奶子

額嚕木奶皮　伊斯古楞醋

生熟類

圖凱生　圖凱肯略生　保拉吉熟

哈隆熱　補連溫和　奎騰冷

額該達爾吉戊嘶　星更稀　額特更稠

吉哥楞軟　哈圖硬　叩哩克脆

權量類

阿拉得 丈　　脫亥 尺　　伊穆古 寸

昏 分　　金拉古爾 秤　　輕拉古爾 戥子

巴洞 石　　稍拉格 斗　　申 升

金 斤　　鄭 兩

車轎類

特爾格 車　　阿拉勒 轅　　保拉噶 轅端橫木

楚哈達素 羊角椿　　哈希拉克 車箱　　騰可里克 車軸

庫勒特 車轎　　和勒果布齊 車轄　　格該素 輻條

穆克爾 車綱　　叟克 轎　　叟肯特爾格 轎車

登訥古爾 巴山輓　　額勒古 抬　　庫哩 套

齊嚕拉

顏色類

庫克藍　什拉黃　烏藍紅

察汗白　哈拉黑　保羅紫

諾綱綠　恩哥顏　諾綱不塔爾什拉秋香色

庫克不塔爾烏藍紅青　哈拉不塔爾淡黑

寶貨類

額爾德尼寶貝　青補特珍珠　胥勒珊瑚

瑪嫩瑪瑙　洞車渠　胡布琥珀

瑙明青金　烏由綠松　阿力塔金

們各銀　交素錢　哈斯齊老玉石

五谷類

塔哩牙粳　阿拉各那芝蔴　蒙郜力阿木糜子

和諾克谷　佈代麥　補哩七各豆

阿木米　圖士爾各稻　阿爾拜草麥

薩各達喬麥　習希莜麥　旭拉凱黍

烏庫爾習希高粱

蔬果類

惱郜菜　邀希殽饌　車斯茄子

察汗惱郜白菜　該木惱郜芥菜　桑該惱克葱

郜郜特韭菜　色哩木斯格蒜　巧郜爾芹菜

哈隆額佈薑　和芦送索邈竹笋　穆古蘑菇

塔力圖木耳　什拉齊七克金針　達賴惱郜海帶

希魯凱依萵苣菜　吉密斯果子　桃羅桃

阿力本拉特蘋果　阿里本梨　毛東諾沙不塔哈柿子

里斯李子　歸拉素杏　察不噶棗

烏珠木葡萄　圖賴波勒栗子　蘇水爾松子

希得榛子　哈得杜棣　塔爾不斯西瓜

索力古瓜小瓜　胡希格核桃

花卉類

哩彥佗奇七克蓮花　瑪達爾巴奇七克牡丹花　古哩古木奇七克紅花

烏拉補爾阿爾賁雞冠花　察那奇七克芍藥　胡爾登察汗桔梗花

甲特爾奇七克薔薇花　交蘇奇七克金錢花　烏順希木力達克馬蓼花

烏達補力奇七克梅　奇胡魯爾花架　亥拉素柳

納拉素松　阿爾奇栢　巴爾格素榆

烏梁素楊

藥草類

額窩藥　額佈素草　哩勒丸藥

胡勒蘇竹葦　吉個蘇菖蒲　甲凱力達克馬蓮

哈拉蓋蕀草　哈木胡力蓬蒿　蘇魯芸香

昆額密 人參　沙哈力 參鬚　甲拉噶素 參芦

得力蘇茇 白草芨　胡芦素 芦葦　桑各那 葱

補達那 韭花　鄂鄂特 韭菜　都爾波力津額爾希蘇 益母草

什拉烏哩彥古 兎絲草　吉哩力克補爾苛克 淡竹葉

飛禽類

噶爾第 鳳凰　禿古嚕 仙鶴　脫古斯 孔雀

補特納 鵪鶉　特卡 鳮　奴古斯 鴨

噶嚕 鵝　什包 雀　可聯 烏鴉

必力鴣亥 小雀　吉古爾騰 鷹　特該力 鷺鷥

補爾古特 鵰　甲噶哩 芝蔴鵰　討德 鸚鵡

塔克塔斑鳩　波不格力津戴勝　阿力坦和哩古力代黃鸝

走獸類

郭羅獸　嘉象　包克鹿

哈達罕四不相　科巴爾伊瑪青羊　巧闊狼

烏尼克狐　麻哩爾野猫　圖魯告貛子

塔爾巴獺　茂哩爾馬　鐵勉駱駝

莫勒牲口　額力吉克毛驢　烏念乳牛

圖古力牛犢　達噶馬駒　胡嚕克羊羔

老斯騾子　阿克塔騸馬　密貴毛虎子

青達噶天馬　可哩木灰鼠　伊爾不色豹子

希栁蘇舍利孫　補拉克貂鼠

水族類

录龍　阿布魯茂蓋蟒　茂蓋蛇

吉噶素魚　拉各密那凱鱉　密力凱蝦蟆

迺木力吉螃蠏　元拉各密那凱黿　役木和爾亥蝦

哈布塔蘇圖有介者　牙斯圖密力凱鼉

蟲豸類

伊拉又什牡力蒼蠅　希哩古力濟螻蟻　和爾亥蟲

固哩和爾亥蠶　江察和爾亥螢蟲　察爾奇該螞蚱

高料蟈蟈爾　吉爾可力蟬　固魯力吉各納爾金鐘

巴力圖珠貴蜜蜂 額爾拜凱蝴蝶

噶力圖和爾亥營虫

廖兆駿 著

綏遠志略

民國鉛印本

丁卯春二月

目次

第二十一章　綏遠與國防

插圖目次

引言

綏遠：地勢之雄偉，面積之遼闊，人口之稀少，文化之低落，在在均足以啓外人窺伺之心，尤其自「九一八」後，東北淪亡，察北脫離，綏東被侵，藩籬盡撤，西蒙亦變而爲國際角逐之場，故綏遠足以左右赤白帝國主義之存亡，亦卽世界第二次大戰之導火線，則中華民族之生存，有絕大危機，自衞與中立並艱，參戰共調解俱難，時至今日，一髮千鈞，舍謀保守國防前線之綏遠，尙有何生路哉？

綏遠爲西北邊防之總門戶，綏遠一失，華北、西北諸省必將隨之俱盡，且東北失地從而永無恢復之機會也。故綏遠之在今日，實爲我國與寇敵必爭之地，亦可視爲中華民族整個存亡之關鍵也。敵人侵略綏遠，爲完成其大陸政策之「滿蒙政策」最後階段，乃由侵略我東北及至侵略我西北必然之過程，亦卽威脅我政府，使中國屈服簽訂防共協定及華北五省獨立條約之武裝示威。因此綏遠戰爭，決不可視爲地方偶然發生之事件，乃爲敵人作進一步餓虎撲羊之表演；而中國在綏遠之戰爭，亦非滬淞、長城兩役之再演，乃爲整個民族全面抗戰之開始。綏遠戰爭自二十五年夏七月開始，以至於今，爲時半載，由紅格爾圖之搏鬬與收復百靈廟兩役，已顯我中華民族自衞力之偉大，更知我中華民族絕非征服之民族。羅氏家倫之言曰：「中華民族乃獅子，非綿羊也」，由此可知我中華求民族解放之精神及救亡圖存之熱望也。

綏遠！綏遠！已成爲國防第一線之綏遠。近數年來，外力積極西侵，已將錦朝鐵路（遼寧錦縣至熱河朝陽）分二路展築；一路至承德，一路至赤峰，均於民國二十四年通車。並自赤峰展築至察哈爾省之多倫，業成路基。目前侵綏之匪僞軍以多倫爲總兵站，其野心正欲併我察、綏土地，製造第二之傀儡國。故吾人願望前方將士，忠勇奮鬬，全國同胞，熱烈後援，打破製造「僞蒙古國」之迷夢，並進而復失土，使我東北三千萬同胞重見天日。今我國家精誠團結，完成統一，此後惟有在抗戰禦侮下以求民族之生存。鞏固綏遠，乃爲救亡之啓端也。

然綏遠情形，國人素不留心，典志所載，略而未備。縱有籌荒之志，亦少借鏡之書。近年以來，歐、日諸邦，旅行探險之團，不絕於途。地理政治，皆由調查爲專書，向之鷹瞵虎視於其旁者，今則蠶食於其腹矣。此誠我國危急存亡之秋也。及今圖之而能免於危亡，固猶十一之望耳。及今不圖，則神巖禹土，沈淪破碎，黃河以北，將受制於帝國主義鐵蹄之下。一旦國亡家破，政散民流，則長逝者魂魄私恨無窮，雖欲竊竊私議，有所建白，尚可得哉？尚可得哉？

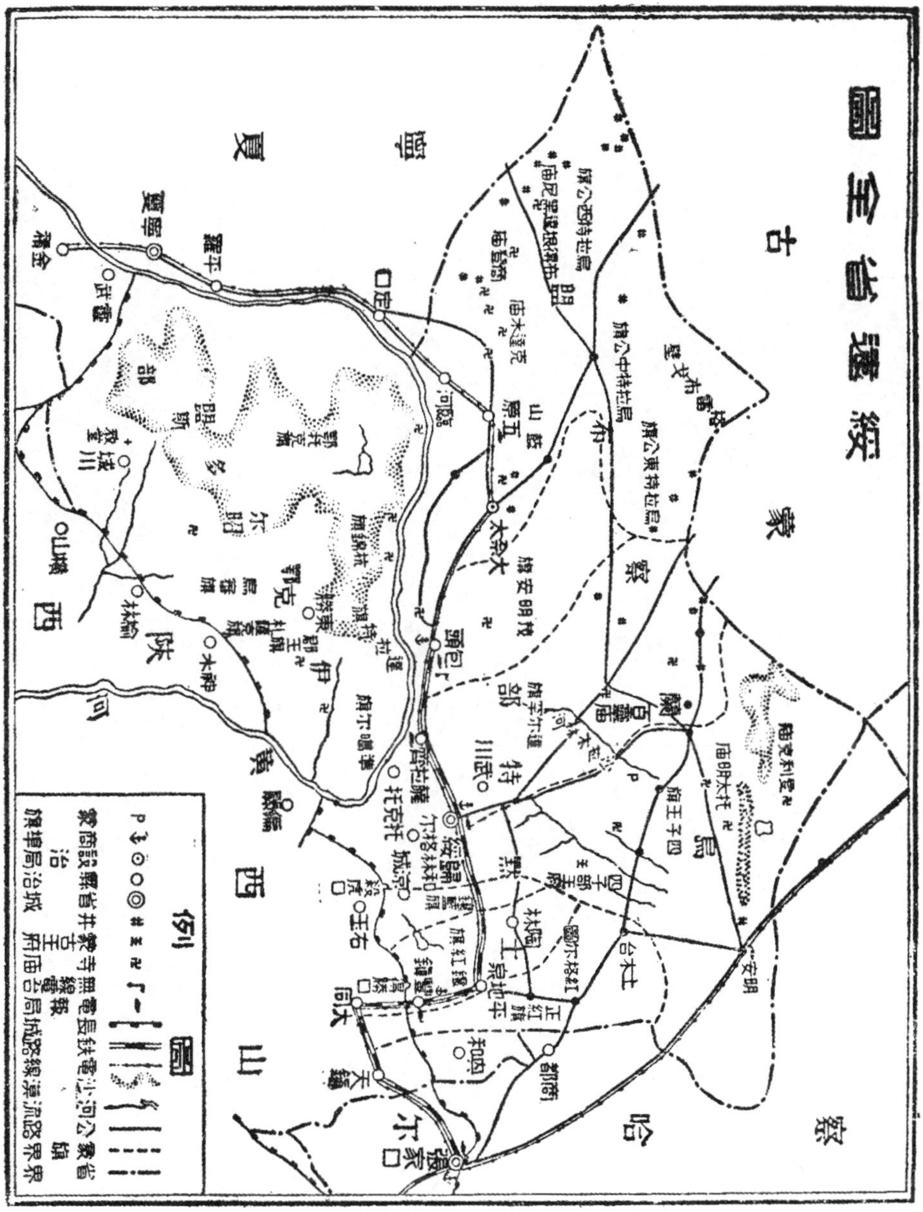
綏遠省全圖
圖例
蒙古
察哈爾
山西
陝西
寧夏
黃河
歸綏
包頭
五原
臨河
托克托
涼城
豐鎮
興和
武川
陶林
平地泉
百靈廟
張家口
寧夏
神木
榆林

第一章 總論

第一節 概說

凡國家之生存，須具有自己防衞之力量，以防禦外侮之侵襲；此種自己防衞之組織與力量，謂之國防。無國防，或無充實國防之國家，難免不爲人所侵略或踐踏之也。且今國際間之一切角逐，完全爲力之表演，力之競賽，人有人力，羣有羣力，國有國力，集個人之力而有羣力，集羣力而有國力，故欲培養國力，以發奮圖強，則如何團結個人之力，實爲切要之問題。如團結個人之力，而集爲羣力，集羣力而爲國力，以國力而防衞國家，他人又豈敢輕於侵襲者耶！

今國際間侵略之方式，至爲繁雜，故抵禦防制之侵略途徑，亦有種種，針鋒相對，於是乃形成國際戰。國際戰及其國防主要之端，述而有四：

(甲)軍事戰　軍事戰卽所謂國際之戰爭，交戰國各以其陸海空軍之實力，角逐於疆場，侵略者固恃其強勢之軍備武力，而防禦之道亦恃之以軍備武力也。

（乙）政治戰　軍事戰之外，侵略者更善運用其政治上「合縱連橫」之手段，並以外交上之引誘與威脅，而實施其侵略之慣技。防制之方，端在聯絡「與國」，聯絡互以平等相待之弱小民族，共同奮鬭。

（丙）經濟戰　經濟戰云者，卽經濟侵略之謂也。帝國主義國家，每以其大量過剩之生產品，推銷於他國，獲取市場。證諸歷史，往往因爭奪商品推銷市場而起之著名戰爭者，不知凡幾。此種侵略，美其名曰通商貿易，表示友好；實則吸人之膏血，大有殺人不見血之勢，殊令人可畏。被侵略者則唯有利用關稅壁壘與貨幣政策，以相抗禦也。

（丁）文化戰　文化戰純係無形之侵略，卽侵略者利用文化如教育、新聞及宗教等之工具。此種侵略政策，需時雖久，但文化爲社會之主要部門，文化受深刻之侵略，則社會不攻而自行改變或毁滅，其嚴重性實不在軍事政治之下者也。學者謂一九一四年之第一次世界大戰，卽爲德意志文化與薩克森文化之衝突與鬬爭，亦未嘗無相當之論據。防禦之法，則在於確立本國之「民族本位之文化」。

上述四種國際戰表面分爲軍事、政治、經濟與文化，實則現代戰爭乃爲全國總動員之戰爭，全國之每一部門均需動員參加，始可抵禦侵略者之侵略，換言之，亦卽謂動員全國之國民也。

觀夫今之綏遠，「九一八」慘變後，東省淪亡，熱河、察北先後攜貳，已爲華北屏障，而翼蔽秦、晉。蓋由綏遠經大同以入太原，經包頭、五原，直抵寧夏，又為西北交通要道。平、津及內地貨物，由此輸出，隴、新、青等處貨物，從此輸入，實掌華北經濟之鎖鑰，其關係之重要有如此。使綏遠一日不我有，匪獨華北堪虞，即秦、晉兩省，亦救援莫及。際此緊要關頭，應集中全國人民之力量，而為綏遠之防衛。且綏遠未來之戰爭，終難倖免。於過去之戰爭，僅與偽匪衝突，雖收回百靈廟，啓我民族復興之端倪，然將來之國際戰，絕不可視為與偽匪之戰。故際此危急存亡之秋，全國民衆應集中力量防衛綏遠。綏遠存則中國安，綏遠亡則中國危。綏遠之得失安危，關繫中國之前途至鉅，故今日之綏遠，乃國防前線之綏遠，國人豈可忽諸！

第二節　綏遠局面之嚴重

綏遠戰爭，醞釀甚久，而大戰爆發於二十五年十一月二十四日，交鋒以來，我軍以迅雷不及掩耳手段，收回百靈廟，捷電頻傳，舉國歡忭，而前線之軍事，遂轉趨沉寂。然未來之大戰，正在醞釀之中，外弛內張，乃敵人疲我兵力之戰。故近來前線之軍事，依然吃緊。若吾人就歷史方面觀測，則此次戰爭為絕不可倖免。誠以我國邊患，常苦於北方蠻族：秦始皇之築長城，石敬瑭之割燕雲十六州，眞宗澶淵之盟，英宗土木之變，無一非肇禍於北狄。今者綏事雖由偽蒙匪軍內侵，其實發縱指使者大有人在。他日者，短兵相見，匪軍崩潰，則國際戰爭，因而掀起，自屬意中事耳。且吾人於近數十年來，不觀夫中日無時不在糾紛中乎？每於國際變亂，或中國有內亂時，野心家必乘機侵略：如辛亥革命時，乘機併吞朝鮮，收入版圖；袁氏稱帝時，提出二十一條件；歐戰發生時，佔領青島；民國二十年大水災，佔領東三省；全世界經濟恐慌中，乃復西侵熱河，並成立冀東防共自治政府；兩廣糾紛，乃要挾察北六縣自治。現在更利用歐洲多事，且英美聯合未臻鞏固，中國之統一未久之際，更藉防俄之美名，積極從事西犯綏遠，以遂其手創「大元帝國」之陰謀，故縱使匪僞叛徒，充當先鋒，施行其以華制華之辦法。嗚呼！來日方長，我國之疆土有限，敵人之慾壑靡窮，撫今追昔，可知此次戰爭之必然性矣。

今後綏遠能否爲中華領土，固恃前方將領抗敵之決心及士卒之用命；一方尤須全國國民，集中力量，誓爲後盾，庶幾不致再有淪亡之覆轍。東北半壁河山，已淪爲異域，此西北之半壁大好江山，希共同努力保存之。

第三節　綏遠之自然環境

綏遠在民國十八年始建爲省治國人均謂爲最近開發之省。綏遠與熱河、察哈爾三省以前並稱爲內蒙，以與外蒙並列；於是錯解由此而生。此種錯誤觀念，漢奸以之作爲叛亂理論之根據。但綏遠爲中華之領土，並非化外之邦，中華民族經營本省歷史悠久，成績蔚然。春秋時趙武靈王卽在河套設雲中、九原、固陽諸郡，卽今之歸化、托克托、清水河、興和等地。後歷秦、漢兩代，經營綏遠，不遺餘力：一方駐守重兵，耕牧其中，以防外患；一方由內地各處移民於此，以充實國防，並設有五郡，領縣凡四十餘。自雁門以北，陽山以南，東自代郡起，卽今之綏東豐鎭、涼各縣，西至朔方郡止，卽今臨河縣境中間有定襄、雲中、五原三郡，卽今之歸、托、清、和、及薩拉齊、固陽、包頭、五原各縣地。後魏曾建都於和林格爾，卽今之和林縣。隋、唐亦皆設置郡道，唐初設有振武軍，以實行屯田辦法。及至明初乃隸屬大同道，洪武初年李文忠曾在舊勝州實行駐兵屯田，廣事墾殖，引渠灌漑。清末張之洞曾設豐寧押荒局，專司提倡墾殖，其後岑春煊復協力提倡，於是政府乃派貽穀爲墾務大臣，綏遠之開墾事業乃日臻進步，豫、魯、湘諸省之民相率移往墾殖。由上以觀，歷史經營綏遠，從未間斷，決非最近始行開發者也。

關於綏遠之自然情形，則綏遠爲以前內蒙古之一部，居內蒙之中心，東連察哈爾以達平、津，西接寧夏可通甘肅、青海、新疆，北與外蒙爲隣，南以長城與山西、陝西分界。全省面積計三〇四、〇五八方公里，大於浙江省者三倍有奇。全省人口，據民國二十四年之調查，爲二百三十萬人，僅當江蘇人口百分之七。綏遠全境約可分爲三部，北部陰山以北，屬烏蘭察布盟蒙旗牧地；南部河套以內，屬伊克昭牧地，卽所謂鄂爾多斯高原是也；惟中部黃河沿岸地形低陷，渠道縱橫，灌漑便利，農作繁興，居民稠密，所謂「黃河百害，惟富一套」之河套是也。綏遠全境，現有一市（包頭市）、十六縣、二設治局，其位置均在河套附近，其餘爲蒙旗轄境。前者面積不足全省面積之三分之一，而其人口乃達二百萬人；其餘三分之二之蒙旗地域總人口僅三十萬，內漢人占半數計十五萬。縣局轄境十九皆爲漢人，蒙人殊少。綏遠緯度約介於北緯三十八度至四十四度之間，其地氣候寒冷，雨量稀少，大半屬草原性地帶，少數爲不毛之沙漠，如歸綏一月平均溫度爲攝氏零下十二度，全年溫度在零下者計有三個月，各月溫度在十度以上者計有五個月，七月平均溫度達二十四度，較南京僅低三度。故塞北夏季之熱，不減於南方，而冬季之寒與長則遠甚於南方也。歸綏雨量平均全年約四百公釐，約當南京雨量百分之四十，北平雨量百分之六十。綏遠物產，農、牧、礦並著，農業以河套附近為最盛，產物以小麥、莜麥、胡麻為著，蒙旗牧地盛產牛羊皮毛，礦產以煤為著，如歸綏、薩拉齊、包頭，均以產煤著稱。

綏遠之重要，實由其地勢使然，綏遠之北，隔「戈壁沙漠」乃與蒙古相接。蒙古自獨立以來，久為我國政權所不及，俄國勢力操縱其間，故綏遠者，已不啻為我國北邊國防之前線。綏遠之東為察北，察北六縣，已於前年隨熱河陷於匪偽之手，故今日之綏遠已不啻為中、日、俄三國實力相會之點。又因綏遠為平綏路所經，東南行一晝夜可達北平，南下經大同，可通太原，過榆林可抵陝北，西南溯河而上，可通寧夏、甘肅，直西行可通新疆；再加後套之富，綏、包之繁盛，眞所謂南北東西四達之重鎭，故於軍事地位上極為重要。

第四節　綏遠之一般情形

近來國人痛國難之日深，靡不以保守綏遠為念，此種思想，以為綏遠至今尚為我國之領土，殊不知綏遠大部土地早已入於他人之手，關於此點，不得不將歷史上之情形，略為敍述：歷來我國籌邊之一貫政策，向採恩威並用，如漢之於匈奴，唐之於突厥，靡不先恩而後威，或先威而後恩，雖有時與恩威並用之原則違背，而其結果則同。滿清政府採恩威並用之策，乃收治邊之大效。民國以來，既無恩又無威，或有威而無恩，結果邊疆叛離。晉、綏毗連蒙旗，無論於政治上經濟上均有不可分離之關係，晉、綏當局承襲清朝厚往薄來，撫綏鎮壓之策略，治理蒙旗，確有見地。數年以來，不特晉、綏地方當局與蒙旗各王公事官等彼此相處甚善，毫無裂痕，即漢、蒙人民，亦無爭執表現。然而晉、綏當局之地方政策，其所及之範圍有限，其他各省地方當局又未作同樣之努力，而國家更缺少一貫之策略，於是百靈廟蒙政會成立時，晉、綏當局之蒙旗政策，顯然與要求自治之青年王公主張相衝突。同時綏、察各蒙旗有力王公，在思想、認識、主張各方面，均發生衝突。同年十一月百靈廟德王等與中央大員黃紹雄氏談判內蒙自治問題，伊盟副盟長阿王及四子部落等，咸居於調停地位，而不立於要求自治之地位。此固表示德王與阿王對於自治之認識與主張相異趣，又爲察境蒙古與綏境蒙古王公意見格格不容之點。當時談判自治之結果，有分區自治及設立整個自治機關之甲乙兩種辦法。若中央政府能採行分區自治，則與綏、蒙有不少之便利，結果中央以整個自治易於指導起見，故於百靈廟設立蒙古地方自治政務委員會。自此以後，綏省政府與蒙政會之風波糾至沓來了，無寧日。由事實上言，百靈廟既在綏境，而熱、察又因外患關係，蒙政會之工作，似應傾全力於綏蒙旗，而蒙政會與綏省府，尤應互助進行，始獲便利。豈料發生稅務糾紛，造成綏蒙裂痕之導線，西公旗事變，愈使不合諧之綏、蒙各走極端。且德王處置西公旗之不公允，更足離烏、伊兩盟各旗王公對德王之情感。及至去冬察北局面變動，綏東一度告急，而蒙政會與烏、伊兩盟及綏省府間之裂痕，更致無法調和。於是百靈廟蒙政會工作停頓，而德王離廟返滂江，另作新謀之策動矣。綏境蒙旗王公為防範日本勢力之侵襲及自保起見，紛電中央政府請求在綏境另設蒙古自治委員會，以統治伊烏兩盟旗政務；原設之蒙政會，則專理察哈爾省盟旗自治工作。中央政府為顧慮蒙人之主張，及現有之環境，乃准予所請。於二十五年一月二十五日，國府命令派沙克都爾札布為綏境蒙古各盟旗地方自治政務委員會委員長，巴寶多爾濟、阿拉坦鄂齊爾潘第察布為副委員長，齊色特巴勒珠爾等十五人為委員，於同年二月二十三日在綏垣正式成立，情形極為熱烈。漢、蒙團結，中華民國萬歲歡呼之聲，聲驚全蒙，此種現象為民國以來所未有也。綏境蒙政會成立後，百靈廟蒙政保安科長雲繼先，政治科長蘇魯岱等，以德王久離廟去，謠言繁多，於同年二月二十日率官兵千餘人，離開百靈廟，表示不與德王合作，二十五日雲等電南京軍政當局，聲述離廟原因，并歸附綏境蒙政會。至此百靈廟蒙政會之無形瓦解，德王與綏境蒙旗王公之分歧，另懷野心，毫無顧忌。按德王為內蒙青年王公之代表，剛愎自用，常以成吉思汗自命，二十二年冬之「內蒙自治運動」，即有脫離中央之意，嗣因種種牽掣，未能成功。當綏境蒙政會未成立前，謠諑繁興，泰半關於百靈廟蒙政會之事。德王初尚有電報辯白，後來竟與中央斷絕消息。迨二十五年二月綏境蒙政會成立，德王已決心脫離中央，與蒙匪卓什海、李守信等結納，於同年六月在嘉卜寺另建局面，設有偽內蒙防共自治軍政府，德王便發號施令，派遣包悅卿往熱河及察東北招納匪軍。此等匪軍，以「防共」為名，將察境蒙旗斷送，目下叛將吞蝕綏遠及西二盟，此種事實，極為嚴重。由上以觀，嘉卜寺已經成為侵略綏遠之根據地，毫無疑義。

綏東爲指鑲藍旗、正紅旗、鑲紅旗、正黃旗及豐鎮、興和、集寧、涼城、陶林五縣而言。此等地方雖屬於綏遠，但在僞察哈盟長卓什海等人觀之，綏東乃察哈爾盟之叛離部份；無論如何，必須加以征服。故自察北陷落後，綏東即告危急，野心家屢次指援蒙匪卓什海、李守信等部進攻，初以爲不攻，即可收拾綏東，豈料侵犯未久，轉瞬即被綏東守軍及蒙古民團迎頭痛擊，打得落花流水。近來蒙匪僞軍又捲土重來，進攻綏北、綏東，以嘉卜寺爲中心，分由滂江、商都、張北三面進攻綏北及綏東，進攻期在匪方預備建築軍事防務工程及軍隊之調動情形觀之，爲期當不在遠，我方前線將士，亦正枕戈待旦，如匪僞來侵，當予痛擊。

第五節　綏遠現在之狀況

匪僞在國際背景支持之下，進犯綏北及綏東，頗有重大之意義，其目的不僅侵略綏遠，並着眼於蒙古、寧夏、青海、甘肅、山西等省。關於此點，吾人可分兩方面言之：第一，僞匪進攻綏北即陰山以北，烏蘭察布盟各旗地所屬，陰山之後，有固陽、武川兩縣，因陰山橫亘縣城與綏東及歸綏等處，自成天然界限。民二十三年，內蒙要求自治，中央設蒙政會於百靈廟，因該地爲綏北腹心，啣接內蒙各盟，交通便利，地位重要。二十五年綏東戰事發生，匪僞軍侵奪綏東計劃失敗，又轉換方向另圖綏北。此次蒙匪乘烏盟武力薄弱，一方面侵入百靈廟，威脅烏盟；另一方面，則欲襲擊武川、固陽，沿陰山而下，歷五原、安北、包頭、薩拉齊諸縣而達歸綏，再與綏北匪軍互相呼應，夾擊綏東晉北，企圖一舉而將綏遠全境及烏、伊兩盟各旗，席捲而得，其作用之遠大，意義之深遠，不可忽視。第二，匪偽軍雖數次進犯綏東，連遭重創，但自始至終，不放棄進犯綏東之策略，此點頗值吾人之注意。如果匪偽軍佔有綏東五縣及右翼四旗以後，從北平至包頭長約八七五公里之平綏鐵路，必然被其控制。而集寧、豐鎮與張家口所形成之三角地帶，對於佔領內蒙與西北各省，尤具有重大戰略意義。如察哈爾省之張家口，被偽匪軍取得，則匪偽軍據有張家口與豐鎮，便可截斷北平與太原經大同之交通。此後太原與北平之交通，祇有石家莊。故匪偽軍如取得豐鎮，不啻為野心家開闢經大同至太原之大道。則歸綏、大同、張家口煤礦之富源，亦將被野心家囊括而去矣。

吾人尚有不能已於言者，匪偽軍在國際背景支持之下，覬覦綏遠，不僅欲奪取綏遠全境，且欲席捲烏、伊兩盟及土默特各旗，再進而襲擊晉、陝，控制同蒲、正太兩路，完成對華西北部之包圍線。另一方面，更欲侵略寧夏，越賀蘭山經阿拉善旗而至新疆，以包圍蒙古。然欲達此目的，野心家必令匪偽軍取得平綏鐵路。何以言之？蓋平綏鐵路在目下事實上已成為國界，其關係極為重要，前已言之。故吾人對於平綏鐵路之防守不可忽視，但言防守，頗非易事，其主要原因在於運兵困難。現在平綏路受偽匪軍之威脅，根本已不能運兵，中央如運兵入綏，不外兩路可通，第一，由津浦路到徐州，經隴海路到鄭州，經平漢路到正定，再由正太路到太原，由汽車道至大同，最後始到綏遠；第二，由津浦、隴海兩路到潼關，渡黃河，乘同蒲鐵路而至太原，由汽車到大同，再到綏遠。但其中困難甚多：第一，由潼關至風陵，必經黃河，但此處黃河鐵橋，尚未成功，渡河不易；第二，正太、同蒲兩路均為窄軌，其他各路火車不能在該兩路上行駛，必定經過換車之麻煩；第三，同蒲路（由大同到永濟——蒲州——之鐵路），僅成蒲州經太原到原平一段，由原平至大同僅通汽車，且須經過雁門之險，太原至蒲州一段速度太慢，八百里之距離，須行二十五小時，若與六百里之距離之京滬路最近所開之飛快車只需四小時二十分比較，其中相差幾有四五倍之多。吾人若以綏遠地形而論攻守兩方之便利，普通均以守方佔優勢。但就綏遠之情形觀之，卻與上述相反，目下綏東、綏北、綏西均有敵人之軍隊，戰線太長，防守不易。此種情形與歐戰時法國在東部防守鞏固，豈料德人從北部進攻，一時兵力不易調回，幾至巴黎失守，有何異點？在此四面楚歌之秋，綏遠非有龐大兵力不能慮其無失也。且吾人縱能保守平綏路，但寧夏、甘肅、青海之危機，仍不能免。今試假設平綏路為敵人所得，則其進攻可有二種路綫：第一，由綏北取得五原，溯黃河而上，由汽車大道經寧夏而達蘭州。第二，由平綏路南下，經大同至太原，而佔領山西全部。敵人向第一條路線進攻乎？抑向第二條路線進攻乎？以著者之推測，必由第一路線進攻無疑。關於此點，其根據有二：第一，可以減輕國人及國際間之注意，此點可以過去之事實證明，敵人在取得察哈爾之後，只進攻綏遠，而不進攻河北，推其原因，厥為河北人口繁盛，佔領河北，一定全國沸騰，國際間行將引起不少之紛爭。況綏北一片平原，曠無人煙，敵人雖有大宗軍隊，横行其間，誰人又能攔阻之耶？第二，綏北半為蒙人，半為漢人，到寧夏、甘肅又半為回人半為漢人，敵人可利用民族歧異之機會，以煽惑蒙人或回人，挑撥漢回、漢蒙之爭，如達此種地步，恐西北之半壁河山，無形中非我所有矣。

第六節 結言

綏遠爲國防之最前線，乃華北及西北之屏障，又爲我整個民族之生命線。如吾人欲收回失地，就軍事上言，綏、冀可以同出兵，以收夾擊之效，如保持疆界，綏、冀乃互爲倚角之勢，東三省之淪亡，形成華北之危機，現在綏遠乃全民族之命運所繫，吾人不能一誤再誤任敵人蹂躪。據一般觀察，以中國之力量足可與外力一抗，且可握最後之勝利，此言雖屬偏激，然按歷次侵略，皆用劍拔弩張之方式以恐嚇我國，我國人士，受其愚弄，給以相當之讓步，結果不費一彈一卒，而坐獲勝利。目下敵人又施其故技，侵我綏遠，但我已有相當準備，前方將士，爭爲先死，以報國仇，而後方愛國志士之慰勞與勗勉，又爲空前所未有，以此制敵，何敵不克，此其可以操勝算之劵也。矧此次綏戰被匪首王英、李守信裹脅而去之同胞，莫不有中國人不打中國人之覺悟，即此一事，已覺國魂之復活，民族意識之蘇醒，睡獅醒悟，眞此時也。

第二章 綏遠之沿革

第一節 概說

粤稽綏省，自古爲葷粥所居，其民皆非土著，其國又無城廓。寄穹帳，逐水草，故其都府疆域，都無一定可考。其散見諸書與中國最有關係者，如秦、漢時所謂匈奴是也。匈奴當時最爲強大，沙漠南北皆爲所有。至戰國時代，李牧備邊而修長城。秦始皇以蒙恬擊北胡，出塞盡收黃河以南之地，築長城於陰山之脊。以綏省一帶設雲中、九原兩郡。後匈奴漸強，困漢高祖於白登。至武帝遣衛青出雲中，取黃河以南置朔方郡，賀蘭山一帶置五原郡。自是沙漠以南無匈奴王庭。河套以西之地，從朔方至令居，悉置官守屯田。役吏卒數十萬，開鑿溝渠以經營邊地，是爲綏遠歸入中國之始。由是以觀，綏遠自古爲我國邊防要地，屯兵以守之，移居以實之，歷代經營，備見史籍。茲爲國人研究起見，將其沿革歷史略爲縷述，以供參考焉。

第二節　綏遠之史略

綏遠地方，開發最早，在中國已有二千餘年歷史，始爲書籍所記，遠在戰國之時。現在之綏遠，托克托、和林格爾、清水河等處，卽趙之北方轄地，時稱爲雲中、原陽，趙人曾在其處築城戍兵，開始墾殖，其時已成爲中國之一農產區也。後經秦始皇、漢武數次之移民，人口遂漸蕃衍，乃自東起代郡，西至朔方，南抵陰山，北達雁門，定襄、雲中、五原三郡，位於其中，五郡共領四十餘縣。武帝時，於朔方、河西、西河設開田官，發戍卒六十萬墾田綏地，地方已漸就繁盛，惜漢末建安年代，天下大亂，五郡因距離窵遠，亂離尤甚，已興之區，復成荒廢，直至北魏時，因綏省爲其發祥地，故建都於和林境名盛樂郡，後雖移都代郡，而稱綏地爲畿內，沿邊六鎮，四屬於綏，雲中、沃野等處，尙不在內，此爲綏遠歷史復興時代。肅宗正光五年沃壄鎮民破六韓拔陵倡亂，各縣同時紛起，干戈不息，州鎮遂悉被殘破，千里平疇，又歸荒蕪。

迨至隋文帝統一寰宇，乃在綏地中部略事經營，然不久卽爲突厥佔據，唐太宗討平突厥之亂，設單于都護府，後改「振武軍」，鎮守北疆，節度使張仁愿又在河北築東、中、西三受降城，從事大規模之屯田，農場廣闢，水利大興，又恢復漢時局面。

自五代混亂，再經荒廢，以後遂無漢、唐之盛矣！宋代始終未得收入版圖，然遼、金、元三朝，仍就其地，設州置縣，所苦未有安定之日，故地方殊不能有何發展，但運糧接濟內地災荒，依然常見史書，產糧豐富，概可想見。

綏遠在明朝，屬大同管轄，有豐州、雲內州，又設東勝衞、宣德衞、雲川衞、玉林衞，此爲洪武初年所設。及至正統年間，又行廢棄，及設兵衞所，均遷入內地。綏西方面，亦於洪武初年，李文忠率兵入河套，就勝州城故址，築城駐兵，以爲屯田久守之計。永樂年間，棄河不守，衞所悉移陝西，此後遂得將綏遠劃爲大同邊外地。惟後套之有晉、陝貧民，追往耕種，每年春出秋歸，當時謂之雁行，又謂跑青。綏遠因未得不斷之經營，故可耕可牧，可戰可守之地，迄今仍不能與內地各省，並駕齊驅，此皆由於時作時輟之影響，直至滿清一代，以迄民國，始行開發。

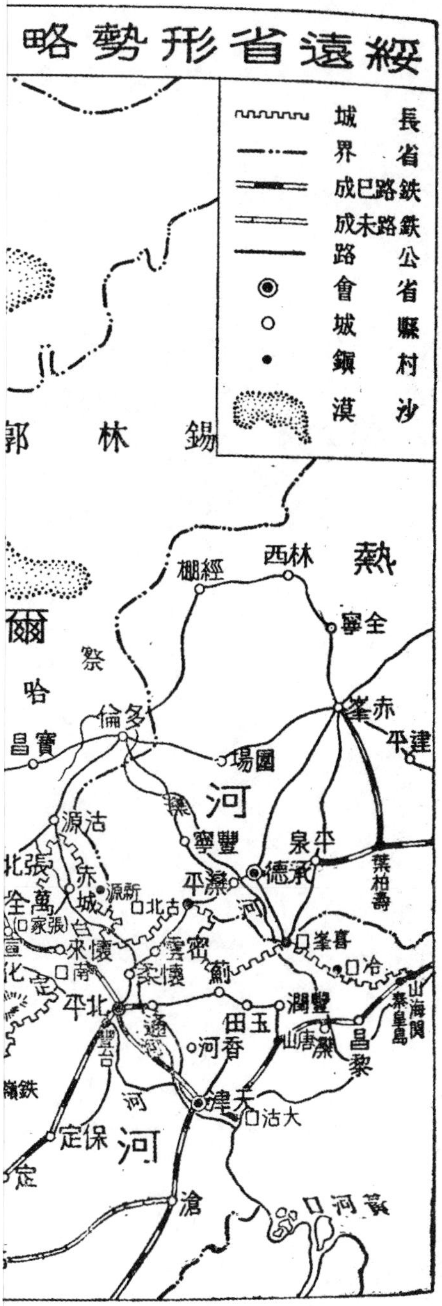
綏遠省形勢略
長城
省界
鐵路已成
鐵路未成
公路
省會
縣城
村鎮
沙漠
錫林郭勒
察哈爾
熱河
經棚
林西
全寧
赤峯
建平
多倫
寶昌
圍場
沽源
豐寧
平泉
承德
張北
萬全
赤城
古北口
喜峯口
冷口
懷來
南口
密雲
懷柔
薊
北平
玉田
豐潤
唐山
昌黎
秦皇島
山海關
香河
天津
大沽口
保定
滄
河

第三節　綏遠之變遷

綏遠自明代劃爲大同邊外之地後，所遺給內省人之印象者，則爲「歸化城」三字。所謂歸化城者，由於明嘉靖年間，有阿爾坦，卽史書中所載之「俺達」是也。初由河套東移豐州灘，如今之歸綏縣城一帶屬之，仿漢人之法，建築城池，興蓋房屋以居住，名曰「拜牲」。又以此地水草豐美，開田種穀，引水灌溉，內地人民，陸續而來，故其時土默特部，至爲饒富，蒙語爲「庫庫和屯」，譯成漢語，乃「青色城」之意。至隆慶初年，與明廷通好，封俺達爲順義王。萬歷十五年，又封俺達妻三娘子爲忠順夫人，賜名其城爲歸化，故後世漢人亦有稱爲「三娘子城」者，卽此之來歷也。由明及清之雍正年間，凡在土默特游牧地界內，統名之曰歸化城，卽今之所謂歸、薩、和、托、清五縣，及包頭、武川一部之地均屬之。雍正元年，漢人來口外，日漸衆多，而蒙、漢交涉之事，亦因之繁雜，始設歸化城同知衙門，管理蒙、漢之事。後因地面寬闊，以一同知廳官，難以兼顧，又在歸化附近，及薩拉齊、托城、二十家子、清水河、善岱、昆獨侖等七處，各設一協理通判。乾隆初年，裁併爲歸化同知及薩、和、托、清四通判，迨道光年間，薩拉齊之廳官亦改爲同知，至口外所設之五廳均在土默特境內。

至於綏西後套、綏東察哈爾西四期，清初對於蒙地有禁墾之功令，其時後套之墾務不能發展者，卽此之故也。至乾隆年間，禁墾之功令廢除後，漢人乃陸續往河套開墾。察哈爾四旗之廠地，亦漸開放。但本省之開地，非始於乾隆年間，而在康熙時已經開墾，如今之歸綏東鄉所謂四村水地，且各廳糧地，在雍正年間，已由土默特都統丹津奏准開放，徵收軍米，歸化莊頭地，亦在雍正年間招墾，此爲綏省開牧最早之地。至口外牧廠地，多在嘉慶以後，始招民墾種，按年徵種，當地農民稱徵米官地爲大糧地，徵租廠地爲小糧地。當時五廳，除少數官糧地，及察哈爾四旗境內之豐鎮、寧遠二廳王公馬廠地，由官招墾徵賦外，大部土地，均由漢人直接向蒙戶商得同意，立約承種。蒙利民租，漢利蒙地，自行交易，官廳概取放任主義，不加干涉。故前清種地，每年僅交蒙古地租，在官廳並無任何負擔。迨民國後，因清理官地，始徵官租，前已詳述。後套在明清之際，陝西、山西兩省之邊境農民入套租地耕種，始終未曾間斷，但無大規模之渠道，僅就河引水而已，春出秋回，亦無村落之聚成。又據父老傳言，康熙年間，大軍西征噶爾丹，內地人民，多有隨大隊，而沿兵站大路西入河套，從此套內地戶較前增多，纏金渠附近，開地甚多，卽今之所謂永濟渠是也。乃爲後套八大渠中之最先之一渠。道光、咸豐年間，後套因經多年之經營，地方頗爲繁盛，同光之間，軍隊勦平回匪後，長期駐於套地，人民負擔至重，地戶多有逃亡，因而地荒渠廢，漸見衰敗。經地商郭敏修、王同春等努力開渠，至光緒中年，套地又漸復興。在光緒末年，墾務局未設以前，後套能不斷之經營，未至閉歇，國家並未加以提倡，完全爲人民自墾之結果也。

第四節　結言

以歷史之眼光，推論綏遠，不斷之經營，不斷之荒廢，以言其故，皆因本省幅員，沃野千里，又以黃河、黑河水利，陰山橫亘於北歷代均以此山脈爲中外之一大防線。再以土地言，實爲可耕可牧可戰可守之省，故本省自歷代以來，乃爲屯田養兵移民實邊之重要區域。但每於國家強勝之時，屯兵設治，固守邊疆，足以抵禦外患。一遇國力衰弱，或中原多事之秋，無力顧及，則此地易受外力之侵凌壓迫，地方即發生重大之變化。多年郡縣城鎮之地，隨之而改變，漸成部落之地段。此地自古以來，不能接續經營，即此之大原因也。但據歷史以觀，此地每當荒亂廢棄以後，中原各省，形成侵略擾攘之局勢，如一所住宅大門圍牆，不能把守，敵人自易進院入屋。綏遠爲中國西北之屏藩，乃沿邊緊要之地方，囘溯歷朝，失綏遠者，定受外力之威脅，如司馬晉時之中原大亂，趙宋時之南北播遷，主要原因，皆因失去西北重要國防地域，外力逼迫，影響內地，不能安定，爭城奪地，引起大戰，初起於北邊，漸至黃河流域，以至大江以南。此種例證甚多，姑言一二，可見本省雖爲貧瘠之區，然按我國地理，實爲極重要之地，而其重要性，無論何時，祇有增加而無減低之趨勢。尤其暴寇侵略，日甚一日，我國民衆，應合力同心，急起直追，經營綏省，以充實完固之邊防區域。

第三章　綏遠之地形

第一節　概說

長城以北，瀚海以南，陰山所在，黃河所流，四望平曠，荒蕪際天，漢人呼爲「草地」，玆稱爲塞外草原。關東草原屬東三省地，塞外草原屬蒙古地。舊稱大漠以南爲內蒙古，踰大漠爲外蒙古。今此塞外草原，行政區劃分爲四省。

一　寧夏省（省會寧夏）

二　綏遠省（省會歸綏）

三　察哈爾省（省會萬全——張家口）

四　熱河省（省會承德）

或以賀蘭山脈來自甘、隴，陰山崛起於河套之北，扼大漠南邊，塞外四省，皆跨於其上，亦可以「陰山橫亙部」之名括之。查此等省區，皆屬新設，自民國元年外蒙附俄，政府防其內犯，故就漠南蒙古，割陝、晉、冀三省區長城以北，建置熱河、察哈爾、綏遠三特別行政區。寧夏則設護軍使駐鎮其間。民國十七年，各改爲四行省，此四省者與本部情形不同，其行政區劃，有縣治，有盟旗。縣治者漢人之區域，盟旗者蒙人之區域，以陰山幹脈爲其天然界線。茲將綏遠一省之概況，分別言之：

綏遠爲塞外草原之一部，前已述之。但統觀地理，足爲注意之特點，約有十餘種：

一 綏遠北部爲蒙古高原，南部地勢傾側。

二 綏遠在大漠以南，跨陰山脊脈之兩面。

三 綏遠南半蒙、漢雜居，北部有一部爲無人之區。

四 綏遠爲歷代北胡民族憑陵之地，皆由此處南侵肆擾。

五 綏遠地位可以北臨蒙古東捬關外，西控新疆，南瞰陜、甘、冀、晉。

六 綏遠草原，皆宜蕃殖森林，爲天然林牧區。

七 長城橫貫綏遠之南，爲遠防要塞之區。

八 綏遠北半不宜於耕作，惟適牧畜。

九 綏遠氣候屬大陸氣候，寒暑俱臻劇烈。

一〇 綏省地曠人稀，皆爲移民之大好地帶。

一一 綏省工業作品，以毛織物爲主。

一二　綏遠地寶未泄，爲煤礦之出產區。

綏遠之行政區本以蒙旗爲主，皆爲元祖子孫之裔。明代武力，止以九邊爲防區。長城以北，本非版圖所有。清初混一滿、蒙、回、藏化朔爲一家，不復以邊牆爲險要。清初以來，長城、柳邊之外，大漠以南，皆爲內蒙古游牧區。綏西地方本爲阿拉善及西套地，自康熙以迄咸豐，歷歲北狩，與蒙古王公習射講武。騶從之外，遂有耕田服賈之民追隨出口。因此綏境移殖日繁。游牧之地，遂重農商。更有山西北部歸綏十二廳之設，移民墾土益形進步。齊、魯、燕、晉之民水注雲集，建設縣治，壁壘一新。比年又由特區改建行省，氈裘毳幕之地，半變爲縣官馭治之鄉。漢人出塞移殖，絡繹於途。雖或耕或牧，行居莫定，而黃河之支流兩岸築室開墾，漸有富庶景象。平綏鐵道告成，移民益便。草萊日闢，農墾日盛，蒙族亦漸同化。經之營之，固可不日成之也。

大抵陰山南麓，水道流入黃河，皆有漢人耕地。陰山北麓水道北流，或瀦於鹽湖，或涸於沙漠者，皆爲蒙古牧地。黃河河套爲農事最盛之區。但塞外地寶，農事僅陰曆四、五、六、七之四個月。四月南風始至，堅冰初解，五月驟暖，六月而花，七月而實。一歲之功畢於此矣。八月而後，肅霜殺草，九月卽有雪冰。風高氣冷，直至明春始能耕作。塞外農業，簡於內地，故耕田之外，能兼牧畜，則一歲之功無廢時矣。

第二節　地勢

陰山幹脈，橫亙於綏遠之中央。層巒疊障，爲綏省地勢之脊。山北高亢軒敞，爲蒙古高原。廣漠沙磧，極目無垠，間有涓涓細流，僅資牧畜而已。大戈壁中，窮荒寂寞，一望無際，巖邱起伏，景物凋零。降雨則立而可涸，捲風則沙柱擎天。漠中光線屈曲，往往凌虛倒影，若海市蜃樓。此等奇景，足增絕漠風光。大沙漠以外之地，則爲小沙陀。細沙參參，時見沃土，草樹迷離，時有溪水，適於羊駝之牧，爲多數蒙人棲息之墟。陰山北麓，西套蒙古一帶皆屬之。至於陰山以南地勢斜坂，逐漸低落，衆流貫注，頗多平衍肥沃之區，尤以河套爲上腴。茲將綏遠地形之構造，按自然之區域，分述之於次：

（一）豐鎮邱陵　自伊馬圖山以南，察省以西，以至清水河、和林格爾、旗下營、陶林一帶，面積約三萬方公里，平均拔海達一三七〇公尺以上，較歸綏平原爲高，爲陰山以南之分水嶺。西境地勢漸向歸綏平原傾斜，茲列其重要點如下：

豐鎮	一、一八五公尺	平地泉	一、四〇四公尺
涼城	一、二四七公尺	十八台車站	一、五八〇公尺

（二）歸綏平原　本區爲盆地形之平原，如歸綏、包頭、薩拉齊等縣所在。東西最長處約五百餘里，南北最寬處二百五十餘里，皆爲近代沖積層所成。北連大青山，東界和林格爾、清水河之邱陵，平均高出海面一千一百公尺。其西南隔黃河以接鄂爾多斯，坡阜更爲平緩，平原之面微呈波浪形。本區之成因，初視之頗似大黑河之侵蝕

谷。然細考大青山與本區之關係，乃知此盆地正居大青山斷層之俯側，而爲沿線斷陷落之區也。其重要地點如下：

歸化車站	一、〇四八公尺	托克托	九五七公尺
包頭車站	一、〇一五公尺	薩拉齊	一、〇一三公尺
察素齊	一、一二〇公尺	畢克齊	一、〇二二公尺

(三)後套平原　本區三面環山，南臨鄂爾多斯邱陵，拔海約一千一百公尺。東西長二百公里，南北約百公里。面積約二萬五千方公里。地勢北高南下作微緩之傾斜，故黃河河牀常向東南遷移，三百年間遷移達五十公里。在此新舊河牀之間，卽土地最肥沃之區也。其重要地點如下：

拍子補隆	一、〇七四公尺	中國堂	一、〇三九公尺
磴口	一、〇五〇公尺	隆興長	一、〇九八公尺

(四)鄂爾多斯砂磧　本區爲河套之本部，亦爲南延蒙古高原之一部，全區自西東南向東北傾斜。大部份爲沙邱間以草場，眞正沙漠則在中部。東部草野較廣，地勢較低。東勝縣東南之拔海爲一、〇五四公尺，平均高約一千一百公尺，南部高約一千四百公尺以上。西部略低，猶在一千二百公尺以上。

(五)烏蘭察布草原　本區地形係爲數個消蝕平面及多數盆地建造聯合而成。消蝕平面係由高底不平之地形，經過極大之風化及侵蝕作用，歷年久遠，遂造成一大平面，平均高度一千二百公尺。地勢由南向北傾斜，南部較高，多起伏狀態，二百公尺之邱陵尤多。因本區成陸極古，故花岡岩分布極廣。中間有無數湖泊及乾涸之盆地分布其上。其重要地點如下：

武川縣	一、三七〇公尺	錫拉毛利招	一、四六〇公尺
百靈廟	一、五二〇公尺		

綏遠之地形，其構造已如上述，惟綏遠以陰山屏峙黃河之北，橫貫中央，阻塞內外，其間隘口甚多，如古之高闕塞（在狼山西口二百里，卽今之大壩兔口）、雞鹿塞（在高闕塞西）、楡溪塞（在狼山北）、稒陽塞（卽今包頭縣之孔獨崙溝，又稱鄂博口）、白道谷（在今歸綏北三十里，卽吳公壩）等，皆歷代用兵之所由，今日貫通陰山內外之要道也。白道谷爲由歸綏越陰山至武川及百靈廟大道之所經，形勢尤稱重要。此外陰山要隘尚多，如西山嘴、董瓜溝（皆在包頭縣境）、五當溝（在薩縣境）等，皆爲要衝。

黃河流貫省境，於托縣、清水境內有河口鎮、喇嘛灣及老牛灣諸津渡，乃爲河上之要隘。至長城各口，則以殺虎口最扼衝要，卽古之參合經，舊爲歸化城之要衝，綏、晉大道經此入山西右玉縣，至今仍視爲軍事要塞之地。此外則七敦口、亘牆口、得勝口、馬市口，與平綏鐵道所經之紅砂壩，亦均爲綏、晉間之衝要。

第三節　地質

綏遠大青山一帶地質構造，乃屬於水平動運。薩拉齊以北水晶溝一帶，約當大青山之中部，入溝之南段爲五台系地層覆蓋於石炭二疊紀之上，在谷滿銀店附近有一小帶石炭紀，露出於五台系之間；自此以北五台系又覆於石炭紀之上，東西延長凡六十餘里；復以經過前燈場等處，地層大抵皆向南傾斜，然上下皆倒置，故石炭紀煤系之下爲二層三疊紀紅砂岩及紅頁岩；復下爲侏羅紀煤系；至此傾斜又由垂直漸轉爲向北，故煤系之上見有上侏羅紀砂岩；蓋亦因南向北之橫壓力，使諸水成地層被迫而摺曲，大致成一背斜及向斜之形勢。又因擠迫特緊，故背斜向北倒傾，有覆壓於向斜層之勢，因此遂使背斜及向下間之地層上下倒置。背斜層既倒傾側摺如是之烈，則其底翼因受力最甚，不勝橫壓力之壓迫，遂致發生近於水面之斷面，使其上部向北推移，遂令背斜中心之較古地層被推向覆蓋於底翼較新地層之上。此地層之全體構造，亦可稱爲摺曲斷層。

第四節　山脈

綏遠之山系，最主要者則爲陰山。陰山遙接賀蘭，係蒙古高原天然之界限，爲中生代中末期之燕山造山期所生之水平運動所造成，故其性質略同。

陰山起於河套西北，橫亙於綏境內。至其支系可分爲四：

(甲)大青山　自豐鎮而西綿亙於包頭。巉巖峭壁，俯臨歸綏平原。但自歸綏東北數十里，西經薩拉齊、包頭，地勢中斷，陷爲平原。北望高台，自覺山勢峻峭，形勢天然。惟賴巨溝急澗，破山而出，爲北通蒙古之孔道。山口之溝道，多懸崖壁立，形成峽谷，不可攀援。而溝之形勢與岩石性質有關，在砂岩中者溝道頗直，或舍南北而取東西方向。在片痲岩中者雖取南北，而迂迴曲折盤旋。惟北行百餘里，卽見山勢漸平，無復峻嶺。蓋溝底愈上流則愈高，而大青山頂大致齊平。以地質學言之，初無所謂山脈也。普通分大青山爲前山、後山。前山卽大青山主幹，中有許多細溝，當爲最近地面向上撓屈之象徵；後山地域重要之溝谷方向每近東西，形勢寬緩，或覆有土壤，能通牛馬車。大青山主峯在歸綏西北。

（乙）狼山　狼山卽色爾騰烏拉山之簡稱，連於哈拉那林烏拉嶺，分爲南北兩列，平行於穆尼烏拉山及大青山之北，若斷若續，起伏甚大。中部達兩千公尺以上。

（丙）烏拉山　烏拉山卽穆尼烏拉山。平行於色爾騰山之南，遙接青山而阻於後山，長百餘里，平均高千八百公尺，最高峯在姜白店東北，拔海三千公尺。卽古之陽山，秦、漢之固陽塞也。山中尙有秦邊牆遺蹟，隨地因土石爲之。谿谷衝要之地，時有古城錯列，當係秦長城遺址。

（丁）哈拉那林烏拉嶺　包於河套之西北，成爲向北突出之彎形，自西南走向正東。

上列各山之個體，則多成南北向，全山長二百五十公里，拔海在二千公尺以上。西南較高，東部較底，卽古之狼居胥山，勢最險峻。

第五節　水系

綏遠河流以黃河爲主幹，黃河自蘭州以下至包頭，絕少支流，寧夏以下，河行砂磧間，臨河、五原一帶渠道縱橫，分水綦多而無使黃河水量得以增加之支流。河套鄂爾多斯草原鹽湖錯落，爲純粹之內流區域，無水流入黃河。河套一帶實爲黃河流域最乾燥之區域，黃河橫貫綏境，計約八百餘里，其所納之水大多短促，其中比較長大者，爲小佘太河、崐都崙河與黑水河。黑水河源出大青山，爲塞外黃河最大之支流，自歸綏西流，至察素齊之南，折而南向入於河，其入河處曰河口，爲從前商務盛地。近數十年，始以河浸爲患，而商務歸於包頭，歸化平原卽爲黑水河沖積層所造成。地勢平坦，東西四百里，南北二百里，拔海三千尺，較大同猶低六百尺左右。黃土極多，農墾最盛。平地泉高四千五百尺，其西七十里，十八台高五千一百八十尺，爲平綏鐵路沿綫最高之分水地。

第六節　結言

綜上而觀，綏遠原爲內蒙古之一部，居內蒙之中心，東連察哈爾以達平、津，西接寧夏可通甘肅、青海、新疆，北與外蒙爲鄰，南以長城與山西、陝西分界。所謂內蒙古者，指蒙古大沙漠以南，長城以北之廣大高原而言。中國本部與蒙古高原中間，以長城爲天然界線。蒙古高原之地形，拔海一千二百公尺以上，高原平衍，極目無際，自高原南望，地勢陡落，急轉直下，故在軍事形勢上言之，蒙古高原之於中國本部，有高屋建瓴之勢，自上攻下則易，而由下攻上則難。歷來據有蒙古之民族，無不以中國爲其惟一之侵略目標，南下牧馬，幾成北方蠻族南侵中原之代名詞，故長城各口自昔爲邊防重鎭。

第四章　綏遠之種族

第一節　概說

綏遠種族，頗爲繁雜，漢族、囘族、蒙族皆有；以漢族獨佔優勢，蒙族次之，囘族最少。以數族之混合，人口有二百餘萬之多。孳乳演化，經幾多年，幾多淘汰，幾多磨鍊，各民族因受地理之限制與社會之文化之殊異，各爲其生活生存之便利，常逐漸變更其內部之組織以適應之，適者得生，不適則滅。經過多量之蛻化，而成綏遠今日數種民族也。各民族之環境既異，故相互發生差別，因遺傳而益臻固定。綏遠既以漢、蒙、囘三族之雜居，其地理、歷史、言語、風俗各有互異，粗略分別之耳。

第二節　漢族

綏遠漢族約佔十分之六，多來自山西、河北、山東、陝西、甘肅等省，多於有清中葉移來；山西人數，居各省之首。漢族性情，喜平和而無偏激，先家庭而後國家，不務排異，不走極端，加以溫情儒教之容忍的社會主義成為民族普偏信條，無怪其能兼包而並羅也。是故今日之漢族已非原始之單純矣。其在塞外邊徼西北各區之人，因其生活、文化、土壤、氣候、交通隔絕之影響，終始未與漢族同化者，亦繁有算焉。查我中華國家，其民族由來本為混合體，無純粹之漢人，亦無純粹之胡人，試觀歷史所載，自太古以至三代，可謂漢族之胚胎時代。春秋、戰國而有東夷、西戎、南蠻、北狄血統之加入。三國、兩晉有匈奴、烏桓、鮮卑、氐、羌血統之加入。隋、唐有突厥、鐵勒、沙陀、吐蕃血統之加入。兩宋至元，則有契丹、女真、蒙古、西域諸國人民之漢化與血統之混合。明代有雲、貴、苗、猺之漢化。清代有內蒙、新疆之漢化及滿、漢血統之混血。神巖禹土垂四千年，每經一次戰爭，常能吸收外來血統，消納之於吾華族文化團體。使之哀樂相共，融合無間。中間經過幾多壓迫，忍受幾多苦楚，而卒能潛滋暗長，造成龐大無倫之中華民族者，惟善於蛻化故也。今觀夫綏遠之蒙、回二族，亦受漢化，亦此之故也。由是以言，漢族之於諸部族，雖數千里外，爭先歸附。非其武力足以服遠，實乃氣類所感易與交關耳。此諸族者，演活劇於神州舞臺者垂四千載，至今則合併拒外。若嚴格而遠求之，漢與諸族相融相奪已歷三古。姓氏之互易，血統之互淆，種族之互冒，居處之互移，亦有不能細分者矣。舊新雜居，自然同化。內地諸省，雖曰華夏舊疆，實已諸族融混，莫由分其畛域。吾漢族多更世變，不受淘汰，永處中國主人之地位，無與抗衡，固世界人種史上之特色已。至於三百年來所謂蒙、回、藏者，區分三族，不可推移。是又政治勢力與夫文化之等差有此畛域，而派別無與焉。

第三節　蒙族

蒙古之族，其始難詳。然其建國蓋在姬周以前，昔爲山戎、獯鬻、獫狁之所處。其民皆非土著，其國又無城郭，寄穹帳，逐水草，故其都府疆域均無一定可考。其散見諸書與吾國最有關係者，即秦、漢時匈奴是也。匈奴時頗強大，沙漠南北皆爲所有，至後漢分其地爲單于。再變爲柔然，三變爲突厥，四變爲回紇，五變爲蒙古。前後數千年興廢相續，皆以大漠爲諸部之綱維。契丹因之遂興遼國。自成吉思汗出，蒙族始光耀於史冊，成吉思汗建號大元。元代以後者可知，元代以前者難詳也。

北史突厥傳曰：其俗穹廬氈帳，隨逐水草遷徙，以畜牧射獵爲事。由漢以前，游牧於北部之沙漠。其後南踰陰山，侵及長城，晉隋之間，一部移殖長江北岸，其居留北地者仍多。元主中原，雜居內地諸省，明初改姓變俗，未嘗盡族北還也。其散居邊外者，成吉思汗之嫡裔宗支，各佔水草優美之地，置幕建牙，守其故土。其餘勳戚貴族之子孫，亦復世據沙陀，畫疆成聚。從此漠中原人頓失牧所，迫處烏梁海、金山、黑龍江諸荒遠地方，夷爲打牲操捕之部落；

服事豪酋，蹶不復振。彼族之強弱侵凌新舊轉徙，固歷史上之慣例也。夫漢中諸族，久已往來中原，猶是文化不移未嘗改變故俗者，何哉？成吉思汗崛起漠北，祖孫繼武，餘威震於世界。自以異類之嫌疑，遂分漢、蒙之畛域。懼弱其族，尤惡華風。未幾紅教東輸，尊為國教。至明張居正輩防閑邊患，輒又假借迷信主義，俾相煽惑，減其孳生，錮其知識。從此安於渾噩，遂無進步可觀。及附滿清，封爵置盟，甘為世僕。自少數入關編為京旗或駐防內地外，大率折士歸牧，依然雄長一方耳。清之初興，利其易與，習其文字，奉其宗教，借其武力，以創建帝業。終乃猜忌不釋，但予虛榮，更加嚴厲之束縛，制為層累之階級，伺以宗女，鎮以重臣，監以喇嘛。凡諸文字、習俗、生計、婚姻、交際，與夫入關之道路，墾種之田地，建築之屋宇，在在不令自由。非惟番子、回子與雜居天山沓海者，禁絕交關，即其同族亦分區域限制往還，而漢人更無論矣。數百年來，人口之減少，生活之艱困，風氣之閉塞，幾於無可挽救。上世遺威，澌滅殆盡。外力內侵，我亦北防不固，其種因蓋甚矣。

現蒙族以綏遠為主要居留地之一。蒙族之根據地在外蒙；及元太祖十五世孫達延車臣汗，其三子由漠北南遷，遂為內蒙九部之祖。綏遠南北，遂為蒙族遊牧之區。至蒙族除遊牧之外，現亦有用駝駱、馬匹從事隊商者。性質粗樸，體格純有北塞之本質，儼然太古遺風。男女幼齡亦婉美，及年長姿容頓變，甚至醜陋，不能如昔，亦氣候使然耳。頭形稍廣，髮黑而直，顏面扁平而圓，顴骨突出，鼻低且廣，皮膚黃色又為帶褐色。眼為特有之蒙古眼而傾斜（俗呼直眼韃子，蒙人稱漢人為老蠻子，漢人稱蒙人曰韃子），其目之不美與動之不敏，蓋可知矣。軀體碩大，眼圓而眉多短縮，額上眦邊多深刻之皺紋，弱童少婦亦然。是殆蹙顰以禦漠風，與夫智弱多憂之狃習而成者也。夫蒙族天生血氣剛果，加以凶頑志遠之性，將來復興非可漠然輕視也。現漢、滿二種移居綏遠者日多，遼燕二省邊徼，政令稍能普及，而三種混合通婚亦盛。故東部蒙人之從事耕牧，與北西二部之單純游牧者不同。蒙人衣服則窄袖長袍，束帶於腰，居處不尚清潔。蓋彼等惟自然的積極鍛鍊其體魄，而不講消極之衞生也。

第四節　回族

突厥族之回紇，自唐高宗以後，日漸強大。回紇本居蒙古，後徙新疆。蓋由東北而入西北，而繁滋於西北及西方。回紇既西，乃信奉摩尼教，後改稱回鶻。其族本在葱嶺以東，與回回（波斯、大食人）之在葱嶺以西奉依斯蘭教者迥殊。五代之時，回鶻既衰，漸有改奉天方教者。在蒙古未興以前，回教已風靡天山南路。回族之主要人種，乃白種人之阿剌伯，阿利安種之波斯及黃種之突厥種，純以宗教之黏結力而摶固以成者也。當陳、隋之間，穆哈默德以兵力四討，融合埃及波斯，遂由中亞與中國之突厥族相觸。突厥出於匈奴，與蒙同源。文獻通考以突厥之先為平涼雜胡，世居金山（卽阿爾泰山）之陽。唐代突厥延漫中亞，遂信仰回教，卒建土耳其國。是回族之由來基於宗教，非基於血統，為與他族之根本不同之點也。

唐代回紇代突厥而起，傳播天方教入中國，羣遂以回紇或回回呼之。回族之名由此益著。其實吾國所謂回回，本不限於突厥一族。元太祖定西域，回部內屬。世祖奄有中國，多用其人爲官。既設回回司天監，回回國子學，及藥物院、軍匠營等，而各省參知政事必以回回一人充之。其各道廉訪使及州郡，皆以蒙、回、漢人雜用。而中樞，外而各省皆有回吏若干。中國回族之盛，至於此已達極點。而居住範圍遂遍於全國也。

回族分漢回、纏回、哈薩克人三派。在綏遠之回族，以漢回及纏回居多，而哈薩克人甚少。漢回殆與漢族同化。女子纏足，居室衣服言語皆從華風，惟信奉回教不改。漢回性格強悍，睚眦忿爭，與漢人爲仇。如同治回亂起於陝、甘，其後影響綏遠、新疆亦全淪陷焉。纏回係漢代城郭人種之遺。散居天山區域，而南部尤多，佔十之七。蓋回人禮拜首纏白布，寖以成俗，遂有纏頭之稱。男子十七八卽蓄鬚，女子幼則披髮，長則辮之。務農者多，牧畜次之，亦有從事商工業者。纏民重信敬老，簡直循法，以貸貧取息爲惡，而好賈趨利則又甚於漢人也。哈薩克人亦稱哈薩，乃漢代康居遺裔，散居於綏省者爲數尙夥。此種人軀幹偉大，顏色淡黑。言語文字與纏回相似，誦經禮拜極虔。逐水草，事游牧。四時結穹廬，茵褥重疊厚至數尺。以騎著名，縱馬疾馳，倏如驚矢。然俗尙剽掠，桀傲不訓，習慣自然，有如天性。至蒙、哈兩民族，則哈強蒙弱，性情水火已非一日，尤稱難治焉。

第五節　結言

綏遠民族，雖有漢、蒙、回三種，但同處一地，日久則異族亦能混合，久經化合，不復再能分別。査我中華區域以內，所謂某族某族云者，以一時情調，尙未摶合無間。故命名以爲識別，不必其盡不同種也。吾國夏、漢、唐、元各代，類能融納多族。清代連貫東西，國界愈廣。今歐、美大國如英、俄、德、奧、美、法，其本土皆兼有多種不同之族衆，未見其倡畛域之説，互相排抑以自弱也。蓋同國則利害相同，休戚恆共，異族亦當契合，不同國則同族或難相容。吾人不應自裂其國。西北各區諸族雜居，除西藏、青海兩地，漢族較少，餘皆有漢人足跡。漢人開化既先，西北各省尤其綏遠乃漢人與各族所共有。鞏固綏遠，或開發西北，漢人之力爲獨多。當此列強侵略之時，提挈滿、蒙、回、藏兄弟之族，發揚共進互助之精神，使此一小部未化人種能自治自立，正吾人天責所在而不容自已也。

第五章　綏遠之人口

第一節　概説

吾國幅員遼闊，物產豐富，有四百餘兆之人民，四千餘年光榮悠久之歷史，匪特在東亞爲天賦獨厚之國家，衡諸世界，亦罕倫匹。然自海通以後，國勢凌夷，民生日蹙，捉襟見肘之情況，顯然可見。昔日衣食充裕足以自給者，今則仰首求人；而食糧產銷之失均，識者尤引爲危懼！夫以農業國家，農產品之超入，歲臻數萬萬元，詎不騰笑中外!我國人口號稱衆多，顧以國土之廣闊，人口得適當之分配，實稀曠也。

吾國地雖大而物博，特以無適當之分配，致人口疏密不勻之弊。自來研究人口問題學者，以爲人口問題之重心，在數量與品質；而數量問題，尤爲重要。但中國人口之數量，究增加抑減少耶?查吾國戶籍之法，著於三代。井田之分配，軍賦之徵集，區域累層，編制周密，又有國界之限，不能遷徙自由，故土著所在，易於稽核，而增減之數，一目瞭然。秦、漢以後，戶稅徭役之徵加重，居苦繁苛，百計求免，於是歲時簿記，僅成具文，史冊所載，未可以徵信也。

本部諸省地圖未嘗測繪，人口未有統計，實爲最大之缺點。民國三年海關稅務司編製貿易冊，國內新疆及東三省外，約計四四一、九八三、〇〇〇人，而邊塞不與焉。由此則研究綏遠之人口，殊感特別之困難也。若根據日本拓殖會社之報告書所載，蒙古爲二百五十八萬（見民國三年世界年鑑）。但此數究竟日人依何種調查而來則不可知。唯所列蒙古一項，係合熱、察、綏、寧計之。而此表所列，又以地域總合各族之計算云耳，非能推測各族之人口，且更不能推測綏遠之人口也。

但近十餘年來，國人亦有注意於人口之統計。故綏遠之人口，不無亦可得矣。雖無確實之數字，然亦可知其大概矣。既知其人口之約數，蛛絲馬跡，更可進而研究人口與土地之分配，及生產物求供之情形，與夫人口增減之現象也。

第二節　地域與人口

綏遠省全部面積約有一百十二萬三千九百方里，其中除設縣治所佔五十三萬四千七百六十方里，可稱爲綏遠省區外，其餘尚有五十八萬九千一百四十方里，應稱爲內蒙之地域。再以人口數量言，綏遠省除蒙族約十五六萬分屬各蒙旗外，十八縣局轄境內計共三十萬六千零九十六戶，一百七十七萬零七百八十五口。茲將綏遠省地域面積及人口分佈數量，列如下表：

綏遠省各縣面積及人口數量統計

縣別	土地面積（單位方里）	人口戶數	人口口數
豐鎮	三〇、六〇〇	四四、三七五	二五四、三三五
興和	一一、二〇〇	一六、九三七	九三、六八一
集寧	三七、二〇〇	一一、四三二	六九、一一四
涼城	三六、〇〇〇	三八、五〇〇	一九二、六〇〇
陶林	三六、〇〇〇	九、〇六六	四二、二三九
歸綏	二六、六五〇	四七、三五九	二五三、〇九七

包頭	四七、四〇〇	二九、一八三	一三九、九五六
武川	八〇、〇〇〇	三、八〇〇	一五六、四九〇
薩拉齊	三〇、六〇〇	二九、八三六	一五三、八四八
托克托	三一、四〇〇	一一、七七一	九八、五〇〇
和林	二八、八〇〇	一九、八七四	九二、〇五六
清水河	二七、七〇〇	一〇、五二五	四六、四六七
固陽	三五、二〇〇	六、九八三	三四、八五五
東勝	一四、六五〇	四、一二〇	三一、五五四
五原	二二、一〇〇	五、二五九	二五、五一五
臨河	二二、五〇〇	一二、五八〇	五六、五九三
安北	二五、八〇〇	四、〇四九	二八、〇一六
沃野	九、六〇〇	四六五	一、八六〇
總計	五三四、七六〇	三〇六、〇九六	一、七七〇、七八五

根據上表所示，則綏省各縣人口之平均密度，每方里僅三人稍強，較之東南各省之每方里達六百餘人者，相去甚遠。如以蒙地及蒙族人口合併平均，則相去更遠。

第三節　比較觀

綏遠人口及地域之比例，由前節之統計則可知其梗概。今進而研究綏遠之人口與西北其他各省比較，其成何種程度。玆根據王相伯先生謂陝、甘、寧、綏、遠、新六省西北區人口約三千五百十九萬有奇，當中國人口總數十四分之一弱。略等於山東、江蘇一省之人口。本區面積爲一千零八十萬六千六百餘方里，約當中國總面積三分之一。平均每方里僅三人略強（中國全面積三千三百六十七萬八千餘方里）。本區域地闊人稀之象可知矣。

西北各省地域與人口之統計表

	面積(方里)	人口	備考
青海	二、二九四、八四八	一、五〇〇、〇〇〇	人口新增八縣在外
寧夏	九一一、六一二	四、五〇〇、〇〇〇	人口見西北八五頁
綏遠	九一六、四五六	二、〇一二、〇七五	人口見西北研究第六期
新疆	四、九四七、七七八	二、五二〇、〇〇〇	
陝西	五八七、九七五	一七、二二〇、〇〇〇	

綏遠之人口　三七

甘肅	一、一四七、九五二	七、四四〇、〇〇〇	包寧夏縣西寧七縣
總計	一〇、八〇六、六二一	三五、一九二、〇七五	

至人口密度，新疆省每二方里約得一人，靑海省每一•四方里得一人，綏遠省一方里得二人，寧夏省每方里約得五人，甘肅省每方里六人強，陝西人口較稠，每方里得三十人。

由上表觀，則知西北各省人口與地域之分配情形矣。我國人口之分佈至不平均，一方以人滿爲憂，一方則棄貨於地而弗能調劑，結果遂致國計民生，陷於畸形之發展，故孫中山先生移民之計劃，實爲目前之要圖。

第四節 綏遠蒙民人口之危機

一 蒙民人口之概數 綏遠之蒙民人口數量，在清初以前，對統計數字，頗不易得，推算人口之數目，僅能依清初額定之佐領丁數，爲唯一姑計之方法。如下表所示：

綏遠清初盟旗人口總數

盟旗別	旗數	佐領數	戶數	人口數
烏蘭察布盟	六	五二	七、八〇〇	三九、〇〇〇
伊克昭盟	七	二七四	四、一三〇	二〇六、五〇〇
土默特旗	二	六〇	九、〇〇〇	四五、〇〇〇

總計	一五	三八六	五八、一〇〇	一九〇、五〇〇

綏遠蒙民人口之現在數

盟旗別	現在人口數	備註
烏蘭察布盟	四三、七五〇	達爾罕旗以一五、〇〇〇計算
伊克昭盟	九三、一三三	
土默特旗	六〇、四三六	
總計	一九七、三一九	

清初人數與現在比較

盟旗別	清初人口	現在人口	增	減
烏蘭察布盟	三九、〇〇〇	四三、七五〇	四、七五〇	
伊克昭盟	二〇六、五〇〇	九三、一三三		一一三、三六七
土默特旗	四五、〇〇〇	六〇、四三六	六〇、四三六	
總計	二九〇、五〇〇	一九七、三一九		九三、一八一

由上列統計表觀之，綏遠全省蒙民人數為一九七、三一九，清初各蒙旗人口至現在，竟然減少九三、一八一，約有三分之一，此數頗足驚人者矣，倘再遞減，綏遠蒙民將來生存之危機，亦可想見矣。

二蒙民衰減之原因　綏遠蒙民之衰減，由前表之數字所示，已完全暴露無餘矣。因如此衰減之結果，使蒙古整個民族之生產力受極深度之萎縮，故與漢人在生存上之競爭，未有不受淘汰之趨勢也。

惟綏遠蒙民衰減之原因頗爲複雜，約言之，可有下列四種：

(一)宗教　清代因鑒於蒙民剽悍好鬪，在歷史上曾給漢族以不少之吃虧事，爲維持其對蒙古永遠統治起見，不特利用喇嘛教以柔化其民族性，爲防止其民族之繁殖，積極獎勵蒙民爲喇嘛，而以戒律束縛其本性，因受禁慾主義之原因，則其人口更速於減少矣。因此，造成蒙古人半爲生產半爲消費之喇嘛民族。此種政策，竟斬絕蒙民家族之繼續關係，有時一戶傳不至三四代，即告絕滅，如現在之烏盟盟長雲王，自己無子，將達爾罕旗扎薩克地位，讓其姪根王，而根王又死，竟再無自己於血統上有密切之關係人繼承之，此種不斷消滅其繁殖性，而蒙古民族尚不自覺，故對宗教之觀念，仍不稍加更變，醉生夢死於喇嘛，深爲浩嘆！吾人每入蒙境，則見喇嘛成羣，召廟林立，誠所亡族滅種之武器也。茲將烏伊兩盟之召廟及喇嘛統計如下表：

1、烏盟召廟數爲一一八，喇嘛數爲九、〇五〇。

2、伊盟召廟數爲二七四，喇嘛數爲一八、一五三。

合計兩盟召廟數爲三九二，喇嘛數爲二七、二〇三。

據此觀察，蒙民信奉喇嘛教之熱烈，可見一斑矣！

又如民國二十二年綏遠省政府調查綏遠省境內之喇嘛與蒙古人之比較表如下：

綏遠省蒙古喇嘛與蒙古人民比較表

民別	數別	百分比
蒙古人民	一九七、三一九	八八
喇嘛	二七、二〇三	一二
總計	二二四、五二三	一〇〇・〇〇

由上表所列之蒙古人民總數，係將男女老幼全包括在內之數目，如每五口中有壯丁一人，即以五除一九七、三一九，則可得壯丁三九、四六三人，再以此數目與二七、二〇三之喇嘛數字相比較，則餘一二、二六〇壯丁，故喇嘛佔總數百分之四一，壯丁佔總數百分之五九，易言之，即十個蒙古壯丁，有四人爲喇嘛。此種喇嘛自不能擔繁殖人口之責也。

（二）病害　綏遠蒙古地方，一片平原，每入雨期，空氣中滿含淤溼之氤氳；而瀦水腐敗，更蘊鬱化生爲一種癘疫，每逢暑季，蒙人染此風土病而死亡者爲數甚多。且蒙民素不注重衞生，如拋屍野外，燃燒畜糞，及隨意便溺等習慣，均可致蒙人生理上甚大之防害，尤以喇嘛過剩，宗教戒律綦嚴，禁聚妻室，因此則性之衝動，無法強制，結果，越出禁慾之藩籬，與女性亂交，釀成花柳病症。病之不加診治，歸之於因果報應，依佛法驅病，富者延喇嘛診察服藥，貧者聽其自然坐以待斃，此種慘狀，亦云極矣。據最近調查綏遠之蒙民，因性病而死亡者，平均每年當在二三百人以上，此亦減少人口之一原因也。

（三）災荒　自清初以來，綏遠之災荒，層出演變，亦可使人口減少。至綏省之旱災，竟超於水災。民十七年，曾受空前之旱魃，災民之數字，無法統計，但以售賣婦女一項而論，據格利非斯（F. J. Griffith）致華洋義賑會函云（民國十八年一月四日），自秋入冬，經雁門關一處而入山西者，有一萬七千餘人之多，共值二十萬元左右。然此一萬數千人之中，自不免有若干已同化之蒙古婦女在焉。

（四）同化　中國漢族對於其他民族之消化政策，素抱柔化之態度，常使其他民族，受中國傳統文化之薰染，結果其他民族之一部或整個之同化於漢族，如東北之滿族，西北之漢、回族，東西蒙之漢化蒙族，此爲最顯著之例證。尤以停滯遊牧社會中之蒙古民族，更易於與進入較高農業文化之漢民所同化。年來有甚多生活內地之蒙古人，受漢民族之近代生活習慣，而不願再回自己民族中生活，久之遂成爲漢民族之社會。現綏遠已開懇地方，或接近開懇之地方，時有漢、蒙之雜婚，同時因經濟之關係，發生民族間性之商品化（如蒙妓等），此均足以加強漢民族之同化力。故由清初以迄於今，不知有多少蒙古人民，乃消失於此種同化之模型中也。

基於上述種種因素，證明綏遠蒙民人口之衰減，洵非一朝一夕之事，由來已久，複雜亦甚，故吾人不可不注意者也。

第五節　增進蒙古人口之方策

由綏遠人口情形觀之，其最足注意者，則爲蒙古人口衰減，其危機之事實，已昭揭於吾人之目前，若長此以往，前途曷堪設想！且成吉思汗時代之蒙古民族威風，從斯而湮沒矣！蒙古人民，爲綏遠人民之一部，而綏遠又爲中國國防之門戶，乃邊疆之要地，惡魔若用威脅利誘之方法，企圖吞併，則如此衰弱之民族，更何能爲整個國家作屏藩耶？職是之故，無論以民族立場言，或以整個之國家立場言，此種人口不斷之衰減，殊非良策也。

然則將如之何？非探其原因，而作補救之方法，如使蒙人不迷信，不爲喇嘛，講衞生，以及防止災亂之降臨等。但以上所述非治本之方，而其根本辦法則又如何？故首宜發啓蒙古人民之智識，則迷信、喇嘛、衞生等弊可迎刃而解矣，再用奬勵生產方法以促進蒙古人口之繁殖，因是，蒙古人口自可由衰減線而趨於增加之途徑也。

第六節　結言

綜上以觀，綏遠人民包含漢、蒙二大民族，漢人多居於縣治區域，蒙民多居於盟旗境內。清代以前，綏遠爲蒙古游牧地，漢人甚少，有清三百年間，內地漢人逐漸出塞移殖，塞外之地，農業漸興，蒙民亦漸歸化，至今設縣之區已什九爲農業發達區域。蒙人未受漢化者退出於農業區域之外，卽今之盟旗境，仍以遊牧爲主。

至綏省人口多密集於平綏鐵道以南歸、薩、托、和、清、涼、豐、興一帶，此帶墾闢已久，而地形較爲平坦，土壤爲沖積土或黃土，甚爲肥沃，故人口較稠，農業稱盛。後套一帶如包頭、五原、臨河諸縣，近年移民日衆，土地日漸開闢，人口趨於增加。盟旗境內因蒙人信仰喇嘛教，蒙人以當喇嘛爲榮幸，凡有優秀子弟，其父兄輒令爲喇嘛，如有兄弟二人至少以一人爲喇嘛，故喇嘛之數目幾佔蒙人男子之半數。而喇嘛教禁止娶妻，故凡當喇嘛者，皆無後代，遂造成蒙古人口減退之結果也。

第六章　綏遠之政治

第一節　概說

綏遠省之政治，頗爲複雜，政務之施行，因地制宜，故與內地行省，稍有不同。其組織除省政府統制全省政治之外，尚有內蒙古各盟旗地方自治政務委員會之設置，此機關完全治理蒙旗政務。故此兩種政治機關，直接受命於中央，而互相無統制之權。至省政府之組織，性質完全與內地行省相同，讀者當易瞭然，惟蒙政會係屬特殊之組織，引解較爲詳細。蓋內蒙自治醞釀，始於二十二年八月，綿亙牽延，至翌年三月而有百靈廟蒙政會之設置。

時國難方殷，邊徼正緊，國人對此「載震載夙」而後墮地之胎兒，以其難產，彌覺可珍。故當蒙政會成立之消息播出，全國輿論同聲頌勉。而內蒙王公，亦罔不歡欣鼓舞，以完成自治，共任艱鉅為己任。乃流光易逝，兩年光陰，匆匆便過，匪特已往期望悉成泡影，且以時勢緊迫，即此煢煢胎兒，亦將夭折。國府相酌時宜，復採納綏境各盟旗官民請求，於去年一月二十五日明令公布綏境內蒙古各盟旗地方自治政務委員會暫行組織大綱五大條，實行改組蒙政會，藉收分區治理之效。吾人撫今思昔，固不勝其滄桑之感，而於此蒙古政治制史上之一重大事蹟，亦覺有欲言者。

第二節　綏遠省之成立

清初，蒙、漢錮蔽，絕對禁止漢人口外墾荒，蒙人學習漢文。及至禁令漸弛，內地人民，以圖厚利，不顧一切，相率至口北移殖，歸化城一帶，則有山西人墾殖，漢蒙既已雜處，因生活習慣各異之故，糾紛日多，乃設漢官，以理庶政，自雍正時，內蒙各地，廳、道、州、縣，逐漸設置，各種官制，一如內地。在綏省者，最初為歸化城六廳，歸化城附近，原係土默特部落，自諳達降明築城後，迄未設漢官。雍正元年，始增設歸化城同知二員，後裁併一員。乾隆四年，築綏遠新城，置同知一員。二十五年，增置歸化、清水河、薩拉齊、和林格爾、托克托城通判五員，並屬歸綏道，與綏遠城共為六廳。

清光緒二十八年，蒙人困於生計，放荒招墾，而口北設治，日益增多。如綏遠西部之五原、東勝、武川三縣，全於光緒三十年後設廳，至綏東五縣中之豐鎭、興和、陶林、三處亦係清末設廳，涼城係清末之寧遠縣（集寧爲平綏路通車後始繁榮，民十年乃劃其餘四縣之地之一部，歸其管轄）。以上所述，乃爲綏遠設省之先聲。

清季綏遠境內，則設歸綏都統。今之綏東各縣，其時亦轄於綏遠都統，民國二年十一月，改綏遠爲特別區，三年六月，割綏遠各縣與察哈爾，七月，置綏遠道，轄綏遠等八縣，此爲綏遠第一次具有行省之規模。在民初曾增設縣治；如包頭原爲薩拉齊縣之一鄉鎭，以平綏路通，民國十一年闢爲縣。黃河後套地方，由五原縣中析出通濟渠以東地，成立安北設治局；又析出豐濟渠以西地，成立臨河設治局。同時，政府感於西北有繁榮之必要，自民國三年起，自動陸續開闢歸綏、包頭等地爲商埠。

民國十七年八月間，內政部以建國大綱中僅有省治，並無特別區之規定；況值軍事結束，訓政開始，更應將特別區次第改省，以昭劃一。此時綏遠特別區，計轄九縣二設治局及蒙古烏伊二盟，綏遠可仍沿舊名，當乃以此原則，作成提案，由部長薛篤弼以中央委員名義，於同月二十九日提經政治會議決議綏遠改爲省。旋內政部依據上項決議，復將綏遠特別區之應改名稱，設治所在，以及組織區域，詳加計議，提出中央政治會議，其所擬定之辦法加下：

（甲）名稱　綏遠省

（乙）省治　歸綏（原係綏遠都統駐在地，故設省治於此。）

（丙）組織　設省政府委員五人，以一人爲主席，餘四人分任民、財、建、教四廳廳長。

（丁）區域　除現有九縣外，並將從先劃歸察哈爾之豐鎮等五縣仍劃歸綏遠管轄。

同年九月十七日，國民政府依照中央決議案，將綏遠特別區改爲省，並以明令公布。自此綏省始脫離往日藩屬之地位，進而與內地行省占同等地位。第一任省府委員爲徐永昌等。

自綏省成立後，乃有綏東問題發生。以先內蒙古以蒙旗爲行政單位，綏東五縣既屬察哈爾部之右翼四旗，自與察哈爾省關係較爲密切，故民三劃特別區時，卽由綏遠劃入察省。九年冬，因平綏鐵路向西延長，平地泉成爲運輸之樞紐，乃劃豐鎮、陶林、興和三縣各一部之地爲集寧設治局，十一年改縣。及此次改省，又將其劃入綏遠，因察省已取得口北十縣，綏遠縣治太少，藉以調劑；況在自地理形勢上，劃入亦較合理。但察哈爾部之王公極不願意，後中央派察哈爾部中最有實力之人物卓什海充察省省委，以示羈縻之意。惜蒙人之心理，被野心家窺破，百方誘惑，乃利用傀儡德王，而有綏東戰事，固然我江山變色，然純樸之蒙人，愚拙至此，深爲憐惜也。至清季對綏遠之盟旗統制，完全由附近之將軍或都統管轄之。茲將綏省之縣治與清季之各部旗名及今地詳加表解如後：

（甲）綏遠省盟旗建置表

綏遠省盟旗建置

- (1) 土默特部
  - 左二旗
  - 右二旗
    - 歸綏縣
    - 薩拉齊縣
    - 包頭縣
    - 清水河縣
    - 托克托縣
    - 和林格爾縣
- (2) 察哈爾部右翼四旗
  - 正黃
  - 正紅
  - 鑲紅
  - 鑲藍
    - 豐鎮縣
    - 興和縣
    - 集寧縣
    - 陶林縣
    - 涼城縣
- (3) 烏蘭察布盟
  - 四子部落旗、茂明安旗 —— 武川縣
  - 喀爾喀右旗 —— 固陽縣
  - 烏拉特前、中、後三旗
    - 安北設治局
    - 五原縣
- (4) 伊克昭盟 —— 鄂爾多斯部
  - 右翼
    - 後旗杭錦、中旗鄂託 —— 臨河縣
    - 前旗烏審、前末旗扎薩克
  - 左翼
    - 中旗郡王
      - （前旗烏審、前末旗扎薩克、中旗郡王）—— 東勝縣
    - 前旗準噶爾、後旗達拉特 —— 五原縣

（乙）綏遠省之縣治表

縣(市)名	等級	治所	縣名	等級	治所
包頭市			固陽縣		廣義奎
包頭縣		包頭市	涼城縣		涼城
和林格爾縣		二十家子	陶林縣		康堡
武川縣		哥以立更	薩拉縣		薩拉齊
豐鎮縣		豐鎮市	托克托縣		托克托
集寧縣		老娃嘴	臨河縣		縣城
歸綏縣		歸化城	東勝縣		羊腸壕
清水河縣		縣城	興和縣		三道河子
五原縣		隆興長	安北設治局		大佘太

第三節　綏境蒙政會之設立

綏境烏伊兩盟各王公，鑒於外侮日迫，爲謀自衛計，乃力圖團結，殊不足以防禦。二十三年中央允許之蒙古地方自治政務委員會，又因轄境遼闊，交通梗阻，值此邊事緊急之秋，殊難應付得宜，勢非各盟分區另組自治委員會，以各旗札薩克爲委員，優發經費，實不足以因地制宜。當將此種急迫需要情形電呈中央，籲請懇中央允許綏省各盟旗另組自治委員會，中央據電後，卽制定綏省境內蒙古各盟旗地方自治政務委員會暫行組織大綱，國民政府於一月二十五日明令公布施行，綏境蒙政會，於焉誕生。

至綏境蒙古各盟旗地方自治政務委員會委員由國府明令派沙克都爾札布、巴寶多爾濟、阿拉坦鄂齊爾、潘第恭察布、齊色特巴勒珠爾、齊英特淩清胡爾羅瓦、額爾和色沁扎木巴拉、淩增僧格、石拉布多爾濟、噶勒藏羅勒瑪旺扎勒扎木蘇、康達多爾濟、圖布新濟爾噶勒特固斯阿木固朗、鄂齊爾呼雅克圖、榮祥、沙拉布多爾濟、達密淩蘇龍、巴拉貢扎布、孟克鄂齊爾等，爲綏遠省境內蒙古各盟旗地方自治政務委員會委員，烏勒濟、百爾雅代理綏遠省境內蒙古各盟旗地方自治政務委員會委員，並指定沙克都爾扎布爲委員長，巴寶多爾濟、阿拉坦鄂齊爾、潘第恭察布爲副委員長。至綏遠省境內蒙古各盟旗地方自治政務委員會暫行組織大綱十五條，茲抄其要項如次：

（一）本會辦理左列各盟旗地方自治事務，烏蘭察布盟所屬各旗，伊克昭盟所屬各旗，歸化土默特旗，綏東五縣右翼四旗。

（二）本會設委員九人至二十四人，並於委員中指定委員長一人，副委員長三人。

（三）本會設祕書、參事處、民治處、實業處、教育處、保安處、衛生處，分掌各項事務。

（一）本會會址設於伊金霍洛。

該會之成立，乃據蒙藏委員會委員長黃慕松氏云「該會原根據綏垣各蒙旗官民請求，中央於蒙政會成立時，原擬渴望蒙古自治在整個統一組織下進行，近以試行結果，困難甚多，始允其劃區分治之請。至各盟旗制度，原屬分治，強以合一，不免事倍功半，今綏境蒙政會設立，可因地制宜，進行較便。原有之蒙政會，亦得專致力於錫盟及察哈爾境旗羣事務，收效自鉅。今後同在中央領導下，分工合作，蒙古地方自治前途發展，殊有希望。」綦上所述，既係分區自治，昔日轄境遼闊，交通梗阻等弊，均可一掃而空也。

第四節　綏境蒙旗現狀與政治組織

綏境蒙政會成立伊始，區內蒙旗情況，究竟若何，外間多不明瞭，因之對該會之認識，時有誤謬之解，茲將該會自治管轄範圍內之各盟旗，一切現狀，分述於次：

一烏盟六旗　烏蘭察布乃一河名，發源大青山麓，各旗盟會於此，故以烏蘭察布名，共分六旗，由東向西數，最東爲四子王旗，依次爲達爾罕旗（亦稱喀爾喀右翼旗），爲東公旗，爲中公旗，中公旗居最西，其南尚有西公旗，中間隔以狼山，中公、東公、西公三旗通常稱爲三公旗（亦稱烏拉特前中後三旗）。茲再列爲下表：

烏蘭察布盟統系表

烏蘭察布盟

旗	備註
四子王旗	
達爾罕旗(喀爾喀右翼旗)	
茂明安旗	
東公旗(烏拉特後旗)	三公旗
中公旗(烏拉特中旗)	三公旗
西公旗(烏拉特中旗)	三公旗

烏蘭察布盟，居綏遠省北部，東連察北，北接外蒙，西鄰阿拉善旗，南臨大青山與黃河。在交通上、國防上、政治上，均佔極重要之地位。茲分言如下：

(甲)交通　目下新綏汽車路在綏遠境者，悉在烏蘭察布盟境內，平時商賈至寧、甘、新之駱駝，亦咸取道於斯大青山後之草地，此乃西北交通之整個幹線。自外蒙關係斷絕，綏包商業大受打擊，然賴此線之通，尙能敷衍支持。雖新疆方面情形特殊，亦賴此路之通達，借以保持若絕若續之連繫。

(乙)國防　北爲外蒙，充滿赤俄勢力，東則察北失陷，日方勢力伸入，處赤白二帝國主義之前線，舉足有輕重之勢。況且百靈廟卽在該盟，日方常借遊歷考察爲名，不時至各旗輸送秋波，贈禮結歡，飛機示威，形勢緊張，不減綏東。

(丙)政治　各旗衙署狀況，仍與前淸時無異，一切事務，概由王公專權，人民思想簡單，缺乏愛國觀念。所幸對於中央，尙知擁護，不甘從逆，此乃中央歷年對邊人優待提攜之結果，然徒優待提攜，而不再進一步，促其發展，走入進化之途，前途亦甚可慮。

至該盟各旗個別之情況：

（一）四子王旗　現任札薩克（一旗之長）兼烏盟副長潘德恭札布，平時甚活動，與省府亦極聯絡，省府特聘之爲顧問，晉、綏綏靖公署並委之爲蒙旗區勦匪司令。旗地當烏蘭察布盟之最東部，當此目下察北吃緊，該旗尤見重要。

（二）達爾罕旗　雲王本爲盟長，又是蒙政會委員長，又是綏省政府委員，在烏盟地位聲望均隆，惟以年老多病，不願多問政治，連向中央請辭，中央一再慰留，乃以其堅持，遂照准，擢升其爲國府委員。該旗衙署在百靈廟北六七里，現任札薩克齊色特巴勒眞爾，年青，於去秋方襲位，現尚延師學習。襲位之前，由東協理沙拉布多爾濟代理。沙氏爲人極具才幹，伊在百靈廟蒙政會代表雲王，並任民治處長，與德王極相契洽，雲王無子，嘗代理札薩克時，頗有眞除之可能，後以旗下事官多半對之不滿，未能實行，然亦是事官，妬其才能，於此可見其爲蒙人中之傑出者。此次綏境蒙政會所發表之十九委員中，沙王亦在內，按其餘十八人，非札薩克卽總官，僅沙王一人爲協理，亦可見其重要矣。

（三）茂明安旗　地小民少，僅千餘人。衙署在百靈廟西百里，固陽城北百八十里，僅蒙包三個，無屋。現任札薩克齊密的爾林札忽羅喇，年甚輕，旗下事務多由東西協理等重要官員負責辦理。因地小民少，又無特出人才，在烏盟中不佔重要地位。

（四）東公旗　地本不大，人口亦少，在烏盟中，如茂明安旗同，亦不佔重要地位。旗衙置在茂明安旗衙署之西八九十里，安北城之東北百餘里，與墾地極近。現任札薩克額爾克色慶占巴勒喇嘛出身，亦尚忠厚待人，惟精神不振，是其缺點也。

（五）中公旗　居烏蘭察布盟之最西北部，亦綏遠全省之最西北部，距墾稍遠。目下該旗札薩克及各事官，對外採取維持現狀及冷淡態度，在烏盟六旗中，要以此旗尚成爲一獨立區域，其經濟固充足，其人才亦精明，故其地位甚佔重要。現任札薩克林慶僧格年壯有爲，其父現爲盟長，年老多病，對政治以多一事不如少一事爲宗旨。晉、綏方面，因其地位重要，特委之爲綏北護路司令，至今尚未正式成立，卽因其老來多病，厭談政治之故也。

（六）西公旗　居烏盟全區之西南，境內有烏拉山林木，爲綏省碩果僅存之天然林，所有權屬三公旗，將來可設公司開採。該旗衙署東距包頭百餘里，西距五原二百里，北距安北百餘里，四週均爲墾地，衙署有房一院。現任札薩克石拉布多爾濟，疑心特大，不能用人，以致旗下時生糾紛，幸賴當地駐軍時時爲之維持，尚能相安。該旗附近蒙漢雜居，全旗懂漢語者，幾佔二分之一，故與漢人關係，甚爲緊接。

二　土默特旗　土默特旗，東至察哈爾右翼四旗，西至烏拉特前、中、後三旗，南至長城，北至達爾罕、四子王、茂明安等旗，計東西長九百里，南北寬六白里，面積頗廣。茲將該旗演變情形分別述之：

（一）設治　土默特旗土地，自清初卽行設治，經數百年之演變，現所有土地，分屬於歸綏、武川、和林格爾、薩拉齊、托克托、清水河、包頭等七縣，玆將七縣設治年代分記於下，以見其開化頗早之一證：

土默特旗境內七縣設治年代表

歸綏縣	自雍正元年設歸化理事同知廳演變而來。
薩拉齊縣	自乾隆初設理事通判演變而來。
和林格爾縣	自乾隆初設理事通判演變而來。
托克托縣	自乾隆初設理事通判演變而來。
清水河	自乾隆初設理事通判演變而來。
包頭	自薩縣分出，民十二設治，民十五成縣。
武川	自光緖二十九年設武川廳演變而來。

觀上所述，乾隆初，卽已文化大開。民國初年，因平綏路築成，更析薩縣爲二，增包頭一縣。可想見非但開化而已，抑且文化發達矣。

（二）衙署　該旗創置，遠在明朝中葉，自順義王諳達，歷傳數世，迨滿淸入關後，改爲都統制，至民國紀元，猶沿舊制，以副都統爲該旗長官，嗣因綏遠劃爲特別行政區域，以該旗副都統，與區長官之綏遠都統，有名稱重複之嫌，遂於民國四年一月，由蒙藏院呈准改爲總管制，昨年八月一日，復改爲旗政府。設總管一人，掌理全旗事務。該旗旗政府，設於綏垣，業已近代化，分科辦事。平常公事，悉用國文，因該旗人民，無不熟操漢語，所讀之書，亦漢書之故也。另於總務處設一蒙文翻譯員，以備必要時譯蒙文公事。茲將該旗組織列下，可見其近代化，已與內地無異。

土默特旗組織系統表

土默特旗政府之組織系統

- 祕書處——設祕書長一員，祕書一員，監印兼庶務一員。
- 總務科——設科長一員，科員三員，蒙文繙譯員一員，收發員一員，錄事二員。
- 財政科——設科長一員，科員三員，辦事員一員，錄事三員。
- 教育科——設科長一員，科員三員，錄事二員。
- 司法股——設主任一員，股員一員，錄事二員。
- 生計股——設主任一員，股員一員，調查員二員，錄事二員。
- 參領辦公處——設事務主任一員，調查員一員，錄事二員。

上表所列，土默特政府組織，爲三科兩股兩處，昔日衙署全恃全旗之十二參領辦公，今則僅存一參領辦公處，實際辦事則在三科兩股與祕書處，蓋其衙署已完成近代化也。

（三）財政　每年收入地租房租及煤炭稅，共計四萬八千五百餘元。其中煤炭租稅佔十分之七，取之於地者，佔極少數。田賦因墾地劃歸縣管轄，故多由縣徵收，蒙旗僅不過征收極少之旗稅而已。支出方面，因衙署近代化，所有收入之大半，概充給爲旗政府職員之薪俸。

（四）教育　現有土默中學一處，高初兩級小學校一處，歸、薩、包三縣分設國民小學校六處，其課程亦如內地普通小學，僅每週習蒙文三四小時，稍有不同耳。學生不分蒙漢兒童，一律招收。

（五）人口　該旗所轄有左右兩翼參領十二員，每參領一員管五屬目，每一屬目，設佐領一員，計兩翼十二參領六十佐領，共有一萬餘戶，男女大小，約爲六萬餘口，散處於歸、薩、和、托、清、包、武等縣境內，最可注意者，即久已築室耕田，一如漢人。至上列七縣之人口總計一百餘萬，混合散居之六萬餘蒙古人，此在事實上，蒙、漢隔閡，不啻完成打破。況區內之交通、建設、保安、土地、行政等事項，十九操諸省縣，前該旗政府組織系統表，無建設保安等科，即可說明。因之土默特旗政府之任務，專以管理保護並教育該旗民衆與召廟黃黑徒衆爲職，除此以外，別無所轄。

根據上述各點，得知土默特旗區域內，蒙、漢雜居已久，雙方畛域早泯。且在此區域內，因漢戶之增多，業已分設七縣，除包頭、武川、托克托三縣，尙有其他旗地外，餘歸綏、薩拉齊、和林格爾、清水河四縣，則全在該區內。而該旗人民則亦散居各縣，融合一體，其與省縣關係已打成一片，而無可爲分。依據慣例，該旗對綏省府公文，均用呈，故機關亦直隸於綏遠省政府。對該旗公文則用令，與對烏、伊兩盟十三旗用照會者，不可幷爲一談。

該旗總管榮祥，對於國學頗具深造，常言：蒙、漢關係，由來久矣，合則兩益，分則兩害，實亦學者之流，爲蒙古有數之人才也。

三伊盟七旗　伊克昭盟七旗，居河套之內，邊牆以南，三面環河，一面臨長城，自成一區域。七旗之名稱，在包頭至陝西榆林線上有四旗，由包向南數，一曰達拉特旗（卽左翼後旗），二曰郡王旗（卽左翼中旗），三曰札薩克旗（卽右翼前末旗），四曰烏審旗（卽右翼前旗）。達拉特旗之東，有準噶爾旗（卽左翼前旗），達拉特旗之西有杭錦旗（右翼後旗），杭錦旗之南，緊接寧夏有鄂托克旗（卽右翼中旗），以上共七旗，該七旗又統稱鄂爾多斯部。茲再列表於下：

伊克昭盟七旗（卽鄂爾多斯部）
- 左翼
  - 前旗（準噶爾旗）
  - 中旗（郡王旗）
  - 後旗（達拉特旗）
- 右翼
  - 後旗（杭錦旗）
  - 中旗（鄂托克旗）
  - 前旗（烏審旗）
  - 前末旗（札薩克旗）

伊克昭盟七旗，突出綏遠之西南部，東西界陝、晉，西與寧夏以黃河爲界，四週沿河沿邊牆一帶，均已開墾田連阡陌，屋舍相望，獨其中央留爲草原，牛羊成羣，且沙邱散佈，有不堪耕種者，因有此區域之存在，無形中使綏遠與陝西、寧夏關係生疏，不能融合爲一片。近年陝北共匪猖獗，時有北竄之企圖，該盟首當其衝，形勢極關緊要。且陝北共匪欲打通至外蒙之國際路線，亦非舍此莫屬，防範尤不可不嚴。

盟之於旗，猶省之於縣，將盟旗與省縣並稱，以為縣受省管轄，同樣旗受盟之管轄；實則盟旗與省縣，形式差可比擬，管轄方面則各旗各自為政，盟長無實際能力。其原因即在盟長無實際力量，軍政財政一無所把握，不過徒擁一虛名，如去年烏盟盟長雲王呈由百靈廟蒙政會免西公旗石札薩克職，遭受阻礙。以及伊盟烏審旗與鄂托克旗界限不清，引起糾紛，沙盟長處理此事，不能立見效果，均足表現盟對旗管轄關係之鬆懈。因之，全盟之中，不過九萬餘人，而此九萬餘人，又復分為七旗，力量之渙散，精神之不集中，尚何庸言。

伊盟七旗，因地勢與墾務發展兩種原因，雖中央尚保持遊牧狀態，其四週已與鄰近之縣，發生緊密關係。除鄂托克旗，接近寧夏，與寧省關係較近，烏審旗近榆林橫山，與陝省發生一部份關係，札薩克旗與陝西神木縣發生一部份關係，準噶爾旗與府谷、河曲發生一部份關係外，大部中心，則集中於綏遠。現各旗在包或在綏設有辦事處，即其明證。同時綏省府亦設有烏、伊兩盟辦事處於省垣，每旗有一處員，在內辦公。

至伊盟七旗之個別情形，述之於次：

（一）鄂托克旗　即右翼中旗，該旗遠處綏垣西南隅，距省垣千餘里之遙，而與寧夏僅一河之隔，益州以伊盟中部沙漠起伏，遂使該旗經濟與地勢兩層關係，轉與寧夏接近。當孫殿英西竄時，馬鴻逵主席曾委該旗保安大隊長彭蘇道爾計為寧鄂邊境巡防司令，即是一證。惟因綏遠於此設有沃野設治局，政治上與綏遠尚有連繫。同時該旗札薩克噶勒藏勒瑪岸札勒札木蘇之子旺慶札布，亦在綏遠兩盟辦事處任參議，不時來往太原、綏遠間，旺氏年青，頗聰明，前途甚有希望。

（二）札薩克旗　卽右翼前末旗，在郡王旗南。該旗在伊盟七旗中，地小人少，然因盟長卽在該旗，故頗惹人注意。盟長沙王聲望平平，此在前已言之，盟之對旗，絕不似省之對縣，此次被任爲綏境蒙政會委員長，一則以其爲盟長之故；二則尊重盟旗系統；三則烏盟盟長巴王厭棄政治；四則會址設伊金霍洛，沙王就便不時至會主持會務，因該旗距伊金霍洛，僅數十里之遙也。該旗札薩克鄂齊爾呼克雅圖，爲盟長沙王之子，爲人極守本分。

（三）烏審旗　卽右翼前旗，該旗地位，逼近陝北，因交通不便，其與陝北楡林關係，轉較綏遠爲密切。札薩克特固斯阿穆固郎楞無權，大權悉操諸孟克烏勒濟等人之手，昔百靈廟蒙政會，伊盟正副盟長，均曾派人前往調解，未得良好結果。

（四）郡王旗　卽左翼中旗，與東勝縣關係最爲密切。該旗約居伊盟七旗之中心，略偏於東北，成吉思汗墓寢所在之伊金霍洛，卽在該旗。此次綏境蒙政會會址，卽定在伊金霍洛，該旗以後繁榮，定受莫大之促進。且由此中心向外擴充，伊盟七旗不久均可趨向於繁榮之途邁進。現任札薩克圖布斯濟爾噶勒，五十一歲，忠厚誠實，不喜交際，爲一安分守己之王公。東協理貢補札布及其他重要事官，頭腦淸楚，且有善漢語者。

（五）達拉特旗　卽左翼後旗，由包頭南行渡河，卽至。現任札薩克康達多爾濟，頭腦新鮮，靑年有爲，西服革履，在伊盟七旗中，可稱時代人物。於包頭建有康王府，舉止極其闊綽。因其用費浩繁，對於墾殖興利，頗爲認識，現雖停止放墾，然該札薩克仍自行招佃放墾，不甘落伍，頗爲可取，綏遠省政府，並委之爲該旗勦匪區司令，以示器重。

（六）準噶爾旗　卽左翼前旗，居達旗之東，經幾次變亂慘殺後，情況不如昔日之佳。目下該旗札薩克年幼，由東協理奇文英代理，與西協理奇鳳鳴尙未能十分密切合作，實則不啻分區治理，該旗私墾地特多，漢民在該旗墾種者，幾達十餘萬人，其中管轄權限與隣縣關係，甚形複雜。二奇亦不時與省府有所接洽，省府對之亦極契重。

（七）杭錦旗　卽左翼後旗，在達拉特旗之西，與包頭亦甚接近，該旗札薩克阿拉坦鄂齊爾，交際甚好，省府委之爲烏伊兩盟辦事處處長；同時，太原綏靖公署委之爲綏西護路副司令，正司令爲駐包七十師師長王靖國。查各旗原有商路，由各旗自組之蒙古游擊隊自行護路，並徵收護路費，省方爲統一全省路政起見，省蒙實行合作，分任正副司令。該旗地面遼闊，未墾之地尙多，札薩克阿王爲促進蒙民自行開墾起見，業已實行分地於民。阿王在綏垣並有阿王府，不時來綏垣長駐，與省府極相契洽。

四綏東右翼四旗　綏東右翼四旗，亦稱察哈爾部右翼四旗。因察哈爾部有左右兩翼計八旗，又四牧羣，通稱爲察哈爾十二旗羣，其十二旗名稱，如下表所示：

察哈爾十二旗羣統系表

察哈爾十二旗羣
- 正藍旗、鑲白旗、正白旗、鑲黃旗
- 鑲藍旗、正紅旗、鑲紅旗、正黃旗
- 商都牧羣、牛羊羣、左翼牧羣、右翼牧羣

察哈爾十二旗羣，在清稱爲內屬游牧部，開化頗早，故至今多已設立縣治。在初，無論旗縣，均屬察哈爾行政區，蓋亦事實上旗縣關係密切，不容分離之故。民國十七年，各特別區改省，乃將右翼四旗區內所設之豐、涼、興、陶、集五縣劃歸綏遠，但右翼四旗，則仍歸察哈爾管轄。當時因右翼四旗與左翼四旗及四牧羣統稱爲察哈爾部，而察哈爾部則仍歸察省管轄，未使將右翼四旗與察哈爾部脫離，故其境內之縣，雖劃與綏省，而其旗之系統則仍舊。最近察北失陷，右翼四旗不願從逆，現劃歸綏省府管轄，已由中央明令發表。因此，人多稱綏東右翼四旗而不稱察哈爾右翼四旗也。

綏東右翼四旗之境界，東至左翼四旗，南至邊城，北至大青山，西至土默特旗，廣袤數百里，現設有五縣，爲豐鎮、興和、陶林、涼城、集寧。各縣所屬旗地，在涼城爲鑲藍、鑲紅旗地，在陶林爲鑲紅旗地，在豐鎮爲正紅、正黃兩旗地，

在集寧爲正紅、正黃、鑲藍等旗地，在興和爲正黃等旗地。各旗旗民，散處五縣境內，蒙、漢雜居，久已同化。茲將各縣設治之始，列之於下，以見其開化之早。

綏東五縣設治年代表

豐鎮縣	自清初豐鎮廳演變而來。
涼城縣	自清初寧遠廳演變而來。
興和縣	光緒二十九年從豐鎮廳分出。
陶林縣	光緒二十九年從甯遠廳分出。
集寧縣	由豐、涼、興、陶四縣分出，民九設治，民十一升爲縣。

觀上表，可知綏東右翼四旗，在清初僅有豐鎮、寧遠二廳，厥後從豐鎮、寧遠二廳，劃出興、陶，民九又從豐、涼、興、陶四縣中，劃出集寧一縣，開化之速，進步之快，不減於土默特旗。

綏東右翼四旗，劃歸綏遠後，現在籌備組織綏東四旗駐綏辦事處，以便傳達消息，接洽公事，因行政區域之聯鎖，以後與綏省府關係之密切，自無庸言。

茲將綏東右翼四旗個別之情形，略述之於次：

（一）鑲紅旗總管衙署　距平綏路卓資山車站不遠，與鑲藍旗相距僅三四十里，此二旗關係密切，因在右翼四旗之東部，故其地位，在目下不感受威脅。總管巴拉貢札布，年四五十歲，爲人亦極誠懇。

（二）鑲藍旗總管衙署　距平綏鐵路卓資山車站不遠，居右翼四旗之東部。總管孟克鄂齊爾，蒙、漢語言均通，年五十餘歲，思想態度，均極和順，言談亦佳，綏省府特聘之爲顧問，以資聯絡。該旗現有常備兵百餘人，因軍餉無着，訓練缺乏，非加以整頓，不足以抵抗外敵。有學校一所，因民多貧困，上學兒童不多。

（三）正黃旗　東鄰張北、商都等縣，東西長二三百里，南北四五百里，轄境在察哈爾右翼四旗中最大，現分屬集寧、豐鎭、興和等縣。旗內有常備兵二三百人。自察北失陷，該旗首感威脅，總管達密凌蘇龍於二十四年冬已將其家眷送至集寧縣城居住，一方避免威脅，一方表示自己坦白態度，最近不時來綏與傅主席有所請示。

（四）正紅旗總管衙署　距集寧（卽平地泉）不遠，於集寧設有辦事處。前總管富齡阿於二十四年冬逝世，現由正參領鄂斯克濟勒格爾（字善臣）代理，最近卽可眞除，眞除後可加派爲綏境蒙政會委員。鄂氏爲人，五十餘歲，頭腦極清楚。旗下人民盡皆漢化，無有草地，完全改牧爲農。軍隊有五支隊，共百五十人，然無固定軍餉，全靠地面維持。衙署經費，昔由察省府財政廳按月發給辦公費若干，今歸綏省，此項經費，常由綏財政廳撥給，除由省府發給辦公費外，概不准在地面徵收款項。其他三旗衙署經費，亦皆同此。

第五節　蒙旗之政治組織系統

綏境內蒙古之盟旗政治組織，肇始於明末，至清代乃先後完成盟旗之編制。卽於蒙古遊牧區域，分劃爲若干旗地，規定牧場，彼此不得越界遊牧狩獵，如違反者，不論王公士庶，一律嚴加懲處，因以杜遊牧上一切之糾紛。並於各旗地任命一世襲之札薩克爲旗長，使世世統理旗務。集合若干旗爲一盟，盟置盟長，由中央政府擇各札薩克及王公中賢能者任命之，使監理各旗事。盟長以外，並選任副盟長一員，使襄助盟長處理旗務。茲再將內蒙古盟旗政治組織系統表示如下：

綏境內蒙古盟旗政治組織系統表

(王公)盟長——(王公)札薩克(旗長)

- (一)府邸事務
  - 協理台吉(辦理旗務)
  - 管旗章京(辦理監獄)
  - 和碩梅倫(管理閑散職員)
  - 札蘭(辦理兵務)
  - 章京(辦理民事)
  - 驍騎校(辦理府邸事務)
  - 筆帖式(辦理文書)
- (二)地方事務
  - 地方梅倫(管理庶務)
  - 札蘭(管理兵務)
  - 伊科達(辦理村落)
  - 達喇家(管理傳達戶)
- (三)私邸雜務
  - 哈巴、包衣達(管理私邸雜務)

觀上表所示，盟長乃處於盟旗組織之最高地位，卽爲旗長之上級長官，但不得直接干涉旗之行政，只在旗內發生重大事件時，則會同札薩克以處理之。又可將盟旗各方之意見上達中央主管機關（如淸之理藩院現在之蒙藏委員會），札薩克若有越軌行爲，亦可向中央主管機關告發，對於札薩克，僅處於監督之地位。盟長幷須每年檢閱所屬各旗部隊一次，有事之時，則統率全盟兵士作捍衛活動。至於札薩克卽旗長，雖有處理旗務全權，但佐理札薩克之協理台吉，並非札薩克得自由任命，乃係呈請該管盟長，就該旗內閑散王公以下台吉以上推舉數人，轉呈請中央主管機關圈定一人任命之，故札薩克處理旗務之際，有時亦須顧及協理台吉之意見焉。各旗之下，另設若干佐領，以分別治理之。凡佐領之丁，百有五十，每一佐領，設催領六人，滿六佐領以上者，設章京一人，十佐領以上者，設二人，計內蒙烏蘭察布盟六旗，設佐領五十二人，伊克昭盟七旗，設佐領二百七十四人，至察哈爾部及歸化土默特未詳。以上，卽綏境內蒙古盟旗政治組織之大較也。

第六節　結言

基上所述，綏遠省之政治，最可使人注意而有所期望者，則爲蒙旗政治。綏境二盟十三旗王公，向來擁護國家，忠誠不貳，對中央對省府絕無疏閡情形，尤其與閻主任、傅主席私交甚厚，處理地方事務，協議共籌，絕少扞格，夙爲輿論所稱道。二十二年自治運動發生，雖曾列名，但居附議之列，及蒙政會成立，亦未積極參加。前年內蒙謠諑繁興之際，綏境王公首先通電擁護國家統一，反對領土分裂，蒙局賴以好轉，去年自動請求中央組設綏境蒙政會，意在自保，亦為國人所瞭解。誠如大公報二十五年二月二十六日社評所言：「從國家全局上論，此會有一重要意義，即前年蒙政會之條例，異常疏漏，充其解釋，不獨涵蓋西二盟，并且可以包抱寧夏及青海之蒙旗，以事實上大多數蒙旗不能亦不欲參加工作之機關，而擁此廣泛之虛權，時時有被少數朦混操縱之憂，其危險殆不堪言狀，而此綏境蒙政會之設，則足以消滅此種危險者也。」

吾人於此，願更申所望：

一　省縣盟旗關係之密切　試觀土默特旗，業已全化為縣，綏東四旗與土默特旗無異，烏盟南部與伊盟四週，亦大半開墾設縣，由此可窺見綏遠境

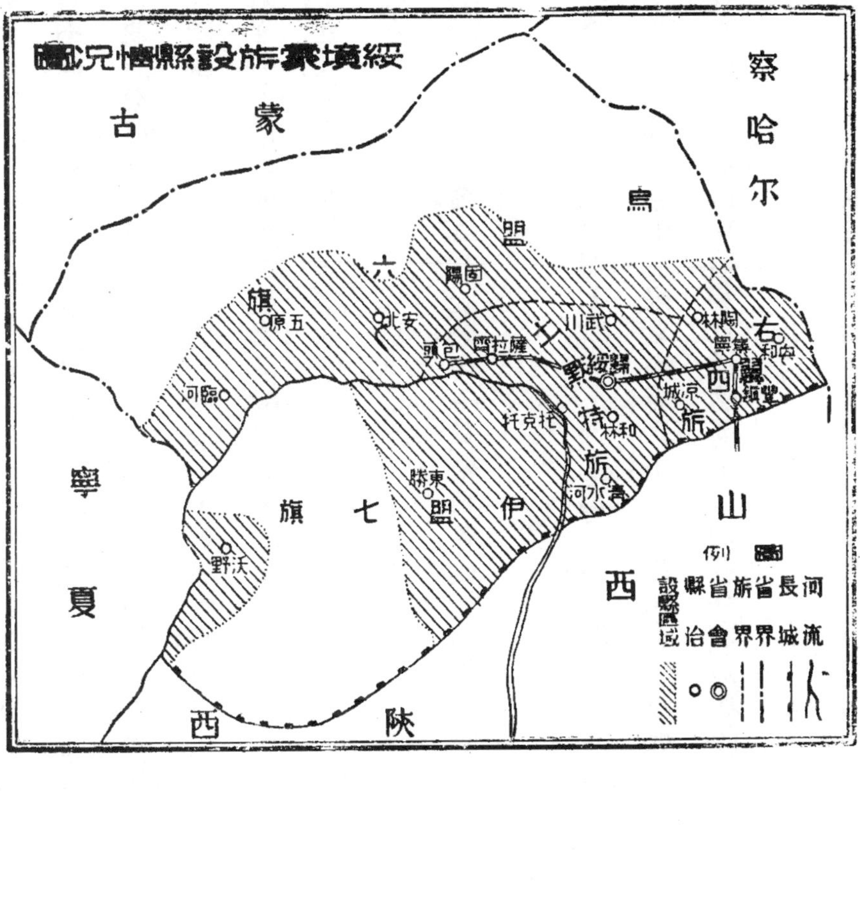

內之蒙旗，與綏遠境內之縣治，有其緊接之連繫；例如開墾後之地畝，雖歸縣治管轄，但尙有蒙租之規定，其利害亦有其共同之點。較之其他各省之蒙旗因所處環境不同，固不能混爲一論。此可表明綏境成立蒙政會，誠如蒙藏委員會委員長黃慕松氏所言：「因地制宜，進行較便」。分區自治轉合蒙古實際情況也。卽以地勢而論，平綏路築至包頭，伊盟經濟中心所尙，卽聚於包頭；烏盟西四旗——中公、東公、西公、茂明安——經濟中心，亦是在包頭；綏東右翼四旗及烏盟東部二旗——四子王、達爾罕——則均可集中至歸綏，故從經濟地理方面觀察，分區自治，亦極相宜。茲再將綏境蒙旗設縣情況列如上圖，更可明瞭縣旗關係之不可分，以及綏境蒙旗之自成一區。

二蒙旗能力之薄弱　蒙旗能力之薄弱，可由兩方面言：

（甲）　各旗各自爲政，各旗之上，雖有盟長，而其統制各旗之權，極爲脆弱，今一旦聚積各旗於一堂，欲使一盤散沙之盟旗，變爲堅固牢結，短期間爲不可能。

（乙）　各旗人口衰落，烏盟六旗，連喇嘛在內，亦不過三萬餘人，伊盟七旗，亦不過九萬餘口，土默特旗亦僅約六萬餘口，綏東右翼四旗合約六千餘人，總計尙不及二十萬人，除老弱婦女喇嘛，眞正之壯丁能有幾何？況各旗財政不充，軍隊槪未受正式訓練，一切近代戰爭智識，盲然不知，以爲給其自治，集其力量，卽可令之負國防之責任，豈非笑柄？

據上所述，無論治邊救邊，要非一道自治命令所能了事，又無論統一組織之自治，或是分區之自治，均不過使其自覺，增其內向之心而已，此僅爲籌邊之初步。如何使其不受外力威脅，如何使其始終傾心相安，則仍有待於實力之援助與扶持，此方爲治邊籌邊之根本要策也。

三邊防責任之加重　蒙旗之能力薄弱，既如上述。未有整個組織以前，各旗各自爲政，所代表者，僅其自身一旗，偶有外力壓迫，所遭害者，亦僅有自身一旗。今爲合作對外起見，於每區設一自治會，即以綏境而論，管轄亦有十八旗，今後一人之言行，即可影響全體。水可載舟，然而亦未嘗不可以覆舟。強鄰之利誘威嚇，亦可採擒賊擒王之辦法，擇一以臨其餘。前次百靈廟蒙政會聽其自然發展，演成以兵力奪回之結果，可爲殷鑒。尤以此次綏境蒙政會，事實上不啻百靈廟蒙政會劃分而出，而綏東右翼四旗，亦係因察北失陷，自察哈爾劈出，改歸綏遠管轄，形勢更爲險惡，非加重邊防，固無以安邊民之心而杜強鄰之窺視也。

四振頓盟旗之軍備　綏境當前所感威脅，則爲僞匪侵偪，而盟旗武力，至爲薄弱。據調查所得：茂明安旗，兵四十餘名，雜色槍四十餘支；烏拉特後旗，兵一百五十名，雜色槍一百餘支；烏拉特中旗，兵三百名，雜色槍二百左右；烏拉特前旗，兵二百名，雜色槍一百餘支；準噶爾旗，騎兵九百六十餘名，步兵一百餘名，雜色槍約三百支上下；達拉特旗，兵六百名，雜色槍三百餘支；郡王旗，兵一百五十餘名，雜色槍一百餘支；烏審旗，兵三百餘名，雜色槍二百九十餘支；杭錦旗，兵四百八十餘名，雜色槍一百九十餘支；鄂托克旗，兵六百餘名，雜色槍一百八十支；扎薩克旗，兵一百八十餘名，雜色槍一百二十餘支；達爾罕旗，兵五百名，雜色槍二百餘支；四子王旗，兵二百五十名，雜色槍一百五十餘支。合併二盟十三旗兵數四千八百餘名，槍數二千二百餘支。以如此武力防守八十六萬九千三百餘方里之面積定難勝任。此後中央及省府當以全力為盟旗振頓軍備。前年綏西防共會所訂之綏盟聯防辦法，吾人更盼其發揚而推廣之。

五改游牧進為農業　游牧進為農業，為社會演進必經之階段。試以同一面積之地，分任耕牧，則耕地利益較牧地為大，亦必然之事實。前年內蒙自治原則第五項規定：「各盟旗現有牧地，停止放墾，」確係故步自封，毫無理由。如謂妨礙蒙民生計而要求停墾，則綏遠境內，蒙人佔居土地，在全省面積半數以上。又綏遠人口二百一十一萬五千餘人，內有漢人一百九十六萬五千餘，蒙人一十五萬，蒙人僅佔漢人十三分之一，而有半數以上之土地，對於蒙人生計，何所影響。如謂過去放墾辦法不善，此確有之；但不能以辦法不善，而竟停止放墾。綏境盟旗當局應認清以往錯誤，亟與省縣當局善訂放墾辦法。此不獨經濟繁榮所必需，即從移民實邊之意義言，亦兩利而亟需之事也。

綏境蒙政會委員，以各盟旗長官充任，除土默特及左翼四旗之長官稱總管外，烏伊兩盟十三旗札薩克通稱為王公，大多智識缺乏，愚而多疑。因智識之缺乏，對於整個大勢或未能詳為明晰，因愚而多疑，對於中央自治處施，或未能竭誠擁護。且人各有私，各旗王公稍活動者，或利用此會，幹其洩忿之事，准則與中央根本政策不符，不准則起其外傾之心，前次百靈廟蒙政會擅自撤西公旗石札薩克職，引起重大糾紛，即是一例。吾人固知綏境蒙政會指導長官，業已特派閻錫山充當，努力糾正前次走入軌外之舉動，自可欽慕。然吾人親目觀察，總覺邊防責任之加重，與綏境蒙政會之成立，爲不可分離之事實，吾人不願綏境蒙政會之成立，將原有成吉思汗神聖墓地之伊金霍洛，變爲如百靈廟以前之情形，故特提出此點，促國人與當局之注意焉。

第七章　綏遠之縣邑

第一節　概說

綏遠原爲內蒙古之一部，北控外蒙之土謝圖汗、三音諾顏汗二部，南以長城界陝、晉二省，西連寧、甘、青、新，東接察哈爾，掌平、津之管籥，脣齒相依，呼應相助，河流山脈之屏障，爲歷史上邊防要地。故今日籌邊基礎，莫要於綏遠。南北一千四百里，東西約二千里。幅員面積爲一百十二萬三千九百方里，人口一百七十七萬零七百八十五口。沃野千里，北宜牧而南宜農，其中河套平原，自古稱道，於今尤有經濟上之價值也。

第二節　豐鎮縣

里。

豐鎭縣卽古之豐川衞，地當塞外要衝，爲西北商旅孔道。山西得勝口外之市場也。

豐鎭舊有蒙古驛站之設置。南距山西之大同縣八十里，西距涼城縣一百八十里，西北距陶林縣三百二十里。

豐鎭縣境著名之物產則有胡麻、馬鈴薯等。

第三節　集寧縣

集寧縣土名平地泉。其地高度四千五百尺，爲平綏路最寒之地。縣城無城壁，僅有土壕，縱橫各三里。

集寧縣本爲一荒僻之鄉村，民國九年平綏路通車以後，商旅雲集，內地墾戶亦相率而至，頓成繁盛之區。平綏鐵路至此爲大站，站在城西，附近商務殷繁，但城內市肆廛甚少，人口五千人，飲料仰給井水，鑿井至四丈方可得泉。

集寧縣東北至多倫六百餘里，通行汽車。自集寧至庫倫約一千六百里，較張家口至庫倫二千里，此爲捷經。故集寧居西綏遠，東多倫適中之地，形勢衝要，將來發達正未可量。

集寧爲糧食牲畜市場，其中食糧約占七成，油糧（胡麻、菜子）約占三成，牲畜以牛、馬、驢、騾爲最多，冬季市況尤盛。

第四節　歸綏縣

歸綏北障青山，南臨黑水，氣候燠暖，五穀繁殖。大黑河之支流，橫經城北，向西南流去。上建石橋一座曰凱旋橋。前清康熙征額魯特旋軍所建。橋西東皆騾店。歸綏今有二城：

（一）歸化城　在西南境，明萬曆中忠順夫人三娘子所築，周僅三里。清代隸綏遠將軍管轄，當河北、山西、蒙古交通之樞，長城以外之大都會也。中部蒙古之物產大抵皆由此以布於燕、晉，蒙人稱之爲庫庫和屯。

（二）綏遠城　在東北境，新舊二城南北相距約四里、商埠地即在其中。

自歸綏向北三十里，即抵陰山之麓。大黑河（土爾根河）散流其南，而西注黃河，乏舟航之利。歸綏東距張家口七百五十里，西距包頭三百四十里，西經後套以通甘、新，北越蒙古而至庫倫，爲西北交通總滙之區。每年舊曆九月至翌年三月，駱駝成隊往來，每隊六、七十頭至二、三百頭不等。自歸綏至奇台，凡五千里，行七十餘日可到。自歸綏至烏里雅蘇台，駝行五十餘日可到。至科布多須八十日。北通庫倫約三十日可達。貨物均賴駝隊載運。又西南道經包頭、寧夏至蘭州，坐轎車大車，約二十五日可達，牛車則更遲。本地交通以轎車，人力車爲主。

由歸化城而北，北出陰山，有通路凡三：

（一）吳公壩　距城北三十里，古之白谷道也，踰山入達爾汗旗界。

（二）黑勒庫口　距城西北七十里，古白道中谿也，通克楚驛及茂明安旗。

（三）哈拉沁　距城泉山四十里，古武泉地也，北通四子部落。其東出之道則曰榆溝，爲古之牛川，經察哈爾入張家口。

歸化爲長城以北，蒙古以南三大商業區之一（俗稱張家口爲東口，包頭爲西口，以歸化居兩口之間），爲貨物轉運中樞，商業自昔稱盛。民國八年塞北關報告，輸出羊皮九十餘萬張，牛、馬皮次之，羊毛一千萬斤，駝毛二百餘萬斤，甘草六百餘斤，馬四萬三千餘頭，牛二萬六千餘頭。輸入土布二百餘萬疋，茶磚四萬餘箱，其餘洋廣雜貨輸入之數，雖未得其詳，然亦不下五六百萬。該地既以皮毛、牲畜爲出口大宗，而此種貿易，均操於外人之手。

歸綏在昔卽爲西北糧棧，商務發達，貨品流行，自不待言。每年商販運磚茶、棉花、米、麪等物，分赴蒙旗，交易駝、馬、牛、羊皮張、絨毛等物，春夏而去，秋冬而歸。從前盛時，每年由歸化輸入羊七八十萬隻，馬三萬匹以上，駝、牛萬數，尚有皮張、絨毛約值五、六百萬兩。其由伊犂運歸之貨，亦在百萬兩外。近年蒙古獨立，道途阻塞，不能攘往熙來。新疆數載經戰事，伏莽滿地，商人裹足不前，坐莊之賈，非復能比向日。

歸綏近城土地豐腴，宜種高粱、大小麥、穀子、胡麻、紅、黑豆等，故糧食爲出口大宗。工業善製氈毯。

第五節　托克托縣

托克托縣，趙武靈王所造古雲城與唐之東受降城所在。縣城當黑河流入黃河之口，爲水陸交通要點，行旅絡繹。十二連城在黃河西五里黑土崖前，乃宋代防遼所築。

縣城距歸綏一百六十里，東逾和林格爾直達殺虎口；西由河口鎭循黃河至寧夏；南走鄂爾多斯；東南由清水河以至山西偏關。

縣境西北，荒田極多。水利有民利、民阜二渠。商業工業俱蕭條。黃河出鮎、鯉、鯽魚極多。

第六節　武川縣

武川當大青山之陰，山窰星散，無大聚落。距歸綏縣城西北九十五里。

民國以後，爲近邊放墾名區。居民以晉、豫、魯移來爲多。土著蒙人多事牧畜，內地人則事農作。惟境內土邱起伏，極不平坦。但青山以北別具天地，烏蘭不浪村居民約七八十家，人口四五百，爲武川巨鎭之一，口外土質肥美，又有河流縱橫，雜草如茵，一望無際。人烟稀少，略見三五毳幕，羊馬羣聚而已。

武川之西南，山河繚繞，水草繁茂，最適放牧畜。故牛、羊成羣，瀰滿山谷，牧業極盛。氣候少寒，四五月間尚降雪花。踰大青有壩地十里險峻異常。壩口北有焦家村，其西有焦贊墓，墓西之山產方鉛礦，露出地面，俯拾卽可得之。

第七節 薩拉齊縣

薩拉齊縣，倚山面河，形勢最爲扼要。有土城，周五里，通東、西門之大街爲商廛所萃。蓋綏省中此縣最爲繁庶也。

陰山下有溝水南注黃河，唯六、七月多雨時水流滾滾，倘開渠灌田甚佳。黃河在城南六十里，東流境上者二百三十里。普通人家種田四、五頃者甚多，可想其閭里殷實象。

農產以麥、穀、豆爲最主要。城北十五里陰山附近，培植果樹者頗多。

平綏車站在北門外里許，城內人口三萬，全區人口二十萬，多自山西移來。天主敎堂全境有十三處，商業以絨毛店爲最大。

第八節 包頭縣

包頭昔名博託，蒙古語也。清代道光、咸豐年間，爲極小之市鎭，隸薩拉齊廳。同治十年始修有城堞。民商漸多，街道略備。面積縱橫各二百里，城周十餘里。有東、西大街橫貫其中。因舟車之便，故商民羣趨若鶩，其發達未可量也。

包頭人民，平時不過六七萬。民十一年包綏路通火車，內地人民來此者日衆，驟增至十萬餘，約三萬戶。人口種類，自以漢人爲多，回人有一千五百餘戶，滿人有三百餘口，蒙人有七千餘口，內地人士來此者，以燕、豫、魯三省爲多，南人次之。

包頭在薩縣西南，臨河，北通蒙古，西接黃河，在昔固爲百貨薈萃之區，亦爲今西北之要塞也。舟車輻輳，交通便利，商務發達，不言可喻。其商業爲西北著名之市場。秋後牲畜市甚繁盛，以馬、牛、羊爲大宗，亦爲羊毛、皮貨之聚散地。城內有回族五千二百餘人，城頻黃河沿岸之南海子，爲民船碇泊地，帆檣上下甚盛。

至包頭貿易情形，其商人可分爲兩種：一曰晉商，一曰客商。晉商樸實耐勞，誠信素著。每一字號遠如庫倫、甘、涼、蘭州、寧夏、新疆等處，無不有其分號。運輸四達，呼應靈便，審時操縱，如握左券，營業利息常有一倍。更以與蒙人交易，輒獲十倍之利。其客商一項，僅民國改革後之洋貨綢緞而已。門面輝煌，而內容薄弱。此種業以平、津人來此爲多，蘇杭人亦間有之。入口貨晉商所經營者，爲河南老布、蒲州水煙、湖南磚茶、黑白車糖、五金雜貨及本地燒酒、鞍韂等項。客商所經營者，爲綢緞、布疋、洋貨、鞋、帽、薰茶、罐頭、海菜、洋油、紙煙等。出口貨晉商、客商均爲之。皮張如羊皮、羊毛、羊絨、駝絨、牛皮、馬皮、狐皮、豬鬃等。藥材如甘草、黨參、鹿茸、黃芪、肉芙蓉、防風、枸杞等。糧食如蘼子、麥子、穀子、胡麻子年五百萬元。雜項如羊腸、髮菜、口磨、胡麻油、麻線、胡麻紙、地毯等年百萬元。此皆出口貨之最著者，其餘貨產，不勝枚舉焉。

第九節 固陽縣

固陽設治局，係民國八年所新置。直南與包頭鎮正相對。治所西南六十里之烏拉山，係古陽山。秦、漢因以名塞，曰固陽塞。

縣內人烟稀少，景況蕭條。

境內南部有石拐子煤田，爲綏省各縣之冠，長百二十里，煤層厚約五尺。

南距包頭九十里，五當溝地方，有廣覺寺，卽五當召。規模壯大，冠於綏省。

第十節 安北縣

安北縣原名大佘太。以烏拉山與包頭分界。居民以漢族爲最，蒙族次之。

五加河流過境內百餘里，山溝之水有佘太河、烏爾圖河。五如河餘水瀦爲烏梁素海子。

境內已墾之地甚多，通濟、長濟、塔布等渠皆在境內，支渠尤繁。本地水田最高價格每畝十二元，旱地每頃值百元。畜牧亦盛。

縣治工商皆不發達，市內雜貨鋪三四十家而已。

第十一節　五原縣

五原縣境跨據後套，縣城位於全境東北部。其城築於民國四年，周約三里，氣象蕭條。後套之名稱，卽黃河自磴口北流橫遝縣境，過烏拉山陽，入烏梁素海子而止，謂之五如河（卽舊黃河）。新黃河由吉爾召分歧東流，橫遝縣南境而東，至托克托城。新舊黃河中間，成半月形島。東西七百餘里，南北百餘里，俗稱後套者是也。全套成平野，地平如掌，南稍高北漸低。賀蘭山繞其西北，大青山峙其東，黃河經其南。

城東南五里許，爲隆興長鎭，臨義和渠，居民與商戶五百餘家。有稅局、墾務局、水利局、郵政局、電報局等，爲五原最大市鎭。至三道鎭在五原縣極西境，黃河之南北兩派初分歧處。接河西（卽河套，山西人赴河套係由東南來故稱河西），有天主教堂四所。後套有天主教堂五所，是處爲其總匯處，故合鎭皆教民。資力雄厚，其教主常駐榆林，以時巡視諸處教堂。各領蒙地數百千頃，雖蒙王亦俯首聽命。天主教徒凡約三千餘人。

五原縣之交通，距包頭四百二十里，南距黃河六十里。但路政不修，各渠游塞。交通用馬車、牛車，間或以運輸貨物。而輸出、輸入停滯遲緩。一到夏令各渠水滿，車不能行，人雖騎馬亦難通過。至五原縣城南離河六十里之陸路，亦極爲困難。

五原一帶土壤肥沃，地廣人稀，盡皆荒棄。只因水利未興，灌溉停滯，以蒙人甚少未有大牧場，居民房屋，全係土窰。

第十二節　東勝縣

東勝縣境據黃河大套之中東部，地勢平原僅佔十之二三，餘盡邱陵起伏，皆北風吹送之沙阜也。縣公署所在地，係王旗境之羊廠壕。查東勝縣治正據鄂爾多斯七旗之中，皆沙漠，民多僑寓。

東勝縣教育，頗為幼稚，僅公署之側有小學二所。

縣境初闢，居民甚稀，土著皆農民，陶穴而處，築室甚少，氈包亦無多。

東勝縣最大之河流，則以烏蘭木倫河為著名，其發源於縣西南二獨林溝。南河入長城注黃河。

物產方面，農產唯糜子；礦產有一種煨炭，質弱易燃，火微而耐久。

東勝縣之交通，因土質含沙，雖道途地勢平坦，然車行多感不便，且過黃河須藉渡船，但至冬季可履冰而過。如由縣境北赴包頭，又隔大河，計長有三百五十里之多，故往返非數十日不達。至陝綏交通之大道，最要者有二：

（一）至陝西府谷縣　自東勝縣城正南行，六十里經準噶爾召，東南七十里至古城壕，又七十里沙梁鎮，南六十里哈拉塞，再六十里至陝西府谷縣城。

（二）至陝西榆林縣　自東勝縣西南行，一百里郡王旗營盤，六十里喇嘛廟，南行四十里計害兔村，八十里高聳廟，再行二百里而達榆林縣城。

但此二路，因山徑居多，僅小販、驢馬及蒙人往來而已。

東勝縣治四百七十餘里，郡王旗境內唉金合老地方，有元太祖墓，厝於沙漠。旁無村落，只有守墓蒙古人四十餘名，住氈包以守之。附近又有元太祖所用長槍一桿，蒙語稱為「松定」。因即名其地為松定合老，是為元太祖之最大紀念地紀念物。每年陰曆三月二十一日，為開會之期。凡伊、烏兩盟，暨綏、山、陝等之商貨，並雲集於此，均在墓前交易，最為繁盛。故東勝縣貿易最要之機會，亦即在此會期，除此而外，平時甚少見有大批之商貨交易也。

第十三節　臨河縣

臨河縣，地居河套西偏，當黃河以北，五加河以南，宋代為西夏所據。本屬五原縣。民十四年，析五原縣西界豐濟渠以西之地，建築縣城於強油房地方。民十八年冬置臨河縣。距歸綏八百餘里。縣境負狼山而帶黃河，要隘極多。

高闕塞在狼山口西二百里。杭錦旗、中公旗等蒙古召廟甚多。古蹟有李陵碑、楊家營（今城東北九十里）等。

縣境東循汽車路直達包頭，西去寧夏。物產豐富，交通便利，故商業殷繁。城內雜貨鋪二十家，每年營業四十餘萬元。米麪業十五家，亦四十萬元。

居民以山西、陝西移來者佔三分之二，蒙人次之。

縣內爲河套最肥沃之區。至巳墾之地，有杭錦旗報墾之東、中、西三巴噶地。及達拉特、烏拉特兩旗地，巳墾者二千餘頃，未墾者約二千頃。巳墾而後荒者約三分之二。近有陸軍屯墾隊在祥泰魁附近百川堡實行屯墾，化兵爲農，於西北邊防上甚有益也。

境內大渠有永濟渠、剛目渠、楊家河渠及小渠二十餘道。

第十四節　結言

吾人觀夫綏遠縣邑山川鬱蒼，原野明沃，天然富源，公布遐邇！凡動、植、礦三界之產物，品庶繁複，不可以數計。苟稍致物力於開發墾闢之勞，則取多用宏，前途寧有限量。挾天然富益以與他省爭衡，則無往而不利矣。再觀夫各縣物質之建設，均有長足之進展，倘國人再加努力之功，前途正未可艾也。

第八章　綏遠之蒙旗

第一節　槪說

蒙古族在綏遠所佔地方與勢力頗大。西北部多蒙人，東與南爲漢族，至蒙人爲喀爾喀族。惟吾人最注意者，則爲現在內蒙之情勢。總括全內蒙，可大別爲東四盟西二盟兩大區域，細別之則爲六盟二十五部，四十九旗（詳言則爲五十旗）。此外尙有察哈爾歸化城土默特兩部，卽內屬蒙古。現在內蒙古之情勢，東四盟中之哲里木盟、卓索圖盟、昭烏達盟，已隨熱河而淪落，成爲僞滿「興安省」之境地；東四盟之錫林格勒盟及察哈爾部（後改爲察哈爾盟），在德王與卓什海統治之下，傾向日本，故所謂察境蒙古已陷於滅亡之狀態。現所存者，僅有西二盟及歸化城附近之土默特部，與綏東右翼四旗，卽一般人所謂之綏境蒙古是也。

第二節　歸化城附近之土默特部

歸化城土默特部，爲內屬蒙古之一部，自蒙古可汗諳達始。蓋歸綏一帶，在明宣宗宣德初，猶築玉林、雲川等城，設兵戍守，後爲蒙古所據。嘉靖間，諳達築城於豐州灘，採木架屋以居，是爲西土默特部。明嘉靖十九年，諳達分道入寇，越大同，度雁門，入寧武，開拓疆土，南至山西大同邊，東至科爾沁，西至鄂爾多斯。嗣因其孫巴罕鼐濟奔明，優遇之。諳達遂稱臣奉貢，隆慶五年封諳達爲順義王，名其城曰歸化。清初太祖親征察哈爾，駐蹕歸化城，土默特部落悉降。未幾諳達六世孫俄木布叛，清執之以還。崇德元年其酋古錄格毛圖來朝，命偕俄木布返，并還其世守之順義王印，編爲二旗，置左右翼都統並駐歸化城中。民國以來，改編入中國本部，但並未改變其原有之政治形態，位於山西省北部之綏遠所轄境地。現在綏遠省之歸綏及包頭，即在土默特部。至其民族，散居晉北綏東一帶城邑村落之間，築室耕田，熟操漢語，殆已同化，將忘其爲蒙族矣。茲列表如下：

歸化城土默特部——四特別旗
- 歸化土默特旗
- 阿拉善旗
- 伊克明安旗
- 經濟納旗

第三節　伊克昭盟

伊克昭盟在河套內，三面界河。唯南面以長城臨陝西。唯鄂爾多斯一部，七旗據之。東南起左翼前旗，北爲左翼後旗，西爲左翼中旗右翼中旗，西南爲右翼前旗及右翼前末旗，西北爲右翼後旗。東界山西保德縣、朔平縣，綏省之清水河縣、托克托縣。北界薩拉齊縣及烏蘭察布盟烏拉特旗。西界阿拉善額魯特旗。南界陝西榆林、延安及寧夏。如下表所示：

伊克昭盟——鄂爾多斯部
- 左翼
  - 前旗
  - 中旗
  - 後旗
- 右翼
  - 前旗
  - 中旗
  - 後旗

鄂爾多斯部即伊克昭盟之部落也。伊克昭者譯言「大廟」。北部在歸化城西二百八十里河套內。在秦代爲新秦中地，曾徙貧民以充之。漢爲朔方郡屬荊州，北魏爲統萬鎮地，唐置勝、豐二州，五代至宋、金皆爲西夏。明初城東勝等州，並立屯戍屯牧其內。天順間，蒙古始入河套，倚爲巢穴。嘉靖中套西吉囊部落，擊破火篩部居此，是爲鄂爾多斯。吉囊乃元太祖十七世孫，有子九人，分牧而處，服屬於察哈爾。今鄂爾多斯七札薩克，皆其裔也。所屬有七旗：

(一)鄂爾多斯左翼中旗　在隋、唐爲勝州，俗名郡王旗。全年溫和而雨少，有耕地。旗境約八千方里，境內有榆林大道可行車馬。蒙、漢人共萬人。多羅郡王之遊牧地，在那瑪帶泊。二百里接邊城界，札薩克駐在地爲鄂錫喜峰。

（二）鄂爾多斯右翼中旗　通名鄂托克旗，王府前有通包頭之大路，西北通寧夏，西行抵沃野設治局，東南通榆林、神木及安邊、定邊。各路沙邱起伏，東西莫辨。全旗十七萬方里，雨少而溫和，東南較腴，西北皆沙。蒙人一萬三千，漢人二千餘。大召四十處。順治年賜多羅貝勒札薩克游牧地，地在騰格里泊東，至察哈罕札達海泊。南至賀通圖山，北至馬蔭山，西北至阿爾布坦山，即成吉思汗園寢所在。札薩克住錫喇布里多泊。

（三）鄂爾多斯左翼前旗　本古榆林塞。明爲榆林左衞，通名準噶爾旗。由王府往薩拉齊、托克托、河曲、府谷四縣，皆有平坦大道可行載重車馬，惟過黃河須用船渡。此路若加修築，可行汽車。往東勝、清水河、達拉特郡王旗各地，崎嶇不便。全旗四萬三千方里，有雨而溫，可耕地頗多。蒙人三萬七千，漢人六萬四千。清爲札薩克固山貝子游牧地。東至湖灘河朔，南至清水營，西至穌額爾吉廟，北至賀羅陀海，西北至可退坡。札薩克住札拉谷。

（四）鄂爾多斯左翼後旗　順治七年封爲固山貝子游牧世襲罔替，佐領四十額，通名達拉特旗。牧地東至黃河昌帶津，南界賀陀羅海，西至蒙罕額爾吉，北至黑水泊。本旗境內西部多沙不能行車。東去薩、包、東勝、五原皆有大路。面積五萬八千方里，地近黃河，雨量尚均，遜於準旗。蒙人一萬三千，漢人六萬，蒙兵六百人。札薩克駐巴爾哈遜湖。

（五）鄂爾多斯右翼前旗　通名烏審旗。旗境沙漠遍野，行路艱難。除東、西可乘車馬通行外，餘則併無一定之路線，往來行旅多感困難。面積四萬二千方里。當榆林、橫山二縣邊外，地質磽薄，風多雨少。蒙人約萬餘，漢人數百。清封固山貝子游牧地佐領四十二額。牧地東至察罕額爾吉，南至榆林縣，西至摩多圖察罕泊，西北至察罕札達海，漢名苦水池。旗西南有紅鹽池，札薩克駐巴哈泊。

（六）鄂爾多斯右翼後旗　固山貝子游牧地。貝子乃額札臣從子小札璘素之孫都稜從征噶爾丹，晉固山貝子。牧地東至兔毛河，南至喀喇札喇克，西至噶札爾山，北至烏喇特界，通名杭錦旗。西南至寧夏，西北至臨河，東至包頭，皆有大道，面積八萬三千方里，西北地質粗疏，餘較肥沃。蒙人八千六百，漢人二萬餘。黃河橫經旗境。後套一部在五原，臨河設縣以前，亦隸本旗。旗西有周山班圖池，共有三池。九十里有鍋底池，今套中產鹽地以喀喇莽尼爲大。札薩克駐鄂爾吉虎諾爾，在榆林縣正北少西四百餘里。

（七）鄂爾多斯右翼前末旗　通名札薩克旗。境內有榆林大路，神木大路，可行牛馬車。西部與烏審旗接壤，沙漠遍野，騎馬乘駝亦覺難行。面積三千餘方里，當鹽池縣境外，地質多沙。蒙人四千，漢人二千。札薩克一等台吉游牧，額璘臣從曾孫咱喇什曾之後。乾隆元年所增附者，佐領十三額。

第四節　烏蘭察布盟

盟境去北平九百餘里。其牧地在河套東北，而位於錫林郭勒盟之西南。東界察哈爾，隔河套而與伊克昭盟對峙。西北界三音諾顏部，北界土謝圖汗，東北界錫林郭勒盟蘇尼特部。地勢跨據陰山，環抱河套，北接瀚海。雜以草原，可耕可牧。其盟地在烏蘭察布山，當歸綏城南百二十里，卽烏蘭察布所由名也。所屬四部，如下表所示：

烏蘭察布盟	四子部落	四子部落旗
	茂明安部	茂明安旗
	喀爾喀右翼	喀爾喀右翼旗
	烏拉特部	前旗
		中旗
		後旗

（一）四子部落　在察省區域之東北隅。牧地縱橫，東西寬二百三十五里，南北長二百四十里。氣候乾燥而雨少。蒙人萬餘，漢人經商者四百人。在漢代爲雁門郡及定襄郡北境，在唐爲振武軍地，明代入於蒙古。元太祖弟哈布圖哈薩爾十五世孫諾鹽泰，有子四，分牧而居。稱所部爲四子部落。札薩克駐烏蘭爾濟波。其游牧所在，東至蘇尼特界，西至歸綏城土默特界，南至察哈爾鑲紅旗牧廠界，北至蘇尼特界。清天聰年間，四子相繼朝貢，從征有功，順治六年封多羅郡王，世襲罔替，佐領二十額。本旗東通察省，北至蒙古，車馬通行無甚阻礙。北境多沙，南部可耕。境內有錫拉察漢諾爾，牧地有錫拉木倫河瀦焉。

（二）茂明安部　在薩拉齊縣之北境。牧地所在，在張家口西北八百里。東西橫距約百里，南北縱距百九十里，交通四達無阻。此地在漢屬五原郡地，明設戍守，後入蒙古。境內有愛布哈河，源出茂明安部東北流，南納塔爾渾河。部內有武當召一名廣覺寺，牡丹花夏季開滿山谷，爰布哈河又東北經喀爾喀右翼旗，豬爲阿勒坦托輝泊。境內朔風多，天氣嚴寒。沙磧較多，耕地殊少。漢民居留者百餘人，蒙民亦僅千餘。物產以小麥著。元太祖弟哈布圖哈薩爾十六世孫子車根，號所部曰茂明安。子僧格於康熙七年授札薩克，世襲罔替，所屬一旗。

（三）烏拉特部　在河套之北，計分前、中、後三旗，共同游牧。在漢爲五原郡地，在後魏爲懷朔鎮。唐中西受降城地，亦卽安北都護府地，明入蒙古。元太祖弟哈布圖哈薩爾十五世孫布爾海，游牧呼倫貝爾，號所部曰烏拉特。其游牧所在，在歸綏西三百六十里。東西距二百十五里，南北距三百里。東至茂明安及歸化土默特界，西及南皆至鄂爾斯多，界北至喀爾喀左翼界。其西北二百四十里葛札爾山卽陰山也。昔冒頓單于阻其中，治作弓矢來去爲寇。至漢武帝撻伐，斥奪此地。匈奴過此，常潸然雪涕。又旗北二百里有麥梁山，產精鐵。而本部所轄，境內交通四達暢行無阻。大約東西多平川，南多山邱，郵、電皆無，專恃車、馬、駱駝，汽車間或有之。西公旗內前山有包頭、五原汽車道。近黃河地質較沃。三旗共三萬人，漢人農、商者約八百人。入北平之貢道，向由殺虎口。三札薩克同駐哈達瑪爾。

（四）喀爾喀右翼部　當四子部落西，茂明安北，俗稱達爾罕旗。在漢爲定襄、雲中二郡北境，在唐爲振武軍地，明入於蒙古。本旗境內雨少天寒而土多沙石。蒙民三萬，漢人五百，蒙古兵五百人。本旗爲由綏遠往蒙古新疆之大道。百靈廟尤爲察綏二省汽車往來要衝。蓋元太祖第二十世孫本塔爾，世爲喀爾喀中路台吉。順治十年來歸。其游牧所在在張家口西北七百十里。東西距百二十里，南北距百三十里。東至四子部落界，西至茂明安界，南至歸化土默特界北至瀚海。

（五）百靈廟　在武川縣西北，喀爾喀右翼地，達爾罕旗之南。蓋由歸綏踰蜈蚣壩、後壩、武川縣、召河、烏蘭不浪而至百靈廟，當庫倫大道。康熙曾駐於此，賜名鴻釐寺俗稱貝勒廟。距歸綏城三百里，汽車五六小時可到。新疆、甘肅、綏遠之貨物行草地者必經於此。百靈廟屬蒙古王管轄，有蒙古保安隊。往來者多乘馬與駝隊。廟東一里商店數十家，成一村落而無女子。跑旗商人恆以牛車一輛二三人輪行蒙古包。廟地環山抱水，建築輝煌。達爾罕王府在北七十里形如城池。府東有瞭望樓高四丈，府南有泉水繞繚，年來內蒙倡自治，各盟王公咸集於此。汽車可直達貝勒府、茂明安旗、東大宮等地。

第五節　綏東右翼四旗

吾人常見報載綏東問題，卽綏東右翼四旗之謂。綏遠右翼四旗，在清時屬於察哈爾十二旗羣，爲內屬游牧部。民國以後，無論旗縣，均屬於察哈爾行政區域。民國十八年，各特別區域改省，乃將右翼四旗區內所謂之豐鎭、興和、集寧、涼城、陶林等五縣劃歸綏遠，右翼四旗，則仍歸察哈爾部管轄。當時因右翼四旗與左翼四旗及四牧羣統稱爲察哈爾部，而察哈爾部則仍歸察省管轄，未便將右翼四旗與察哈爾部脫離。雖然境內之縣治，劃與綏省，而其旗之系統則仍舊。自從察北失陷，右翼四旗不願從逆，乃劃歸綏遠管轄，中央亦有明令發表。因此，一般人不稱察哈爾部右翼四旗，而稱綏東右翼四旗，卽此之故也。旗之名稱有如下表：

綏東右翼四旗：鑲藍旗、正紅旗、鑲紅旗、正黃旗

第六節　結言

統上各旗以觀，最使吾人注意者，則爲綏東右翼四旗，及豐、興、集、涼、陶等五縣。無論在地理軍事任何方面，其與整個綏遠縣治及蒙旗，均有其緊接之連繫。尤以察北失陷，由察哈爾部劃出之右翼四旗，與綏遠省及烏、伊兩盟及土默特部之地理關係，更爲密切。故匪僞軍不欲進攻綏遠則已，果欲進攻綏遠，無論於地理及軍事而言，其必首先掠取綏東，乃爲上策。

第九章　綏省之財政

第一節　概說

綏遠財政，向以釐金爲大宗，年可收一百二十餘萬元。裁釐以後，開辦營業稅以抵補，惟以外蒙商路斷絕，西路常受時局影響，以致商業蕭條，營業稅收入不過二十餘萬元，抵補裁釐損失，所差殊鉅。田賦亦爲綏省財政主要之收入，額徵爲五十餘萬元，歷年實收不過四成左右，後經整理，亦僅徵至六成，約年收三十餘萬元，再加以雜捐各款，年約五十餘萬元，每年收入不過一百〇九萬餘元，至於支出政教各費，年需一百四十餘萬元，若合國省庫收支合計，在二十一年度統計，收入二百三十餘萬元，而支出達三百餘萬元，每年虧累在百餘萬元以上。綏省財政困難之所在，稅捐減收固不失爲主要之原因，而負擔軍費額之過鉅，亦不能忽視。自二十一年以後，綏省負擔軍費逐年有增加，現時規定之數，每月二十六萬元，全年合計在三百萬元以上，現雖月減四萬五千元，爲數尚鉅。歷年綏省財政之能支持，最重要者厥爲禁煙稽查處之挹注，該處每月雖有十餘萬元之收入，但不足抵補所負軍費之額，省庫尚須負擔大部，結果祇有向晉省借債或拖欠了事。綏省地方概算，歷年皆未見有所公佈，惟據上文之敘述，亦可略見綏省財政困難之所在及其近況矣。

第二節 田賦概況

綏遠田賦分地丁、租課兩種，地丁有米折、耗羨、平餘等名目，租課分廠租、地租、官租、歲租等項，其銀兩米石折價各縣不等，二十二年份額徵五六〇、四一一元有奇，實收三六八、一一六元有零。

田賦附加以地畝攤款數額爲最大，各縣皆有，連同其他各項地方經費附加，年收八十五萬九千六百餘元。

綏遠省田賦概況表

縣別	正稅額徵數	正稅實收數	附加額	備考
歸綏	二四、〇六六、二二一元	一九、五二九、四一二元	七三、七七〇、〇〇〇	
包頭	一〇、九一六、七〇五	七、二六八、七五〇	一一、七五二、〇〇〇	
薩拉齊	三五、三八六、四六五	一九、二五八、六一九	七一、〇〇三、〇〇〇	
武川	五五、五六一、二九三	四二、二七八、九二三	一二九、七一四、六九〇	
清水河	二五、二五六、三一三	二〇、八〇七、四六七	一二、四五〇、〇〇〇	
托克托	一三、八三四、三六二	九、五二八、〇四〇	三五、五三二、〇〇〇	
和林格爾	一四、三一五、八二六	一二、一四三、四五三	五一、八九七、一三二	
固陽	二九、八二七、九一六	一七、二六五、二九七	五七、五〇四、〇〇〇	
五原	四、一三六、八一三	四、一三二、七二七	三六、〇〇六、〇〇〇	
臨河	八、五二八、〇六四	三、四一五、九六五	六七、三〇〇、〇〇〇	
東勝	四、一八六、三三七	一、七九〇、〇六一	八、一二二、二二三	
安北	一〇、二〇〇、九四六	三、〇六一、六三五	二四、〇〇〇、〇〇〇	
豐鎮	一二四、七九三、〇四二	八四、七二五、〇五八	七五、三七一、〇〇〇	

興和	六〇、一七二、〇七七	三六、六四三、六七〇	六七、〇〇〇、〇〇〇
陶林	二八、八二七、〇三七	一四、八五六、八一二	三八、六九〇、〇〇〇
涼城	七五、二四六、八一六	五一、八〇〇、六八八	六二、六〇〇、〇〇〇
集寧	三五、一五八、八八七	一九、六一〇、一〇八	四六、〇〇〇、〇〇〇
沃野設治局			九二四、三〇〇
合計	五六〇、四一一、八〇九	三六八、一一六、六八五	八五九、六四三、一四五

（附註）表列各項，係就二十二年份塡例。

第三節　營業稅概況

綏省營業稅，係按月徵收，每次徵收全年稅額十二分之一，以營業額與資本額二者爲課稅標準，以營業額爲標準者，分三級，爲千分之二，千分之五，與千分之十；以資本額爲標準者，分四級，爲千分之四，千分之五，千分之十，及千分之二十。

綏遠省營業稅課稅標準及稅率表

業名	課稅標準	稅率
物品販賣業	營業額	千分之二至千分之十（另附表）

電氣業	同	千分之二
轉運業	同	千分之二
交通業	同	千分之二
油漆粉刷業	同	千分之二
理髮浴堂業	同	千分之二
洗染織補業	同	千分之二
麵飯鋪業	同	千分之二
糕點業	同	千分之二
承包業	同	千分之二
經理介紹業	同	千分之二
賃器業	同	千分之二
牛奶業	同	千分之二
中西菜館業	同	千分之五
旅館業	同	千分之五
鑲牙補眼業	同	千分之十
照相業		千分之十

娛樂業　千分之十

製造業　資本額　千分之四至千分之二十（附另表）

印刷出版及書籍文具教育用品業　同　千分之四

貨棧業　千分之五

金舖銀號錢莊業　千分之十

貸金業　千分之十

保險業　千分之二十

綏遠省營業稅物品販賣業稅率表（以販賣爲限依營業額課稅）

業　名　稅　率

糧食業　油鹽店業　碱業　柴炭煤業　山貨地貨業　南北貨業　火柴業　燭皂業

綢緞業　草織業　紗線業　棉花業　棉織品業　油業　醬園業　千分之二

銅鐵錫器業　竹木籐柳器業　藥材業　傘席業　竹木業　麻織品業　紙業　茶葉業　鞋襪帽業　磚瓦石灰業

陶磁料器業　扇業　蛋業　雞鴨業　黃白臘業　石膏業　頭髮鬃毛骨角業　車輛業　雜貨業　醃臘魚鯗業　千分之二

洋廣貨業　西藥業　五金玻璃業　野味業　水果業　汽水冰食業　外國顏料業

橡皮業　糖果罐頭食品業　電料業　糖業　千分之五

參燕海味業　鐘錶眼鏡業　西式及紅木器具業　皮革業　皮貨業　樂器業　金銀珠寶鑽石飾物業　西服業

照相材料業　古玩業　汽車業　留聲機業　玩具業　香燭紙炮紙紮冥器業　繡貨業　火腿業　化妝美術品業	千分之十

綏遠省營業稅製造業稅率表（以製造業爲限依資本額課稅）

業　名	稅　率
碾米業　榨油業　草織物業　棉織物業　造紙業　麻織物業　製匣裝訂業　刷帚業　絲織物業	千分之四
造罐業　銅鐵錫器業　料器業　造船業　蛋黃白業　製腸業	千分之五
橡皮物品業　製革業　金銀器業　皮貨業　西式紅木器具業	千分之十
鐘錶眼鏡業　美術品業　玩具業	千分之二十

第四節　捐稅概況

綏遠省據二十三年財政會議該省報告，省有捐稅全年共收洋五十八萬〇八百三十四元有奇，係指充黨、政、軍、教各項經費，多由徵收局徵收。縣有捐稅年共收洋二十八萬八千八百八十四元有奇，充公安、教育、建設、財務、公款等項經費，或由財務局徵收，或由各該局自收自用。

綏遠省有捐稅概況

稅目	每年收數	徵收方法	附註

斗捐	一六五、四四四、三七八元	由徵收局向賣糧食商民徵收	
官俸所得稅	一、一一八、〇〇八	依所得稅簡明辦法徵收	
駱駝特捐	七一、三七七、〇〇〇	由徵收局徵收分本省外省蒙古駝三種本省駝票一年爲限外省蒙古駝票四十日爲限	
車駄捐	四一、三〇〇、四四六	由徵收局分按年按月按次三種辦法徵收	
貨儎捐	三、四四七、三六八	由徵收局按車載駝運之貨物局運戶徵收之	綏東豐鎭等五局有此收入係察省原定章程辦理
煤炭捐	一三、五三五、六九〇	由徵收局於起運或落地時向運戶徵收	
油捐	三、六六三、九七八	由徵收局向運主或製油商店徵收	綏東豐鎭等五局有此收入係依察省原定章程辦理
船筏費額	三五、三八三、四九六	由船筏費捐局向運主船戶徵收	
鹽捐	五、八一五、三二三	由口北蒙鹽局代徵	
斗車駄煤炭捐暨畜稅一成附加捐	三三、三〇六、六六八	隨斗車駝煤炭捐暨牲畜稅徵收	
蜈蚣壩路工車駄捐	四、七三八、一六〇	由蜈蚣壩路工捐局徵收	蜈蚣壩路工專款
檢驗費	二五、五八六、四〇〇	由屠宰檢驗廠徵收	指充本省歸包兩處公安經費
豬毛鬃羊腸捐	八、〇一七、〇一〇	由屠宰檢驗廠徵收	同上
其他雜捐	一六八、一〇〇、六一五	由歸包兩市公局徵收	本項內計有十一種稅捐名目係指充本歸包兩處公安經費
總計	五八〇、八三四、五四〇		

綏遠縣有捐稅概況表

縣名	捐稅數額	備考
歸綏	二三、六七〇、〇〇〇元	
包頭	六七、八一五、〇〇〇	
薩拉齊	一二、五六五、〇〇〇	
武川	一、四八八、〇〇〇	
五原	二八、五八八、〇〇〇	
固陽	三、九一二、〇〇〇	
臨河	一八、六六〇、〇〇〇	
托克托	五、一七八、〇〇〇	
清水河	二三、七二二、〇〇〇	
和林	一、六二六、〇〇〇	
東勝		
豐鎮	二二、九三五、〇〇〇	
興和	三九、四七〇、〇〇〇	
陶林	一三、五七〇、〇〇〇	

涼城	五、〇七七、〇〇〇
集寧	一〇、四四二、〇〇〇
安北設治局	七、二〇〇、〇〇〇
沃野設治局	一、九六五、六〇〇
總計	二八八、八八四、三〇〇

第五節　整理賦稅之概況

綏遠地處荒僻，人民艱苦，二十四年將十七、十八兩年民欠賦款約三十九萬元，一律蠲免。又將各縣四局裁併歸科，並續裁駢枝機關，計每年可省三十四萬餘元。保衛團經費第一年擬先酌減一部份，約年省十餘萬元，幷擬逐漸達到無給制。鄉村攤款，則令縣切實督察，消除催差需索之苛擾。鄉團輪流服務，不支薪給，減少經常支出。並確立縣預算，删減浮濫。以二十四年而論，綏省民衆之負擔，至少可減除七十萬餘元。關於綏省原有稅款，應行廢除者，計有口北蒙鹽食戶捐、馱捐、煤炭捐、貨儎捐、油捐、蜈蚣壩路工捐、豬毛鬃捐、公債附加、煺炭斗捐、船筏護送費、船筏護送附徵辦公費、兼草船照費、苗圃經費等十三宗，年約減去二十一萬餘元（見表），已於二十三年八月一日起限期一律廢除矣。至縣地方應廢除之捐費，名類繁雜，已廢除者，計歸綏、興和、和林、清水河、固陽、集寧、涼城七縣雜捐及田賦附加，合計四萬五千五百八十六元（見表）。

綏遠省廢除苛雜各項收入細目表

項別	徵收年額	廢除年月
蜈蚣壩路工車馱捐	八千二百四十元	二十三年八月一日起至十二月一日止
口北蒙鹽食戶捐	七千〇〇五元	同上
馱捐	二萬一千〇六十元	同上
煤炭捐	一萬八千一百二十九元	同上
貨儀捐	六千〇十一元	同上
油捐	八千一百四十二元	同上
船筏護送費	四萬〇〇〇七元	同上
船筏護送附徵辦公費	五千一百六十六元	同上
蒹草船照費	三萬〇一百〇五元	同上
豬毛鬃捐	一萬〇〇五十四元	同上
苗圃經費	三千〇五十元	同上
公債加徵斗捐	五萬〇三百四十九元	同上
公債加徵煤炭捐	一萬一千九百七十九元	同上

合計		二十一萬九千二百九十七元		

綏遠省各縣裁減苛捐雜稅細目表

縣別	裁減捐款	數目	實行日期	備考
歸綏縣	磚瓦石灰窰捐	二百元	二十三年十月二十四日	
	婚書費	八百一十六元	同	
	財政經費	一千七百元	同	
	田房牙紀費	五百五十五元	同	共六千七百二十六元
	鼓輪費	四百五十五元	同	
	茶飯館稅	三千元	二十四年一月	
興和縣	地畝攤款	八千五百元	二十三年九月十九日	
	攤販捐	一百四十元	同	
	炭車捐	一百六十元	同	
	鼓[illegible]經轄捐	二百元	同	
	田賦附捐	二萬元	同	
和林縣	駝布捐	五十八元	二十三年十月十八日	五十八元
	戲捐	五十元	二十三年十月六日	

	磁窰捐	七十五元	同	
	甘草捐	十元	同	
清水河縣	銀爐捐	十元	同	共一千二百五十五元
	渡口捐	五十元	同	
	婚帖售價	八百元	同	
	商船捐	一百一十元	同	
	草契費	一百九十元	同	
固陽縣	車脚捐	八百元	二十三年九月二十五日	八百元
	地方牲畜附加捐	一千元	二十三年九月二十八日	
	禁烟特捐	一千二百元	同	
集寧縣	藥膏捐	六百元	同	共六千五百元
	豬羊腸附加捐	二百元	同	
	田賦附加補助捐	三千五百元	同	
涼城縣	石蓋子溝路工捐	六百八十元	二十三年九月一日	共一千二百四十七元
	婚帖捐	五百六十七元	同	

說明　查本省共十七縣局現據報裁撤縣地方雜捐計七縣共洋四萬五千五百八十六元所有裁撤捐款除一部份均由

各該縣裁局併科節省經費項下抵補外不足者尙須省庫撥助其餘各縣應裁地方捐數目刻正督催擬報合併聲明

第六節　旗署財政之收入

一　土地收入

古語云：「普天之下，莫非王土，」吾人可云：「普旗之下，莫非王產，」雖然順治七年對於各旗阿爾巴圖，規定「每十五丁給廣一里縱二十里」；但蒙民逐水草遊牧，並不如農民之定居，因此無形中僅能享土地使用權；而土地所有權，竟由各旗王公全權支配，故現在各旗署財政之收入，大部以土地爲收益。

(一)荒價　此種收入，旗署與政府是分開，卽綏遠爲三成五，札薩克每取得此種荒價收入後，卽以所收入之一半給旗下之臺吉及壯丁，所餘一半卽歸入於廟倉，隨時由札薩克自由提用；但亦有札薩克王公每取得荒價，除以少數分給臺吉及壯丁外，餘多供自己之中飽揮霍。

(二)地租及城鎭基地之租稅　「地租」以地之高下肥瘠爲準則，每頃四五角至二三元不等。此種地租，在民國十七以以前，綏遠方面由縣政府代徵，十八年後，改由各旗自向漢人徵收，現已成爲各盟旗之主要收入。至「城鎭基地」，亦有相當之收入，大概一半歸公用，餘一半由札薩克收理，但綏省府，在各縣所建築之城鎭，如屬官府所用，多帶有圈地之性質；所給之租費甚微，然在蒙人方面，均認爲公家取用，故未有表示不滿之意。

（二）商店地租　此種地租，乃商人入蒙古內地經營商業，每租借蒙地，建築商鋪，依例應納地租若干，名爲地皮錢，如卓宏謀調查達爾罕旗有云：「商店如在百靈廟河東蓋房，除輸地租價外，應另徵建築費百餘元不等，倘須赴王府遞呈聽候准駁，並訂有限制條件：一、不得蓋大門（有一定尺度），二、不得住眷屬；三、不得在院內置石磨；四、不得在河內打漁；五、不得設立洗浴所及理髮店等。」又孔慶宗等調查烏盟亦云：「漢人行商在蒙古，須繳納租錢，即爲房屋之地皮錢。如商人得王爺許可在某處建屋居住者，不得攜眷屬。且房屋係商人出資自造，僅租用王爺地皮，所收地租，常超出尋常以外；如百靈廟有某商店租用地皮，不過半畝，蓋有房屋數間，每年納租竟達一百六十兩。」

二　賦稅收入

此種稅制，完全是旗署對於旗下人之一種榨取，舊制旗署對旗民之徵收稅率，乃有一定之規律，如理藩院則例有云：「順治初年，定蒙古王公臺吉等每年徵收所屬有五牛以上及有羊二十者並收取羊一，有羊四十者取二羊，雖有餘畜不得增取；有二羊者取米六鍋，有一羊者取米一鍋；其進貢會盟遊牧嫁娶等事，視所屬至百戶以上者，於什長處取一牛一馬之車，有三乳牛以上者，取乳油一腔；有五乳牛以上者，取乳酒一瓶；有百羊以上者，增取氈一條；濫徵者罪之。」此雖規定王公不能隨意對蒙民深度之剝削，但在事實上王公對平民有生殺予奪之權，重稅苛徵，已成普遍之現狀；旗署所屬官吏對蒙民之榨取，無所不至，常用不正秤量以衡銀兩，征收家畜，或以小畜而換肥畜，此種情事，已成慣事。

三　力役

力役，雖不屬租稅，但於實際上，乃為一種代租代稅之性質。在蒙古封建王公之統治機構下，所屬之蒙民，均隨王公自由之驅使，上自札薩克王公、臺吉等下至驍騎校都有一定之徵發旗丁使役之權能。但此種徵役制，有時不照規定，祇隨王公之意思，亦不完全為公事，多半是用於王公私有之農牧。最奇者此種徵役，在蒙民心理中，認為天賦之人權，其力役之勤，較之普通力役為強，向不聞有訴苦或怨望之聲。如在札薩克王邸或印務處當差，意氣揚揚，欣然有喜色，亦有因本身有才具得札薩克之信任，漸有升為梅倫之職。

四　特別收入

此種收入，無一定之規定。如有某種特殊生產而取得之稅收，如鹽池及每種貨物之經過稅以及與地方政府分潤各種差徭如攤草派夫等，此外尚有種種收入，如下所述：

(一)徵收稅　亦稱為牧場稅，對於移住民之遊牧或他旗人越界遊牧，均須課以一定之稅金。

(二)採取稅　如鹽、曹達、蒲捧、柴草、藥材等之採取稅。

(三)雜項稅　如未開墾地之斗口稅，牛馬稅、車稅及其他出產物之徵收等，有時與政府分取某種特稅，如綏遠之煙土過境稅是也。

第七節　旗署財政之支出

一　札薩克費用

(一)札薩克一家費用，如日常生活費及購用各種衣料裝飾品等，尚有其他侍女侍童雜役人等開支；

(二)以前年班入京之旅費及膳宿費，現謂之因公出差或其他商洽費；

(三)贈給各地方官憲及上級政府差使之物用費；

(四)交際費及來賓招待費，如察哈爾部烏伊兩盟土默特旗，近因自治運動及蒙旗與政府交涉之繁頤，此種支出費用特別增加；

(五)王府之修築費及王府中之自拜生達以下至護衛典儀並雜役人等之膳用費及事務費（如紙、墨、筆等）。

二　王府官吏之薪給

此種公費之支出，各旗不一，有僅支伙食，亦有每年支用少數薪俸者，如下表所示：

職別	年俸		備考
	最高數	最低數	

協理臺吉	二〇〇元	八〇元
管旗章京	一六〇元	七〇元
梅倫	九〇元	四〇元
參領	七〇元	二五元
札蘭	五〇元	二〇元
筆且齊	四〇元	一八元
佐領	三五元	一八元
驍騎校	二〇元	一〇元
領催	一〇元	六元

三 軍警費

(一)軍器之補添修理及子彈之補充等現各旗遇必要時均得向省政府軍部購買，然大多爲中央省府及其他方面之贈送；

(二)軍裝之新換及修理；

(三)現役兵丁之食料及每月津貼若干；

(四)調遣兵丁時之糧秣費。

四　敎育費

在綏遠蒙旗中有設立近代學校者僅有察哈爾部土默特旗及伊克昭盟；其他各旗所設立者，多附設於旗署，完全爲半役半讀之性質。關於學校經費，凡是近代式之學校，得由政府津貼一部，由旗署自己供給之。如半役式之學校，僅由旗署供給學生食宿而已。

五　徵租局經費

此種機關之設立，局員至少五六人至二三十人，一切俸給食費及其他公用，均由札薩克支出。普通局員均以地租局爲唯一利藪，常有不正當之收入，藉以中飽。

六　宗敎費

此項開支，在旗署開支項下佔第一位，因蒙古無論王公及平民，均沈迷於宗敎之籠罩下，任管如何揮霍，絕無慳吝之態：

(一)喇嘛廟之修理和建築；

(二)呼畢勒罕（轉生）之迎立費用；

(三)喇嘛僧之給養，

(四)請活佛唸經，如民國二十二年，班禪至烏盟唸經，今年章嘉至伊盟唸經，其費用總計達十數萬；

(五)其他。

七　臨時費

(一)冠婚葬祭之臨時支出；

(二)狩獵、相撲、賽馬時之賞給；

(三)借款之利息，各旗王公每多負有漢商債務；

(四)喇嘛廟之建立，如去年德王爲班禪造廟，費十餘萬元；

(五)其他。

第八節　結言

查綏省年徵田賦額雖爲六十餘萬元，但實際收入尙不足四十萬元以上，此外藉資挹注者，則如建設專款，每年亦不過百萬元之譜，綏遠軍政費全年約三百萬元左右，故不敷開支，然當局年來對財政之整理，漸有頭緒，各縣之財政，均有預算，一切均能遵軌而行。及至近來綏遠戰事發生，一切用度當隨之而增加。然財部積極援助，曾先撥臨時費五十萬元匯晉轉發，每月增綏經常軍費十九萬餘元。

但吾人對綏遠之財政，既以田賦爲基礎，應積極整理土地，提倡農業，從速辦理地價稅；另再整頓營業稅統

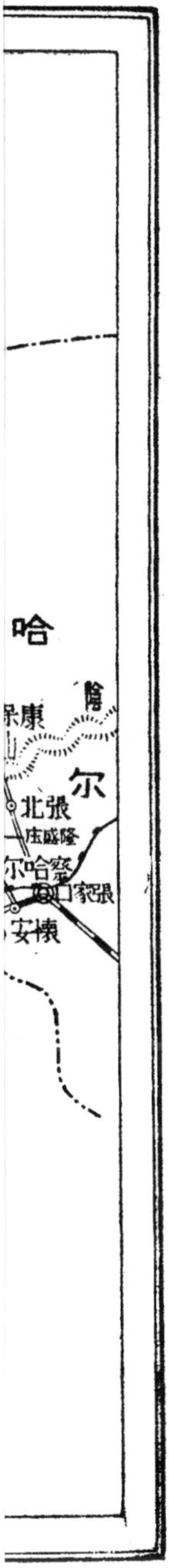
哈
尔
張北
隆盛庄
張家口
懷安

稅，增加省庫之收入，徹底廢除苛捐雜稅，減輕人民之負擔，此爲目前最要之急務也。

第十章 綏遠之交通

第一節 概說

綏遠各區，交通艱難，文化落後，故雖物產豐多，土地廣大，迄無開發之效者，惟由於交通之不便也。交通一項，包括鐵路、大路、郵政、航空、電報而言。維綏遠除大路外，其他各項多未建設。要知交通發達爲有形無形文明進步最要之樞點。而古代立國，恆視爲政治統制與軍事設施之要圖，熙來攘往，初不盡以經濟爲目的也。

歷觀史册所載，一國由部落趨於統一者，端在交通之便利。羅馬帝國之盛所以維持之祕鑰者，非專在堅甲利兵也。使無完備之道路行政，則帝國統一終不可望。蓋國內之交通便利，人民相互之關係密切，言語、風俗、思想皆得漸趨統一。其結果可以造成眞正之國民的國家。近世歐洲諸國，獨英國能先舉中央集權之實。蓋以幅員既小，河流縱橫，政府朝令而夕達四境，統一之策易施。法國自十七世紀中大修道路，開運河，中央之權得以日尊。意德兩國皆以鐵道之普及爲統一之先聲，要皆非偶然也。若自吾國證之，平汴道路之責，三代所重，司空之書，雖不可復知然丘甸道路之法，糞道表塗之制，斑斑可考。中世而還，尙以驛路爲要政。亭堠分設，遠及窮途。斯亦統一必賴交通之一證也。

今綏遠遠處邊陲，國防首要門戶，無論發展政治、軍事、經濟，非先從交通着手，不能以保綏遠之無虞也。

第二節 驛路之交通

綏遠因地勢關係，山脈縱橫，水脈皆乏之勢，不得不由陸運以爲交通。我國舊日驛站之制，綏遠亦有之。荒僻之地，雖不置驛，然官道縱橫交貫，聯絡可通。雖然其間所謂驛站官道，向不注意修理。塵砂泥淖陷車軌，僅開埠附近稍愈。此種情形，卽內地亦有仍如故也。

綏遠之驛路交通，若以北平爲起點，則爲塞外之北道。由北平經歸綏抵包頭。偏西而行，經哈拉補達、各加爾氣、姜白店、拍子補隆、隆興長、熊萬庫、何家柵子、中國堂、廣慶遠、常家磴口、河拐子、二子地、石嘴子、平羅縣而至寧夏，長一千二百零八里。或由薩拉齊、包頭，循後套之北，經後山草地，過沙漠而經阿拉善、走額濟納土爾扈特旗。此路橫貫沙漠，往往數日不見人烟。非結隊百人或作地理旅行，不能轉此道以趨新疆。

綏遠交通之大道，雖甚寬廣能通行馬車，然道路概多荒涼。其交通所恃者，爲駱駝、騾馬、犛牛等。駱駝多適用於沙漠，體格重大，便於載重。其駝運方法有三，卽駝轎、駝車及駝載是也。結羣運貨，是爲商隊。駝能苦行沙漠中，食樹葉青草，間日而食，胃強可不飲水。夏令夜行晝息，號爲沙漠之舟。騾亦綏遠特產，周行大路，多用騾車、騾轎，山谷之間多用馬。故其行動活潑，爲運輸所必需也。

第三節　汽車之交通

綏遠公路猶未發展，其大道之可以通行汽車者，則如下所示：

（一）包烏汽車路　在包寧鐵道未築成前，自包頭西行經五原、臨河，過烏拉河而至寧夏，爲包烏汽車路，自包頭至烏拉河，全長約三百五十公里，爲綏西交通最大幹線，亦卽通寧夏甘肅之孔道。

（二）綏百大道　由歸綏北行，穿越大青山，經武川而達百靈廟，計長二百五十公里，已通汽車，行程一日可達。

（三）綏新汽車路　自歸綏至新疆迪化，全長三千五百公里，其路線由歸綏經武川至百靈廟，乃西行經黑沙圖、松稻嶺等地入寧夏境，行於阿拉善額魯特北境，經居延海附近，西北行出寧夏境，穿甘肅西北境之馬鬃山入新疆境，經哈密、奇台而至迪化，此線於民國二十二年八月開行第一次車，嗣以新疆政變，道路隔絕，綏新汽車路迄未正式通車，僅行駛於歸綏至肅州之間，並無定期，後亦以營業不振而停頓。今綏新汽車乃改駛蘭州與肅州間之路線。

(四)綏蒙大道　綏遠往蒙古經商者，大半以庫倫、烏里鴉蘇台、科布多三處爲目的地，惟自外蒙獨立，綏蒙大道，遂告斷絕。昔日自綏遠至庫倫之路線，係自歸綏西行越戈壁沙漠至賽爾烏蘇，再向北行偏東達於庫倫，全路長一千一百餘公里，沿途水草豐富，行走極便，騎馬十八日可到，駱駝運貨須走三十六日，自歸綏至賽爾烏蘇後，繼續向西北行而至烏里鴉蘇台，自歸綏至烏台全長二千三百公里，駝行兩月可達。自烏台西行偏南約七百公里而達科布多，由歸綏至科布多，駝行七十日可達。

自綏遠通陝西之大道有二：

(一)自東勝縣城東南行經準格爾召沙梁鎮等地至府谷縣城，共長一百八十公里。

(二)自東勝縣城南行至榆林縣城共長二百三十公里。

自綏遠通山西之大道有二：

(一)自河林縣城東南行穿長城之殺虎口至右玉縣，共長七十公里，再經大同，崞縣，忻州等處而至太原，爲山西至綏遠陸路往來要道，在火車未通前官商絡繹不絕，自太原達歸綏，約二千三百餘公里。

(二)自托縣南行，在河口鎮渡黃河至河曲縣城，計長一百九十公里。

自綏遠通察哈爾之大道亦有二：

(一)自興和縣東南行，穿長城之馬市口，經柴溝堡而達懷安縣，全長九十公里。

(二)自集寧東北行，經貴和莊黑沙圖而至商都，曾通汽車，計長七十公里。

綏遠至寧夏之大道如次：

自包烏汽車路之終點烏拉河西行，循黃河西岸經磴口、石嘴子、平羅而達寧夏省城，計由烏拉河至寧夏，凡三百七十公里，自包頭至寧夏全長七百二十公里。現包頭至寧夏巳行駛汽車。此外綏遠縣治區域內各縣之間，亦皆有大道相通。

第四節　鐵路之交通

綏遠陸路交通以歸綏爲中心，鐵道公道及大道交軌於此。玆就其主要路線約述之：

平綏鐵路自北平至包頭共長八百十六公里，經越冀、察、晉、綏四省，爲華北與西北間一大交通幹線，其於綏省之開發與移民，有莫大之關係者。自平綏路線終點向西以迄寧夏，有包寧鐵路之計劃線，全線長五百四十餘公里。自平綏路最北點之集寧(卽平地泉)起，向北而至滂江(在張家口至庫倫大道之上)，有平滂鐵路之計劃線，長二百三十公里，按集寧爲平綏路之重要樞紐，而滂江則爲內外蒙古交通之門戶，此線築成，其重要可以想見。

平綏鐵路爲連鎖西北之大幹線，毫無疑義，將來鐵路如有進展之日，可由此而外蒙而新疆而甘肅、靑海，而寧夏，使邊遠各省之商賈物料，咸得藉軌道而通至太平洋。再詳細考察，如據綏包鐵路之終點，倚山面河，形勢扼要，以地當水陸要衝，鐵路則東達北平民船可西連寧夏，併有長途汽車直抵蘭州，實扼西北交通要樞，以形勢而言，不特綏省依之爲要險，亦秦晉諸省之保障也。論其商業，凡黃河上流及內外蒙古之貨物，咸來萃集平津及西北諸地，客商亦多設棧於此，爲專收牲畜皮貨之用，市鎮之盛，有凌駕歸綏之勢，儼然內外蒙古間之一大商場，其重要當何如耶。就地藏而言，熱、綏、察三省礦物均甚富饒，以煤鐵爲尤甚，其開採之成效者，如龍關宣化之龍煙鐵礦，雞鳴山之煤礦，阜新之心久爾煤礦，及朝陽之北票煤礦，早用新法開採，產額頗豐，其餘各礦之開採者，有承德之金，平泉之銀，興和之鉛，凌源之石油，沽源之石綿，已用土法開採，所獲雖未倘滿人意，來日正未有艾也。平綏鐵路貫穿熱、綏、察，而熱、綏、察三省，東拊滿洲，北控朔漠，西顧隴右，南瞰幽、燕、秦、晉，脣齒相依，呼應相助，今黃河流域之屏藩，籌邊之要地，環顧今日東方之屏藩，已由固體而液化，不特不足以拱固屏藩，而且自顧不暇，言念及此，曷勝浩嘆！尤爲吾人所注意者，我國國有鐵道，強半皆建築於外人之手，如平漢鐵路之建築於比利時，津浦鐵路之建築於英吉利，隴海鐵路之建築於法蘭西，鐵路爲其國所經營，主權卽爲其國所佔據，甚至語言文字，亦因此而隨之，如平漢路之用法語，津浦路之用英語，事實俱在，無可諱言，又何嘗無相當之人，足以瓜代一切也。卒以主權旁落，側身其間者，均無相當之能力，足以支配一切，平綏鐵路則反是也，不特建築之資本爲國有，卽建築之計劃，亦爲我國工程師所計劃，且其形勢之險峻，尤爲吾國人所注目者。該路線自北平起，拔海二百三十九英尺，向西北逐漸上升，至距首站豐台，約五百四十九公里之十八台，拔海之高，爲五千三百〇四英尺，由此下降至綏遠及包頭，綏遠拔海三千五百五十八英尺，包頭拔海三千四百二十英尺，崎嶇險峻，與蜀道之難何殊，而足能克底厥成者、亦足見我國工程家之勇敢精神及自信力之不減於外人也。應如何始足以保守此鐵路，應如何始足以擴張此鐵路，是所望於籌邊之急起直追，以補救於萬一也。

第五節　水路之交通

綏遠內地當內陸。航船之路，頗爲短小，略述之如次：

綏遠水路交通，以黃河爲主，黃河中所行之舟筏有高幫船、七站船、五站船、牛皮筏、羊皮筏、木筏諸種，高幫、五站，行駛於寧夏靖遠縣之五方寺與綏遠托縣之河口鎮之間，七站船專行寧夏、包頭、河口之間，牛皮筏則可由西寧經蘭州寧夏直達包頭，羊皮筏僅供短途之用，惟袋數之多者，亦可直達包頭，木筏由蘭州至包頭，約需二個月。

由寧夏北經平羅而至石嘴子。石嘴子爲民船航行之中心，青海、甘肅、阿拉善及鄂爾多斯之羊毛、藥材，皆集中於此，運往包頭，由此向北經磴口、五原、包頭以抵河口，均可通民船。至寧夏經五原、包頭，以抵薩拉齊一段，可行汽船。清宣統三年陝甘總督升允，聘比利時人實測，闢爲小汽船航路，一九一九年，甘督張廣建曾購汽船二隻，航行此間，成績甚佳。民國七年隴紳組織隴綏輪船公司，購船二艘，試行其間。現由中衞經寧夏、磴口、包頭、薩拉齊、河口至山西之磧口通行木船。大船可載五萬斤，小者亦可載萬斤。

第六節　郵政之交通

郵政一項，吾國舊俗，官府文書，皆由驛站軍臺傳達；民間有自設信局經理之。綏遠僻壤之區，書信傳達，非倩旅客攜帶，則須專雇郵差，極爲不便。查郵政路線大別有四：一火車，二輪船，三民船，四旱路是也。自歐洲通商而後，各口岸設外國郵局。吾國同、光之際，乃委託稅務司管理。綏省郵局，乃向附屬於山西郵務管理局。現歸綏省會，設有一等郵局。於豐鎮、薩拉齊、包頭、隆盛莊設有二等郵局。於二道溝、隆興長、可可以力更、山河鎮、陶林等地，設有三等郵局。蘇集、卓資山、張皋鎮、畢克齊鎮、察素齊鎮、凌達沼、沙爾沁、材二十四頃地、清水河、托克托、和林格爾、五原、大佘太、烏蘭腦包、拍子補隆、平地泉車站等地，設有郵寄代辦所。

第七節　電政之交通

吾國電線創於同治十三年，光緒十六年延長山西、陝西，以通甘肅、綏遠、寧夏。民國二年，分設電政管理局於西安、大同等地。

至以近數年來綏遠境內之電政，述之於下：

（甲）有線電　綏遠境內之線路，爲自察之張家口經山西大同，入綏境，迄豐鎮，自豐鎮分兩路，一北行一百五十華里達平地泉；一西行經歸化（二九三華里）、薩拉齊（二一二里）、包頭（九三里）、大佘太（二〇六里）、五原（一六六里），至此折南行經臨河（一八五里）、入寧夏之磴口（二二八里），除以上之線路外，另有一線路，爲自察之張北經綏之東北部滂江，復入察之二連，北上入蒙。

（乙）無線電　綏省歸綏亦有國營商用電臺一座，呼號XKY，天線電力一百五十瓦特，與天津、張家口、蘭州等處通報；綏省府置有一百瓦特電機一部，與北平、太原、南京等處通報；此外包頭尙有軍用電臺一座，屬於晉省綏靖公署。

（丙）電話　綏省長途電話，其專修已成之電話線路，則有綏遠經蜈蚣壩至武川，計程九十里；由綏遠經東雲壽至托縣，計程一百六十里；由綏遠經大黑河至和林縣以達清水河縣，計程二百四十里；又由和林縣東南通山西之殺虎口；包頭縣北通固陽，豐鎮縣西通天成村分卡，集寧縣（平地泉）北通陶林，南經隆盛莊至鄭紅口；及由興和縣西南通張皋分卡，南經鄭門堡以達山西之陽高；除由鄭門堡至山西之陽高，係屬軍電局電線外，餘均係專修電線，歸電信總局管理。現在武川、托縣、和林、清水河、涼城、陶林、集寧、興和等縣及隆盛莊，均設有電信分局，以司收發。其由綏遠經畢克齊、察素齊、麥達召以至薩縣二百七十里間之電線，並由薩縣經磴口至包頭九十里，再由包頭西經安北、五原以至臨河，計五百五十餘里，由綏遠經涼城以至豐鎮三百六十里，及由豐鎮北至集寧一百五十里間之電線，均係借用電報桿，由省府自行掛線，飭電信總局建修者。此數路電線均歸電報局管理，惟於包頭豐鎮兩處，設有電信分局，以司收發也。至由和林縣東北通公喇嘛分卡；涼城縣西通得勝窰子分卡，東經香火分卡，以達天成村分卡；及由豐鎮向東北進展經隆盛莊分局，以達興和縣屬之張皋分卡，則均係區修電線也。此外綏省尙有民營城市電話，歸綏電話公司有磁石式電話機四〇〇具，包頭電話公司有磁石式電話機二〇〇具，豐鎮電話公司有磁石式電話機一〇〇具。

第八節　航空之交通

吾國航空事業，始於清宣統三年，民國十三年中央政府有籌辦西北航空委員會之設，議決西北航空幹線以北支線由蘭州往北，經寧夏、五原、包頭與平綏路相連。現交通部創辦中國歐亞航空公司，從事航行。二十一年以來，中央對西北航空更積極進行。蓋包頭與寧夏蘭州間之定期航空線，每星期飛航一次。自包頭至寧夏航程四百二十公里，二小時半可達，較之汽車皮筏迅捷數十倍。最近包頭飛機場日人曾要求租借，且一度派工擅謀佔用，經我方嚴厲拒絕，未達目的。但日僞飛機常臨偵察示威，在包頭飛機場自由降落，而我方恐引起糾紛，竟無法制止，蓋我國華北及西北之領空早經日人破壞不堪矣。

第九節　結言

西北各區，既有極豐富之產物與沃壤，徒以道路渺遠與內地隔絕，遂致天富寶藏不能啓發。試以綏遠爲中區言之，包頭一鎮居腹地之極邊。東通平、察，南通晉、秦，西連河套。西南水陸，均通寧夏中衛以至蘭州，西北通新疆至俄，正北通庫、恰至俄，形勢梔要，實外固藩籬，內捍腹部之要塞也。各線鐵路極應修築，而邊防實業、軍事、外交之最重大要者，尤以包頭經甘、涼至新疆，通西伯利亞鐵道之一線。此項路線雖長工程雖鉅，然與修汽車、馬車、火車道路，經過地多半平坦，假使移兵工作，綏遠之交通，可易於完成。由是，論邊防，則六轡在手，伸縮自如；與實業，則寶庫既開取用不盡。不特國內區區生計問題，可以解決一部，一切國是亦得迎刃而解矣。交通既闢，產業自然發達，農牧工商之道自廣，天邊日月何處非安樂之鄉也耶。

第十一章　綏遠之物產

第一節　概說

綏遠向稱巖疆，自水利開闢後，乃有河套之肥沃，氣候漸溫，農產品之出產，與其他邊疆各省相較，實無遜色。其主要物產爲牧畜、毛類、煤、藥材等，自前後套自近年開發墾殖後，農田漸增，故每年有大宗之農產物出產。綏遠因係處於大陸氣候，特別適宜於牧畜，故牧畜業之盛，頗值稱道。綏遠之羊，以伊克昭盟所產爲最佳，產額在全省之牲畜中，堪稱第一位。

綏遠境內多山，故煤產頗富；惟所產者大半爲烟煤，無烟煤之產量較少。年來綏遠當局因日人勢力之西漸，努力於自衞自救之不暇，開採工作，不免略有廢弛。

包頭黃河崖藥材山積，甘草、防風、白朮、黨參、枸杞爲出口大宗；又產黃耆補養之品，在彼地爲最賤。塞外菜類，見重於內地者，首推蘑菇，內地人稱爲口蘑，爲膳食珍品。塞外春秋二季時有狂風，故果樹皆不結實，惟榆、楊最爲繁殖。河套一帶，紅柳叢生遍野，用途之廣，無異南方之用竹也。

第二節　農作物

綏遠土地肥沃，春夏氣候溫和，夏季霖雨時降，溼潤得宜，已如前述。凡內地能種之作物，綏地幾皆宜於培植；惟該地高溫氣候時期頗短，種棉未吐絮而霜已降，故不適宜。至於蠶桑，據專家考察，將來該地農區發達，必能占農事上之重要地位。禾本科之小麥、大麥、燕麥（即莜麥）、黍穀、玉蜀黍、高粱等，栽培甚廣，收穫亦豐，爲綏省之主要農作品，亦卽日常主要之食品也。惟後山之地，不見有栽培玉蜀黍、高粱者，蓋後山高溫期間太短，玉蜀黍、高粱生長期較長，栽培不相宜故也。但禾本科在綏省栽培雖多，卻無一優良品種，且黑穗病甚烈，高粱黑穗病占百分之二十；燕麥占百分之三四十；若統計綏省因黑穗病之損失，其數目必致令人驚駭！若能搜集國外優良品種，連續試驗，育成良種，然後推廣至各農家，必能使食糧數量增多，品質改良。至豆科中之黃豆、黑豆、菉豆、豌豆、蠶豆、扁豆等，在綏省種植均宜；惟現在栽培尙不多，急宜設法推廣，與各種作物輪栽，以厚地力。茲將其主要農作物，及其栽培方法，述之於下：

一小麥　綏遠深處內陸，受海洋之影響甚微，於春小麥之硬性種，頗可發展，其生長時期甚長，較諸小麥所需之生長期爲長，春小麥之改良種，於百日左右，卽可成熟。雖此時綏遠所產之小麥，已有相當重要，但於清明後下種，中秋收穫，每歲僅獲一稔，若一方栽培改良小麥種，以縮短其生長時期，一方提早種植，於霜降之前使小麥已萌芽，則冬雪甚厚，掩護地面，使不感受寒威，而冬寒足以殺害害蟲之幼卵，使翌年不致生出爲小麥之害；一屆春夏日暖雪融，則小麥之分枝甚多，頗可增多其收穫量，苟成熟期提早，則收穫之後，尙可經營短期之作物，否則，種植牧草亦較一穩入之利。而地形平坦，地價低廉，地面荒曠，頗可利用機器，以從事於大規模之生產，而移殖之地，勞工每苦不足，利用機器，尤爲相宜，果能見諸事實，則綏遠將成爲小麥之穀倉矣。

二大麥　大麥種植面積不及小麥之廣，栽培方法及播種收穫時期，大概與小麥同，恕不詳述。收量，水地每畝四斗至二石，旱地自三斗至一石。

三蕎麥　蕎麥所含之成分，其營養價值，與小麥相去不遠，惟性質堅硬，味亦不甚可口，故其食品，除平民之經濟困難者，尚不及小麥之普遍，但其生長季節短，耐寒耐霜，於山坡磽瘠之地，或地形坡度較峻之地，均可生長，並於秋季之霜後，尚可成熟，不受其傷害，與小麥之生長條件之苛細有殊。除供平民食料外，亦可釀造酒類，飼養畜牧，而畜牧爲其農民之副業，冬季較長，農隙無事，若積極推廣副業，頗可豐裕其經濟之收入。

四燕麥（即莜麥）　燕麥栽培方法，與小麥大同小異，栽培面積極廣，後山之地占百分之五十以上，綏省人民賴以爲主要食品。惟燕麥黑穗病極多，前已言之，故其收量多少，相差甚遠，每畝可收三斗至二石。

五小米　小米能耐旱，耐霜，耐熱，凡乾燥異常，夏日溫度過高之地，爲種植穀物所不能生長者，而小米則頗優爲之，無須灌溉，自可成熟，除供食料外，尚可供給飼料，與蕎麥之用途有相似者。因市價低廉，故於市場上，無若何重要之地位。

六高粱　能耐旱耐熱，雖處瘠土，生長亦佳，其爲食料，可以代替小麥，並可釀造品質優良之酒類，北方高粱之產地，亦兼爲酒之產區，酒運便利，頗可獲得善價，以充裕農民之收入，而其副產品，亦可飼畜。至其栽培方法，與黍穀同。播種期在清明後，收穫在白露後。前山之地，種者極多，收量亦甚豐，每畝可得一石至一石五斗。高粱黑穗病甚烈，若能另植良種，或防止黑病，收量當大可增高；但高粱生長期長，後山高溫期短，栽培不宜。

七豌豆與扁豆　豌豆與扁豆，均能種於乾地，及瘠薄土壤。後山各地栽培頗多，用以作家畜之飼料。播種在立夏時，收穫在處暑後。收量每畝可得八斗至一石。

八馬鈴薯　馬鈴薯即山藥蛋，乾地水地均可種植，栽培面積甚廣，以其氣候土壤均甚相宜，故收成質量均佳。旱地每畝可收五百斤至一千斤；水地每畝可收一千斤至二千斤；爲綏省著名特產，亦爲農人重要食物。將來若利用機器製造澱粉，其利益當更大，而栽培亦愈廣。栽培方法，先以犂犂地，使有壠溝，人持種子撒於溝內，再以犂土掩之。種子入土約二寸，行間約一尺，株間八寸，水田另須作壠，以備灌漑瀦水之用，乾地則無作壠手續，生長期內，尚須中耕鋤草二三次。播種在立夏前，收穫在立秋後，每畝須用薯種百餘斤。薯有紫白二色，紫者開花亦紫，白者開花亦白，其品質上實無大差別。

九大麻　大麻爲綏省之主要工藝作物，栽於水田甚好，種於乾地亦宜。栽培方法，先耕轉地，隨即耙平之，在清明前後播種，每畝需種子約三升。不行中耕鋤草手續，惟在幼時，勻苗一次，株間甚擠（約爲二寸），以防其發生枝節，以致纖維不佳。肥料用堆肥及人畜糞。在耕地時施下，收量每畝純麻百餘斤。

一〇葫麻　葫麻莖高三四尺（種於瘠薄地者高僅尺餘），下端爲一莖，上分枝十餘，每枝結花蕾一個，開藍花，結球果，每果有子十餘粒，子扁形，比蘿蔔子略小，每畝能收六斗至一石，每石約價十餘元。用以榨油、點燈、調菜均佳，每年輸出內地及國外者不少，獲利極大，爲綏省內重要之工藝品。其纖維柔韌，可作繩索麻布，惜農人不知利用，付之一炬，殊可惜也！其栽培旱地水地均宜。但薊廳取肥料最強，農人以之種於新闢之地，因新闢之地較肥也。與新闢之地，多栽培菜子，其理由正同。栽培方法，整地後用耬斗條播，行間約六寸，鋤草一二次，播種在立夏後，收穫在處暑前。

一一　農作物之產量　綏遠省之農作物情形，已詳述於前。茲為讀者明瞭起見，乃根據二十五年度申報年鑑「農產及農林」欄所載，編彙成下表：

綏遠最近三年來的農產概況（千市擔）

類別	民國二十二年	民國二十三年	民國二十四年
小麥	一、九五四	三、〇三七	二、五五三
大麥	九二一	九九五	九六四
高粱	一、五七五	一、一八二	一、六五五
小米	二、〇二一	一、五九八	一、八〇〇
糜子	二、〇三〇	一、七四二	二、三一九
玉米	八九	七四	八六
燕麥	三、二六二	五、七七九	四、七〇五
豌豆	一、二二五	一、六三〇	一、二五〇

蠶豆	七四〇	九三七	四七二
大豆	五三一	二九二	三六九

由上表觀之，可知綏遠之農產品中，尤以麥之產量最爲豐富，餘如豆類及米類，亦頗佔重要之地位。若能努力從事於墾殖，則將來農業之發展，定有可觀也。

第三節　畜牧

綏遠地面遼闊，空氣乾燥，水草豐富，最適於畜牧。蒙人不事農墾（近來較開化之家，亦有僱請漢人農墾者，然爲數尚甚少）與工商，全賴畜牧，以資家用。蒙人畜牧，不建畜舍，無冬無夏，或雨或雪，牲畜皆於露天之下，間有一二經營較爲改良者，夏季周圍作柵欄，冬季上面蓋架棚，蓋皆不備飼料，終年放牧，每日驅之水草豐富之地，日夕收回，習以爲常。冬季野草被冰壓雪蓋，牲畜可耐飢，不以嘴唇推開冰雪，嚙食枯草以充飢，有時飢寒交迫過甚，牲畜往往有順風疾走，葬送於冰雪中而倒斃者。亟宜兼事農墾，利用農作物預儲飼料，以免此項偉大損失。蒙地牧場寬廣，法律森嚴（據說凡偷牛盜馬及各種牲畜者殺無赦），縱有虎狼以害牧畜，僅飼養惡犬數隻，即可保無虞，故管理放牧極爲容易。牧人多騎馬，然步行者亦有之，每人能牧二三百頭不等。至畜牧副產利益甚大，畜糞收集成堆，乾後可充燃料，倘用爲肥料，利益尤大。羊乳牛乳，蒙人和茶用爲日常飲料，或製成乳皮乳餅，尤爲上等禮物。

總之，西北畜牧利益之大，遠在其他事業之上，故蒙人生計，異常寬裕，漢人除務農經商外，兼帶畜牧者亦甚多。管理方法較爲進步，羊有圈，牛馬有舍，冬季給以飼料，其他均與蒙人同。又漢人養豬亦多，略給殘餘食物，或油餅酒糟及穀糠等，仍以牧放爲主，晚間合居於土岡或土屋之內，獲利甚大。

一、綿羊　一年一產，每年剪毛二次，大羊每隻可得毛三斤餘，小羊每隻可得一斤至二斤。以羊毛所得，卽可付足管理者之各項開支，而母羊所產之羔，實爲經營者之純粹利益。畜牧中以綿羊爲最普通而最有利。

二、駱駝　駱駝爲西北特產，食草，三年一產，每駝年可剪毛四五斤。駝力絕大，能負重五六百斤，日行七八十里，性最溫柔，呼臥則臥，呼起則起，一聽吾人之指揮，以便裝卸貨物。旅行時，馭人騎駝背，每人能馭十數隻，西北搬運貨物，跨峻嶺，越沙漠，惟駝是靠，駝壽命七八十年。

三、牛　牛二年一產，俱爲黃牛，毛密而長，蓋綏遠氣候寒冷，牛不得不生此毛以適應環境。牛種甚雜，有無角者，有長角者，有角能搖動而長垂者。綏人以牛耕田拉車，役用甚苛，而給料甚薄，故綏省肥牛實所罕見。

四、馬　馬一年一產（馬本二年一產，蒙地每於母馬產後十二日，卽令與牡馬交配，翌年能再產），體格小，而耐勞若特甚，故蒙馬著名於世，價值以善走爲貴。然任重致遠，非騾莫屬，普通駝用，騾亦勝任。現蒙馬毛色龐雜，體格過小，極應由國家力量，設法改良。又綏人飼馬最多，各烙印相當記號於馬身，以資識別。

五、牲畜之產量　綏遠因係處於大陸氣候，特別適宜於牧畜，故牧畜業之盛，頗值稱道。茲據民國二十三年七月至二十四年六月之調查，綏遠牲畜及各種皮毛之輸出額，如下表所示：

甲　綏遠之牲畜產額（單位隻）

名稱	數額
羊	二三八、九二九
馬	一一、〇九六
騾	五、六二九
駱駝	四、二〇四
豬	一一、七七六
牛	五、一五九
驢	五、六二九

乙　綏遠之皮張產額（單位張）

名稱	數量
羔皮	六七五、三〇二
灘羊皮	一〇二、二三一

各色羊皮	六四四、九二七
馬皮	七、五四八
牛皮	六、一一三
生黃羊皮	二四、四三六
騾皮	六七二
股子皮	九七五
黑皮	九二
羔腿皮	五、三八七
驢皮	二、八九八
熟牛皮	六九

丙　綏遠之皮毛類產額(單位觔)

名稱	數量	名稱	數量
駝毛	二、〇三二、五二三	綿羊毛	二三、〇七二、九〇九
豬毛	四二九、一二九	山羊毛	二二七、八四一
豬鬃	一〇、〇五七	馬鬃	八、三九七
犛牛毛	一、七五七	雜色馬尾	六、八二一

馬尾子	四、五七二	山羊絨	五四八、三九二
雜色馬毛	一、一四五		

第四節 動物

綏遠省之動物，除被豢養者，以牛、羊、馬、駱駝、豬特多，爲東亞皮毛策源地外，餘如狗、猫各地均有，雖無特別之可言，但西北氣候寒冷，此二畜毛細長而密，用途最大。狗較內地產者約大五分之二，多深黑或灰黑，皮可以作被褥坐毯等，優於羊毛，價且過之。內地所用狗皮，多綏遠產。蓋西北人口星散，豺狼頗多，居民勢必飼狗以禦之。且蒙人盛行天葬，狗可以在外獵食，仰給飼料甚少，故居民每家必有家狗三四隻。綏遠某商店甚至飼狗數百隻。猫皮柔輭而毛細，可作帽領手套等物，甚耐用而美觀，商人常以續狐，經驗淺者，尚難辨別。綏遠草萊未闢，野獸頗多。略述於下：

獸名	數量	住所	食物	與人關係	價值	備考
鹿	多	山野林內	草	無害	百餘元	以五月捕得者爲貴西北區產鹿故鹿奇賤
狐	多	石洞	小鳥獸	無害	二十元上下	西北產狐故狐皮頗賤
狸	多	石洞	小鳥獸	無害	七八元	體大如猫
狼	甚多	石洞	小鳥獸及家畜	有大害	十餘元	逼肖狗惟口闊前足長大尾爲紡錘形常垂

獾	多	土穴	禾穀	有害	二元餘	獾油塗熱牛馬皮特別柔韌
青羊	多	山野林內	草	無害	五六元	
黃牛	特多	同前	草	無害	一二元	皮可作褥臥單七八月百千成羣對於牧草頗有害
黃鼠狼	多	土穴	小鳥及家畜	有害	一元餘	尾可製筆
黃鼠	特多	土穴	草根草子	有害無益		對牧草頗有害
地鼠	特多	土穴	草根草子	同前		常出穴外站立見敵即入穴穴曲折甚多不易捕有害牧草
耗兔	多	土穴	禾穀	有害		體大如鼠
兔	特多	土穴	草	無害	三四角	
野豬	少	山野林內	草根禾穀	有害		
狳猁	少	石洞	小鳥	無害	八九元	
刺蝟	少	土穴	草根小蟲	無害		
野猫	少	石岩	小鳥家禽	有害	一元餘	皮可製帽興領
虎	不常有	山林	家禽野獸	有大害	百餘元	虎爲游食生活故時有時無

以上所列爲野獸之著名者。至於鳥類有足述者如下：

鵰甚大，翅長達丈餘，上白下灰，頭白，產西藏，常來察、綏捕黃羊或死畜死人以爲食。前清光緒末年，西藏某山下峒內，有喇嘛在焉，上有一鵰，日出捕食小鳥以爲常，一日鵰回無所獲，且呈病態，翌日未出，喇嘛奇而視之，該鵰已死，身中一箭，有察哈爾某佐領之箭等字，故知該鳥一飛竟千萬里也。而落下之時，徒手可捕，羽翮甚美，可飾帽邊袖口，每隻約值七八十元。

鷹與鷹鴞，各處均有，惟西北獨多。蒙人盛行天葬，人死棄之山壑。又西北人多肉食，食餘之肉，多拋之院外。蒙人時宰牲祭腦包，其胙亦均棄之曠野。因此之故，食肉之鷹與鴞，皆近悅遠來也。

鴿子、西北鴿子著名，而大鐵鴿多，班鴿較少，有家飼者，有野生者，常千百成羣，繞村飛落。家飼之法，僅於槽門或屋簷，架下木板或木簾木桶，任其在內繁殖，以取其肉而已。

雀、喜雀、麻雀均多，皆喜與人接近，喜雀食小蟲，與人無害，麻雀食穀，頗與人不利。

至綏省動物之皮張產額，每年輸出為數亦甚多，如下列所示：

名稱	數量（單位張）	名稱	數量（單位張）
狐皮	二一、九一九	家貓皮	一〇、四四一
猿猴皮	一、〇三七	豹皮	一〇
狼皮	一、九一〇	猞猁皮	一、五四三
汗獺皮	五四、八五七	灰鼠皮	一三七、一〇一
兔皮	三三、一六三	土豹皮	一七二
銀鼠皮	三、四七一	熟馬皮	九

貓子皮	一、六五一	野狸皮	八、三一五
掃雪皮	四一九	兔爾猻皮	一、四一九
猾子皮	一八〇、七三三	皮條	一七八
狗皮	六、五五二	貂皮	一〇〇
沙狐皮	一四、〇九八		

第五節　植物

綏遠植物，除小麥、莜麥、馬鈴薯、葫麻、大麻、蔬菜有白菜、茄子等，果品有葡萄、蘋果等，此數種皆多而美，為綏遠之特產者外，而野生特產亦甚多，茲略舉一二如次：

一蘑菇　蘑菇，屬隱花植物菌類，一名口蘑，即口外產生之意，香味均佳，為席上珍品。口外各地，每年四月至七月之間，雨後山野蔓生，任人採取，與內地香蕈、松蕈同，生後一二日即老枯變黑，或為廢物。口蘑有白青兩種，前者表裏皆白，味美價高，每斤約四五元；後者表白裏紫，味遜價低，每斤價二三元，曬乾後，均為黑色，生者十餘斤，乾僅得一斤。每年輸出國外甚多，為西北之大宗特產。

二藥材類　藥材在綏遠，每年亦有大量之輸出，堪稱綏省之特產。其種類極多，最著者有甘草、黃耆、黃芩、紅花、防風、白朮、蒼朮等。茲據二十三年七月份到二十四年六月份，綏遠全年之藥材輸出如下表所示：

名稱	數量(單位觔)
甘草	一、三八七、八一〇
大黃	二二三、五八四
枸杞	四二九、九六八
津草	四、二四八
生防風	三一、四二二
茺草	四九七、七一九
黃芪	二四、六七一
祁草	一、九六二、二四四

名稱	數量(單位觔)
肉蓯蓉	二三二、〇三四
羚羊角	四一
茯苓	六、五七〇
下等藥材	四一、七五七
生赤芍	一〇六、三六七
鎖陽	八、五二七
浙貝母	四八、五五三

又據孔慶宗等視察烏盟報告有云:「烏喇特西公旗,有烏拉山多藥材,產黨參、赭石、蓯蓉等二十一年西公旗兩級學校額校長以校費無着,曾將此山包與某藥行,每年得洋一千元,四月至八月往山中採藥工人約千餘人之多。」由此以觀,即知西蒙各地之藥材生產亦不在少數。茲將包頭近十年來藥材出口之貿易狀況統計如下表:

包頭最近十年藥材狀況表

種類	甘草	蓯蓉	枸杞	生地黃大黃當歸

貨物單位		每百斤	每百斤	每百斤	每百斤
貨幣單位		包平銀	包平銀	包平銀	包平銀
出境運費（由包至津運費）		三五·〇元	三·五〇元	三·五〇元	三·五〇元
出境稅率（由包至津稅率）		塞北關稅一·〇〇元 甘草檢驗稅二·二五元	同前	同前	同前
十一年	最高價	一四·〇〇元	一〇·〇〇	九·〇〇	八·五〇
	最低價	一三·〇〇元	九·〇〇	八·五〇	八·〇〇
	產銷總額	三、六〇〇、〇〇〇斤	二五〇、〇〇〇斤	三六〇、〇〇〇斤	二二〇、〇〇〇斤
十二年	最高價	一四·〇〇	一〇·〇〇	九·〇〇	八·〇〇
	最低價	一三·〇〇	九·〇〇	八·〇〇	七·五〇
	產銷總額	三、〇〇〇、〇〇〇斤	二二〇、〇〇〇斤	二八〇、〇〇〇斤	一九〇、〇〇〇斤
十三年	最高價	一二·〇〇	九·〇〇	八·〇〇	八·〇〇
	最低價	一一·〇〇	九·〇〇	七·〇〇	七·五〇
	產銷總額	三、四〇〇、〇〇〇斤	二〇〇、〇〇〇斤	三二〇、〇〇〇斤	二五〇、〇〇〇斤
十四年	最高價	二七·〇〇	一〇·〇〇	一七·〇〇	一二·五〇
	最低價	一四·〇〇	九·五〇	一五·〇〇	一一·〇〇
	產銷總額	二、八〇〇、〇〇〇斤	六〇、〇〇〇斤	二一〇、九〇〇斤	二七〇、〇〇〇斤
十	最高價	二五·〇〇	一〇·〇〇	二一·〇〇	一八·〇〇

五年	最低價	二一・〇〇	九・五〇	一八・〇〇	一六・五〇
	產銷總額	二、四〇〇、〇〇〇斤	三〇、〇〇〇斤	二〇〇、〇〇〇斤	二三〇、〇〇〇斤
十六年	最高價	二八・〇〇	一四〇・〇〇	五八・〇〇	四九・〇〇
	最低價	二四・〇〇	一三五・〇〇	三五・〇〇	四七・〇〇
	產銷總額	三、二〇〇、〇〇〇斤	一〇、〇〇〇斤	一八〇、〇〇〇斤	一七〇、〇〇〇斤
十七年	最高價	二九・〇〇	二五八・〇〇	八〇・〇〇	五三・〇〇
	最底價	二六・〇〇	二五〇・〇〇	七九・〇〇	五一・〇〇
	產銷總額	三、〇〇〇、〇〇〇斤	五〇、〇〇〇斤	一五〇、〇〇〇斤	一三〇、〇〇〇斤
十八年	最高價	二四・〇〇	二八〇・〇〇	一一〇・〇〇	八〇・〇〇
	最低價	二〇・〇〇	一六〇・〇〇	一〇〇・〇〇	七五・五〇
	產銷總額	二、六〇〇、〇〇〇斤	三五、〇〇〇斤	二〇〇、〇〇〇斤	二一〇、〇〇〇斤
十九年	最高價	二一・〇〇	二四〇・〇〇	一二〇・〇〇	九二・〇〇
	最低價	一七・〇〇	一八〇・〇〇	一〇〇・〇〇	九三・五〇
	產銷總額	二、四〇〇、〇〇〇斤	八九、〇〇〇斤	三〇〇、〇〇〇斤	二七〇、〇〇〇斤
二十年	最高價	一七・七〇	七〇・〇〇	一〇〇・〇〇	八七・〇〇
	最低價	一四・五〇	五五・〇〇	八〇・〇〇	八三・〇〇
	產銷總額	二、一〇〇、〇〇〇斤	一〇〇、〇〇〇斤	二八〇、〇〇〇斤	二一〇、〇〇〇斤

二十一年	最高價	一一・〇〇	二五・〇〇	八〇・〇〇	四二・五〇
	最低價	八・五〇	二三・〇〇	六〇・〇〇	四一・〇〇
	產銷總額	二、〇〇〇、〇〇〇斤	一、〇〇〇、〇〇〇斤	二五〇、〇〇〇斤	一八一、〇〇〇斤

至甘草俗名西草，除一部爲山西北部生產外，餘皆爲鄂爾多斯所有，其銷路多從天津輸出國外，有一部運售於內地，但數量甚佔少數。大戰後美國購入中國甘草甚多，因製造口香糖及香煙，均需甘草，因此一九一九年至一九二一年中國甘草出口特盛，一九二一年至一九二二年甘草市價忽落，一九二三年又轉活躍，原以供給歐、美甘草著名之土耳其，彼時因缺貨之故，而致中國甘草出口特旺。茲據海關公布出口甘草數量及價值列表如下：

年別	擔數	值關平銀
一九〇八年	一七、一〇三	一九〇、四五五
一九〇九年	一九、四七二	二〇五、二九七
一九一〇年	一九、三九三	二〇一、一三八
一九一一年	一八、〇九九	一八三、一七二
一九一二年	一九、三三四	一七九、八一一
一九一三年	三六、五六二	四四九、二九五
一九一四年	三七、二八四	三六七、八四〇

一九一五年	四四、九三六	四四九、八六三
一九一六年	四九、四六七	四八七、九二一
一九一七年	八六、六七九	七八九、九四四
一九一八年	五九、三二五	六九四、〇二六
一九一九年	一四七、三八三	二、二八五、一一四
一九二〇年	一〇五、九五八	一、六三五、三三七
一九二一年	一五五、一二四	二、三八四、四〇五
一九二二年	三三、二八三	三七五、四四〇
一九二三年	七五、九八七	一、〇四四、五三七
一九二四年	四四、五三一	六三〇、二〇七
一九二五年	四三、九六五	四七五、七七九

上表所列，爲整個中國甘草之輸出量但其中由熱河、西藏、青海所輸出亦有，爲數甚少，因品質不及鄂爾多斯高原所產之優良，不甚爲外人所歡迎。一九二三年，總計鄂爾多斯之產量爲五百餘萬石，一九一七年與一九一八年之產量爲八百萬石，因此綏西各盟旗王公，凡有甘草生產之區域，均能取得大批之租銀也。讀者既知綏遠藥材佔貿易出口貨之大宗，但各縣之出產量如何，故列下表視之卽可知矣。

綏遠各縣藥材產量表

縣名	種類	產量	備註
豐鎮縣	大黃	年產二萬餘斤	
	黃芪	一萬斤	
	防風	一萬斤	
	黃芩	六千斤	
	甘草	五千斤	
	柴胡	四千餘斤	
興和縣	大黃	九千餘斤	
	黃芪	二萬餘斤	
	甘草	一萬斤	
	黃芩	一百六十斤	
集寧縣	大黃	一萬餘斤	
	黃芪	一萬餘斤	
	防風	八千斤	
	甘草	八千斤	
涼城縣	黃芪	一千斤	

	防風	五百斤
	甘草	一千斤
	赤芍	一千五百斤
	羌活	六百斤
	大黃	五千斤
陶林縣	防風	一萬一千斤
	大黃	二萬五千斤
	黃芪	三千四百餘斤
歸綏縣	黨參	八千餘斤
	防風	一萬二千斤
	赤芍	八千三百餘斤
	黃芪	五萬八千斤
	甘草	九萬零五斤
	蓯蓉	二萬一千餘斤
	大黃	三千斤
包頭縣	甘草	一百二十萬斤至二百五十萬斤
	肉蓯蓉	十五萬斤

按上舉產量係就各藥店營業之數言實則除本縣所產外餘多由甘寧及包西一帶運來

枸杞	十五萬斤
鎖陽	數萬斤
羌活	數萬斤
大黃	數萬斤
當歸	數萬斤
黃芪	一萬斤
苦豆根	未詳

武川縣

峪黃	十五萬斤
黃芩	十萬斤
防風	五萬斤

薩拉齊縣

地骨皮	約三萬斤
甘草	約二萬斤
車前子	約一萬斤
葶藶子	約五六千斤
蒼耳子	約五六千斤
萹畜	約五六千斤
生軍	約五六千斤

肉蓯蓉	約三千餘斤
天仙子	約二千斤
黨參	約二千斤
荊芥	約二千斤
蒺藜	約二千五斤
柴胡	約一千五斤
防風	約一千五斤
黃芪	約一千一二百斤
枸杞	約一千一二百斤
當歸	約一千一二百斤
夏枯草	產量最少
討思浩	同上
苦參	同上
土大黃	同上
黃耆	同上
杏仁	同上
赤芍	同上
黃芩	同上

毛桃仁	同上
薄荷	同上
山豆根	同上
紫花	同上
蒲公英	同上
知母	同上

托克托縣

甘草	二千六百斤
枸杞	四千二百斤
地丁	一千四百斤
麻黃	一千八百斤
大黃	二千二百斤
車前子	二千斤

和林縣

甘草	約十萬餘斤
黃芩	未詳
黃芪	同上
大黃	同上
柴胡	同上
芍藥	同上

	枸杞	同上	
	防風	同上	
	地骨皮	同上	
	冬花	同上	
	麻黃	同上	
	茴香	約六百餘石	
清水河縣	甘草	一萬餘斤	
固陽縣	甘草	未詳	每值春初有人採取每人可日採五六十斤年產未詳
	黃芪	同上	
	知母	同上	
東勝縣	柴胡	六千餘斤	
	大黃	未詳	
	黃芩	同上	
五原縣	甘草	一萬斤	
	防風	六千八百斤	
	黃芪	四千七百斤	
	大黃	六千三百斤	
臨河縣	甘草	五萬斤	

肉蓯蓉	三萬斤
鎖陽	一萬斤

安北設治局

甘草	十三萬七千斤
鎖陽	三萬三千斤
柴胡	五千斤
蓯蓉	四千六百斤
大黃	四千斤
黃芪	二千斤
山豆根	一千二百斤
黨參	九百斤

沃野設治局

甘草	未詳
枸杞	同上
鎖陽	同上
柴胡	同上
髮菜	同上

按產藥地區多爲現今設治局統轄所不及故產額不詳

第六節　園藝

綏遠地曠人稀，對於需要多工之園藝作物，不暇顧及，本無足怪。但亦有人從事蔬菜果園藝者，惟經營花卉園藝者絕少。蔬菜園蔬各縣城廓及各大小市鎮均有以之爲專門事業者，就中猶以畢克齊村、歸綏縣及包頭鎮爲最著。所種菜蔬種類頗多，如白菜、包菜（卽洋白菜因此種係從外洋輸入者）、珠莖甘藍、甜菜、菠菜、芹菜、芫荽、韭菜、茴香、蘿蔔、蔓菁、茄子、辣椒、葱、蒜、西瓜、南瓜、東瓜、香瓜、菜豆等，大概內地所有者，綏省亦能種之。惟蘿蔔含水太少，不及內地所產者嫩輭。而包菜茄子兩種，均較內地產者體大質良。蒜頭掘出後，將蒜苗織成辮形，蒜頭排列成二直線，整齊美觀，爲他處所未有。後山之地，氣候稍寒，不能栽培辣椒、茄子、大蒜等，故後山居民所食辣椒、茄子、大蒜等，須由前山運去，其價甚爲昂貴。至栽培方法，亦頗精細，整理土壤後，卽分區作畦，畦邊作壠，以爲灌溉潴水之用。畦與畦之間，須作小溝，以爲引水入畦路徑。菜在生長期內，常常灌水施肥。灌溉大概每二星期一次，肥料多用人糞。此城市之大概情形也。鄉村人家栽培蔬菜極少，此爲綏省農業生活之一大缺點。果樹園藝，少見多營者，大概爲農家副業，栽培者亦不多。歸綏南二十餘里白石虎地方，蒙人有一果園，果樹有水李（有已接者果子較大，未接者果子甚小，澀性甚重）、櫻桃（全未修枝）、棠梨、葡萄等，關於修枝作架，預防病害蟲，施肥灌溉等，俱不講求，一聽其自然生長而已。畢克齊所種蘋果、棠梨，果子甚大，據謂該果苗皆購自內地隣省者。

河套一帶樹木，以紅柳最著，套中榆、楊、柳頗繁，而紅柳又叢生偏野。套人用爲羊圈、苫屋、編筐簍，用途甚廣，無異南方之竹。枳箕草亦爲套中特產，彌望皆是，高七八丈，性韌而堅，可製草帽及蚊扇帶，或云可以造紙。套中吸烟者以代紙拈吹火之用。

第七節　森林

綏省森林極少，惟烏拉山、大靑山、蜈蚣壩各有天然林一片，種類有油松、黃柏、白楊等樹。又包頭鎭東北嘉納溝附近有一大段灌木叢林，內中雜生白楊柳，若嚴加保護，將亦可成爲經濟林。黃河沿岸，隨處尙有天然叢林。胡雞爾梁北面山嶺叢林尤多，現皆任人濫伐，殊爲可惜！若加以保護，亦可成爲保安林，進而爲經濟林。蒙古各寺院傍之古木長林，卽由此叢林保護而成者。包頭鎭東南轉龍藏有楊樹百數十株，大可二三圍，高數十丈，喬林古木，河山爲之生色。距歸綏縣東南十餘里之大小台什、徐家沙梁、榮房小營、小場圐圙、討號板等村，縱橫十餘里間，農家多種白楊，行列整齊，春夏秋綠葉濃蔭，風景宜人。其樹木生長大概五年生白楊，直莖大約一寸，十年生大約二寸，二十年生大約五寸，六十年生大約二尺餘。林木生長之速，可以概見。後山之地，林木較少，固陽縣附城植有榆樹數千株，五原縣各處亦各植樹多少不等。武川縣福如東村有榆樹數十株，此外各鄕村間有樹木一二株，鳳毛麟角，實不多見。大靑山山脈橫亘綏遠境內，盡是童山，惟平綏路磴口車站，有新造小林一段，生機勃勃，可見該山尙有造林希望。惟綏省運輸不便，木材稀少，故價値極貴。榆木長及七尺寬一尺厚二寸者爲一料，在歸綏可値二元，柳木一料亦値一元，本地雖冷而樹木易長，一尺對徑之樹生長不過三十年，每株可售三十元。故綏遠若能提倡植木於高山坡谷，分別栽植人造林，則可調劑氣候，保護土壤，供給未來木材之需要也。

第八節 礦產

綏遠之礦產，爲西北諸省冠，各種煤蘊藏之多，鹽碱產量之豐，均足爲未來經濟與工業之資源。

一、煤產 綏遠因境內多山，故煤產頗豐；惟所產者大半爲烟煤，無烟煤之產量較少。年來綏遠當局因日人勢力之東漸，努力於自衞自救之不暇，開採工作，不免略有廢弛。

綏省煤礦已發現者頗多，如壩口煤田，地在歸綏城正北，爲北通蒙古之要道。卽古之白谷道而今之所謂吳公壩。然煤分甚薄，無過三寸，灰分太多，無大希望。其他如：

（甲）察素齊北山煤田 在畢克齊之西，約當托克托縣之直北。眼兒溝、大西溝、萬家溝爲此煤田出煤最多之處。據地質學家翁文灝估計，此三溝無烟煤儲量有六五〇、〇〇〇、〇〇〇噸。有三寶公司、萬豐公司開採。

自此以西煤田倘連續無已。

（乙）薩拉齊北山煤田 在薩拉齊西北，有水澗、阿刀亥、斗林沁等之山溝，溝道寬大，如天然之交通要道，所以山中之煤，亦最爲發達。煤質係烟煤，在薩拉齊左右一帶，大青山之前面，北去四五十里，藏有煤田，均被高山遮被，現在還未開採。至其礦層有厚至二丈五者。

(丙)畢齊克齊北山煤田　此煤田在歸綏城西七十里地方，統當托克托縣之直北偏東北山又在畢齊克齊北十餘里之地方。此煤田在東自水磨西至黑牛溝之中間。現在開採者，多在興隆溝及烏蘇溝。煤之發揮量較大，本地人呼爲肥煤。

(丁)五當溝煤田　五當溝在包頭之東約百里地方，此煤脈與薩拉齊煤田相連，地勢平坦，容易採發，在此煤田西數十里之石柺子地方。翁文灝估計此處有烟煤儲量一、二〇〇、〇〇〇、〇〇〇噸，有漠南公司開採，出煤甚多。

綏遠煤礦之開採，多用土法，以驢馱運，採取雖易，運輸甚難。但綏省煤質極佳，着火即燃。若用新法開採，將來不但足供本地工業上使用，及農人以煤代糞之用，且可有餘量外運。茲據調查所得，列表如下：

綏遠近年來之煤產額表(單位噸)

種類	民國二十年	民國二十一年	民國二十二年	民國二十三年
無烟煤	二三、三〇〇	一三、九六〇	八、六二七	九、八二七
烟煤	六四、四〇〇	五四、〇〇〇	四四、〇五六	三〇、一四四
褐煤	三、五〇〇	一、二五〇	四、〇五六	一八、〇〇〇
合計	九一、二〇〇	六九、一五〇	五六、七三九	五七、九七一

煤在綏遠爲主要產物，如固陽、歸綏、集寧、陶林、興和及安北等縣，均爲著名之產地。在二十年時代，年產尚爲

九一、二〇〇噸，但二十三年時，則僅出產五七、九七一噸。

二鐵礦　綏遠鐵礦，則以固陽一帶蘊藏至爲豐富，但爲經濟所限，尚未開採。茲據西北科學考察團，道經茂明安部之白雲鄂博，發現亘大鐵礦牀，估計礦量可十三萬萬噸云。

三鹽產　綏東涼城縣東四十里，有一大湖，南北皆爲山地，東西則平坦曠野，一望無際，然皆高於湖面，居民名曰「大海」。相傳從前係一大坑，坑底蓄有少量之水，大概此地較四面略低，所以鄰近河流一貫而入，以成是海。此海東西長四十餘里，總面積八百餘方里。由海邊往西二十餘里，往東三十餘里，南至山根二十餘里，北至山底二十餘里，因受海鹽之作用，沿邊皆不生草，附近河流，大半流入此海。其中公龍河，五號河之水內含有食鹽，水流所及，草不生芽，居民苦之。且河流兩岸，因受鹽之作用，土頓變爲白色，每遇大風，將土吹入民田，禾苗被害，無法防預。

在庚子以前，本地人不知鹽之作用，自庚子後，外人接踵而來，搜求利源。大海之西，有「香火地」者，爲涼城最著之天主教堂，有比國教師三人，偶赴海邊閒遊，見土色灰白，心異之，乃將白色土溶於水中，澄清嘗之有鹽味，始知內含鹽質，即取此海之土，依法製鹽，結晶白潔，外人擬大規模開採製造，爲本地人反對，未能實行。居民自是漸知其利，均出而自熬，仍用外人試驗方法，濾得之水，以鍋熬之，即得白潔之鹽，迄今已爲綏遠之大富源，因製鹽皆用土法，故出產量不甚豐豐也。

鹽產既爲綏遠之一大富源，然自歐洲教士始發現煮鹽之利，民國八年前後，熬鹽之家逾百，徒以高稅壓迫，今僅存數十家而已。

至綏省主要產鹽地爲百鹽地、貢吉拜申、紅鹽池、大海灘等地；單就大海灘一處，每年可產鹽二百五十多萬觔，行銷於大同、歸綏、豐鎮……等地。茲將綏遠各縣鹽產，調查所得，列表於後：

綏遠各縣鹽產表

縣名	產鹽區	品質	產量	備考
豐鎮縣	一在第二區大海灘之岱海泊 一在第三區二蘇木之二蘇木海子	色白味鹹	共約一萬五千斤	
集寧縣	在第三區之中特拉周圍	不佳	不豐	
涼城縣	在岱海灘之岱海泊周圍	色白味佳	一百餘萬斤	
歸綏縣	在第二區內	土鹽	五千七百餘斤	
	在第四區內	土鹽	二萬三千餘斤	
包頭縣			二萬八千餘斤	
武川縣	在第七區達石素涼村附近		極豐富	
薩拉齊縣	在板申氣灘內	土鹽	未詳	
	在公積板村南有鹽灘一處	味略苦	日產八百餘斤	

托克托縣	在第一區之東西鹽房村	土鹽	六十餘萬斤
和林縣	在第三區之前猛獨牧郭林一間房章蓋營子等處	土鹽質尙佳	約二萬斤
固陽縣	在第二區之老爺廟圪下	土鹽	月產一萬餘斤
	在第三區大鹽海子	土鹽	月產一萬餘斤
東勝縣			
五原縣			
興和縣			
安北設治局			
沃野設治局			
興和縣			
陶林縣			
包頭縣			
清水縣			

四碱產 綏遠碱產，頗爲著名，爲蒙古之特產，凡低溼之地，湖沼及其附近之處，無不產出。如杭錦旗碱湖有五，年產約二萬擔；鄂托克旗碱湖有四（東碱湖在內），東碱湖年產約三萬擔左右；其餘各湖年產約四千三百

二十萬斤。

綏遠有天然鹼由地下湧出，宛如生石灰之風化而呈灰狀者。又有如霜雪下降而敷於地面之上。噴出極盛之期，每日堆積地面約二三寸之厚，採取後仍復原狀。產鹼處每斗四五十斤約值四五角。綏遠各地頗有鹼沼，鄂托旗有天然生成重量數百斤者。故綏遠之鹼產，其數量之多，冠於全國。

五寶石　綏遠寶石產地，一爲陶林之黃花各峒寶石礦產水晶、黃玉、綠寶石；一爲固陽東北之賽林忽峒寶石礦，自民國十九年開採獲茶晶及紫晶約四千多斤，後至資本缺乏而停採。

綏遠除上列之寶石產外，尚有歸化城東北二十里紅山口下產石墨，薩拉齊縣四五里山峽間產石綿。

第九節　結言

吾國久負地大物博之名，而國家財政支絀異常，外債之多達二十萬萬元。國際貿易，尤有輸入超過輸出之患。最近十年，每年輸入超過一萬萬餘兩，計當其總數達十五萬萬以上。如此巨款足償外債而有餘。考輸入超過之原因，不外國內工業之凋疲。工業凋疲之原因，亦有可得而言：關稅不皆自主，對於自國工業不能施行保護政策，一也。官吏徒知搜括民財，而不知施行經濟政策，二也。資本家只知居租界，享安樂浮華，爲外人開銷路，而不肯自與實業，三也。年年戰變，人民不能安治產業，四也。嗟夫！軍閥政客相鼓相盪，戕賊民生，斵喪國脈，目的何在，百思不解！水旱交乘，野多餓莩。國脈之凋殘極矣，人民之困苦深矣。徵糈則千萬一擲，拘役則十室九空。人民何辜，遭茲慘黷。外復強隣交迫，邊塞易主，綏遠國防重地，萬有一失，亡國滅族，可日而待矣！蓋望神叢喬木者，則興懷土之情；睹珍玉寶藏者，亦隆切齒之哀，是以培元固本之道，當作實邊振興之謀。但求屏障之地不委於強隣；膏腴之區，不淪於磽壤，上思祖宗開創之苦，近維先烈經營之勞。吾輩後死者，守先待後，固當抱舍我其誰之志氣，事在當仁，寧容多讓也耶。

第十二章　綏遠之農業

第一節　概說

綏遠農業之發展，雖以深居內地，氣候寒暑俱烈，其耕作之地，僅及全土百分之三・四，遠遜於江、浙諸省，然地當黃河支流黑水河、黃水河、紅水河、清水河等流域。於光緒初年，鑿幹渠八，其中永濟、通濟、豐濟、長濟、義和等五渠，每渠長百餘里，可灌溉之田約四十萬畝；而塔布、剛目、沙田三渠，每渠長數十里，可灌溉田地約十餘萬畝，幹渠之外，支渠復多，可灌溉之地，亦稱是八渠。雖其年雨量較少，不足供農作物之所需；若得水灌溉，悉成沃壤，惜彼時官多貪墨，重取民財，而漠視水利，至各渠相繼淤塞，後以華洋義賑會之援助，完成民生渠，並闢支渠多道，因此而可灌漑之農田已達一百五十萬畝，若以人工推行灌漑，其成效自可逆睹。蓋夏季亢熱有雨，生長季節尚長，地土荒曠，肥沃久蘊於地中，而人工低廉，地價極低，頗足藉以發展外充式之農作，其農產以小米、高粱、大麻、亞麻子、油菜子、小麥（春種）、燕麥、蕎麥爲最重要。小麥及亞麻子因人口稀少，消費有限，大宗輸出。

如政府積極推廣灌漑制度，則河套一帶，地勢平坦，而河流錯綜，頗可利用，且其乾燥之程度，既不如印度西北部之信德沙漠，亦不似非洲埃及之沙漠地帶，則其建設大規模之灌漑制度，自較二者爲更易。而生產殷富，頗足消納內地過剩之人口；並可供給大量之農產，以爲食用及工業上使用之良材。遠則唐代曾行屯墾，頗能供給大量之軍糧，一則防邊，一則自給。近則清季，亦曾以墾殖盛行一時，若能遠規唐制，近師清末，兼採印度、埃及及灌漑之方法，則可墾之地，當十倍於今，而其土地之生產力與負擔上，必能消納數倍於今之人口，則山西、陝西、河北諸省，可以調劑有無，無兇荒之可慮。

第二節　綏省之土壤

歸綏平原及後套一帶屬於黃河沖積層。黃河以陰山地層隆起，經急轉直下而向南行。故今陰山以南土壤，含有黃土及沙壤。河流迂緩所在，又得淤積之黏土，極爲肥沃。由陰山流下之溪川，大多入於黃河。由此等溪川沖積而來之礫石及粗沙，往往成一厚層。故有許多表土較薄地方。雖然表面瘠劣但一經深耕之後，與黏壤混合，即能耕種。

在綏遠東北部大半爲新生代岩層，以白堊紀爲最發達，並產古代生物，以沙岩泥岩灰質泥爲最普通。南部較幼，北部爲戈壁消蝕平面。鋪有許多風蝕殘留之石子。滂江成一侵蝕窪地，完成在冰期時代。至綏遠正北烏蘭察布盟內，有大部花岡岩塊與變質岩。戈壁之古岩層褶疊頗烈，所展區域頗廣，其上部新岩層甚平坦。豐鎮一帶，多片麻岩，上覆以玄武岩，而下含紅色頁岩與沙岩。大青山一帶煤田附近之岩層，除火成岩外，有元古界之五台系，石灰紀煤系，侏羅紀煤系與砂岩第四紀之泥炭層及沖積層。大青山之構造屬於由南而北之水平運動。此運動在賀蘭山附近爲自西而東之方向。然後往北造成大青山、狼山、烏拉山之大皺褶。往南湧起秦、晉諸山，往東湧起晉北及豐鎮高地。

鄂爾多斯草原及烏拉山、陰山北麓之新墾土地與荒地，皆含有極豐富之有機物，最稱肥沃。此等肥料來源，乃以大量腐草及畜糞貯積。無須施肥即可豐收。五原一帶土質，純係黃河運積土，有水則大雞糞，無水則硬如石子。掘土四五尺，即可湧泉。淤泥沖積尤美。土默特旗舊屬各地，以太古界東北所習見者，在綏省多缺而不備。故地層系統實爲簡單。據普通所見土壤，歸綏多沙質，豐鎮多黃土質，黑土較少；薩拉齊紅土、黑淤土、黃沙土均有；包頭黏土、淤土爲最多，生產力較強；五原則爲沙土及黏土之混合質；武川土係黃土而疏鬆；集寧河土、黑土均有；興和沙土質較多，泥土少；涼城全屬河土；陶林河土、沙土均有；和林多黏土；清水河係黏土及河土質；托克托分黏土、黃土、河土三種，河土亦稱半鬆土；固陽沙質最多；臨河黃土最多，皆由河水沖積而成；安北東部多黏土，西部多沙土。此綏省土質之大略也。

第三節　綏省之氣候

綏遠大青山以南，所謂前山者，氣候比較溫和，以十年來考查，平均溫度在攝氏七・四度；十一月至十二月間，平均溫度在零下七・二度；三月至十月為較暖之月，至七月溫度乃達二十四・三度。農事僅在五、六、七三個月；四月南風始至，堅冰初解，五月驟暖，六月而花，七月而實，一歲之功，畢於此矣。八月而後，肅霜殺草，九月即有冰雪，直至翌春方能耕作。前山一帶，清明時下種，至白露時則悉行收穫。故其作物生長期約一百八十日。綏區雨量，由十一月至四月間甚為稀少，五月至九月間雨量較富，全年約四百九十公釐，只能經營旱農。惟河套一帶，農民引渠以灌溉，不徒賴天雨也。茲將綏省年中氣候之變化，及雨量之多寡，列表如左：

月份	溫度（攝氏）
一月	-11.6
二月	6.3
三月	0.6
四月	8.4
五月	15.5
六月	20.9
七月	24.9
八月	22.4
九月	15.9
十月	8.9
十一月	-1.1
十二月	-9.6

雨量（公釐）	5.3	53.4	12.0	7.5	27.3	74.4	84.2	100.4	91.4	25.8	4.1	5.1	490.9

綏遠雨量既少，不足供農作物之需要，故其地有專藉黃河或山麓之水而耕種之，於是有旱地、水地之分，更有旱農制及灌溉農制之名稱焉。行旱農制者，今年栽種，則明年必須休閑，或連種兩年，第三年休閑，其原因爲積二年之水於土壤，供一年種植之用，或積三年之水，供二年之用。水地有灌溉之利，故每年可以種植，又有一種特別之農制曰遊農制，其意蓋非固定土著，卽今年在甲地租田種植，俟收穫後，仍還家鄉，明春則往乙地租田耕種，如此遷徙無定，蓋地廣人稀，有以致之。此種遊農制，極不利於農業，因耕種者不負責任，以其明年不復至原地方故也。

第四節　農業與水利

綏遠南部之雨量，雖耐乾燥之農作物，可以種植，然水分供給，不甚充分，作物之收穫，難至極大之限度。黃河等川經行域中，渠道縱橫，頗可利用，以極灌溉之效能。蓋土壤中之養分，植物不能直接吸收，必須水分稀溶爲液體，方可利用，故乾燥之地，其土中之養分，未必少於發達生長之區，惟以水分供給不多，致土中之養分，不能溶解以供植物之吸收，若加灌溉，則水分之供給頗能及時，不致過多過少，而天氣晴朗，生長暢旺，其生產力有時或高出通常之土地因後者利用已久，基於報酬遞減之原則，若非濟以施肥等方法，難以維持原有之生產力，而久經荒曠之地除特殊情形外（若岩石風化後，其土壤之組織，本不肥沃，或不能保持土中之肥沃），土中所含之成分，尚少使用，一旦啓發，若耕作有方，管理得法，則其生產能力，自非利用已久之土地所能望其項背，常見沙漠中之水草田，其生產力超越尋常，卽以此也。綏遠南部之水利，有黃河支流黑水河黃水河紅水河淸水河等，供給水源，而支渠貫通其間，水源豐富，不虞困乏，固可取用不窮，且地下水位甚淺，掘地三四尺深，卽可得泉，較諸沙漠中之掘數百尺（甚或至數千尺）深之深井，其難易相去，不啻霄壤。而河流源之不絕，亦非其他水源稀少之地區所可望其什一。故就水利言，綏遠南部之河川，頗足救濟雨量之不足，故其農產極有發展之可能也。

第五節　主要農產品

綏遠南部之緯度雖較高，但較諸歐洲之意大利北部及新疆準噶爾盆地之緯度，尙稍南。綏遠南部冬季雖寒，然寒而多雪，亦無大害，且其生長時期約一百八十日，以視歐洲之芬蘭北部，北美加拿大之西部，其生長時期猶高過之。卽年雨量不甚多，然黃河之水量較中央亞細亞之恃河川上游之溶雪爲灌漑，與印度之西北印度河流域之灌漑情形，尚不及綏遠之南部。若坡谷方向，則亦甚佳，較諸加拿大之北部平夷，無以屏蔽北方之寒氣，瑞典之山在西側，不能極日光之利益。然諸國或善謀利用，使自然環境之限制減低；或改良品種，使生長季節之儘量縮短，於農業之發展，均多少受相當之成效。若綏遠果能善爲利用，則今日農作地，僅及全土百分之三四，雖不能如蘇浙之農作面積達百分之五十左右，然增廣之兩三倍，則尙易爲力，而作物方法改善，使產量增加數倍，則異日華北之民食，或以綏遠爲挹注，亦未可知。至綏省主要之農產品，則爲小麥、蕎麥、小米、高粱、胡麻及其他如醫藥之黃耆素食品之口蘑等，於市場均有相當之經濟地位，此外尙有農產或產量不多，或利用未盛，未及縷述也。

第六節 農業與工商業

工商之繁榮與農產之豐歉，有極大之關係，農產豐則農村之經濟收入亦豐，歉則反是，因生產量之多，得有餘額以輸出境外，以之運輸，則交通盛，以之交易，則商業繁，同時如農民之經濟充裕，購買力增進，而其情形適與前相似，輸入之貨品遂亦增，商業頻繁，百貨流轉，市場有繁興之勢。今包頭等埠，其貿易品多屬獸產品（如皮革、皮毛、毛、骨角等），若農業及工業發達，則其市場上之貨物，當倍蓰於今日，而市面情形，亦可想見。

工業或就城中之物產，或就其需要而製造之，小麥之碾爲麪粉，製爲多種食品。高粱蕎麥之釀造各種酒類（外國之威士忌酒，卽用蕎麥等釀成），既可供給國內之需要，復可以低廉之價格，優良之品質，輸出國外。胡麻之榨油與紡織用之纖維（比利時、英國本部、荷蘭等之麻織工業，胡麻之纖維供給頗爲重要，可製精良之手帕、麻布、毛織物——與毛混合製成，窗帘等用），均可利用境內之物產，以爲振興工業之原料。而毛類產量甚多，與亞麻所產纖維混合，頗可製成多種毛織品。一方發展其區域性之工業，免原料輸出國外，使利歸他人；一方利用西北之特殊地位，爲發展之市場，爲國民裕生計，爲社會謀繁榮。而西北之移民，不待獎勵而自盛，其直接之效果，而轉變綏南之經濟社會與農村情形，間接則發展西北，充實邊陲，鞏固國防，端賴於此。

第七節 農業與交通

綏遠之交通，爲西北最便利者；因黃河上游以吸收西北之皮筏，使之集中，因平綏路以通平津，聯絡華北諸省，再由平綏轉同蒲路，以縱貫山西，經風陵渡而至潼關，以與平漢、津浦、隴海諸線相聯絡。而其吞吐能力，可遠及於黃河兩岸及長江流域，同時復以隊商與西北諸省相交通。其交通之形便，於農業之發展，頗有利益，機械肥料之輸入，人口之移動，工商貨物之出入，均極爲便利，或出平津以至國外，或經同蒲以至隴海路而深入黃河兩岸，或因隊商以貫通西北。其地位與交通，均足使綏遠充分發達。若廣延人才，利用資本，招集墾殖，發展工商，則其將來之繁榮程度，正未易限量。

第八節 綏省之農村

以上數節所述，完全係綏遠農業方面情形，呈無限之希望，使讀者無任欣慰。然觀其農業經濟上，實有令吾入注意者，如下表所示，即可知矣。

類別	農戶		所有耕地	
	戶數	百分數	畝數	百分數
私有耕地 有地一〇〇畝以上者	二一、四七四	一九·二六	四、五八二、〇二二	五六·一六
私有耕地 有地五一——一〇〇畝者	二三、七〇九	二一·二六	一、七四八、〇〇二	二一·四二
私有耕地 有地三一——五〇畝者	二六、三六九	二三·六五	一、〇六九、七六二	一三·一一
私有耕地 有地一一——三〇畝者	二三、〇〇九	二〇·六三	五一七、六〇二	六·三四
私有耕地 有地一〇畝以下者	一六、九五〇	一五·二〇	一二〇、六二五	一·四八
所有耕地			一二一、七一八	一·四九
總計	一一五、五一一	一〇〇·〇〇	八、一五九、七三一	一〇〇·〇〇

由上表所見，可知私有耕地一〇〇畝以上至一一畝至三〇畝之農戶，其所有之戶數，均無大差別，惟所佔有之耕地，相差甚遠。由此種土地關係上言，則知綏遠之農業經濟，仍以封建制度爲主位，因私有耕田一〇〇畝以上者爲二一、四七四戶，而所有耕地則爲四、五八二、〇二二畝，最明顯者，所有耕地仍大部在私有耕地一〇〇畝以上者所把持，此種土地關係，正含有甚濃厚之封建意義。此與資本主義制之土地關係，私有耕地之大地主戶數甚少，而所有之耕地，其大量集中之情形，極爲不同。然由變動方面觀察，可知私有耕地五一至一〇

〇畝者爲二三、七〇九戶，三一至五〇畝者爲二六、三六九戶；前者所有耕地爲一、七四八、〇〇二畝，後者爲一、〇六九、七六二畝，此又正爲封建制之土地關係，在逐漸傾向於資本主義制之說明；不過此種分解過程，現尚未至極端分化之狀態也。

第九節　農業建設之實況

綏省僻處邊隅，文化晚開，一般農民墨守舊規，農業簡陋，農產落後，以致豐年出路滯澁，而成粟賤傷農之象，凶年赤地千里，而有凍餒交迫之虞；該省建廳有鑒於此，遵照部頒農業推廣程規，參酌本省實地狀況，察其緩急，權其輕重，訂定改進農業實施程序，逐漸進行，以達推廣農業及增加生產之目的。茲將該省實施情形分述於下：

一　工作實施範圍及經過情形

（甲）採購各種新品種　耐旱作物如改良小麥、藍麥、燕麥、大麥、麥魚、蕎麥、馬牙、玉米；農藝作物如黃豆、亞麻、大麻、菸草、甜菜等。

（乙）劃定推廣農區及所宜推廣品種　如旱農區域，應推廣各種耐旱作物，水利區域，應推廣各種工藝作物，鹼地區域應推廣各種豆類及甜菜。

（丙）舉辦農業文化事項　每年春舉辦短期農民訓練，各縣遵照辦法，選送誠實自耕農三人至五人，授以各種簡易農業科學知識，以資提高智能，俾達農業科學化之目的。現已辦至第十期，共計畢業農民七百餘人。

（丁）業務進行狀況　於每年春，委託各省縣農林試驗場及各縣受訓畢業農民，試種各種耐旱作物及工藝作物，由各縣農業推廣指導員及鄉導員遵照推廣方案及指導方法，負監督指導之責，每三月表報一次，以憑核飭，並於每年秋收後，責成各縣徵集各種農產，以及委託推廣各品種，先在本縣舉行比賽，擇優送省開會比賽，凡經審查委員會委員審查，確屬優良者，分別給予獎金、獎狀，以昭激勸，而資競進。截至上年秋，舉辦計已六屆。至於推廣新品種面積，全省各縣迄今已達十六萬餘畝，較上年增加七倍有奇。歷年推廣比賽情形，及各試驗場成績，編印報告書，分贈各界，藉廣宣傳。

二　省縣農林試驗場工作概況

（甲）對新品種試驗目標

1、第一步區域試驗、氣候試驗、土壤試驗；

2、第二步增加產量；

3、第三步改進品質。

（乙）對舊品種試驗目標

1、第一步變劣爲優；

2、第二步增加產量與改進品質；

3、第三步提高抵抗外界一切能力，如耐旱、抗寒、抵禦病蟲等害。

(丙) 採用方法

1、改進耕作方法；

2、施行選種與秋收時採擇母本；

3、施用適宜肥料。

(丁) 現有成績

1、綏遠省農林試驗場　農業部計分四區：

a、普通作物區　計面積八十畝。所試作物，為秋小麥，改良小麥，改良大麥，改良燕麥，玉蜀黍，豆類。現在已將第一步與第二步之試驗完全成功，正進行第三步試驗。凡經第一步第二步試驗成功者，均已編印報告，散發各縣，逐漸推廣。

b、工藝作物區　計面積二十畝。試驗作物為甜菜、大麻、菸草等。現第一步與第二步之試驗完全成功；其已成功之甜菜，每畝可產一千五百餘斤，現正試簡便製糖之法，一俟成功，即行推廣。其他品種，於本年亦已開始第三步之試驗。

c、蔬菜區　現在多數已將三步試驗完全成功。

d、果樹區　計一百一十餘株，大部分均已施行嫁接，成活率平均在百分之八十以上。

2. 各縣縣立試驗場　一等縣十畝，二等縣三十畝，三等縣二十畝，均採農林各半分區試驗，其所試驗之品種及方法，完全與省試驗場，採一致步驟，以便督導。現在均已將第一步試驗成功，除努力於第二步試驗外，並將第一步成功各籽種，推廣各村播種，期收普遍之效。

3、薩縣新農試驗場　自民國二十一年一月起至二十九年止，計分兩期，第一期以開荒從事興辦水利，孳生家畜，建設農莊，招選農民，分配農區，並興辦家庭工業及合作等事業，第二期取農莊工作新村集居制度；同時從事改良籽種，改良及推廣畜產，改良農具，以及擴充農村教育，農民自衛團，並建築道路、橋梁、醫院及商店等，以達領導民衆改良農牧，建設自治、自衛、自養之新村目的。現在第二期工作開始，所有預定第一期之工作均已次第完成。

第十節　結言

常人每以綏南地寒而雨少，遂疑僅宜於牧而不宜於農，不知植物在寒地極限之內，其產量向寒地有增加之勢，歐洲之比利時，美洲之加拿大，實繁有例。蓋寒則病菌毒蟲之活動能力小，人民之體力與腦力之活動能力大，若冬雪濃厚，尤有利於農作物。況綏遠之土地利用，當屬最近之時期，其蘊藏之豐厚，與夫水源供給之多，輔以交通，故其農業雖在今日尙甚式微，若果善爲利用，其希望寧有旣乎？

第十三章　綏遠之墾殖

第一節　概說

我國內地多游民，邊疆多曠土，如綏遠省之地，現時僅有人口約一百八十萬，平均每方里祇二八，倘使盡力開墾，以期與山西人口密度相等，至少可容千萬人。若行移民實邊政策，移內地之游民，實邊疆之曠土，福國興家，一舉兩得。吾國頻年內亂，原因甚多，一言以蔽之，曰生計困難而已。欲解決此問題，不外使冗多之官兵屯兵爲農，及移內地之游民，開發綏遠，其利不僅在經濟方面，變曠爲沃野，在政治方面有安內攘外之關鍵，誠不可忽視也！

在蒙古未開放以前，漢人不易去蒙地開墾，殆至乾隆之世，漢人足跡始抵河套，至道咸年間，淸廷對蒙古政策一變，獎勵移民，又開濬八大幹渠於河套，立西北農墾之基礎。往昔交通不便，人尙視爲畏途，今則平綏鐵路告成，包寧汽車路接踵舉辦，燕魯墾民連翩而至，大抵凡設縣治之區，類多農重於牧也。

綏遠農墾，至今尚在創草時代，各地仍是地廣人稀。就其區內而言，除鐵路沿線外，甚至有相隔數十里，始有一人家者，故無所謂村莊。如固陽縣地界之大，在南方數縣以上，然全縣人口僅有二萬而已。

內蒙古官荒地區，往時歸財政部管轄，凡欲承領者，可赴財政部或直赴張家口墾務總局查閱地圖，官荒地質分爲三等：上等黑土地每畝價七錢；中等黃黑土地每畝價五錢；下等黃土砂質土地每畝價三錢。以現時承領荒地，應由實業部履行承領手續。交通部優待移民辦法：平綏路自北平至綏遠，票價四元，至包頭五元；由大同至綏遠二元，至包頭三元，幼童在十二歲以下者免費。

綏遠農墾糾紛所在，以教堂地爲甚，庚子亂後，各國天主教徒，恃勢而驕，擅自圈地，招民開墾，河套一帶，有教堂十餘所，賀蘭山東有市鎭名三道河者，乃其總滙處也。

至教堂地之地租，佔農場總收入十分之三，農民終歲勤勞，只得總收入十分之七，而外國教士不勞而獲，年得巨額租金，播耶教，辦教育，奪我官府之治理權。且對於國家及地方之義務，均不負擔，若不嚴行取締，不但有礙墾政之進行，實爲國家之隱憂大患也。

第二節　綏遠墾殖史考

我國對於綏遠之開發，遠在戰國時代，當時如趙國北面之雲中、九原、固陽，卽今之歸化，托克托、清水河、興和等地。在秦漢兩代時之綏遠，軍事與農墾並重，大概由雁門以北，陰山以南，東自代郡起（卽今之東五縣——涼城、豐鎭、陶林、集寧、興和），西至朔元郡止（卽今之臨河縣境），關內均大批移民綏遠，以充實邊務，並從事於墾殖。漢獻帝建安時代，天下大亂，對於綏遠之墾殖，遂逐漸廢弛。閱數百年到北魏時，以綏遠作根據地，並建都於和林盛樂郡。後移都代郡時，綏遠仍稱爲畿內之地，設州置鎭，又從事於墾殖。至後魏正光五年，沃野鎭民破六韓拔陵倡亂，大亂之後，墾務遂弛。隋代亦無若何經營，自無特徵可言也。

唐初在綏設有振武軍，復置州郡，並於黃河以北、東、西中修三受降城，實行大規模之屯田，於是闢農田，興水利，開發頗爲積極。唐末因五代之亂，墾殖又告荒廢。

宋代綏遠未入中國版圖，後雖經遼、金、元三朝之開發及經營，設州置縣，但因安定之日較少，故墾殖之工作似無甚發展。

明初時，綏遠係屬大同之管轄，所有豐州與雲內州，均依元朝制度；又設玉林、雲川、宣德、舊勝諸衞。此種州縣衞所，均爲漢武初年所設，至正統初年便繼續取消，僅設兵衞出入內地。又綏西後套亦在洪武初年時李文忠逐去王保保以後，依舊勝州城之故址築城，實行駐兵屯田，作墾殖之計。永樂初年，棄河不守，竟撤去各衞所移置陝邊，從此以後，漢人均紛紛遷入內地，墾殖廢弛，迄於清初。至前清康熙乾隆之際，秦、晉之貧民，始漸越包頭而西，挑渠灌田，從事墾殖。清末，光緒二十八年，張之洞提倡開墾，並設有豐寧押荒局，專司其事。後經岑春煊條議擴充蒙邊，政府欽派貽穀爲墾務大臣，大開渠道，廣集墾戶，一時綏遠之墾業大興。民國時代，重事振興，於十五年時，有河南、山東、湖南等處移民來墾殖，故對於綏遠之開發工作，更向前推進。目前當局，對於邊疆經濟，正積極計劃進行開發，然對於綏遠之墾殖，進行殊感棘手，此皆完全由於東北四省滅亡後，而日本之政治及經濟勢力，已深入綏省，此不特使今後之經濟措施大受其困難；即綏遠之版圖，亦將有變色之虞！

第三節　綏遠墾殖之歷程

綏遠省之墾殖，由清末至現在，其展拓之歷程，約可分爲三期：以光緒二十八年至宣統三年爲第一期，民國元年至四年爲第二期，民國四年至二十一年爲第三期。至各期丈放之面積，如下表所示：

（一）綏遠第一期已墾之地

（甲）丈放地共計七七、六六〇頃。

1、察哈爾左右翼共丈放　二六、一〇〇頃

2、伊克昭盟七旗共丈放　二二、〇〇〇頃

3、烏蘭察布盟七旗共丈放　七、二〇〇頃

4、王愛昭（卽廣濟寺）丈放　一、四〇〇頃

5、土默特拉官灘召廟各地共丈放　九、九八〇頃

6、八旗牧場地丈放　二、四九〇頃

7、河東河西台土驛站地丈放　八、三九〇頃

8、通放泰報墾地丈放　一〇〇頃

（乙）永租地共計二、〇〇〇頃

1、達來特旗永租地　二、〇〇〇頃

（二）綏遠第二期已墾之地

1、恢復牧場局地丈放　四〇〇頃

2、清理歸武和薩托清大縣丈放　三〇〇頃

3、烏拉特三公旗東界牌地　四〇〇頃

以上計共丈放地一、一〇〇頃

（三）綏遠第三期已墾之地

（甲）丈放地共計一一七、一五〇頃

1、烏伊兩盟十三旗報墾地共丈放　一〇〇、三二〇頃

2、土默特台站牧場及烏伊兩盟膳召地共丈放　一六、八三〇頃

(乙)丈放地共計二五、八二〇頃

1、鄂克報墾月牙湖地　九、二七〇頃

2、郡扎烏三旗草界牌地　四、三四〇頃

3、各旗報墾各項地　一二、二一〇頃

以上三期，共丈放各項地二十二萬一千七百三十頃，及永租地二千頃，再由綏遠全面積推算，可墾地尙不少數，將來至少可容七八千萬口之移住民。

綏遠全省土地面積推算表

綏遠全面積一百四十餘萬方里：

(甲)平原按百分之四十計五十六萬方里應爲地三百零二萬四千頃：

1、已墾地二十二萬三千七百三十頃

2、未墾地一百七十餘萬頃

3、各蒙旗應存地爲一百十餘萬頃

(乙) 山嶺占有百分之三十五計四十九萬方里

(丙) 沙漠（不可墾地）占百分之二十五

由上表推算，綏遠已墾與未墾之土地面積比，已墾者尚不及百分之二十。但於最近之將來，綏遠之墾地，尚有極大發展之可能性，且地價已有日漸漲高之趨勢，人口亦有加增，此種原因，不外下列數種：

1、由綏遠社會秩序安定，非若察哈爾之有日僞軍及土匪之擾亂（但綏遠現亦有僞匪軍之擾亂）。

2、現在各方移墾之路線，爲避免察東之外力威脅，多向綏遠移徙，如朱霽青之移東北義軍，于學忠之移黃河決口災民，均以包綏爲歸宿。

以上所述，俱係重要之事實，茲再以察綏二省歷年之人口比較之，則更可證明矣。如下表所示：

察綏人口歷年比較表

（男女合計人數）

年別＼省別	綏遠	察哈爾
元年		一、六二二、四五八
二年		一、六二五、七七六
三年		一、五五七、六六四
四年	一、一三九、七九四	一、八四七、〇一九

五年	一、一六三、四三三	一、八四七、七七二
六年	一、一八六、一三三	一、八八一、八七六
七年	一、二九九、五二二	一、九八六、五〇一
八年	一、五七四、八九九	二、〇二六、四三八
九年	一、六二九、六六七	二、一五二、〇二七
十年	一、八四九、二三六	二、一九七、八〇六
十一年		
十二年		
十三年		
十四年		
十五年		
十六年		
十七年	二、一二三、七六八	一、九九七、〇一五
十八年	二、〇三二、〇七七	一、九八〇、二二一
十九年		二、〇二六、二五七

二十年	一、八八四、五五三
二十一年	一、八七七、七七二
二十二年	二、四六四、二四〇

由上表觀之，卽可知歷年比較之結果，綏遠逐年增加，而察哈爾逐年減少。

第四節　綏遠蒙漢間之墾務糾紛問題

蒙古人視移墾爲一種之侵略，德王在百靈廟自治會議中演詞有云：「滿清時代，頗顧念蒙古……自革命後，情形日劣，向來給予吾人之款項現已停付；同時侵佔土地，仍舊進行；中國官吏並封鎖吾人領域，將吾蒙土地無代價之劃與華人。」如此言辭，卽可知蒙人對於移墾之反抗意識。蓋蒙人以游牧爲主業，勢必需廣大平衍之牧原，以爲生息之場所，所謂「天蒼蒼，野茫茫，風吹草地見牛羊」，此種繁殖綿衍之景況，爲其最憧憬而羨慕者也。自淸代末葉，墾區日益擴大，而蒙古牧場因而日加縮小，此不免使蒙民生計受甚大之影響，尤其在亢旱與破產情形之下，蒙民之生計出路，更趨於窘迫之途徑也。蒙民無知，以爲造成此種惡果，均歸罪於放墾，而不知現在之世界大勢全在經濟恐慌之境遇中，尤以中國已陷於半殖民地經濟地位，蒙古爲中國之一部，自不能越此範圍。至放墾固爲侵削蒙古經濟之一端，但不能以爲不放墾卽能使已枯落之經濟而可全部復活，實未可以爲信也。總之，經濟爲一切政治動亂之基礎，過去蒙古種種變亂，多由放墾所演成之結果；如光緒末年東蒙馬賊陶什陶白音純賚之暴動，民國初年扎薩克圖旗烏泰之變亂，均以反墾爲導火線；卽最近之內蒙古自治運動，亦以反墾爲煽動蒙民之工具。因此，吾人甚以墾務關係於蒙漢民間之感情與政治，極爲重要，故對於墾務所引起之各種糾紛問題，不能不加以分析檢討之。

一地權問題　內蒙自治運動，唯一之口號，主張自治領域，應取屬人屬地主義，易言之，卽將長城以外之土地輪廓，均劃入蒙古人統治之下，此種事實自難辦到，況倡此說者，多爲蒙古有知識者一種歷史意識之反映；至現在一般平民所爭者，非歷史地理上之佔有問題，而爲墾務糾紛中之土地所有權之問題也。

過去漢人取得蒙民土地之租借權，不外兩種方法：

（一）向押荒局（光緒年間所設）或墾務局（民國初年所改之名稱）呈准報領，經派員勘丈後，卽按等則核價，俟繳清價款後，卽准自由墾殖，蒙人僅求分得蒙款及徵得歲租而已。至於何人耕種，不之顧問；於是承租人又可轉替於他人，如此由甲至乙，由乙及丙，久之蒙人之土地所有權，漸歸喪失。更因此種耕佃不斷之轉移，而納租之糾紛亦隨之而發生。晚清綏遠都統貽穀有鑒於此，爲解除糾紛起見，乃由確定土地權方面設法，當令於兩月內，限蒙民備價贖回；否則，逾期不贖者，卽發歸漢人永遠執業，因此，蒙古之被墾土地，多半因蒙民未能於短期內贖回，以致爲漢人所有。

(二)除上述之方法外,尙有數種原因,而使蒙古人喪失其土地所有權:(甲)過去蒙古人租地予漢人,彼時銀價甚低,每畝祇收三四十文,及現在貨幣價格高漲,而漢人仍依原租價交付;蒙人以其租金甚微,欲訴之法律,又不願進衙門,結果惟有將土地放棄也。(乙)墾務局有時不徵求蒙旗之同意,任意丈賣或認明旗界,漫行丈放,因此,引起旗署與墾局,蒙人與新領戶間之糾紛,在此種原因之下,而使蒙古人之土地權喪失;更有墾務人員利用蒙古人之無智識,隨意丈放,有時一里地而放至四五里之寬,及蒙人發覺,而租放之契約已簽押矣。

以上所述,犖犖大者,至其他原因尙多。及現在綏遠蒙漢間對墾殖之糾紛,仍不斷發生,此應注意而以妥善方法解決之,否則,易引起蒙人之口實,而使惡魔有所借機脅誘也。

二、歲租問題　蒙地歲租,種類不一,有過去漢人流徙塞外,常向蒙民租借零星片斷之土地,以爲耕種,其期之長短不一,有分爲十年,二十年,三十年等限期屆滿,地仍歸蒙旗所有;又以蒙人無力開墾,每招集漢佃,許以成熟後永耕遠種,惟每年須納糧若干,並規定從此不得爭租奪佃,此兩種租佃之方式,常因年代久遠,某甲轉項於乙,乙又轉項於丙,互相項遞,而蒙人之土地權,遂漸有喪失之趨向矣。以租約而言,蒙主僅收租權而無撤佃權,任管佃戶如何轉項,蒙人不得過問,久之因佃項太多,亦有將收租權隨之而喪失。

民十六年後,綏遠墾局爲劃定蒙旗徵收歲租,曾訂有辦法十一條,約言之,水田依丈過靑苗數目徵收,旱地如屬物租或役租,仍如舊習辦理;至於錢租,原定爲銀兩者,則照章折收銀元,此種辦法,亦許可以減少一部之折賞糾紛，但第一條規定歸蒙歲租概劃歸蒙旗自行徵收，因此，漢人常有憑藉地方政治或社會勢力發生種種抗租或延交之事情，間有涉訟數年而不能解決者。至於歲租金額，視地畝之多寡肥瘠而定其標準，每項自四五角至二三十元不等，民國十六年以前，綏遠由各縣代徵解繳墾務總局轉發，但亦有被政府挪用情事。

三、蒙款問題　蒙民土地之租放，綏遠則三五歸蒙，六五歸官，此租租款，普通名之曰「蒙款」，以往常因改變關係，時被當局移作軍費或中飽私囊，以致短欠未能發給，使蒙民對於地方政府之感情，表示不滿。如綏遠總辦石華巖曾謂：「凡報墾之地價，照雙方所訂條件，以三成五歸蒙，以六成五歸公，此項蒙款，在民國十七年以前，因政變關係，當局確有挪作軍費之用，間有短欠未經發給蒙旗者。」又如陳海石所作中國的墾殖問題中亦云：「按以各蒙旗報墾辦法所規定：蒙旗應分荒價三成五，自應於每月中將所收之款按應分之數，即由該管分局隨時撥付；……乃年來大都收作公用，不能撥付，蒙旗請領，總分局又復互相推諉，不能照付，且有徒勞往返而無所得。」（見中華日報）

綦上所述，蒙款之收付不清，而引起蒙漢間之惡感，此點當局亦應加以改進，則墾殖之糾紛自可減少矣。

四、教地問題　寧夏磴口以北，三聖宮一帶數百里地方，素為天主教勢力範圍，西人僅年納租金二千元於蒙王，遂擁有該處土地，年可獲利四十萬元，且強迫當地居民信教，神父或即為該地實際統治者，官廳力量，反極脆弱，現寧夏各界，均盼中央早日收回，以保國權。據留平之阿拉善旗之親王談：三聖宮原為該旗轄地，及庚子之亂發生，始租借於教堂，當時所簽訂條約存在。

此種教地之構成，全爲帝國主義者砲艦政策之結果。帝國主義者爲維持其向蒙古發展文化侵略，曾於庚子一役，成立四萬五千萬之庚子賠款。蒙古爲中國之一部，自應負擔若干，更因教案關係，強制達拉特旗賠償三十七萬兩；其時除由該旗蒙民變賣牲畜田園房屋，及一切蒙款地租歸公換取現款賠償外，尚欠十四萬兩，即以河套卜爾地畝一段，計地兩千零九十餘頃（除沙碱不堪耕種者外，淨地一千四百頃，每畝當作銀一兩）以爲抵押。因此，帝國主義者之偵探教士，得在綏西取得土地支配權，作大規模之開墾，故一方利用土地權，從租佃關係上，榨取蒙漢農民之血汗；一方面則利用此種關係，發展其宗教勢力。今以鄂托克旗教堂戶口計算，亦極可觀：

鄂托克教堂戶口表

教堂名	教民戶數	教民人數
白泥井教堂	一五〇	七〇〇
黑梁頭教堂	六〇	三〇〇
城川教堂	七〇	二四〇
堆子梁教堂	一二〇	五〇〇
倉房梁教堂	八〇	三二〇
沙路茅子教堂	九〇	四〇〇

硬子梁子教堂	一五〇	六〇〇
胡家窰子教堂	一二〇	三〇〇
毛團囫圇教堂	一四〇	四四〇
小橋畔教堂	二四〇	八〇〇
墾修梁教務所	五〇	三〇〇
總　計	一、二七〇	四、九〇〇

教士如此之多，其生活基礎，全恃地租之收入，於是每年向佃戶徵收之地租，非常苛刻，計佔農場總收入十分之三四；佃民終歲勤苦，僅得總收入之十分六七。又賀蘭山有市鎮曰三道河，爲教士活動之總滙地，在包頭上流四百里，爲一長有百餘里廣有五十餘里之曠野，所有土地，均被其掠取。於三十年前，有法國及比利時教士數人，對蒙古阿拉善王厚意結納，遂取得自由開墾及傳教之權，以後逐漸推廣，教徒日衆，現該鎮已無形成爲一小基督國。爲灌溉墾田，乃開有運河八條，與黃河相通，其地租亦較他處爲高。近來其宗教勢力已漸侵入蒙古內地，如茂明安旗王府之正南百里，卽有黑教堂一處（蒙名蔡干齊老離固陽縣七十里），並間有利用高利貸或其他掠取土地之方式，以掠取農民之剩餘。

綜上觀之，教地之發展，實有影響於蒙漢民衆之生計，蒙人雖以其地權屬蒙，日求收回，而卒不可得，亦云苦矣！

第五節 河套移墾與屯墾

甲 移墾

一史之回憶 河套之墾殖，發達於清末，而蒙漢兩民族之鬬爭，亦於此時爲最盛。清代對蒙古素採懷柔政策，對漢人私墾蒙荒，禁止甚嚴，然漢人仍不免與蒙旗私相訂立租約。蒙人感於土地之被侵略，及漢蒙雜居，生活上諸多不合，故時有械殺之事，而蒙官亦無法制止。及至晉陝之流亡人民，逐漸麕集於此，而漢人之社會勢力，遂加強大，而墾地之面積，亦因是而擴展矣。

光緒二十八年張之洞、岑春煊諸撫，在晉設立豐寧押荒局。嗣岑又條議擴充蒙邊，清政府特派貽穀爲督辦蒙旗大臣，而原所設立之豐寧押荒局遂合併於督辦衙門。自此以後，漢人在河套得官廳之保障，而墾務更加猛進矣。蒙人因感於牧地日蹙，有關生計，乃迭起而抗墾，仇視漢人，經數度之交涉，伊克昭盟之達拉特及杭錦兩旗，始漸就範。同時，因庚子一役受帝國主義賠款之威脅，及官廳與漢民勢力之壓迫，只得相繼報墾；而墾務之發展，乃有一日千里之勢。後貽穀以誤殺人案，被劾去職，墾務始懈。洎至民國後，又設墾務總局，旋改爲墾務督辦事務處，嗣又改爲綏遠墾務總局；現於五原設第五分局，臨河設第六分局，專力辦理河套墾務，而已鬆緩之墾務，又復活躍而進展矣。

二現行放墾手續　**1.**報墾　蒙旗報墾，頗爲困難，非經官廳甘言厚幣之勸誘，不願惠然肯報；報墾之後，由蒙方指明四界，再由官廳派員收界，將坐落、面積、里數及四至處分別查明，除山河道路不堪耕種之地外，實有可耕種之地若干，勘查明確，繪具圖說呈明核示後，即由收界人員詳實擬定地畝之荒價及應分之等則，所收荒價提三成爲經費，餘三成五歸官廳，三成五歸蒙，此爲蒙旗報墾手續之大概也。

2.丈放　墾地經員勘復後，即由墾局丈放，如屬熟地應先儘原地戶承領，限一月內掛號；逾期不領，即准由地隣或其他人民承領。至於生荒，先儘掛在前者認領，每頃收掛號費一元；但限制每人領水地不得超過二十頃。領地荒價，於領墾時，先交三成，其餘分兩次交清；交清後即發給部照，是爲正式地契。

3.升科　報荒地畝，應行起徵官歲各租，官租歸公，歲租歸蒙。租金等則，視地質優劣，由收界人員查勘情形爲之規定。熟地以領地之第二年啓徵；荒地以領地之第三年啓徵。

三河套農民概況　套地多由大地主承包，每次承包有三五百頃之多，墾局以其包租量多及租銀之現交，亦極願與而承包地主復轉租與貧農耕種，取得加倍之佃利。而包領人又有一部爲來套之服務官員，便可利用其政治關係，可取得包攬之便宜。往往有赤貧如洗之服務人員一至河套，不久即可變爲大地主。因此河套之墾地，在社會上便集中於「地主」及「農奴」兩大階級。地主爲避匪亂起見，多居於城鎮，度其紳士階級之優裕生活，田地則設「公中」代爲經理。公中則擇設於田地中之一院落內，設「掌櫃」以管理一切事務。另有工頭管理放地，其權利有超過掌櫃者，一般佃農，每多與之供奉。「先生」為管理記賬書牘等事。每當春季，佃農往謁公中者，幾踵肩相接。以前凡地戶之民刑各事，均由公中取決，儼然一政府也；現在此種風氣，頗為斂戢，然而「公中」對於佃農壓榨之權力，仍不稍減。

地主在社會上除取得政治上之聯繫，除在城鎮為紳士外，並多兼水利社經理或村長，因此則其壓榨農之權力，更甚於前。除以經濟方式進行各種剝削外，並利用武力，從事額外之掠取。

地主對官員之逢迎，極其能事，故貧農與丈放員幾無取得領地之機會。且於勘丈青苗時，地主因結納丈放員，可以減少丈放其包墾地。如田百頃，在官僅丈二十頃，以四元收賦，計八十元；而其對於佃農，認眞丈青放租，可額外取得八十頃，亦以四元收賦，結果收入賺得數倍。

高利貸之盤剝，普通每月三分五分或六分，亦有所謂大一分者。月十元即取利一元。更利用農民春耕時，貸以糧籽，普通為春一秋二，即春貸一斗，秋完二斗是也。亦有春一秋三者，此種貸糧之給與，甚易取得；若貸金則極為困難，須有切實契保，至期不還，則利倍作本，否則即將抵押品作賣。河套又無典當業，富商紳董，又兼營此業，常以農民之地契作押，至期不還，即可執管農民之抵押品。

在政治上之剝削，亦甚繁重，如田賦、印花、地畝附加、牲畜捐、田房學捐、戲院學捐、菜園學捐、駝捐附加學捐、隨糧代徵學捐、公益捐、煙館捐、禁烟捐、烟畝罰款、店捐，……種種名目，不勝枚舉；而實數所征，因中間人之剝削，又幾倍於定額。一班農民，每遇暴吏，均戰慄不已，見紅色戳子之條子，卽將款付出，絕不敢追問。總之，每一農戶，連同村款，每頃年納雜捐，當在二三十元左右。此外更有墾務、水利各局之歲租、官租、水租、及各稅關之稅務等，均加重而向農民榨取。且墾局之放丈繩丈員水利局之丈責員索賄之苛，更是入骨，如不遂願，卽沙梁鹼灘亦不爲去除，禾稼不佳，祇少爲折扣而已。

四山東移墾河套糾紛　山東省當局，前因鑒於魯省民生憔悴，人滿爲患，曾於民國十四年，在綏遠包頭，成立山東駐包移墾事務所，派王鴻一郝中衢爲正副主任，主持辦理，向河套移殖貧民七百五十戶，除事務所經常費不計外，先後共發下地價洋六萬七千元，並經綏遠墾務總局在河套豐濟渠以東，撥予上等生荒七百五十頃，令移墾事務所主持按戶分配，每一戶移民，給予墾地一頃，自種自食，開辦迄今已十有一載，無如該移墾事務所副主任郝中衢，自民國十八年，接充正主任後，對所領之地價數萬元，悉數吞沒分文未繳，而所有綏遠墾務總局撥予移民之墾地七百五十頃，亦一手把持，據爲己有，除將該墾地私行賣去一百二十六頃十二畝外，其餘之地，則盡租於當地佃戶，放租自肥，一畝亦未分與墾民，以致山東墾民流落塞外，啼飢號寒，厥狀至慘，墾民逼於求生不得，求死不能，隨於民國二十二年五月，在臨河集合全體墾民，向當地法庭控告該主任郝中衢盜賣墾地，侵吞公款，殃害移民，放租自肥各節，請求當地法庭清查處理，自涉訟迄今，糾紛已達數年之久，中間雖經審訊，以該案關兩省情節複雜，迄未清理宣判，緣此山東移民河套墾務，十餘年來，殆完全陷於停頓狀態，山東移民，流落塞外，生計幾頻斷絕，移民逼處萬般無奈，今歲奈又推舉代表，向綏遠墾務總局呼籲，請求將墾地按戶分配，以維墾民生計於垂絕，綏遠墾務總局總辦華嚴氏，以迭據該移民代表等苦籲墾求，慨念山東移民流離苦痛，爲作一勞永逸之澈底解決起見，乃決定將前時所撥與山東移墾事務所之墾地，一律收回，由墾局自行按移民現有戶數，照戶分配，已於日前函知山東移民代表王常昭等，務於本月二十日將現有在綏遠山東移民，齊集合於山東墾地，聽由墾務總局，派遣監丈委員石育麟，協同駐臨墾務分局局長孟兆瑞，將墾地逐漸清丈，照移民戶口冊按戶點名分地，每移民一戶，授田一頃，至於該事務所主任郝中衢私行盜賣與當地土著之地，一律作爲無效，該郝某盜賣墾地，吞款殃民，應受刑事部分，則歸臨河司法處，依法審判，現悉山東移民接得業務總局斯項通知後，以石總辦肯毅然澈底解決山東移墾河套黑幕糾紛，恤念民難，貽惠魯民，移民全體無不額手稱慶，感石氏之德惠，移民六百餘人，從此可得按戶分配矣。

五河套農地丈青情形　河套各縣，灌溉便利，糧產豐饒，素有綏遠米糧川之稱。乃因地當蒙邊高原，土壤黏硬，雨量稀少，農業之唯一生命線，端賴開浚渠道，引用黃河之水，施行人工灌溉，五穀方克生長成穫，唯農田恃渠水灌溉，卽有時値河水跌落，或渠道淤塞，不克上水澆溉之地，良田悉成荒廢石田，故河套農田之能否耕種，全視能否上水爲轉移，自民國十一年，馬福祥都統治綏時，乃變更河套田賦制，規定丈青辦法，以資救濟，卽於每年秋後五穀屆刈穫時，派員按長成青苗田畝，逐地清丈登記，依所丈畝數，征收地賦稅款，其不能上水耕種之荒田，則一例免稅，此等辦法，在河套行之已十數年，農民咸感頌稱便，亦邊省田賦特有之奇制也。據云今年河套實種收穫田畝，刻已由各縣局丈青完竣，計安北縣一千一百五十六頃十二畝，五原縣二千六百六十五頃九十九畝一分六釐，臨河縣三千三百六十八頃七十七畝，統計河套今年共丈過實種農田七千一百九十頃零八十八畝一分六釐，數目雖較往年水災時多丈五六百頃，但河套可耕農田實數遠在八萬頃以上，本年經耕種之地，不逾十分之一，揆厥原因實由河套人口稀少，且渠道水利整理未盡完善之過，河套有此廣大肥沃可耕之農田與灌溉便之河流，而乃每年坐視其荒廢，殊爲可惜，今後河套之墾殖與開發，仍有待於國人之努力也。

乙 屯墾

一 屯墾之創辦 民國二十一年，晉綏當局感於軍隊參加革命後，多數失業，乃提倡屯墾，並頒失業軍官墾殖優待辦法。「如有願往綏西屯墾者，卽由公家各授地百畝，所需款項，亦由公家貸給，並按月給予維持費」此種辦法，經宣布後，失業軍官陸續報名者約有五百餘名，及至開往包頭者僅三百餘人。其時由閻主任百川委石坐辦華巖任晉綏兵墾試辦處長，管理屯墾一切進行事務，是年七月六日，王會辦治安以綏西爲其所轄第七十師之防地，卽與石坐辦至包集合已至各屯墾軍官，作種種勉勵語。八月間，閻主張擴大範圍，設綏區屯墾督辦辦事處於包頭，自兼督辦，物色國內富有經驗之專門技術人員，從事各種調查與備置；惟以經費困難，僅能就某種相當範圍內，設備因而簡陋，俟有相當收穫後，再行作大規模之計劃，最後目的，以期達一切農具之機械化，農村生活工藝化，都市化，及農村經濟之合理化。

二　屯墾之組織　屯墾綏區之部隊，計分三集團：

（甲）爲綏遠墾殖聯合辦事處所統轄之三屯墾隊，卽第七十師屯墾隊，第七十二師屯墾隊，第七十三師屯墾隊。

（乙）爲晉綏兵墾試辦處所統轄之三軍官屯墾隊，卽軍官第一屯墾隊，軍官第二屯墾隊，軍官第三屯墾隊。

（丙）爲綏區屯墾督辦辦事處所統轄之四團，卽第四百零七團，第四百零九團，第四百一十團，第四百一十九團。

以上甲與丙兩辦事處，後以統一事權起見，乃均歸併於乙，卽兵墾辦事處，於八月[illegible]日組織成立，內設督辦一人，由閻兼會辦三人，爲第七十師師長王靖國，綏遠省主席傅作義，及曾任北平市市長張蔭梧；坐辦一人，爲現任綏遠墾務總局總辦石華巖，以下分設總務墾務兩處：爲求辦事敏捷，更於五原設立駐五辦事處。

三　墾地之選擇　墾地初擬選用河東三盆口之地五十頃，土蛤蟆淖之地五十頃，土蛤蟆淖以西之地五十頃，共擬撥地一百五十頃；後以地價關係作罷。旋以五原可墾之地甚多，石卽與墾務第五分局局長慕幼聲往返電商，又無結果。最後決定選用臨河縣屬之山東舊移民餘地，六月間派處員高周文副官長張紹盤，會同墾務五六兩分局人員勘查繩丈，其報告如下：

（甲）五原董國隆第三隊墾地，於八月二十一日起，協同墾務第五分局繩丈主任李明甫及第三隊隊長分隊長等赴縣東約二十里之蒙古圪坦起丈，至二十六日完竣，計共丈地一百七十五頃，地界尚不複雜，亦無民買地，除董國隆圪坦邊界有少數民買地外，全爲官荒，滿長枳棘，內有人民偷闢耕種者約數十頃；今年已澆伏水。北有義和支渠，南有通濟渠，將來開渠工程極易，土質亦好。

（乙）臨河屬第二區永安堡第一二兩隊，墾地爲舊移民地，於九月二十二日起，協同墾務第六分局繩丈主任書繼周，委員郭珍之及一二兩隊人員，由永安堡往北約二三里該地之南端丈起，沿東界西大渠往北約三十里之那林河止，再往西約八里沿樂善堂東面南行至原地起點，至二十六日勘查完竣，共丈地約五百四十頃；惟有民地約一二百頃。

此外尚派各組及技術人員赴各地調查，以備將來擴大屯墾之用，玆將其調查蒙地面積報告，簡錄如下：

甲、第一組調查臨河境內之墾地1.納林腦包全面積均係荒地，共約二千餘頃，可耕者約一千二百頃。2.哈達腦包全面積約五百餘頃，可耕者約四五十頃，其餘均爲水灘。3.協成橋有地約二百餘頃，均在沙水灘中，不能耕租。以上共地約三千頃，可耕者約一千二百餘頃。

乙、第二組調查五查安北境之墾地：1.布爾哈廟及王又吉附近共地一百五十頃，內有沙梁鹼灘三十頃，可耕地一百二十頃。2.白頭村及三黃包圪堵諸村附近共地四百頃，內有沙梁鹼灘三十頃，可耕地一百二十頃。3.

沙河渠各村附近共地一千頃內有沙梁鹼灘一百五十頃，可耕地八百五十頃。4.豐濟渠東岸北段各村附近，共地四百八十頃，內有沙梁鹼灘一百頃，可耕地三百八十頃。5.豐濟渠東岸中段各村附近，共地六百頃，內有沙梁鹼灘二百頃，可耕地四百頃。6.楊福來村附近共地一百頃，內有沙梁鹼灘四十頃，可耕地六十頃。7.東城上村北共地六十頃，內有沙梁鹼灘五十頃，可耕荒地十頃。8.哈拉八兒洞共地三十三頃，內有沙梁鹼灘十五頃，可耕荒地十八頃。

丙、第三組調查包頭河西之墾地：包頭縣河西東大社之土地，原係王愛台膳台地。清末由達旗王府白通大所經營之天成泰承包耕種，積欠歲租過鉅。嗣貽穀辦墾，該台遂報墾。原初總面積爲七百頃，在民國十五年以前，頗獲利益；後屢受山洪瀑沒，游沙深至數尺，現能種者僅數十頃耳，其餘均因沙沒而荒。在民十七年以前，每年尙可利用山水於春夏兩季澆灌少數地畝，近則完全不能灌溉；且每年須受山洪淤沒之害，故該地爲墾而後荒糧地。

丁、技士王達夫科員張泛功繼續調查公產地、八代、那直亥、蘇太廟、勾星廟等五處墾地報告：1.公產地總面積約一千二百餘頃，均爲可耕荒地，據查此地有餘地三百餘頃，刻因管理人未在，未能確定。2.八代總面積約百頃，除小數不適耕種外，大部爲可耕荒地。3.那直亥面積約一百一二十頃，除已耕種者約二三十頃，其餘均爲可耕荒地。4.蘇太廟全面積約百頃，東至花戶，西至沙梁及傳頭，南至花戶，北至台廟，地距烏蘭淖約二里許，現中部已耕十餘頃，其餘均爲可耕荒地。5.勾星廟全面積約四十餘頃，位於蠻會西北六七里，南至沙梁，北至楊家渡，東至丁馬車圪坦，西至楊家河。

四　蒙人對屯墾之態度　蒙人對於屯墾，頗爲厭惡，以河套原爲蒙有，山東移墾既然失敗，所遺之土地應還蒙旗自行耕種，或再行租墾。故達拉特旗康王亦曾云及，並稱曾幾次與墾局交涉，均無結果，但在事實上觀之，此種墾地爲直接由晉民轉過，當然蒙旗再不能過問，然現在蒙古仍有不斷爭回舊地之意，不特不附爲聲明也。

第六節　結言

綏遠境內各種墾殖概況，已如前述，墾民之要素，及分類實施之辦法，事關實業建設，非可漫談，必須以最精密之理想，根據事實上必由之途徑，解決而實施，以無妨礙進行爲原則。茲將墾殖要素及實施辦法分述於次：

(一)查綏遠地土，既云廣漠，其間有官荒民荒及官熟民熟之分；在官有者，自不必論，若民有者，聽其私有，則經營力薄弱，難以開拓利源，坐視土地荒蕪，國家永無發展之希望。是以必須擬定收回土地之辦法，一面規定分配之辦法。茲分述之：

第一設立綏遠區中央墾殖委員會　該會設於包頭，或五原，直轄於中央，其組織依照墾務委員會組織法組織之。

第二土地收回辦法　凡土地私有者，必須予以限制，一方准其自種，餘由公家收回，其法有二：

(甲)凡以出資或以勞力經營該處土地而有合法憑據者，除自種外，悉數收歸公有，但按所收地畝情形，分別發給地價，給價辦法另定之。

(乙)凡以非正當之手續，向人民霸佔地畝者，或無確實證據，取得土地之所有權者，雖係有優先佔有權，應酌量留其自種之數外，一律充公，不給地價，但對於該地經營上，負有特別勞績者，得按情節予以相當之酬勞費，以維其生計。

第三土地分配法　此法按用授田制，凡經墾務機關核准，認為墾民有領墾證者，每名授地若干，由主管機關指撥，一經撥定，不得請求調換，或互相兌調，以防流弊。在指定地區內，卽認為該墾民之專有權，非至該墾民正式放棄墾權，或犯律被公家依法制裁收回時，墾局人員不得無故取締，或互換，以確保墾民權利，而防從中作弊。

第四徵交地價辦法　為提倡墾務發達，保護墾民利益計，凡墾民應交之地價，由墾務最高機關，議定每畝若干，於一定年內，限期交納，發給憑照，以資信守。如已定為三年後分期交納，卽於領墾之第四年終為交納地價之初期，每次交全額五分之一，每年一次，五次交清。不得逾期拖延，但有特別情形者，不在此限。

第五整理蒙租　查綏遠屬地多係蒙旗報墾者，年收地租，官蒙按分配，而蒙員坐享歲供，儼然與國課相同。此種專遺法，施於省之內，殊為不合，亟宜根本取締，不分種族，享受同等待遇。所有蒙旗歲租，應按地價辦法，酌定數目，同地價一併交清，以歸劃一而免繁瑣。如此辦理，蒙旗幷無損失，且得鉅額收入，以另謀其他事業之發展，一舉而數利焉。

第十四章　綏遠之水利

第一節　概說

陰山南麓，有黑水河，爲塞外黃河最大支流，自歸綏城向西流，其入河處曰河口，爲昔時商務最盛之地。近十數年來，以包綏鐵路完成，而商務漸遷於包頭矣。農業最盛之地，在黃河、河套、與其支流黑水河流域，河套有八大幹渠，引渠漑田，功效偉大，古稱「黃河百害，惟富一套」洵非虛語。

河套墾殖，以水利爲前提，蓋因地質磽确，雨澤稀少，非賴黃河水漲時，充分灌漑不可。套中平坦千里，能澆水卽能耕種，不能澆水則否。黃河不能直接灌漑，必開引水之渠，功效乃見，渠有幹渠、支渠、官渠、私渠之分。前清設有墾務局，專司鑿渠灌田，築壩啓閉放水之責。當時築有官渠八道，渠之大者長三百餘里；小者亦數十里，河套土壤膏腴，全恃八渠水利爲命脈，原八大渠灌地萬頃，因年久失濬，渠道淤塞，只能灌三千頃。後經督辦馮玉祥派兵開濬八渠，灌溉既便，立成良田，供給民食而有餘裕也。

第二節 綏省河渠之狀況

黃河橫行境內八百里，北岸所納者有佘太河、黑河、包頭河、蘇爾哲河、大黑河、紅河、清水河等。南岸所納者，有庫噶爾黑河、伊克托蘇河、坎台河、布林河等。自黃河南徙，後套沃肥驟廣，佃民趨重開渠，往往一渠之成，需時十數年，款糜十餘萬。灌田千頃，地利以興。至光緒二十九年，後套蒙旗一律報墾，而私有各渠亦先後呈請報效。光緒三十一年墾務大臣綏遠將軍貽穀，統籌後套渠地，飭局勘收，估計工程，酌賞渠費，將收歸各渠逐一加修，俾其源匯流分，隨地皆有引渠。凡渠有幹渠、支渠、子渠之分，以幹統支，以支統子，勢成一局，若網在綱。渠之名稱七十餘種。蓋自貽穀將軍奏請慈禧太后發內帑一百萬，開鑿八大幹渠，汲引河水，橫貫平原。每幹渠相距數十里間，又開掘無數支渠，普道普遍，灌溉便利，墾務勃興。着手未幾，爲鹿傳霖所參，反致革職受刑，豈不寃哉。三呼灣在大套，當三湖河入黃河之處，土質膏腴，有東大渠、西大渠、西官渠等，而大套西南之沃野，北魏時置沃野鎮，已墾之地南北三百里，東西二里至三十里，境內溝谷極多。苦水河自鄂托旗流入黃河。小渠已成者十餘道矣。茲再舉後套大渠如左：

五加河，即五加渠，黃河之故道，受上流諸渠之水，轉輸於下流，至烏梁素海子而止。此河循狼山之南，跨烏達兩旗界之間，迤西則綿亙七百餘里。河身寬二百餘丈至二三十丈不等，形如弓背。自烏梁素海子至紅兔約十七八里。河勢寬泛漫無涯際。由紅兎至梅會廟一百九十餘里。岸崖整齊河流疏通。稍加修濬卽可適用。由梅會迄西至義太魁約二百四十餘里。或沙山積壓橫亙河中，或土隴淤塞深谷爲陵。河岸節節爲山水衝刷，繼續不一。自義太魁西行數里，河身分爲兩道。一循北山根至可可淖沙山，渺無踪跡。一向西南入杭錦之西巴噶，土人謂岡岡五作河。迤西爲沙溝堰，長約一百二十餘里，沙山橫亙。再由納玆亥至大河口七十餘里，地均平坦，不辨河身，僅有準噶爾敎堂所挖之渠寬三丈餘。又西行至阿拉善境內之傅家灣。俗傳爲五加河故口。其後套渠道錯雜，數以百計。今舉者名八大幹渠如下。

(一)塔布渠　原名五大股渠，因地商五人合開。西南自黃河口起，東入長濟渠，長八十餘里，有新舊二渠，附支渠二十一道。

(二)長濟渠　原名長勝渠，地商侯應魁始開。西南自黃河口起，連塔布渠，東北達五加河，長二百餘里，有新舊二渠，附支渠二十一道。

(三)老郭渠　地商郭敏修始開。南自黃河口起，北至五加河，又一尾至長濟渠，長一百二十餘里。又一支渠短辦河，亦通長濟渠，長四十餘里，附支渠二十七道。

(四)義和渠　地商王同春開。南自黃河起，北至錦繡堂北，分成三支：一東行通大盛渠；一東北行通老郭渠；一北行入五加河，長百餘里，附支渠甚多。

(五)豐濟渠　原名中和渠。王同春開。自黃河起，直至五加河，長九十餘里，附屬支渠五道。

(六)剛目渠　地商賀姓開，有新舊二口。自黃河起至烏攝古琴以下，會於豐濟渠，長一百數十里，附支渠四十四道。

(七)永和渠　又名沙河渠，地商王同春開。自黃河起，至梅會廟止，長十餘里，附屬支渠，皆仍幹渠之名。

(八)永濟渠　原名纏金渠，地商永盛興錦和永等合開。自黃河起，至五加河止，長一百餘里，附屬支渠六道。

第三節　綏省河流灌溉之情形

黃河水之漲落，在前後套一帶有一定季節。河水高漲，才可入渠澆地，是以水依季節而分類，地亦以能否常年灌溉，或僅某季節可以引水而異其價值矣。河水高漲季節，普通分為六期，曰春水、桃花水、熱水、伏水、秋水、冬水，其高漲時期之長短，約如下表所列：

黃河之漲落表

河水類別	高漲季節	高漲天數		
		最長	中常	最短
春水	清明前	十天	七天	三天
桃花水	穀雨前後	十五天	十天	七天

察哈爾
寧夏
狼山
五原

熱水	立夏前後	三十天	十五天	十天
伏水	夏至至立秋	四十五天	三十天、	二十天
秋水	立秋至霜降	六十天	四十天	三十天
冬水	立冬前後	十天	六天	四天

水以伏水爲最佳，本年伏汛用水澆地，至秋將餘水放出，收凍，次年地氣一開，酥如雞糞，不用犂耕，僅耙一次，卽可插秧散籽。此類地可播種麥籽、秞麥、豌豆等，工力省而獲利多，農民爭租之，其租價最昂。秋水亦可澆地收凍，惟水質較伏水爲次，可播種蘼穀、高粱、胡麻、黍子、蔬菜、莞豆、扁豆等。桃花水可種蘼穀。熱水可種小麥、蘼穀、山藥（卽馬鈴薯）、蔬菜等。至於春水，多无人肯用，因水質帶鹼性之故，冬水亦然，惟冬水上結厚冰，用以拉渠，則勝於修挖。

第四節　綏省公私渠道之概況

前節已述渠道有幹渠、支渠及子渠之別；以幹統支，以支統子，勢成一局。所謂幹者，其渠口密接黃河，係全渠之主流，其於主流支出者爲支渠，於支渠旁出者爲子渠。是以渠道之利，首重幹渠之暢流，而幹渠之能否暢流，關係於地勢、渠工、退水問題甚大。

幹渠可大別爲二類，一爲公有大幹渠，一爲私渠。據包西各渠水利管理局報告公有大幹渠計十三道，私有渠凡三十道。茲將公有大渠之概況列表於下：

包西各渠水利局所轄公有大幹渠情況一覽表

項目 渠別	在某縣境	長度（里）	平均寬度（丈）	平均深度（尺）	灌溉面積（頃） 潦年 總數	潦年 每里灌域	常年 總數	常年 每里灌域	旱年 總數	旱年 每里灌域
永濟渠	臨河	一五〇	八	六	六、〇〇〇	四〇・〇〇	三、〇〇〇	二〇・〇〇	一、〇〇〇	六・六七
剛濟渠	臨河	一三〇	三	三	五〇〇	三・八五	三〇〇	二・三一	一〇〇	〇・七七
豐濟渠	臨河五原	七三	四	四	二、〇〇〇	二七・四〇	一、〇〇〇	一三・七〇	五〇〇	六・八五
沙河渠	五原	八三	四	四	一、五〇〇	一八・〇七	六〇〇	七・二三	二〇〇	二・四一
義和渠	五原安北	九〇	四	四	二、〇〇〇	二二・二二	一、〇〇〇	一一・一一	三〇〇	三・三三
通濟渠	同右	一一四	三	三	一、〇〇〇	一〇・五三	五〇〇	四・三八	二〇〇	一・七五
長濟渠	同右	一三〇	三	四	一、五〇〇	一二、五四	八〇〇	六・一五	三五〇	二・六九
塔布渠	五原安北	一二〇	三	三	一、二〇〇	一〇・〇〇	五〇〇	四・一七	一五〇	一・二五
黃土拉亥渠	臨河	一四五	四	三	五、〇〇〇	三四・四八	二五、〇〇〇	一七・二四	一、〇〇〇	六・九〇
楊家河渠	臨河	一六〇	五	四	四、〇〇〇	二五・〇〇	二、五〇〇	一五・六三	六〇〇	三・七五

民復渠 安北	五五	二	三	八〇〇	一四・五四	四五〇	八・一八	二五〇	四・五四
民福渠 包頭	一四〇	三	六	二、〇〇〇	一四・二八	一、〇〇〇	七・二四	四〇〇	二・八五
三呼灣各渠 同右	二三〇	三	三	二、三〇〇	一〇・〇〇	一、二〇〇	五・二一	二、八〇〇	二・六〇
總計或平均	一、六二〇			三〇、〇〇〇	一八・五二	二一、〇〇〇	一二・九六	五、六五〇	三・四九

公有各渠灌漑之面積，常因潦年旱年而異。潦年所澆頃數，約合普通年份之倍數，而旱年僅及普通年份之半數。然如上表所列，亦因各渠之個別情況而有不同，不能視爲一定也。以各渠長度與灌漑面積比對各渠所灌地畝按每里計算，潦年有高至四十頃者，有低至不及四頃者；普通年份有高至二十頃者，有低至不及三頃者；旱年則有高至六頃又八十餘畝者，亦有低至不及一頃者，合十三渠言之，渠長一千六百二十里，潦年可澆地三萬頃，平均每里澆地十八頃又五十二畝；普通年份共澆地二萬一千頃，平均每里澆地十二頃又九十六畝；旱年共澆地五千六百餘頃，平均每里澆地三頃又四十九畝。惟灌漑面積數，原係估計，未可視爲確數；如渠務之興廢，渠地之性質等均得以影響之而改變之也。且渠務之實利，亦不能以灌漑面積完全代表，蓋渠之所以爲利，原以其能滋生萬物；而灌漑所及，或爲沙山不毛之地，則無利之可言也；或則尚未開墾，或則良田廢棄，則渠之利未顯也。故言渠利，又可於每年靑苗之面積求之。據民國十八年勘丈結果，諸渠合共澆靑苗地六千二百三十餘頃，各渠每長一里所澆面積，有多至七頃又五十九畝者，有少至六十七畝者，平均每里澆地三頃又八十五畝。十九年勘

丈結果，諸渠合共青苗地六千八百七千餘畝，各渠每長一里所澆面積，有多至七頃又四畝者，又少至一頃又二十畝者，平均每里澆地四頃又二十四畝，較十八年略有增加。惟包西各地農業習慣，有將良田棄置一二年，以養地力者，此種慣習蓋係地廣人稀之故。積習相沿，而地與渠均不能盡其利，青苗面積，亦斷難表現渠利之大小也。至於公有各幹渠之個別情況，當在下節分述之。

私有各幹渠，數近三十，以蘭鎮渠及新皂火渠最長，各計五十里，灌溉面積前者爲一千頃，後者爲二百頃。舊皂火渠與合少公中渠次之，各計四十里，灌溉面積爲二百頃與一百頃。其他各渠長自十里至三十里不等。私有各幹渠總共灌溉面積爲四千七百四十頃，按其總長度六百零六里計算，平均每里灌域爲七頃又八十二畝。民國十八年勘丈青苗面積，合計八百七十九頃，平均每里灌溉區域爲一頃又四十五畝。民國十九年勘丈青苗面積爲九百八十六頃，平均每里灌域爲一頃又六十三畝。其總數平均，均較公有幹渠爲次，然就各私有渠個別情形而言，其中亦不無成績優異者也。

上述公私各渠均就黃河決口引水，惟各地尚有築堰蓄積山溪水流，開渠導引，以資灌溉者。此種渠道，爲數不多，較大者爲安北設治局之東西水道渠及包頭縣賀級三開挖之山水渠。東西水道渠所引係土名武係禿碌河之水，卽安北城（大佘太）北之山溪水，延長凡五十里，經過佘太昭（福音寺）、二合公、三份子、七份子、及西水道等處。其溉田用水，分爲二類，一曰洪水，惟秋夏二季可澆；二曰清水，全年可澆。全渠共可澆田地二百餘頃，原係佘太廟及各地戶合開。包頭賀級三山水渠，所引爲孔都倫河之水，在孔都倫召之南決口，經哈拉甫達，向南與孔都倫河平行，至打圪壩窯子，會公濟渠餘水，又南至胡盛萬灘匯黃河。至灌溉面積未詳也。

第五節　公有渠之個別情形

公有各渠，多在後套。永濟、豐濟、剛濟、沙河、義和、通濟、長濟、塔布諸渠昔稱八大渠；附益以楊家河渠、黃土拉亥渠及民復渠共計十一道，均在後套，即臨江、五原、安北三縣境內。此外民福渠在包頭縣第四區，三呼灣各渠則在包頭第三區。以上十三道大渠中，楊家河渠原係楊姓自修，其工程亦歸楊姓自行經營，尙屬私渠性質。其他各渠工程及丈青等事，均由各渠水利公社辦理。惟剛濟渠並不設水利公社，一切渠務，均歸永濟渠水利公社兼營。又三呼灣各渠原不僅一渠，以地理關係，併在一水利公社管理。至昔所稱八大渠，概況已於本章第二節略述之矣，尙有其他數渠未經論及，茲爲讀者易於明瞭起見，乃簡言之如次：

（一）黃土拉亥渠　是渠創於阿曲人楊氏，後楊氏中落，渠湮不治。光緒庚子年間，教案發生，以全部渠地賠償，抵銀十四萬兩，渠地全權，盡操諸外人之手。民國十六年，始無條件將渠與地收歸公有。自口至梢，渠長一百四十里。上游寬四丈五尺，深六尺；下游寬三丈五尺，深四尺；下梢二丈五尺，深三尺。渠口在黃羊木頭南，向北流經黃羊木頭；陝壩、蠻會、大發公、聖家營等處，分二支以入五加河。水勢暢旺，可灌兩旁地畝一千數百頃。惜上游不知劈寬，下游未知開濬尾閭壅滯，時患沖決耳。支渠之大者有三：曰蠻會、曰大發公、曰善台。小支繁多。

（二）楊家河渠　是渠仍屬私渠性質，至今其一切工程與管理，仍歸私人自理。最初係東場楊姓於道光年間開挖，厥後湮沒，至民國六年，後由楊茂林修浚，仍其舊名，但並不沿襲其舊址。工作六年，至民國十二年始告成功，糜款四十萬兩。渠口在臨河縣境西南之大灘，與烏拉河河口相連。向西北行，經頭道橋、中官堂、納只亥、二道橋、三道橋、板豆加浪等處，以入於五加河。計長一百六十里；於後套各渠中稱最長焉。口寬六丈，深七尺。至二道橋寬五丈，深五尺。至三道橋寬三丈五尺，深六尺。大支渠有四：一曰黄木頭渠，二曰烏蘭淖渠，三曰老樹渠，四曰三淖渠，各長六七十里。東渠因係私人經營，責專利均，向來成績良好。但渠梢及五加河均多淤塞，澆地畝數，因以減少。

（三）民復渠　原名扒子補隆教堂渠，民國十九年向教堂收歸公有，始改今名。渠長五十五里，寬二丈，深四尺。渠之所經，爲西河畔、義和魁等處，均爲塔布渠灌溉所及，故渠務之利不大。

（四）民福渠　是渠在包頭第四區，係民國十九年新開。渠長一百四十里，其中利用天生壕者凡百餘里，故與其謂爲新開，毋寧爲濬。據水利管理局報告，渠寬三丈，深六尺餘，受水區域二千餘頃。

（五）三呼灣各渠　三呼灣各渠，以三呼河爲主幹。河長二百三十里，寬五丈，深七尺以至一丈不等。自哈拉烏素之西黄河北岸歧出，蛇蜒東行，至金巴圖之西，復注黄河，夾成低灘地數千頃，土質膏腴，隨處地勢均宜開渠，南流北行，無不順暢。苟能開濬渠道，大可變其地爲水田，藉以種植米稻。包西各地，現不產大米，若此處水利完美，當爲唯一之出米地也。作渠工程，自民國七年始，五月籌開東大渠，由三呼河開口，東南流注黃河，計長四十餘里，寬四丈，深四五尺。兩岸並開支渠八道，沿渠築壩數達八座，以資灌溉之便。以後繼續抄收私渠，及利用原有天生壕等，開西大渠及西官渠，均自三呼河南岸開口。西大渠東南流入天生壕，長三十餘里，寬四丈，深三四尺。西官渠長二十餘里，東行轉北，而復注於三呼河，寬四丈，深三四尺。民國十一年五大村地戶呈請開挖公濟渠，自加格齊廟南，抄引加格齊廟壕爲渠口，經三義公、哈業撤氣之南，至欄櫃窰子以下，延長七十五里，寬三丈五六尺，深三四尺。惟公濟工程不宜，且經過沙壩，下游導水困難。

第六節　渠務之管理與經費

前後套一帶，爲西北肥沃之區，在昔屬於蒙族，僅爲游牧之地，本無農業可言，自前清末葉，將開渠與開墾同時進行，於是前後套土地大部分始可耕種。按渠務管理，在往昔原有大幹渠八道，概歸綏遠將軍或墾務督辦統轄。至民國元年，公家無力興修渠道，後套八大幹渠所屬地，改歸民戶包租，渠道亦歸民戶修挖。七年，三呼灣始正式開墾，由公家籌款興修大幹渠一道，並收回私開各渠，歸公家經營，是爲公家經營三呼灣水利之始。嗣後墾地日多，公私渠道日多，水利漸興。九年後套渠道經營失宜，議者謂係散戶承包，責無專屬之處，乃有綏遠都統蔡成勳、部第一師旅長楊以來，乘機假借灌溉公社名義，統包八渠永租地，截至十一年，租款拖欠至十萬餘元，渠道廢壞無遺；後經一再交涉，始行收回，改歸五原地方人民所組織之滙原水利公司及興農社等承租。十二年，始有水利局之設，但因係在包頭遙轄，雖虛耗經費，而渠務仍無改進也。十七年撤裁水利局，水利由新設之綏遠全區墾務總局辦理，二月，墾務總局招開水利會議，決定所有渠道，各歸地方人民合組水利公社，自行經理，並由墾務局暨所在地方官督飭辦理。十八年，水利事宜另由墾務總局劃分，即將渠利科改設包西各渠水利管理局，與墾務總局同隸省建設廳。同年四月，由建設廳向山西省銀行貸借晉鈔十四萬元，專資興修渠務之需；各渠酌量支配，積極進行，於是歷經廢弛之渠利，略見起色。

自民國十八年以來，包西各渠無分私人自修，地方公修，抑係山水渠道，均爲建設廳包西各渠水利管理局監督，管理局局址在隆興長（五原新城）公私各渠均依法各組水利公社，於水利管理局監督指導之下，辦理各該渠渠務。

各渠工程，無分經常、歲修、特別，統由各該渠水利公社負責經理，並由管理局監督。而特別重大者，更須先事估計，備具計劃預算等書，呈請管理局轉呈建設廳核辦。亦由公社經征，由管理局協催，凡各渠所屬糧地，召廟地，戶口地，未墾地，移民地，學田，實業基金地，永租地等民戶，均照每年夏秋間勘丈青苗地畝數目擔任。若雖經灌溉，而無青田之地，亦可免繳。渠款計分三項：一爲經常修渠費，每年每頃納國幣七元，專充歲修工程之用；開支有餘，由公社保管之，不敷則由公社召集全渠民戶議定籌補方法，呈管理局轉呈建設廳核行。二爲特別修渠費，凡各渠遇有特別重大工程，先儘餘存經常修渠費內撥支，再有不敷，由公社商由本渠民戶中籌墊之，在三年內，由本渠民戶照青均攤。三爲水利經費每年每頃納銀五元，以半數充管理局經費，有餘報建設廳，零款存儲，不敷呈請建設廳籌之；其餘半數充該渠公社經費，若有不敷，亦得事先呈准，另行籌支。

第七節 綏省水利之整理

查綏西墾殖所以較優於其他地域者，卽地勢廣平，兼有黃河無限之水利也。所惜者，舊渠雖多，無人疏濬，渠身愈高，水量愈減，而廢渠尤多。故談墾殖者，莫不重視水利之振興，亦卽綏西墾殖最要之關鍵也。茲將關於水利計劃，分述於左：

（甲）整理舊渠　查黃河沿岸，所成之渠，幹支甚多，或爲民修，或爲官開，或經報官，或屬私開。就歷史上之考查，渠身狹寬深淺歷歷可考。但按現時情形，荒廢過半，殊爲可惜！今以政府之力經營，勢必全盤兼顧，一致改進，絕不能聽其自由荒廢，有礙國家進步。本此見解與精神，須採取官民協進辦法，如舊渠中之應行整理者，先定幹渠與支渠之界限。凡幹渠一律收歸官有，支渠准其民有，並倡人民自開，優加待遇，獎勵之保護之，使渠水愈深而地方愈發達。計分官有官辦，民有民辦，及官民合辦，收回官有四種，分述於次：

1. 官有官辦　凡報效歸公之渠，整理渠道，必須施以相當工作，使疏長濬深；此種工作，應以工兵充之，工兵計劃另述之。

2.民有民辦　民有之渠，荒廢多年，其原因卽年來土匪騷擾，民不安居。淸匪之後，人民自動整理，較易爲力。民力如有不足時，公家輔助之獎勵之，使恢復其舊觀，予以時限，期收速效，此公家不勞而促成也。

3.官民合辦　此法尤爲妥善，查人民資力，若不充裕，雖欲自辦又無力；報效歸公，亦非所願；當此之際，不可不想變通辦法：民出力而官助其資，妥擬章程，分別進行。在人民既有切身利己之關係，其經營力自較純係官有者爲佳，則公家不必加勞，而能促其發達也。

4.收回官有　民有之渠，不欲繼續經營，情願報效歸公者，應酌量其渠道工程，分別發價收回，此人民自願歸公之辦法也。若人民既欲自辦而無資力，又不欲與公家合辦，已逾示限，不再展期者，得以強制力收歸公有，但給價辦法與前同。

(乙)開辦新渠　查綏遠地面遼闊，現雖有幹渠十餘道，然附於八百里長之地面，灌漑難遍，可以想見。今復欲謀盡量開闢，非就黃河正流多開渠道不爲功。然此種幹渠工程浩大，非有大宗之款多數人工，不克完成。玆分官開民開兩種，述之於次：

1.官開辦法，就黃河正流，多開幹渠，應以國家之兵工充之，其計劃另定之。

2.民開辦法，人民集資，欲在幹渠之旁，開闢支渠者，須先擬就計劃，繪具圖說，呈報核准，着手興工，此爲純屬民辦。政府應設法保護獎勵，俾告厥成功。一面規定使水，限制居奇壟斷之行爲，以惠農民，而昭公允。

（丙）用水辦法　查綏西渠道雖多，向無使水通章，每到夏季，一遇亢旱，則械鬬成訟積案盈尺。蓋水利之爲用，關係生計最爲重要，辦法偶一不善，易啓爭端。故整理渠務，須先修訂使水章程，撥諸法理，參酌習慣，或上輸下至，或按界匀配，嚴定水資，無使居奇，並定罰則，杜漸防微，從嚴監督，此可推行無弊。故對於幹渠，則主官有；對於支渠，則主民有。以官有之渠，其目的在農民全體之利益，無有偏袒利慾之弊。若幹渠歸民有，以感情私利爲前提，利之所在，愛憎隨之，不平之事生矣！以國家最大之建設事業，而可任人隨意播弄乎？故支渠則定爲民有，以資普遍，縱有弊端，則範圍較小，尚可從嚴監督，隨時取締。所有以前使水惡習，概予廢除。

第八節　渠務之困難與改革計劃

渠務上之困難，有爲人事者，有爲天然者。人事者，可以人力勝之，其解決之道易；天然者，有關地勢，水流等固定之情形，雖亦可以人力勝之，然解決之道難；非通盤籌劃，深加改革，不克有濟也。

後套各渠渠務困難之點甚多，綜合言之，其癥結所在，均因河低，渠高，地更高也。據光緒三十年，黃河水面頗高，彼時因防河水氾濫，士城子附近（義和渠口）曾修沿河壩一座，高約三尺，水面高度較現時水面高出凡一丈五尺餘，普通河水在後套一帶，尚稱平穩，漲落相差不過一丈，是以當時各渠水利，尚屬易辦。今河水降落，竟至一丈五尺餘，則河水進渠頗不容易，此渠務上之困難一也。

各渠渠身多就高處以使水流下注灌溉田地。往昔河水入渠既易，水流較爲迅捷，渠水自口達梢，尙可暢通，沉澱之弊不顯。但今則河水降落，水流不若昔日之迅捷，各渠乃多淤塞，非年年挑挖不可，此渠務上之困難二也。

昔人開渠原係就水源以引水，河身在南，故渠低，渠水自南趨北，僅賴水流排擠之力，逆勢而上；是以流速較緩，所夾泥沙，隨處沉積，渠道乃易淤塞，此渠務上之困難三也。

河水帶淤土甚多，兩岸田地，一經灌漑，地面年年增高，據云平均在渠口一帶田地平均每年增高五寸；渠之中腰，每年約淤高三寸，渠梢每年約淤高寸餘。沿渠田地，繼續增高，則渠低地高，水不能上地，此渠務之困難四也。

渠道逆地勢以行，渠身全藉挖鑿而成，水面低於地面，灌漑時須修築低壩，昇高水面，方可漑地；水流被壩所阻，所夾泥沙因而下澱，渠道乃淤，此渠務之困難五也。

後套各渠多藉五加河爲退水路，然五加河地位既高，又復河身淤塞，其下游更被烏垃山坡所阻，匯爲烏拉素子海，不復通大河；退水路既不暢通，渠水由南排擠以來，除灌漑所用水外，餘水無有退出之道，則水流忽定，而泥沙沉積，今日各渠渠水鮮有達梢者，大都由是，此又渠務上之困難六也。

此外黃河河牀變遷無常，南移北遷，年有差異，渠口之地位亦必須隨之而易，年年興修渠口，固已費工費款，而入渠水量，尙無把握，灌漑地畝，多寡不等，則主持渠務者，殊難確定預算，辦理渠務，跡近投機，則亦困難之七也。

今日渠務上之困難，有如上述，欲求解決之道，其將因循舊習，年加修浚，苟安一時？抑將通盤籌劃，根本改善，以收一勞永逸之效乎？此首當考慮者一也。

今日新舊渠口，排列黃河北岸，其數如鯽，蓋因河身行經沙泥之地，沙灘起沒無定，河牀變遷無常，故引水渠口，須年年開挖，似此費工費款，殊非經濟之道，豈無統籌並顧之方，將今日各自爲政之諸渠，合闢一新進水路乎？此當考慮者二也。

且河牀改變，雖能修挖渠口以進水，而水量入渠之多寡，仍無定則，卽各渠灌溉地畝之多寡，亦在不可知之數；豈無澈底改革之法乎？此應考慮者三也。

或謂挑挖現有各渠，整理各渠之口，卽易恢復各渠舊觀，並可增加一部分之肥沃田地，然後套一區，可墾地在五萬頃以上，曩昔渠政最完善時代，所灌田地，僅在萬頃左右，今假定能恢復舊觀，但吾人將任其他沃壤，棄爲不毛乎？抑多開新渠，以灌溉之乎？從後之說，則需工不小，而新開諸渠，仍難遁現有各渠不可免之弊，此應考慮者四也。

渠務上之困難如彼，解決困難所應考慮者又如此，故從來研究河套水利者，莫不以爲非通盤籌算，根本改革不爲功。前督辦運河工程事宜處，於民國八年派專家組織河套調查團，調查河套水利墾務，其所擬整理計劃，早已有此趨勢。最近綏遠省政府建議修挖黃河故道（卽五加河）提案建設委員會，亦係根本籌劃後套水利之急也。茲將其建議方案節略如左：

「（上略）然以河套水利言之，欲圖根本之計，非疏濬黃河故道不爲功。嘗謂大河如無爪之龍，無由飛騰致雨。……公家在河套歷年之開闢，可謂始露一爪。如能疏其黃河故道，先伸一長爪於寧夏之東，逐漸施設於華陰，再於下流恢復灉渠分支之舊觀，則可使大河爲千爪活龍，朔方潤澤，可立期而待也。中段述（黃河故道之現狀及應修濬之各處，從略。）綜行此項工程，計需土方四百萬方，每方以最低工資計算，計洋六角，共合洋二百四十萬元；連同築壩修橋建堤各費洋三十萬元，計需洋二百七十萬元。此項工程，如能告成，其利有十：

（一）河套水利永無淤塞泛濫之虞。

（二）減少下游無窮水患。

（三）可溉良田五萬頃，增加農產。

（四）每年農產輸出，可供華北各省之需。

（五）民食由此可以充裕。

（六）華北各省有此巨量農產接濟，可免災荒。

（七）移民實邊，可以補助內地民生困難。

(八)一切實業,藉此可以發展。

(九)平綏鐵路可以增加收入。

(十)商務藉此可以繁榮(下略)。」

按此種計劃,工程上及經濟上是否可行,尚待評估。上之所錄,謹示水利改革計劃之一般耳。故河套水利,關係於地勢之高低者最甚。其水之爲利爲害,有時全在地勢上咫尺間之差耳。乃該地不獨對於地勢無相當之測量,即對後套及三呼灣等水利區域,至今尚無一精確之平面圖;而水準測量,則概未之聞也。其他關於雨量、水尺、及流速等足以爲水利問題解決之根據者,更未論及。徒憑視察之所得,與私人之經驗估計,則水利之不失修者,蓋亦難矣。

第九節 結言

綜前所述,可知河渠之關於綏遠人民生計及國家財富,大而且重。吾人觀夫明代徐光啓氏論農田用水疏有曰:

「其不多生穀者,土力不盡也。土利不盡者,水利不修也。能用水,不獨救旱亦可弭旱。灌溉有法,浸潤有方,此救旱也。均水田間,水土相得,興電敲露致雨甚易,此弭旱也。能用水,不獨救澇亦可弭澇,疏理節宣可蓄可洩，此救澇也。地氣發越不至鬱積，既有時雨必有時暘，此弭澇也。不獨此也，三夏之月，大雨時行，正農田用水之時。若偏地耕種溝洫縱橫，播力攸賫。其灌溉必減大川之水，先臣周用曰，使天下人人治田，則人人治河也。是可捐決溢之患也。故用水一利，能違數害；調燮陰陽，此其大者。」

查河套一帶，土地平衍，腴田肥饒，山川環列爲屏藩，渠港交錯若布星。今五原臨河兩縣境內，共有大渠十四道，支渠一百零五道。而淤塞廢毁已過半數矣。故河套水利，若作全盤計劃，應從寧夏開黃河故道五加河，引黃河恢復舊形。而以今黃河爲退水河，則幹渠支渠始有所統，百年之利可觀厥成。惜以前官府不肯提倡，民間缺乏資本，是以久久棄置未行墾植也。去歲自包頭至薩縣、托克托縣之民生渠告成。長約六十餘里。支渠十四道，河底深二丈。石堤土壩既堅，能灌田二萬頃。當道以一萬五千戶飢民並兵工五千。工作期年，卽奏成功。如高家野、場村一帶。以前每畝僅值一元七八角。自民生渠告成，今漲至六元一畝，水利地利之關係從此可知，豈不努力於水利之開發者乎！

第十五章　綏遠之工業

第一節　概說

綏遠之工業，因民族之環境關係，至爲簡單，自作之出品，僅完全係由本身畜牧生產本位所得之原料居多，以其生活上最低限度之需要品加工製造。如毛氈、毛毯及牛乳、奶油、奶豆腐、奶茶及奶酒等。此類工業極易舉辦，而其製造方式，在蒙民方面完全表示遊牧社會之初期作業狀態。至在已開墾區域之城市中，已漸有手工業之製造品，如張家口即有蒙古人所製造之金屬品，形質頗爲粗糙，僅能行銷於蒙古地內。此種金屬工業之活動，在半農牧及純遊牧之蒙古地方，甚爲少見。惟漢族人民，在綏遠方面亦月漸發達，各種方法，多係舊式，良好之品質，因此而亦不易得，然較之蒙古民族所製造之工業品，則有過之無不及也。

第二節　綏遠之工業品

工業在綏遠，無甚著可稱，惟織氈、織毯之業，極易舉辦。全省年出栽絨毯十餘萬方尺，值二十餘萬元，毛氈二十六萬方尺，值三十萬元。

綏省之牧畜，次於察哈爾，但亦有可觀。每年馬產約六萬匹，羊五十五萬頭，駝、驢、騾各在五萬以上。惟不知改良，而所產之毛，不及美、澳之佳。以全省而論，地當我國之中，陸有火車之便，水有黃河之利，如能努力開發，不獨可爲原料之出產地，並可爲工業之集中地。本地用木機紡織毛綫，至爲粗劣。鐵機所成，亦嫌不細。此皆由於無人提倡改良，以致工業不能發展，殊爲可惜！

綏遠現有工藝品調查表

類別	事業別	原料	製品或用途	主要理由及附說
絨毛工業	紡織	絨毛	絨及各種組細織物	當地所產絨毛不計外每年由蒙古輸入之絨毛（駝羊二種）約三百萬斤左右惜自無處理方法全以次原料之價值輸出外洋
	編織	羝毛	各種衛生衣圍巾毛襪	歐美諸國絨毛織物占服用品之重要地位已不待言我國亦漸此傾向惟對於此之物質眼光尙少遜色如能積極籌辦製造還隨需要並進
	製帽製靴	絨毛	氈帽毛靴毛鞋	
	洗滌精練染色		輸出絨毛之洗滌及以上各製品原料之精練漂白染色	絨毛除天然脂質等夾雜物外混含沙土甚多因無洗滌檢查等之處理致外人借口操價每年所受損失甚鉅
皮革工業	製革	牛馬駝羊等皮	皮箱皮帶皮包武裝帶等軍用品皮鞋底用皮馬具以及他各種皮製品	每年當地所屠牛羊駝及其他獸類甚夥外由大西北兩路（商人稱外蒙及新甘一部）輸入約三十餘萬張亦全以次原料之價輸出他國

業	製皮(帶毛皮)	羊羔及狐皮及他野獸等皮	衣服用裝飾用等之各種帶皮皮貨	每年由西北兩路輸入約十萬或二十萬不等
膠質工業	製膠	獸角蹄骨等及皮革廢物	木工接合革接合草帽製造草紙火柴漆器下塗印刷各種模型繪具人造革製墨化裝品哥羅板工業上用途甚廣	每年屠宰牲畜約十數萬頭骨角蹄等幾全爲棄物以之製造用途宏廣之膠質是工業經濟上極當之廢物利用法
	膠精	獸角蹄骨等及皮革廢物	人造絲人造象牙製藥照相板印畫紙製革整理織物整理西洋果食製造及他用途甚廣	每年屠宰牲畜約十數萬頭骨角蹄等幾全爲棄物以之製造用途宏廣之膠質是工業經濟上極當之廢物利用法
油脂工業	製油	菜種亞麻種胡麻種大豆蓖麻種子等	食用燈用塗料印刷油機械油胰皂製藥煤染等用途頗大依原料而異	土地遼闊農作豐富是等原料品每年所產頗多再加以農事上之注意決爲有望事業
	胰皂	豬牛羊等各種獸脂	化裝胰皂洗滌胰皂藥胰皂及他各種胰皂	每年所產獸脂甚多價值亦頗低廉胰皂用途宏大需資不鉅故極合宜
	蠟燭	豬牛羊等各種獸脂	各種新舊蠟燭	蒙地以肉爲通常食品能吸收其脂油類則原料更豐富
食品工業	煉乳	牛乳小麥大豆羊乳	罐頭牛乳羊乳(乳油)(牛酪)	牧場宏廣小麥大豆產量亦鉅故此製造簡易之煉乳工業甚爲相宜
	肉製品	牛羊雞等肉	牛羊雞等肉罐頭及肉干肉粉等	牛羊肉產量鉅味質美爲他處所不及雞之產量亦多專場牧雞亦頗適宜
	麪粉	小麥莜麥	小麥麪粉	土地宏廣除此特凶年外每年所產小麥莜麥以及他粟甚多往年飲用較低於任何處是其證明
	蛋粉	雞蛋	蛋黃蛋白等蛋粉及他蛋製品	雞爲農之副產物農事盛則雞產亦富專場牧養則更有望

類別		原料	製品	附說
其他工業	澱粉	小麥薯穀等類	麵筋小麥澱粉薯穀類澱粉	農產豐富往年餘剩頗多澱粉又爲工業上需要甚廣之物
	肥料	獸血骨等屠宰廢物及無機質等	肥田粉	土地遼闊肥料不足農人習慣均以間息法耕種即如百畝地今年耕此五十畝明年耕彼五十畝常以五十畝爲收穫率如利用廢物及他工業方法製造相當之肥料收穫率當在二倍以上
	製麻	亞麻皮	麻線及粗細各種麻織物	建設廳馮廳長鑑於日本北海道之亞麻試種及其現在之發達與亞麻應用之漸廣極力獎勵播種亞麻故其將爲綏遠之一大出產必矣
	染料	茶葉渣蕎麥殼麥殼大小豆等米糠麥糠等	硫化染料	原料易而賤
	蛋白質	蛋血大小豆等	媒染劑等各種化學工業用動植物蛋白質	原料易用途大

綏遠現有工藝品名稱表

類別	品名	附說
絨毛類	清水各色毛氈	
	清水各色絨氈	
	(絨)(毛)耳帽	
	俄式毛靴毛鞋	一種防寒踏雪最宜之靴鞋
	花素毲氈	一種蒙古製甚厚之毛氈
	新式各種粗毛布	服用毛巾
	(絨)(毛)各色衛生衣	
	毛單毛毯	粗毛織物敷物包物用
	毛袋	裝運糧粟用
	各色栽絨毯	爲綏遠之一名產頗美觀而且耐久

類別	品名	說明
皮革類	各色粉皮	一種精製革柔軟而耐久多以之做褲
	各色般子皮	質薄而堅之精製革
	各色香牛皮	
	各色皮靴	爲蒙地用之一種香牛皮或他種革所製之靴
	法蘭皮	鞋底等用
	馬鞍韂	當地亦尙騎馬輸出蒙古甚多
	其他馬具	
	馬車各皮具	
	各種新式製革	
	武裝帶	
	手槍彈盒等軍用品	
	馬靴䩞裹腿皮鞋手杖等	
	皮包皮箱皮帶等日用品	
	白皮箱	以馬羊皮製之白色革木裏革表大小手提各種
帶毛皮類	(山)(綿)羊皮	衣服被褥用
	(白)(黑)羔皮	衣用
	青山羊皮	大青山出之野羊皮煖而耐久
	大頭羊皮	一種草地野羊皮暖而粗笨
	(狐)(狼)皮	衣褥用
	其他野獸皮	

、骨製鈕扣

骨角類	角製鈕扣	
	簪梳盒匣耳抓牙籤	
	其他(骨)(角)製玩品	
蠟燭		照光用紅白各種
胰皂		舊式胰皂化裝用

第三節　現代工業

綏遠省之現代工業，尙極幼稚。惟歸綏有一電燈公司，其附屬麪廠，機械設備，尙稱可觀。包頭麪粉廠及甘草廠，規模略具，設備較全，惜開辦未久，成績不著。銷路亦僅五原、臨河等縣，寧夏雖有運銷，惟數量極少。甘草爲綏遠著名產物，包頭爲其集中之地，每年運銷國內外者爲數頗鉅。然皆選其肥大者運出，至細根末枝，因不敷運費，遂被遺棄，或供燃料。芬蘭人維利俄斯，收買枝末，設廠煮膏，運往天津，轉銷外洋，獲利頗厚也。

(一)綏遠電燈股份有限公司　綏遠電燈股份有限公司資本四十萬元，民國十八年十一月接收塞北電燈公司，繼續辦理；內置端士造透平式蒸氣發動機一座，馬力五百四十匹；發電機一座，安培一二六，電壓二千三百伏特，發電總容量四〇〇仟瓦，發電總度數一、七二八、〇〇〇度。電費每度二角六分。現有電燈二萬餘盞。二十年度，盈餘三三、九四五、九四元。製麪部份，二十二年春成立，置有亞美式清麥、進麥、檢砂等機各一部，篩粉機二部，鋼磨五座，每二十四小時，可出粉一千袋，價值十二萬元。

（二）包頭電燈麪粉股份有限公司　包頭電燈麪粉股份有限公司於民國十九年成立。係股份有限公司，資本八萬元。股東多河北、山東、河南等省人。廠設包頭南門外，五里岔之地方，經營電燈製粉二業。於民國十九年五月開始發電，內置德國製——臥式蒸汽發動機一架，馬力一百三十匹。發電機一座，安培一九三，電壓爲三千伏特。發電時間每日自下午六時起至次日上午六時止，電費每度二角八分。電燈二十五支光，每月每盞七角五分。有電燈六千餘盞。自開辦起至民國二十年五月止，電燈營業約一萬五千元。製麪粉部分，於二十年五月開始，置有德國製造清麥機篩粉機各一部，鋼磨五座，計分二十四寸者二部，二十二寸者二部，二十寸一部。又美國製電動機一座，價值共六萬餘元。

（三）永茂源甘草公司　包頭有甘草廠一家，名永茂源甘草公司，地址在廣和公司內。民國十九年十月成立。獨資經營，股東係芬蘭人維利俄斯。資本三千元。職員有總理（維利俄斯兼充）一人，代辦（俄人）一人，爐工十二人，輾工三人，女工一人。原料爲甘草，現所用者皆細枝，每百斤值洋四元。泥沙雜混，須用水洗滌。每百斤甘草膏，須用甘草三百五十斤，價約十四元。

甘草膏之銷路，以天津爲最多；每百斤膏價三十五元（由包頭運天津每百斤運費八元，稅一元二角。）每日可出膏三百斤。製成膏磚，每磚重五十仟克，紙爲包皮，裝木箱中，每箱十磚。

（四）晉源西油糧麪粉公司　晉源西油糧麪粉公司於民國十七年開辦，在包頭縣。資本額十萬元，係有限公司。股東胥晉人，其營業除製麪外，兼收賣油糧，設製麪廠於包頭東門內。置有德國製清麥機篩粉機及二十寸鋼磨各一部，舊式石磨六具，柴油引擎一部，馬力二十四，價值二萬四千餘元。

第四節　手工業

綏遠手工業之製造品，以栽絨氈、毛氈爲大宗。製造廠家，各縣均有。全年可出栽絨毯十一萬八千餘方尺，值二十餘萬元；毛氈二十六萬八千餘方尺，值三十四萬餘元。行銷之地，東至平津，西迄甘寧，北至庫倫，南至榆林、太原。自民國十五年國民軍由綏西退，各商戶派捐攤餉，搜括至二千萬元之鉅；繼以連年災歉，外蒙商路斷絕，綏省工業一蹶不振。今各縣雖有少數手工業，較之民十以前，已一落千丈矣。

第五節　各縣工業

（一）五原縣　縣境工業，以製毯製氈業爲中心。有毯房七家，均在隆興長鎮。有男工人三十餘人，青工四十人，年產栽絨毯三萬方尺上下，輸出蒙古寧夏平津一帶，約二萬五千方尺，值洋三萬餘元。各家營業均頗發達，氈業十五家，工人七十二名。全年產品五萬方尺。輸出一萬餘方尺，每方尺價洋三角。近年以來，供過於求，營業日漸蕭條。油家九家，年產葫麻油一百二十萬斤，從事工人九十餘名，原料購自本地。每石五元，營業頗稱發達，每年獲利五六千元。麪粉八家，每年出粉一百萬斤，行銷寧夏、甘肅，每年獲利八千餘元。該縣於民二十一年，由縣籌款設立民生工廠一所，招各縣靑年，學習紡織毛織毛布，擬於學成之後，遣赴各鄉，指導紡織，利用土產，抵制外貨，現有學生三十人。他日若能精進不懈，於該縣毛製工業前途，大有裨益也。

（二）涼城縣　涼城縣境工業，皆係小工業，設備均甚簡陋，如成衣、打鐵、木作、磨坊等，不外製造少數農具，與日常用具而已。最出名者，爲紅氈、毛鞋各業，雖不能與工業國及內地出品幷駕齊驅，在綏可首屈一指。產地在縣境之天成村、廠汗營、卓資山三處，資本均千餘元，每年約產紅氈五百餘塊，毛鞋三千餘雙，價格每方尺四角，毛氈三角，毛鞋每雙一元二角。紅氈業各家，每年營業總額三千五百餘元，毛氈業每年營業總額四千餘元。

廠汗營所產之酒，色如胭脂，香濃味醇，名「昭君紅」，俗名「紅毛酒」。每斤售價八角，其製法當地人祕而不傳。人多和燒酒飲之，蓋質醕色豔，純飲易醉，銷路亦廣。蒙人尤珍貴之。苟能明其製法，設立大規模工廠，加意製造，定能推銷全國，實綏遠之一大利源也。

（三）歸綏縣　歸綏縣工業，以製栽絨毯及粗細皮衣工廠爲較大，出品以老羊皮及羊羔皮爲大宗。老羊皮大都銷售本地，羔皮及狐皮，除銷行本地外，每年運銷於東南各省者，爲數亦鉅，年可値洋十萬餘元。此外地毯毛布兩種工廠，亦較發達。原料多取諸本地，平綏路通，交通便利，出品日精，外埠顧主紛至沓來，蓋綏省之重要之工藝品也。

（四）陶林縣　陶林有氈房十餘家，專製毛氈、氈帽、毛鞋、氈襪等，每年銷行於蒙古及各縣，爲數不少。業此者建有氈毯社廟在縣城東北隅，又有栽絨毯子房四五家。以產毛豐富，毛價亦廉，創辦此業極非難事。惟質地雖極堅美，而花樣不甚講求，故不發達也。

（五）安北縣　安北境有缸房一家，油房二三家，磨房五六家。產量不多，僅足供境內居民之需。野產紅柳極多，居民用以編筐、簍、籬笆；雉雞草用以製繩索及編簾箔，均爲農家主要副業。惟均農暇兼製，並無以爲專業者。扒子補隆有栽絨毯房一家，年產絨毯三百六十方尺，每尺售洋二元。城西百二十里合少公中有鹽淖一處，屬達賴旗，大十餘頃，產天然結晶鹽；產量視雨量而異，雨大則鹽水稀薄，不易結晶，雨小則鹽質不能上透地面。若雨降適宜，年可產鹽千餘石。境內居民，均購用之。

（六）固陽縣　固陽設治未久，地廣人稀，農牧尚稱發達，工業頗爲幼稚。就其稍有芽萌者言之，有榨油、釀酒、面粉、製皮、製氈、鐵工、木工、熬鹽等數種。然各業家數不多，資本亦微；生產全用舊法，產品亦不敷本地消費。計全縣油房千餘家，年可出胡麻菜子麻子等油三四萬斤；缸房六七家，可出燒酒兩萬餘斤，麪鋪十餘家，年可出筱麥、蕎麥等各種麪粉五十餘萬斤。此外製皮、製氈、鐵工、木工等業，均不過二三家，無資本可言，以供糊口而已。惟該縣出產土鹽，計有二處，一在城北七十里之白靈淖，面積約數頃；一在縣城西九十里之沿海子，面積約五六頃；附近貧民多行掃土淋熬，質較薩托所產為低。每日可出五百餘斤。近年屢被榨運局處罰，受害不堪，縣民多已不敢再熬矣。

第六節　蒙民之工業

一乳業　蒙民因其生活上之需要，而對於乳業至為發達，但「乳及乳品」之確實產量，至今尚無準確之調查，然依日人調查內蒙乳料產量，其結果如下：

乳料產量調查表

品名	產量	售出百分率	消費百分率	備考
乾乳品	六三〇、〇〇〇斤	五	九五	
乳酪	一、二三二、〇〇〇斤	六	九四	
乳酥	三、六六四、〇〇〇斤	四	九六	
酸乳	三四六、〇〇〇斤	無	一〇〇	
鮮乳		無	一〇〇	

上表所列，係包括熱河、察哈爾及綏遠三省之一部，吾人欲綏遠之乳料產量，由此種數字之統計範圍內，亦可以透視出蒙民所產之乳量，同時亦可知其大部用在消費方面。其原因：

1、因蒙古交通工具之落後，不便輸運至市場，

2、蒙人囿於迷信禁止牛羊乳向外買賣。

有上二種原因，蒙古人多以乳爲其主要之飲料，卽將榨出之原狀，滲茶少許飲之。此外更製成乳油、酸酪、酸乳、各種乳酥、乳汁及乳酪等，其製造方法，可分別說明如下：

(甲)酸乳　將乳呈露於空氣中少時，直至酪質凝結成爲輭皮狀態，卽將其乳漿用作飲料，酸乳略有酸味，如布加利(Yugurt)之製法相同，其發酵之步驟，漸次以酸乳加入鮮乳中或置鮮乳造於盛酸乳之缸中，亦可使之發酵。至時間方面，在冬季至多十日，春季僅須二日，卽可製成酸乳。

(乙)乳酥　或由鮮乳製成，或由撇去乳沫之乳汁製成，或由酸乳製造，將乳置入器中，使其發酵，而至乳質凝結爲止。若發酵進程甚遲，可略加牛乳，當乳質凝結時，卽以柳條編成之笊箕收集之，放於瓦鍋或鐵鍋中，以煖火焙之，使水分蒸發，然後放置木箱中，箱底有小孔若干，將乳質壓下，約一日間，水分卽可除去，再取而曬之，直至乳酥發硬爲止；再置於箱中，使之陰乾，卽成乳酥。

(丙)乳汁　乳汁由牛乳製成，亦有用馬乳製之。其製造步驟，分發酵蒸溜兩種。其法將乳放在普通所用之缸中而緊封之，冬季將缸放於坑上，夏季置於陰地，使之發酵，期約五日，缸中之物，漸次發酵。以後再置於鍋中蒸溜，其蒸溜之設置，有一蒸發鍋，一冷鍋，密閉之桶一，收藏器一。先將發酵之乳，置於蒸發鍋中，小孔及空隙，均用毛

塞緊，再封以黏土，其冷鍋則盛以冷水，旋卽進行蒸溜之方法，以煖火燒之。當蒸溜進行時，冷鍋之時，須常攪動更換。普通十二斤乳中可取得一斤之乳汁，此種乳汁，爲無色透明之液體，帶有一種焦灼之氣味，且含有百分之十上下之酒精。此種生產，消費須有限制，普通多在結婚喪葬大節氣時用之。

（丁）乳酪　乳酪多在夏季製造之，其法將發酵之乳油置於鍋中，用火燒之，攪動使其黃色脂肪浮於上面，一俟上層淸澈，乃去火使冷，然後將純潔脂肪移入缸中，或其他器中使之凝結，每三斤鮮乳，可得乳酪一斤餘，爲便於收藏起見，在未凝結以前，可置於碗中，或置於綿羊胃囊中，亦有封於小缸中，其色黃，亦有淡黃者。如製造方法粗劣，則其中之蛋白質及糖精必多。又如極力分開脂肪，含水之分量過少，遂使溶點減低，常呈輭狀，則其滋味稍有變更也。

由是以觀此種乳品之製造，至爲單純，亦可知蒙古人對於製乳工業之幼稚，同時蒙人亦無所謂以工業爲目的，僅以此爲其消費之需用品而已。在已開拓而有城市之處，蒙人已打破「禁止售乳」之迷信觀念，故街市中亦時乳料買賣。因此可以證明蒙人之遊牧經濟狀態，乃爲貨幣經濟勢力所克服，而轉變其已往之迷信觀念也。

二毛業　蒙古之毛皮產量，至爲豐富，然蒙民之於此種原料，不知利用，僅能作原始人工之整理，如各種毛產物加以剪洗之作業而已。至綿羊每年剪毛兩次，大羊每隻可得毛三斤，小羊每隻可得一斤或二斤，駱駝每隻年可剪毛四五斤，每當五月春季換毛時，亦有不用剪而以手拔者，駝毛剪後，多不洗滌，僅經過搖落之手續，卽行出賣於行商或市場。

蒙古人之於皮產工業上，僅能織毛氈及蒙包之幕蓋鋪蓋等而已，至大部之毛織業，多被漢人所把持。茲將綏遠年銷毛額，列表於後：

綏遠年銷毛額

市場	種類 項別	年銷數量	每百斤價格	備註
包頭市	寧夏毛	五〇〇、〇〇〇斤	二二元	
	王爺毛	三〇〇、〇〇〇斤	二五元	
	套貨	二〇〇、〇〇〇斤	二三元	
	公王毛	六〇、〇〇〇斤	二〇元	
歸綏市	西寧毛	一、三〇〇、〇〇〇斤	三三元	
	歸綏附近毛	四〇〇、〇〇〇斤		
	套貨	一、五〇〇、〇〇〇斤	二三元	
	市羊絨	一、六〇〇、〇〇〇斤	三六元	

上表所示，綏遠之毛產物，所購買者，乃爲漢人。而漢人購取此種原料，製成熟貨，向內外銷售；因此，蒙人對於毛產物，僅有出產時之疏剪關係，完全係一種原料之供給及整理者；但毛氈子亦有少數由蒙人所製成，如德王

府及其他接近城市區域中，常發現有蒙古自織毛氈之事實。

至蒙古人之製造毛氈方法，卽以羊毛羊絨爲原料，間亦有用牛毛者。其法先以篩籮除去毛上之塵埃等，加以明礬溶液之洗滌，然後曝於日光之下，俟其乾燥，卽施以輕鬆之工作，形成一種密緻之物體。再用弓弦，彈成柔塊，經數次之彈功，使成極輕鬆物體，薄鋪於木板上，寬約三尺，長約六尺，形成長方形之幅，加注以熱水，用足踏蹂至相當程度後，輕移於竹簀上。再用竹簀之一端，將其捲成一束，用繩緊縛之，懸於天井或壁上，再用足力踩踏後，將其展開，注以熱水，整理其邊緣，又從竹簀之另一端逆捲之，如此者數次之結果、始將稀薄之糊水灑之，使之曬乾，便成氈塊。

其製出之種類，約有兩種：一爲鋪蓋條氈，每條約長五尺五寸，幅約二尺寸，重約六斤；一爲褥席坑氈，每條長約五尺五寸，幅一丈，重量約二十三斤，以上兩種，以純白色爲最佳，若混滲牛毛，呈現鳶色，自爲劣品。至價格依其品質幅度及重量爲標準，大概鋪蓋條氈，最上者每條三元至四元，最下者一元五角或二元一二角不等。

三 皮業　蒙古皮產，有山羊皮、綿羊皮、狐皮、狼皮、元鼠皮、狗皮、馬皮、牛皮等，此種皮產物，在中國出口之數字上，頗佔重要之位置。卽以羊皮而論，每年平均出口有一百七八十萬張，再羔皮七八十萬張，但此不邊指全國皮產輸出而言；至於綏遠蒙產所佔之輸出數，當不及全數三分之一，其未輸出國外而由綏遠各城市製成之各種工業品，銷售國內及蒙古各地，爲數亦極可觀。

蒙古對於皮產工業，仍站於原料之供給及整理者之地位。而漢人或外商之經紀人，乃一方以貨幣或商品交換蒙人之大量皮產，他方同時利用此種原料，加工製成熟貨，一部份仍銷行於蒙古。蒙古對於此種工業原料，在技術上僅有初步加工之關係，如鞣皮等，但此種粗簡之技術，易使皮料品受損壞，不能保持長久，故有多數漢人或外商等，直接向蒙古內地購買活畜入口，或就地自加工鞣皮，因此，則蒙古之鞣皮技術亦被摒棄矣。

但現在蒙古人本身生活之需要品，如防寒被服及鋪貼等，仍利用自己之鞣皮法，加於各種皮產上；其鞣皮時期，以夏季爲宜，其法先以羊皮浸入於酸乳中，至七八月間取出，用清水洗滌後，曬乾之，再用乾草燒燻之，然後吊於豎立之木桿上，用刀除去皮肉上之脂肪，則其臭味去盡，竭力用手揉，卽成爲蒙古人所披用之衣服或貼鋪之材料。

第七節　結言

工業地方，最要之條件，則爲燃料、原料與交通。綏遠煤炭既多，原料如皮、毛、鹼各種農業品及獸骨、牛、羊、肉均極豐富。礦師鮑璞先生謂歸綏東北產黏土極細，可以燒瓷。惟目下最可辦者爲硝皮廠、織呢廠、紡毛廠。次則罐頭食品諸廠。牛、羊肉、牛乳、牛油餅產爲最多。取需之數日增，供給之數不給，棄天府之厚利，恃舶來之供應，不亦大可痛惜而不能已者乎。

第十六章　綏遠之商業

第一節　概說

綏遠當黃河水利最良之河套地方，黃河上游牧畜之產品（皮草、皮毛）、穀物、煙草等物，咸集中於包頭，水陸交通復甚便利，若能利用腹地之物產而製造之，以供給較遠之市場。且綏遠四通八達，地位極形重要，市場廣袤，有豐富原料供給之腹地，有人口密稠之大都市，均在其附近，而精於技術之人，復可延聘於鄰近，就腹地之原料利用而製造之，已可取用不盡；而原料及工資之低廉，市場復可擴展至無限量，則其於商業頗有極大發展之可能性。

第二節　綏遠之商業

綏遠以交通便利，原料富饒，而商業市場，一經改進，自可趨於發展之途徑。試觀綏省現在之商業狀況，較可述者，當以歸化、包頭爲最盛，薩拉齊及烏蘭腦包次之，爲甘、新、蒙古、平津間貿易之中心地。平時自蒙旗及甘肅所來羔皮細毛，每年由綏遠走莊者値四十萬兩。本地羊毛皮統年銷二十萬張。洋商在歸綏設莊，採買羊毛絨及牛、馬皮者十數家。而歸商販運磚茶、綢、布、棉花、米、麪等物，分赴各蒙旗者尙多。交易駝、馬、牛、羊、皮革、絨毛等物。春夏去而秋冬歸，歲以爲常。其內部僻陋之處，現銀甚少，一切以物易物，如以茶、烟作工價，或以米、穀易牛、羊是也。

近年以來，俄人在新省之經濟勢力日趨澎漲，其經本省以達西部之貿易，亦逐漸受其威脅；此項威脅，自土西鐵道成功而愈增其重要性。良以本省自外蒙中隔後，所恃爲惟一之貿易出路，厥惟寧、甘、新、青。果使俄人勢力逐漸內展，前途危險何堪設想！自九一八事變後，四省淪陷，國人目光，羣趨西北，顧欲開發西北，要不外下列二途：（一）爲沿隴海路直趨臯蘭，以達青、新。（二）爲由本省經綏、新路而直達迪化。自國防商業見地言之，尤以後一途爲最關重要。我政府果欲開發西北，以固疆圉而禦外侮，對於綏遠之交通、貿易，要不可不以全力促進輔助之也。

第三節　貿易概況

本省商務，自前清中葉而後，漸趨繁盛，華路襤褸者，厥爲晉人。嗣因平綏鐵路經由張家口，歸綏而展至包頭，冀、魯、豫各省經商人士，絡繹而至。本省地位，愈見重要。惟自鼎革以還，帝國主義之經濟侵略，日趨猛進，而我國內，又復政局杌隉，變故紛乘，以致西北大好市場，頗有逐漸衰落之勢。近數年來，以國人注意經營，漸見轉機，然發揚蹈勵，猶有待於今後之繼續努力。除民十以前，因統計缺略，無法追述外，茲將民十一以後，貿易情形，就調查所及，述之如次：

（一）民國十一年至十七年之貿易概況　本省貿易，自民十一至民十四年間，逐漸興盛，自民十四至十七年間，又復逐漸衰落。惟持此以與民十以前最高貿易額相較，諸多遜色。此其主因，固由於蒙路中斷，所有外蒙牲畜皮毛等項，悉由西比利亞鐵道轉運而去，不復經由內地；而我國之兵燹匪患天災重稅以及交通梗塞等項，亦不失為重要副因。茲將入口物品概數，表示如左，以見一斑；至出口物品之衰落，亦不難推想而知矣。

綏遠省民十一至十七入境貨物統計表

種類	十一年	十二年	十三年	十四年	十五年	十六年	十七年	總計
雜貨	二七一駄	三、八四〇	五、七二九	三、七一	二、二四八	三、四二八	一、七六二	二三、二七九駄
皮毛	九、三〇八駄	一六、三三六	三、八七六	一四、〇九〇	八、七二八	一五、八四二	六、七二六	八四、八八五駄
駝	一、四五隻	一、八七	一、七三七	二、二二七	八九九	三五三	八一五	一〇、二八二隻
馬	一〇、二六四	九、五四六	一一、〇六一	六、四四八	二、三九〇	一、六五一	三一七	四一、六九四
牛	九四六頭	三六六	二五五	二一五	六三	三六	八七	二、〇五八頭
羊	一八一、五四九隻	三三三、五八一	一一〇、九三三	九六、五八一	六八、八二二	三三、六六六	三八、四四二	七九三、五七四隻
傢俱	三七三駄	五一三	七一三	八三五	三一六	一八三	三一一	三、二五三駄
坐駝	一九駄	四一	一五八	一九三	二九九	五六二	一三〇	一九、七二八駄

（二）民國十八年至民二十二之貿易概狀　自民十七至民二十數年間，因中原多故，西北貿易，頗受影響；

至民二十以後，賴政府之提倡獎掖，廓除障礙，一切輸入出各業較前略有起色，茲根據塞北關及統稅查驗所之統計報告表示如次：

塞北關民國十八年七月分至二十二年六月分止入境大宗貨物數量統計表

類別	貨別	數量：十八年七月分至十九年六月分	十九年七月分至二十年六月分	二十年七月分至二十一年六月	二十一年七月分至二十二年六月分	統計	備註
綢	曲綢	七二七	五六二	九七四	三、四九五	五、七五八疋	
	白綾帕	二、五一六	二、一七七	一、九二六	五、五五一	一二、二七〇條	
	粉綢	八、四七四	七、一三〇	四、三六二	二、二四一	二二、二〇七條	
	繭綢	二五三	一九五	四六六	四〇二	一、三一六疋	
	三十碼斜文絨	一〇六	一四五	七七	三五	三六三疋	
	建絨	一四四	一三〇	七四	七〇七	一、〇五五尺	
	山東洋綢	一〇〇	一五一	一七九	二四九	六七九疋	
	獮絨	三二	四五	五二	一二一	二五〇疋	
	色湖縐	一四八	一四一	一六四	一、一二八	一、五八一疋	
	羽緞	一七八	一九二	一二六	三四	五三〇疋	
	庫緞袍料	四二	五六	六一	二〇二	三六一件	
	烏綾帕	三、〇〇一	一、八五六	一、六六四	一、三四六	七、八六七條	
	一三庫金緞	一五六	一二七	九七	一七三	五五三件	
	絲羅底	二五五	一九八	二五九	一六六	八七八疋	
	春綢	一五八	二四〇	一一二	九五	六〇五疋	

緞					
各色上素緞	五〇	六〇	二四	二七四	四〇八疋
德國緞	五九	二六	三〇	五二	一六七疋
棉綢	一四七	六四	一〇一	七七	三八九疋
綾子	二二	三〇	四一	七五	一六八疋
嗶兎絨	二	二	三	五	一二疋
庫貢緞	二〇九	一六一	六六	六	四四二疋
洋緞	一一	二三	三二	六五	一三一板
羽毛	五	七	九	一二	三三疋
上泰西緞	一〇	一九	二〇	二〇	六九疋
象眼紗	二	四	三	六	一五疋
扣縐	一五	一三	二二	二六	七六疋
單麻花葛	五六	七二	一〇一	五六四	七九三疋
雙麻花葛	二二	四三	六四	八〇	二〇九疋
花緞	一六	一六	一六	一	四九疋
次泰西緞	六五	一七	五	三	九〇疋
寨子布	九、七九七	七、五八一	五、五一六	三、六五九	二六、五五三疋
五五色粗 達連	一〇、九二八	七、四四一	五、八四三	一五、二二一	三九、四三三疋
大布小帳棚	一七六	二八七	一九〇	五三	七〇六頂
土布	一、〇二八、〇六三	七九四、四二一	七七八、五四一	八七、一七一	二、六七八、一九六疋
大布大帳棚	一九〇	一三七	一四八	一九四	六六九頂
舊麻袋	一五、七四二	一二、六八〇	一七、九九七	二七、二六〇	七三、六七九條
一一愛國布	二九、三九七	一八、六九五	六、五一四	一、二九三	五五、八九九疋
五五色市布	一、二一五	一、〇三六	四、六二〇	八、〇八九	一四、九六一疋

棉布					
五五白市布	九、七八六	八、〇〇八	五、〇〇六	一、三四六	二四、一四六疋
四十碼白粗洋布	二四、三六四	一九、一一六	一三、四九七	二、七六〇	五九、七三七疋
二四碼紅標布	三、一九四	二、六一九	二、三二五	三、二〇三	一一、三四一疋
冷布	一〇一	一三〇	一二五	一七〇	五二六疋
各色梭市	二一二	二七一	一、一三三	一五二	一、七六八疋
棉花	五〇一、八五五	三六〇、六〇一	一四一、五八七	一二、五一六	一、〇一六、五五九斤
三十碼色花標布	二、六一八	二、一四二	二、八〇四	一、二〇七	八、七七一疋
五五色粗洋布	二二、一六三	一八、一三三	二五、七四五	四、九〇五	七〇、九四六疋
五五色細達連	一、九四九	一、五九三	二、一三四	二、一三二	七、八〇八疋
印花布	九二七	九八八	二、六三七	一、九六六	六、五一八疋
氆氌布	九二	一〇五	一三二	一四七	四七六疋
花色布	一九、二七二	一三、一四〇	四、四四六	二一九	三七、〇七七疋
新麻袋	一五〇	三〇二	五六〇	七八〇	一、七九二條
三十碼直貢呢	八〇	八七	一〇五	二〇二	四七四疋
四十碼白細洋布	一七二	二一五	一八六	一〇	五八三疋
鐵機布	一、〇五〇	一〇五	五一	二四	一、二三〇疋
一丈八斜紋梭布	六、四二〇	四、〇〇九	一、六〇九	一	一二、〇三九疋
舊棉花	四八、六四三	三九、七九七	一七、六八八	一〇二	一〇六、二三〇斤
香牛皮靴	七、三九五	五、七〇〇	七、六八八	八、八一五	二九、五九八雙
牛皮靴	七〇、五四一	五〇、七八九	二四、八八八	四、一一二	一五〇、三三〇雙
布夾鞋	五六、一三二	四三、三七五	三五、四四一	一五、九二八	一五〇、八七六雙

靴　鞋　帽

呢夾鞋	一一、一五一	九、一〇六	五、五〇五	二、二一二	二七、九七四雙
布小帽	三〇、〇八七	二五、八六四	三〇、四八九	二、五六六	一〇七、〇〇六頂
帆布皮頭鞋	二、六五六	二、七七七	三、四六九	五、〇一六	一三、九一八雙
粗草帽	七、一二七	六、八九八	一〇、一四六	二五、三四八	四九、五一九頂
細草帽	三、八六〇	三、七九〇	五、〇三四	二、四三六	一五、一二〇頂
皮便帽	二三、五三九	二〇、三三一	一一、二八五	一、一五〇	五六、三〇五頂
氈小帽	六六、二一八	七、九二四	一一、〇一四	三二、六五一	一一七、八〇七頂
氈禮鞋	二、一九〇	二、三三〇	一、九八四	一、四〇〇	七、八九四頂
氈帽鞋	三八、九四一	三一、九一二	一七、〇七六	八、七〇七	九六、六三六雙
絪絨夾鞋	三、〇〇五	一、八一七	一、九二一	三、八八八	一〇、六三一雙
布棉靴	一一、六一七	九、五〇五	四、三〇五	一、五三六	二六、九六三雙
布夾靴	二七八	二一五	九五	五	五九三雙
絨夾鞋	一一〇	一二三	一五六	一八二	五七一雙
絨棉鞋	四、二三四	三、二七九	一、七九六	八五一	一〇、一二〇雙
帶皮耳氈小帽	二二二	二一	一〇〇	二八六	六二九頂
呢棉鞋	四、七三三	三、八八二	一、八三九	一〇八	一〇、五六二雙
皮鞋	一〇六	一二三	一三六	一七五	五四〇雙
絪絨小帽	一五〇	一八〇	二三二	二五九	八二一頂
緞女帽	五、〇〇五	三、六五四	一、九一三	一六五	一〇、七五七頂
洋緞小帽	三九四	二七	一、五一八	三二六	二、二六五頂
絨氈鞋	一、三四三	一、四〇七	八九五	一六八	三、八一三雙
紗緞小帽	一七、七九三	一五、三六一	一六、〇九五	四、一一〇	五三、三五九頂
布膠底鞋	一三二	一六六	二〇二	二二八	七二八雙
絨緞坤鞋	二、五二〇	一、九五〇	一、一二七	六八八	六、二八五雙

洋

洋燭	五、六四三	四、三六〇	四、〇二九	一、三〇〇	一五、三三二箱
日光皂	三、六八〇	三、〇一六	一、四九二	四五二	八、六四〇箱
洋鐵鎖	三〇二	三五六	四二〇	五二〇	一、五九八打
次花露胰皂	七三七	五六九	一、八〇五	一、七七三	四、八八四斤
洋磁花臉盆	一二	一六	二二	三九	八九打
洋磁素臉盆	二三八	一八五	三四九	四五七	一、二二九打
花露水	一五六	一八九	二二二	二八一	八四八打
鐵胎磁茶杯	二六四	三一二	四四六	五〇四	一、五二六打
下花露胰皂	一八六	二〇一	二五六	三七八	一、〇二一斤
鐵胎磁羹匙	二四	三六	五二	七八	一九〇打
高花露胰皂	一三二	一四六	一四〇	一六四	五八二斤
衛生衣褲	九〇	七四	五〇	三四	二四八打
各色洋花扣	一、八七二	一、四四六	七七九	九八	四、一九五羅
鐵胎磁飯鍋	六	八	一〇	一九	四三套
洋針	一九二、〇〇〇	一、四八七、五〇〇	六三八、〇〇〇	一、〇〇八、一〇〇	五、〇五八、六〇〇支
本國胰子	三、二八二	二、六一四	一、四三二	四、三〇三	二、六三一斤
洋鐵茶葉甬	九五	一一二	二〇五	二二四	六三六打
黃楊木梳	二、一四九	一、六二三	八〇一	一、五九四	六、一六七套
中洋爐子	一	三	二	四	一〇個
洋漆烟袋杆	七九八	八八六	一、五六二	四、五六〇	七、八〇六條
中國風琴	二	四	六	八	二〇架
金花漚	一二	六五	九一	二六八	四三六打
手電燈	五七	八六	九一	一〇八	三四二個
疙疸針	四、〇五〇	五、二〇〇	七、〇〇〇	一〇、〇〇〇	二六、二五〇支

貨	洋絨手套	一八	二五	三〇	三一	一〇四打
	中漆布	七	九	一二	一五	四三捲
	大靴頁	九	一五	二六	三〇	八〇打
	上漆布	二	四	七	一〇	二三捲
	洋洄鐵胰盒	八	一二	二四	二九	七三打
	手提燈	九六	一〇二	一四五	一六八	五一一個
廣貨	玻璃片	二二八	二七五	一二三	四一八	一、〇四四箱
	牙刷	二、二五〇	二、六三〇	三、四五六	四、六五六	一二、九九二打
	紙包牙粉	一、三四三	一、〇四九	七一一	三八三	三、四八六盒
	細燒料器	五、一〇四	三、九四四	一、七〇三	一、七五四	一二、五〇五盒
	粗燒料器	四、二四九	三、八八二	二、七七〇	一、三六五	一二、二六六盒
	油布雨傘	六〇二	七五六	八四二	八六九	三、〇六九把
	油紙雨傘	一一五	一二〇	二三〇	二三六	七〇一把
	二尺玻璃大掛鏡	三	五	八	一一	二七個
	五寸玻璃磚鏡	三三六	六六四	一、一七〇	四六二	二、六二二
	方圓硯台	三二一	三六五	五三二	六二三	一、八四一
	烏木筷子	二一	三二	四〇	四七	一四〇把
	料烟嘴	三、一六九	二、〇一七	一、八七七	五六〇	七、六二三個
	各牌火柴	一、四六五	一、四四九	六二六	九	三、五四九箱
	一尺玻璃大掛鏡	八	七	九	一二	三六對
	中國宮粉	三	五	八	一二	二八斤
	風鏡	三一〇	五一六	六〇四	七四〇	二、一七〇付
	三寸玻璃磚鏡	一二四	九〇	二五六	三二四	七九四個
	花肥皂	二八	三五	四〇	四二	一四五斤

	改良燈罩	一一、四六三	一五、三五二	一四、六八四	二七〇	四一、七六九斤
鞍	鞍薦子	二〇八	二四二	三一五	三六二	一、一二七座
	本地皮鞊	八七〇	九〇六	一、二五〇	二、七七三	五、七九九條
	銅安條	二五	一九	四二	五四	一四〇付
	栽絨鞊	九〇	八五	一三二	二二八	五三五條
鞊	鐵鐙	八〇	九五	一〇二	一八〇	四五七對
	錦州皮鞊	二二	四三	六八	七一	二〇四條
	鈇咬環腿	一三二	九九	二一三	二二五	六六九付
紙	小白麻紙	一四、四四八	一一、一六五	一〇、〇〇九	一、〇二二	三六、六四四巨
	大白麻紙	四一、八三三	三四、二二七	二九、二三五	二一、九九二	一二七、二八六巨
	表辛紙	八四	七三	七二	一四五	三七四塊
	洋粉連紙	二〇七	二三四	四三四	三五一	一、二二六架
	中西信封	二五六	二九〇	三六五	四九六	一、四〇七斤
	小黃表	四、三二三	二、九五六	二、三七四	一、八八三	一一、五三六簍
	舊帳紙	五九五	七六三	九一二	一、三六二	三、六三二斤
	毛邊紙	一二〇	二四五	四一二	五三一	一、三〇八簍
	洋宣紙	九三六	一、〇二〇	五、六六〇	八、三八〇	一五、九九六張
	建箔	二一、七〇一	一八、五〇八	一一、七〇〇	一〇、六七九	六二、五八八斤
	帳紙	九、二九四	七、五六四	三、四〇三	一、二三八	二一、四九九斤
	各種信紙	九、九六八	九、六四七	五、〇九三	一、〇八一	二五、七八九斤
	梅紅紙	一四、九三八	一二、二二二	八、〇五二	三、二七六	三八、四八八疋
	草紙	二七、七一八	二九、一二一	一五、二七一	二、四一八	七四、五二八刀
	紙摺紙	五	八	一〇	一七	四〇斤

張	京表紙	九五	一三二	二四五	二八六	七五八[illegible]
	鞭砲	九、九一六	六、七六二	二、五九五	一、七三二	二一、〇〇五斤
	花砲	三一五	五六二	六一一	七三九	二、二二四斤
	州砲	七六、四六八	六二、一五四	二九、四六〇	五五六	一六八、六三八斤
	墨汁	九五	一一〇	二五一	二九〇	七四六瓶
	日記本	二五	四二	八四	九七	二四八打
	毛筆	五六六	七八一	一、五六〇	二、四一〇	五、三一七支
菜	髮菜	二九、三八〇	二五、三六五	七七、七一〇	一五四、七三一	二八七、一八六斤
	海參	一、七二九	一、三三四	一、五八六	八九四	五、五四三斤
	玉蘭片	一、四五二	一、一八九	七〇五	八五二	四、一九八斤
	魚肚	八二	六八	四五	九一	二八六斤
	江搖柱	七一	九六	一一八	一二五	四一〇斤
	魚	五、一三三	四、四三二	一四、二九二	三一、二五二	五五、一〇九斤
	罐頭鮑魚	三〇八	二五六	一一六	六〇〇	一、二八〇罐
	海蜇	八〇六	一、一二八	、四三二	一、五四九	四、九〇七斤
蔬	麒麟菜	四五六	七三二	一、五〇六	一、六四二	四、三三六斤
	洋米	四、〇〇八	三、二七九	一、八六八	五四六	九、七〇一斤
	荊針菜	八五六	九四二	一、七五六	二、二五七	五、八一一斤
	魷魚	三八三	三八五	七三一	五一一	二、〇一〇斤
	晉耳	五六	七二	九三	二〇一	四二二斤
	海岱	二、二八〇	二、二六六	一、六一五	六八六	六、八四七斤
	罐頭海味	二一	四二	六八	七二	二〇三罐
	洋糖	二九、二九〇	二三、九六一	一七、二九七	三五、五〇八	一〇六、〇五六斤

食物	葱	五六四、六三三	四六一、九七三	二六九、六一三	五八、九二四	一、三五五、一四三斤
食物	白糖	五一八、八七〇	四四七、二六〇	四一五、三四一	七五八、七〇三	二、一四〇、一七四斤
食物	冰糖	一七三、三七六	一四一、八五四	九九、九七七	五九、〇七六	四七四、二八三斤
食物	赤糖	八六五、六八八	七四八、三二一	五六〇、三〇六	五六二、〇八六	二、七三六、四〇一斤
食物	蒿籽	三三五	三五三	五四四	三六六	一、六〇八斗
食物	月餅	二七、八〇〇	二三、二九七	七〇、八四三	五一、二七七	一七三、二一七斤
食物	大茴香	一、五八二	一、二二三	二、二八三	三、二一〇	八、二九八
食物	花椒	一七九、三一五	一五四、八六三	八〇、九一一	九、三五六	四二四、四四五
食物	蒜	一五〇、二七八	一二二、九五四	五四、七四七	六、一三〇	三三四、一〇九
食物	鮮姜	四二四	六七二	一、三五六	一、九〇六	四、三五八斤
食物	藕	二〇一	三四二	五七八	八七三	一、九九四斤
食物	白芝蔴	五二	四八	九六	一二七	三二三斗
食物	紅蜂蜜	四、五六〇	五、三四〇	一〇、四五三	三一、〇九五	五一、四四八斤
食物	夏果	三六三、〇七〇	二八〇、二五五	一三五、二七三	二、四一三	七八一、〇一一斤
食物	雞蛋	二、九七一、一四〇	四、二四一、八四〇	三、五四八、四六〇	九七一、八七〇	一一、七三三、三一〇斤
食物	松花	八、八五四	八、〇七九	五、〇〇七	六、四五四	三八、三九四斤
食物	檳果	八、一二四	一〇、五六三	二四、三三二	四八、〇三一	九一、〇五〇斤
食物	黑胡椒	一六、六〇〇	一二、八二九	五、八八四	二、八八一	三八、一九四斤
食物	小茴香	一、八五八	一、四二九	四、九三三	九、八二一	一八、〇四一斤
食物	白蜂蜜	二、四四六	一、八八八	一、七八七	六、〇九六	一二、二一七斤
食物	乾姜	四〇、四一〇	三三、〇六四	二三、九三四	一〇、八二四	一〇八、二三二斤
	洋藍	二一四	一七一	六八二	八)	一、一四七斤
	洋顏料	二七、五六〇	二二、五五〇	一一、五三四	四、四二八	六六、〇七二

顏料	水膠	六二、一五八	四八、〇三二	二四、五一八	二九、八六九	一六四、五七七
	銀珠	五六四	四三六	二九三	六〇	一、三五三斤
	洋綠	二三七	一九六	二六二	四七	七四二斤
	廣漳丹	二二	三七	四九	五六	二六四斤
	洋藍靛	一四二	二五六	三四八	四三五	一、一八一斤
	銀粉	二三四	五三六	六七五	七三三	二、一七八斤
	紅麵	一九九	二〇八	四九九	六一四	一、五二〇斤
	靛水	一二八	八七	四三〇	一四	六五九甬
	紅土子	八、四五三	六、四〇三	四、二五〇	七五八	一九、八六四斤
磁器	粗磁器	二九、四二八	二四、〇七八	一九、三七八	二〇、二五一	九三、一三五斤
	細磁器	一四、三四二	一一、七三四	一三、八六三	一三、〇四八	五二、九八七斤
	黑白磁器	六、二九七	五、一三七	二、四七七	七四五	一四、六五六馱
果	罐頭水果	一、八九九	一、五三八	一、八六二	一、二八四	六、五八三打
	桃杏李	二〇、〇四〇	一六、七九〇	七、八九〇	一六、四八五	六一、二〇五斤
	紅棗	一七三、二九四	一四一、七八六	七一、四二七	一五、三五八	四〇一、八六五
	橘子	八、四三二	九、一五六	一一、〇二〇	一二、四〇〇	四一、〇〇八
	香蕉	一、一二三	二、三三八	三、四五四	四、五二〇	一一、四三五
	荸薺	九三	一〇四	二一五	二九三	七〇五
	西瓜	九〇八	一、三四五	一、五三二	二、一二三	五、九〇八個
	罐頭牛奶	三三〇	四六五	八三七	九一七	二、五四九罐
	蓮子	一三六	二五七	三一六	三四三	一、〇五二斤
	雅梨	二、一一〇	三、三四六	四、一五四	四、四七二	一四、〇八二
	白果	八四三	九七六	一、〇五四	一、八四九	四、七二二

品	蜜棗	二二〇	三四七	四七二	五七八	一、六一六
	桃李杏脯	一、一九四	二、〇二五	一、二一〇	二四〇	四、六六九
	蘋果	八、九四三	一〇、四五〇	二一、二五四	二四、五五七	六五、二〇四
	油梨	二四、三三六	一八、二七五	八、六七三	四、七六六	五六、〇五〇
	花生仁	七、二三二	六、二九七	四、四六〇	一〇、一三一	一九、〇〇二
	花生	四四、六六三	三八、六三五	二二、八五七	二、九六一	一〇九、一一六
	葡萄	二三、七六二	一九、四四一	一八、二二一	二五、〇五五	八六、四七九斤
	青果	一五	二八	五六	七三	一七二
	橘餅	二、六三五	三、四七六	四、八七九	五、八三六	一六、八二六
	杏干	一四、〇〇四	一一、四四二	六、七四〇	一、四二〇	三三、六〇六
	山藥	三〇八、九三二	一九七、七一五	七五、八〇四	九二〇	五八三、三七一
	核桃	二一、五七三	一七、六五一	八、六八九	四、七二〇	五二、六三三
	桃餅	四、七一五	三、八五九	二、〇五四	一、六六〇	三、二八八
茶	三九磚茶	一、一五二	一、〇四七	一、八〇九	六、八八四	一〇、八九二箱
	二七磚茶	八六	一〇一	二五五	二三七	六七九箱
	觔磚茶	四一、九九八	三六、二七一	一、七八三	二四三	九六、三四二斤
	千兩茶	四六六	四〇三	四二〇	五五六	一、八四五支
	香片茶	二〇、六八〇	一七、八六〇	一三、一四三	六、六四四	五九、三二七斤
	蘭花茶	一、四一七	一、五五四	四、四三八	七、八九三	一五、三〇二斤
	本山茶	八九二	一、二一一	二、四一二	一、六三八	六、一五三斤
	茉莉茶	一、九五四	一、四四二	九三八	五、九六七	一〇、三〇一斤
	六十觔紅梅茶	四三、三〇〇	三六、七一四	二八、八二〇	五一、八三二	一六〇、六六六斤
	連三帽盒茶	一二	二一	三八	五七	一二八件

類別	貨別	十八年七月至十九年六月	十九年七月至二十年六月	二十年七月至二十一年六月	二十一年七月至二十二年六月	統計	備註
	二四磚茶	九、三八〇	六、八〇五	五、二九一	二〇五	二一、六八一箱	
	米磚茶	八、二七四	七、一四六	三、七三九	三、二四八	二二、四〇七	
藥材	硃砂	一四七	九一	五	一	二四四斤	
	蔻仁	五七〇	三一三	一一	二	八九六斤	
	砂仁	四、〇四一	二、七二四	五九一	三二三	七、六七九斤	
	硼砂	二、三二二	一、八八二	四、六五一	一、八七三	一〇、七二八斤	
	次等高麗參	八六	五	四	五	一〇〇斤	
	中等藥材	四、六一四	五、三三八	三、五〇五	二四	一三、四八一斤	
	仁丹	八六〇	九二五	一、三四六	一、五六〇	四、六九一包	
	無極丹	一、七三〇	三、四五四	五、三二一	六、〇五〇	一六、五五五包	
	避瘟丹	一〇一	二〇四	四五六	八〇〇	一、五六一包	
	蒙古用草藥	五四六	八二一	一、二一一	一、九六八	四、五四六斤	
	京丸藥	五一六	二三四	一、〇三九	六〇八	二、三九七斤	

說明

（一）查表內現列各類貨物數量係本關十八年七月份至二十二年六月份入境大宗貨物概數其不常見及零星貨物均未列入。

（二）查表內所列各類貨物數量係自十八年七月分起塡列因以前本關每月徵收貨稅概未有統計故無法考查編列。

塞北關民國十八年七月分至二十二年六月分止出境大宗貨物數量統計表

類別	貨別	數量：十八年七月至十九年六月	十九年七月至二十年六月	二十年七月至二十一年六月	二十一年七月至二十二年六月	統計	備註
	羊皮	八五三	九四五	一、〇〇二	一七七、一〇四	一七九、九〇四張	
	縧斜皮	二八	三二	六八〇	二、四七五	三、二一五張	

皮

太平貂皮	一三七	一八	二九	一九	二〇三張
狸子皮	一二、四五二	七、二九九	三、〇六〇	五、九二八	六、七三九張
生黃羊皮	一八、六二二	二六、五一〇	六七、八三九	二七、六五四	一四〇、六二五張
兔爾猻皮	四九〇	九一五	一、〇一四	一、七八三	四、二〇二張
金錢豹皮	四	七	二〇	二四	五五張
牛馬腰條皮	一、二四六	六四一	一五八	二四八	二、二九三張
黑皮	二一	三二	一七	九四	一六四張
皮條	二二、七九一	六、九〇九	二、四五六	二、五一四	三四、六七〇斤
羔腿皮	一、一二〇	一、六七一	二、五九五	三、四六三	八、八四九張
貂皮	四二	三九	三九	一一三	二三三張
猾子皮	一八三、二八九	一七五、六八〇	一一〇、九六三	二〇三、九七五	六七三、九〇七張
狐皮	三七、八九二	三三、五二二	一四、五八〇	三四、六五二	一二〇、六四六張
馬皮	一五、五七五	一三、七六四	一三、七八二	二四、八〇六	六七、九二七張
牛皮	四六、六五〇	二六、〇四一	一一、四八五	五、三〇三	八九、四七九張
狗皮	一二八、二〇九	一〇一、三九七	三〇、二六三	二五、五二二	二八五、三九一張
狼皮	八、〇四六	七、四二二	三、六九二	四、八三四	二三、九九四張
沙狐皮	二、四四七	三、五三六	三、五一一	八、六三四	一八、一二八張
青野山羊皮	一三、三七六	四、六一六	二、〇一三	二、一一八	二二、一二三張
汗獺皮	一六七、〇九二	一三五、五九三	七四、五九六	一九三、五七六	五七〇、八五七張
羔皮	一〇九、〇六五	三〇七、一三七	二〇八、〇二六	六一四、三四三	一、二三八、五七一張
各色羊皮	一、二〇五、九五二	九七二、九五五	七三四、〇八一	九四五、〇三六	三、八五八、〇二四張
駝皮	七、四七五	四、六四一	二、三九九	三、二九四	一七、八〇九張
騾皮	九一六	五八九	一七七	一三八	一、八二〇張
驢皮	一六、五八二	六、二四四	七〇二	四七六	二四、〇〇四張

張	兔皮	六二、〇一五	七二、九五五	二六、〇二八	一四、九六六	一七五、九六四張
	豹皮	四一〇	二七六	六五	三	七五四張
	小羊皮	一二、三一〇	七、六三一	三、四九三	二、四二五	二五、八五九張
	香牛皮	三五一	二二八	二〇七	二六三	一、〇四九張
	熟牛皮	九二二	一六八	一〇一	一六〇	一、三五一張
	白板皮	三一、四一三	一八、三九九	四、〇一〇	二、一九五	五六、〇一七張
	猞猁皮	二、四三二	一、七九四	七九三	一、三三八	六、三五七張
	銀鼠皮	九一三	五五一	二六九	六三三	二、三六六張
	灰鼠皮	二二、六八四	四九、二〇〇	四四、五四三	一一七、一八二	二二三、六〇九張
	獾子皮	五、九七八	八、八一二	五、五一二	一二、八三七	三三、一三九張
	土豹皮	一九九	一五一	一三一	一四二	六二三張
	掃雪皮	三八六	三四六	二〇〇	三八九	一、三二一張
	家猫皮	二六、八八五	二一、九一三	一四、四二八	九、七二一	七二、九四七張
	披猴皮	五六〇	三五九	七〇	二〇六	一、一九五張
	熟馬皮	四四	二七	一	五九	一三一張
	股子皮	二四六	六〇四	一、一六八	一、八五一	三、八六九張
渣皮	各種皮渣	二一四、八三五	一四三、二〇二	一〇一、四一四	一四七、八八三	六〇七、三三四斤
皮	老羊皮滚身子	一六、五七九	一三、六四六	五、七九六	七〇九	三六、七三〇件
	羔羊皮袍甬	五二五	六一八	六二九	五一	一、八二三件
	羔羊皮馬褂甬	一、七七二	一、五七四	五九四	四	五、九四四件
	次羔羊皮袍甬	二八〇	二二七	一一七	七〇	六九四件
	次羔羊皮馬褂甬	二七	二二	九	二、〇三七	二、〇九五件
	老羊皮袍甬	八一二	六二七	二五八	六七九	二、三七六件

衣	老羊皮褲甬	二、四五四	一、八九五	七八一	二九三	五、四二三條
	黃狐腿皮袍甬	一三	一二	三	九	三七件
	滑子皮馬褂甬	二五	三六	四一	四九	一五一件
	青野山羊皮袍甬	一	三	二	三	九件
	灘羊皮袍甬	二	四	一	五	一二件
羽毛	綿羊毛	二二、七七七、三〇〇	一五、八一七、〇三三	一〇、〇七七、八八三	七、五〇八、九八四	五六、一八二、〇〇〇斤
	駝毛	四、九五四、四五〇	三、七二三、六四四	二、八五四、一九八	二、〇八三、一〇〇	一三、六一五、三九二斤
	山羊毛	一一三、〇六九	一一〇、六七八	六三、〇九四	三三八、八三五	六二五、六七八斤
	豬毛	四八、八三八	九五、〇五二	二〇九、二六九	二八六、九一〇	六四〇、〇六九斤
	雜色馬毛	一、三九〇	二八二	八七四	一、八二三	四、三六九斤
	山羊絨	九八九、七一五	八九六、六四八	四〇六、九〇四	五五九、〇一八	二、八五二、二八五斤
	豬鬃	七、二一一	一〇、五二四	一五、〇五八	九、九六五	四二、七五八斤
	馬鬃	四二、八一五	一八、四八九	四、七六九	七、九九九	七四、〇七二斤
	犛牛尾	八、六六四	七、二七〇	二、三二八	八五三	一九、〇一五斤
	雜色馬尾	三、七八二	四、七一七	三、七五二	四八、六六四	六〇、九一五斤
	馬尾子	九七、九三四	七七、六二〇	四二、四〇三	五、四一六	二二三、三七三把
氈	二五毛氈	一三	一三	七六	一、一一九	一、二二一條
	三六毛氈	三五	二七	一四二	七七六	九八〇條
	四六毛氈	二二九	一七八	一二八	八九六	一、四三一條
	五五毛氈	四一六	三二一	二九一	一、九六六	二、九九四條
	毛口袋	一〇、八八〇	八、四〇八	三、四八〇	一一、三七一	三四、一三九條
	毛亘莊	七四一	五七四	二三六	一二〇	一、六七一

毯

毛草包	三四	二八	一三	四九	一二四
毛單	二九三	二二六	一〇〇	一三五	七五四塊
駝羊毛細地毯	三二三	二五〇	一四四	一、六二〇	二、三三七方尺
絨毯馬褥	一二	三一	四二	五五	一四〇條
立絨方墊	一九五	二〇二	二八〇	三一五	九九二對
六七毛氈	二一〇	二三二	三六一	四二二	一、二二五
三六絨氈	一二	二一	三八	五二	一二三條
四六絨氈	五	七	九	一一	三二條
二五絨氈	二〇	一九	二八	三四	一〇一條
毛線	六二七	七五一	九九六	一、六二七	四、〇〇一條
四六猩紅氈	九一	一〇二	一五三	一八九	五三五條
毛苫氈	五八六	六六三	八〇六	一、一六三	三、二一八條

銅

黃銅	四四四	三九八	八九八	九七	一、八三七斤
生銅	五六、七三五	四八、四三二	六四、五六八	一九六、九四五	三六六、六八〇斤
爛銅	七、二五六	八、四四六	一九、一八二	二二、六五九	五七、五四三斤
各種粗銅器	二、〇〇六	八、四六三	七、二七二	六、二二一	三二、九六二斤
生鐵	五九、九七五	四六、三四五	二五、九三〇	一二、二四〇	一四四、四九〇斤
熟鐵	一九九、三三三	一四〇、〇二九	八一、五三九	七五、七九六	四九六、六九七斤
細錫器	三、〇四五	一、八九一	七九三	五二	五、七八一斤
鉛條	七〇〇	六八二	六九二	四五〇	二、五二四斤
粗錫器	一、〇一〇	一、六八八	八三四	五〇四	四、〇三六斤
洋鐵絲	五、四四二	五、四七六	二、六一五	一二、二四〇	二五、七七三斤
洋鐵頁	三、五八三	二、七九七	一、〇六七	四二四	七、八七一塊

鐵	鐵鍬	八、六九四	六、二五六	六、九一六	三、七五一	二五、六一七張
	鐵銷	九二一	九二三	二、二一八	一、八二二	五、八八四把
	鐵剪	三、二二一	二、四八九	四、七四七	三、三三六	一三、七九三把
	釘鑊	六、一五八	四、七六〇	一、九六六	一一	一二、八九五只
	小圓鍋	一、三二三	一、一〇四	七八〇	三四六	三、五九三口
	生鐵出稍鍋	五二、一六一	三九、一六六	二七、九六八	一〇、〇六八	一二九、三六三稍
硝城	大定白城	七九五、一四八	六〇六、七〇四	二六六、八二八	三一六、七二三	一、九八五、四〇三斤
	白礬	三二、七五八	二五、二六二	一〇、七二〇	八二〇	六九、五六一斤
	大定紅城	一二八、五九二	九九、三六七	四五、八三六	四〇、八〇〇	三一四、五九五斤
	土城	三六六、二九四	二八三、一二七	五二四、九六二	九九九、八四〇	二、一七四、二二三斤
	紅礬	四〇二	四〇四	二三七	一、三六六	二、四〇九斤
	皮硝	八六〇	八三〇	四一〇	六五〇	二、七五〇斗
菜蔬	蘑菇	二三、〇九一	一七、八四六	二一、九四七	二六、八〇七	八九、六九一斤
果品	西營葡乾	二四四、一五七	一八八、六五五	二九、〇四五	一〇三、九八一	五六五、八三八斤
	西瓜子	二、四五九	二、〇三二	一、四〇六	一、八一六	二四、〇八三斗
	哈蜜杏	一五、四六二	九、八四〇	二、六二四	一、八七五	二九、八〇一斤
骨角	羊腸子	二二、三六〇	四三、七八五	五二、一六一	六六、八一一	一八五、一一七斤
	牛骨	八、一五二	一〇、四三六	一二、一五八	一三、五九九	四四、三四五斤
藥	枸杞	五三六、三四六	二九二、五八七	一四九、七三四	三五一、〇一九	一、三二九、六八六斤
	鎖陽	一八一、三八二	一六四、七八二	三〇、六四一	七、三七四	三八四、一七九斤
	津草	一，八四四、八八八	二、〇二六、三四一	一、七四五、三四九	一、四五七、八〇〇	七、〇七四、三七八斤
	茺草	一二七、二五七	一七四、八一三	二三九、二九八	五七一、一二〇	一、一五七、四八八斤

材	甘草節	八七七、七八八	一、一八九、七一六	一、一〇六、六九三	一、四九七、四三六	四、六七一、六三三斤
	黃芪	三四、八四六	一、七七〇	五、六四三	二一、九四九	六四、二〇八斤
	生防風	二八、七九九	六、四五六	二、一二三	二二、一五九	七八、六三七斤
	祁草	一三、一七六	四一、五六九	四一、五七〇	五二〇、二二四	六一六、五三九斤
	大黃	一三四、八二七	四三四、二六八	三四八、六一四	二七七、五八二	一、一八五、二九一斤
	肉蓯蓉	一五三、九一八	一九六、三六六	一〇三、八六八	三〇八、四八四	七六二、六二一斤
	羚羊角	二八八	二二二	九〇	一〇一	七〇一斤
	浙貝母	三九、六五八	三五、六二三	二六、三三〇	二五、一九九	一二六、八一〇斤
	茯苓	三、三九四	二、三八一	一、二〇六	二、〇九八	九、〇七九斤
	鹿茸	一〇三	一一七	一〇七	二一九	六四六架
	下等藥材	三三八、九七三	二六五、五五四	九七、四五一	三〇、二一四	七三二、一九二斤
	最下等藥材	二六八、六七一	一三二、七五二	七一、〇五八	七九、七〇五	五五二、一八六斤
	生赤芍	一二、一二一	二三、二一〇	三六、五五一	四三、五五一	一一五、四三三斤
牲畜	駱駝	二五、四七七	一三、二七一	三、八四一	八、四一三	五一、一〇二隻
	騾	六、六〇〇	二、六七九	六〇一	三、三五三	一三、二三三頭
	馬	三五、六二九	二一、六三六	七、七〇一	九、四五五	七四、四二一匹
	牛	四三、三〇五	一七、七八五	四、一九五	四、五七五	六九、八六〇條
	驢	三三、二八五	二〇、三四一	三、五九一	五、一〇三	六二、三一九頭
	羊	四二九、一七五	一六〇、八八七	六二、五六七	一五七、三一四	八〇九、九四三隻
	豬	一六、一二〇	一一、〇六五	三、四三〇	四、四六九	三五、〇八四口

說明

（一）查表內所列各類貨色數量係本關十八年七月分至二十二年六月分出境大宗貨物概數其不常見及零星貨色均未列入

（二）查表內所列各類貨色數量係自十八年七月分起壙列因以前本關每月徵收貨稅概未有統計故無法考查編列

塞北關民國二十一年七月分至二十二年六月分止出境雜糧數量統計表

類別	名稱	數量	備考
雜糧	麥子	一一四、五五九・二斗	
	糜米	二五、六九一・四	
	小米	八〇、二六五・〇	
	糜子	七、八七一・三	
	莞豆	八、九五二・三	
	大豆	二、六六七・五	
	莜麥	三六、〇二四・八	
	紅糧	七、九一一・七	
	蕎麥	七、九五二・九	
	黑豆	九〇四・一	
	黃芥油子	六二六・九	
	葫麻	三一、九一八・一	
	菜子	一八、〇八一・九	

說明　查本關自二十一年改徵邊關稅後始徵收糧稅故此表自二十一年七月列至二十二年六月又表內所列各種雜糧數量係本關出境大宗概數其零星小數雜糧數量均未列入特此注明

綏遠五種統稅貨品入境量數及價格表

種類	品名	量數 二十年十月分至二十一年八月分止	量數 二十一年九月分至二十二年八月分止	總計	價格	備註
捲菸	五萬支仙島	三、〇〇〇箱	三、五五八箱	六、五五八箱	每箱三三·〇〇元	
	一萬支前門	九八	一〇三	二〇一	六七·二〇	
	一萬支三砲台	四〇	二〇	六〇	六七·二〇	
	五萬支華芳	四〇	五	四五	二六〇·〇〇	
	二萬五千支哈德門	七一九	八〇〇	一、五一九	九五·〇〇	
	二萬五千支大聯珠	四〇〇	四六	四四六	七五·〇〇	
	二萬五千支愛羅	四八 一九甬	一〇 三〇〇甬	五八 三一九甬	四七·二〇	每甬五十支
	二萬五千支大兄弟	五半	五半	一一	六二·五〇	
	二萬五千支大富國	一〇半	四〇半	五一	六二·五〇	
	五萬支大后	一九六	二〇〇	三九六	二八六·〇〇	
	二萬五千支大喜	五	五	一〇	一二五·〇〇	
	二萬五千支長城	三	五	八	一二五·〇〇	
	一萬支白金龍	二	二	四	一〇八·〇〇	
	一萬支紅金龍	一	四	五	八〇·〇〇	
	五萬支小哈德門	二〇〇	三一	二三一	一九〇·〇〇	
	一萬支司太妃	四	七	一一	七三·二〇	
	一萬支長城	三	五	八	五〇·〇〇	
	五萬支模範	一	六	七	三一二·〇〇	
	五萬支正太	九	一〇	一九	二二四·〇〇	
	五萬支大子	五	三〇	三五	一五五·〇〇	

及　　　雪					
五萬支恆山	一	二	三	一四七·〇〇	
二萬五千支華芳	三三又半箱	一〇又半箱	四四	一三〇·〇〇	
五萬支小后	二	二〇	二二	二六〇·〇〇	
一萬支金磚	一〇	一〇	二〇	五二·〇〇	
二萬五千支風車	三〇〇	二八	三二八	四七·五〇	內有八萬支者二十箱
五萬支大哈德門	三	七	一〇	一九〇·〇〇	
五萬支黃金	四五	二〇〇	一四五	一三三·〇〇	
五萬支司太妃	二〇〇	八九	一八九	三六六·〇〇	
一萬支華芳	四〇二〇甬	五四二〇甬	九四四〇甬	五二·〇〇	每甬五十支
五萬支三省	三	三	六	一二五·〇〇	
二萬五千支馬鈴	九八五〇條	一〇〇一九條	一九八六九條	一二五·〇〇	每條二五五十枝
二萬五千支華麗	一〇	五一	六一	一二五·〇〇	
二萬五千支月份	二〇	二四	四四	一一二·五〇	
五萬支富貴	四七	二〇	六七	一一五·〇〇	
二萬五千支金鼠	一〇	二二	三二	一〇二·五〇	
五萬支圓圓	四	五	九	二一〇·〇〇	
一萬支小粉包	三〇	五〇	八〇	五二·〇〇	
五萬支雁門關	一	一	二	一四五·〇〇	
二萬五千支三省	一	一	二	六二·五〇	
一萬支大粉包	一〇	一七	二七	五七·二〇	
二萬五千支愛羅	九八	一六	一一四	一一八·〇〇	
五萬支金福	一一〇	四	一一四	一五〇·〇〇	

茄菸					
二萬五千支模範	五	一〇	一五	一五六・〇〇	
二萬五千支恆山	六	四	一〇	七三・五〇	
二萬五千支金斧	一	二	三	三〇・〇〇	
二萬五千支相知	三		三	六二・五〇	
二萬五千支鴻鈞	九		九	四五・〇〇	
五萬支仙女	七		七	一二六・〇〇	
二萬五千支生女	三		三	一三〇・〇〇	
二萬五千支天眞	一一		一一	一三〇・〇〇	
五萬支也是	一		一	一四五・〇〇	
二萬五千支三元	一〇		一〇	二四・〇〇	
五萬支五台山	二		二	二六〇・〇〇	
五萬支三晉	一		一	一五七・五〇	
一萬支金斧	二		二	三〇・〇〇	
五萬支德國五號	八		八	三二五・〇〇	
二萬五千支美麗		七	七	一八〇・〇〇	
二萬五千支小美麗		四九五盒	四九五盒	一三〇・〇〇	每盒五百枝
五萬支汽車		一	一	一三二・五〇	
五十支老頭		一〇盒	一〇盒	每千枝七・八〇	
二百支老老頭		五	五	三・一〇	
五十支一號平頭		一五	一五	七・八〇	
二十五支大號旗美		一五	一五	一五・五〇	
二十五支二號旗美		一五	一五	一五・五〇	
五十支康德斯平頭		一五	一五	七・八〇	

五十支華爾特士		一〇	一〇	七·八〇
二百支中長		一〇	一〇	三·一〇
棉紗及				
松鶴粗布	六一包	二五〇包	三一一包	每包元二二〇·〇〇
雙虎粗布	二、一二三	二、〇〇一	四、一二四	一一二·〇〇
三虎粗布	一、〇〇〇	八一七	一、八一七	一二〇·〇〇
松鶴斜紋	二、〇〇〇	二、〇〇五	四、〇〇五	一一〇·〇〇
松鶴棉紗	二三五	二三四	四六九	九六·〇〇
雙飛龍布	四七四	八九二	一、三六六	一四四·〇〇
團龍布	二	二	四	一二〇·〇〇
萬年青布	一	二	三	二二〇·〇〇
炮車粗布	六三	六二	一二五	一〇二·〇〇
三兔斜紋	四五五	三〇〇	七五五	一〇二·〇〇
燈牌細布	八四	五〇	一三四	一三八·〇〇
太極粗布	三二	二〇	五二	二二〇·〇〇
彩虎標布	一	一	二	二三〇·〇〇
晉鼎粗布	一三	四〇	五三	二〇〇·〇〇
三鹿粗布	一一二	一二〇	二三二	二三〇·〇〇
雙飛龍細綾	一六〇	二〇〇	三六〇	二八〇·〇〇
藍虎棉紗	三半	三一	三四半	二一〇·〇〇
彩銅三環紗	一〇	二〇	三〇	二四〇·〇〇
三燕細布	三九	四〇	七九	一四〇·八〇
三兔粗布	三〇	五六	八六	一二〇·〇〇
雙魚粗布	二半	二	四半	一五二·〇〇

織成品				
雙龍珠布	三	二	五	一四〇.〇〇
大聖細紗	六〇半	四〇	一〇〇半	二四〇.〇〇
三龍粗布	九一半	七〇	一六一半	二二〇.〇〇
一虎細布	二八	一〇	三八	一六〇.〇〇
嗽叭童細布	二	一一	一三	二二〇.〇〇
飛魚細布	三	一五	一八	一一二.〇〇
獲鹿布	一三	一一	二四	一八〇.〇〇
桐葉粗布	五	三	八	一八〇.〇〇
三鹿粗布	四四二		四四二	二四〇.〇〇
燈車市布	二七		二七	一二〇.〇〇
貓鷹棉紗	三六		三六	九七.五〇
花鳥細布	一半		一半	一二〇.〇〇
水月棉紗	四半		四半	一三〇.〇〇
五馬頭布	四		四	一五〇.〇〇
兵牌細布	一		一	二二〇.〇〇
龍頭細布	五		五	二八〇.〇〇
室光棉紗	半包		半包	二四〇.〇〇
金城斜紋	一包八疋		一包八疋	二五〇.〇〇
三虎棉紗	二		二	二四〇.〇〇
三鹿棉紗		六〇〇	六〇〇	二四〇.〇〇
炮車十布		一〇〇	一〇〇	一二〇.〇〇
貓鷹斜紋		三〇	三〇	九七.五〇
紅福棉紗		五	五	二四〇.〇〇

	福綠壽棉紗		六件	六件	一四〇・〇〇
	玉雙魚細綫		一	一	二八〇・〇〇
火柴	翔鳳	七八箱	一、一〇〇箱	一、一七八箱	每箱元三二・四〇
	新翔鳳	六、〇〇〇	九七二	六、九七二	三〇・〇〇
	雙刀	五二	四〇〇	四五二	二六・一〇
	犬兔	一八	一〇〇	一一八	三二・四〇
	新犬兔	一〇〇	二二	一二二	三二・〇〇
	黑翔鳳	一一六	二〇〇	三一六	三〇・〇〇
	青蜓	一〇〇	八三〇	一八三	三二・〇〇
	蓮年	二、三〇〇	八八六	三、一八六	二六・四〇
	汽車	二〇〇	三二二	五二二	二四・四〇
	歡喜	六八	二〇〇	二六八	六〇・六〇
	拐仙	八〇〇	六四	八六四	六〇・六〇
	魚缸	二〇		二〇	三〇・〇〇
	英蘿	三		三	三〇・〇〇
麥粉	綠兵船	五〇袋	三〇袋	八〇袋	每袋
	壽星	三〇	二〇	五〇	三・四〇元
	兵船	二、〇〇〇	六七〇	二、六七〇	三・四〇
	蝠星	五五	六五	一二〇	三・七〇
水泥	馬牌	四三袋	二〇〇袋	二四三袋	每袋六・三〇元
	太極圖	三〇〇	四一〇	七一〇	五・三〇

說明　查表內所列捲菸棉紗火柴麥粉水泥五項物品數量係自二十年十月份起至二十二年八月份止入境達到之總數

綏遠五種統稅貨品出境量數及價格表

種類	品名	量數 廿年十月份至廿一年八月份止	量數 二十一年九月份至二十二年八月份止	總計	價格	備考
捲菸及雪茄菸	五萬支仙島	四〇箱	五箱	四五箱	每箱一三三・〇〇元	
	一萬支三砲台	三四	一〇	四四	六七・二〇	
	二萬五千支哈德門	九、〇〇〇	一、七二六	一〇、七二六	九五・〇〇	
	一萬支愛羅	七〇	二〇	九〇	四七・二〇	
	五萬支大后	七五	一〇	八五	二八六・〇〇	
	三萬五千支哈德門	八〇〇	七一	八七一	一三三・〇〇	
	三萬支哈德門	一、八〇〇	六五	一、八六五	一一八・〇〇	
	三萬七千支哈德門	六〇〇	五六〇	一、一六〇	一四二・五〇	
	三萬五千支兄弟	二〇	一〇	三〇	八七〇・五〇	
	三萬五千支多福	二〇〇	六一	二六一	一四〇・〇〇	
	三萬支孔雀	一〇〇	二〇	一二〇	一〇二・〇〇	
	二萬五千支大粉包	六〇	二〇	八〇	一四三・〇〇	
	二萬五千支多福	二〇	一〇	三〇	一〇〇・〇〇	
	一萬支金磚	四〇		四〇	五二・〇〇	
	二萬支砲台	六		六	一三四・〇〇	
	二萬五千支兄弟	二		一一	六二・五〇	
	三萬支砲台	二		一一	二〇一・六〇	
	三萬五千支大聯珠	一〇		一一	一〇五・〇〇	
	一萬二千五百支哈德門	一〇		一〇	四七・五〇	

一萬五千支哈德門	一		一	五七·〇〇
二萬五千支豔麗	四四		四四	四五·〇〇
二萬支哈德門	一〇〇	一一	一一一	七六·〇〇
棉紗及織成品				
松鶴粗布	三包	三包	六包	二二〇·〇〇元
雙虎粗布	一、〇〇〇	三四〇	一、三四〇	一一二·〇〇
三虎粗布	七〇〇	七七	七七七	一二〇·〇〇
松鶴斜紋	九〇〇	三六三	一、二六三	一一〇·〇〇
雙飛龍布	六四	二〇〇	二六四	一四四·〇〇
三兔斜紋	二九六	一〇〇	三九六	
三燕細布	四〇	一六	五六	一四四·八〇
三兔粗布	二六	一〇	三六	一二〇·〇〇
三鹿粗布	三二九半		三二九半	二四〇·〇〇
燈車市布	五〇		五〇	一二〇·〇〇
貓鷹棉紗	六二		六二	九七·五〇
砲車粗布	九二		九二	一二〇·〇〇
福祿壽棉紗	六		六	一四〇·〇〇
月裏嫦娥	八		八	九六·〇〇
三鹿棉紗		五〇	五〇	二四〇·〇〇
砲車市布		八	八	一二〇·〇〇
團龍布		二	二	一二〇·〇〇
紅福棉紗		八	八	二四〇·〇〇

說明　查表列出境捲菸棉紗數量係自二十年十月份起至二十二年八月份止輸出之總數至二十一年九月以後較九月以前頗見減少者係因路途不靖無法運往新疆之故又火柴麥粉水泥三項因無輸出故未填列合併附明

（三）民國十五年與民十九年貿易之比較　本省貿易額，自民十一至民二十之十年間，以民十五爲最高，民十九爲最低；惟因統計缺略，尤以輸出入物品之價值、數量，爲難得其眞象。茲姑就調查估計所得表示如左，以見貿易盛衰之一般焉。

輸入之部

貨物種類	輸入價值總數 十五年	輸入價值總數 十九年	比較增減	增減百分率	備考
布疋	三、一二〇、〇〇〇元	一、五〇〇、〇〇〇元	減一、六二〇、〇〇〇	減五一・二八	以十五年輸入總值爲一百分
棉花	一八七、二〇〇	一〇九、〇〇〇	減七八、二〇〇	減四一・七七	
磚茶	八〇〇、〇〇〇	四五〇、〇〇〇	減三五〇、〇〇〇	減四三・七五	
茶葉	一〇〇、〇〇〇	四六、〇〇〇	減五四、〇〇〇	減五四・〇〇	
糖味	二四〇、〇〇〇	一三九、〇〇〇	減一〇一、〇〇〇	減四二・八三	
鐵貨	一六〇、〇〇〇	七三、〇〇〇	減八七、〇〇〇	減五五・四四	
紙	一〇〇、〇〇〇	五八、〇〇〇	減四二、〇〇〇	減四二	
木材	二〇〇、〇〇〇	九三、〇〇〇	減一〇七、〇〇〇	減五三・五〇	
哈達	一〇〇、〇〇〇	七三、〇〇〇	減二七、〇〇〇	減二七・〇〇	
羅底	一、五〇〇	七〇〇	減八〇〇	減五・三三三	
黃烟	四八、〇〇〇	三、一〇〇	減四四、〇〇〇	減九三・五四	
生烟	一〇八、〇〇〇	五〇、〇〇〇	減五八、〇〇〇	減五三・七〇三	
綢緞洋貨	一〇三、〇〇〇	七五、〇〇〇	減二八、〇〇〇	減二七・一八四	
煤油	三五〇、〇〇〇	二〇〇、〇〇〇	減一五〇、〇〇〇	減四二・八六	

其他	八〇、〇〇〇	三四、〇〇〇	減　四六、〇〇〇	減五七・五〇
總計	五、六九七、七〇〇	二、九〇三、八〇〇	減二、七九三、九〇〇	減四七・七七

輸出之部

貨物種類	輸出價值總數 十五年	輸出價值總數 十九年	比較增減	增減百分率	備考
雜糧	七、二〇〇、〇〇〇元	二、五三〇、〇〇〇元	減四、六七〇、〇〇〇	減六四・八六	以十五年輸出總值爲一百分
皮張	二八、八六〇、〇〇〇	九、一三二、〇〇〇	減一九、七二八、〇〇〇	減三三・三六	
絨毛	四、八〇〇、〇〇〇	一、五〇〇、〇〇〇	減三、三〇〇、〇〇〇	減六八・七五	
牲畜	七、五六〇、〇〇〇	二、七三〇、〇〇〇	減四、八三〇、〇〇〇	減六三・八九	
藥材	八四〇、〇〇〇	三一〇、〇〇〇	減五三〇、〇〇〇	減六三・一〇	
猪羊腸	一八〇、〇〇〇	一二〇、〇〇〇	減六〇、〇〇〇	減三三・三三	
土城	一九〇、〇〇〇	一〇七、〇〇〇	減八三、〇〇〇	減四三・六六	
總計	四九、六三〇、〇〇〇	一六、四二七、〇〇〇	減一六、四二九、〇〇〇	減六六・六七	

第四節　各縣商業狀況

綏遠省商業多集中於歸綏、包頭二縣，蓋以一係本省省會，爲政治經濟之重心；一係綏西重鎭，爲商貨運轉之樞紐。此外則綏東之豐鎭，毗連察、晉，運輸便利，故其商業亦頗可觀。茲將調查所及，分述如次：

（一）歸綏縣　歸綏商業，多集中於舊城內，其車站與新城兩處，僅有轉運業與零賣小商等。各業中，以銀錢業、皮毛、牲畜、洋廣雜貨、米麪等行爲最發達。西莊、通詞二業，則因蒙古貿易停頓，新疆商路梗塞，日益不振。全市經號約計二千餘家，共分五十四業二十七公會。其各公會名稱，曰錢業公會，牲畜同業公會，糧業公會，醇厚綢布貨公會，平津雜貨公會，當業公會，油酒米業公會，麪業公會，威鎮粗皮公會，生皮公會，細皮公會，估衣公會，染房公會，茶莊公會，茶葉公會，酒飯公會，飯點公會，茶點公會（回教之一部），客貨公會，雜營公會，蔴鐵公會，藥行公會，外蒙公會，新疆公會，客店同業公會，綏豐公社（凡新城各業商戶均加入此社），運商同業公會等是。

本縣所屬鄉鎮，以畢察兩鎮商務較爲繁盛。畢克齊鎮，位於縣城西平綏路線，距城六十里。有商號一百餘戶，以米麪油酒鋪（俗名六成行）爲最大，其資本最多者三四千元，少者數百元。其他雜貨小鋪，係兼營各業，多不分行。資本數百元，或數十元不等，均由縣販運貨物，零銷本地。察素齊鎮亦沿平綏鐵路，在縣城之西，距城九十里。有商戶八九十家，亦以麪鋪最大，雜貨鋪次之，其商務狀況，及各業組織等，均與畢鎮相同。此外縣城東之陶卜齊、白塔、及保爾少等鄉，各有小商戶二三十家，至其他鄉村，則無商業之可言。

（二）豐鎮縣　豐鎮商務，最發達時，爲民國十三四年間。商號數目達七百餘家。凡鄰近陶林、集寧、涼城、等縣，皆以此爲貿易中心。及民國十五年國民軍西退，大兵雲集，供給浩繁，而潰兵散匪，肆擾鄉間，刼掠財物，地方元氣大傷。十七、十八兩年又經大旱，農村破產，人民之購買力減少，影響所及，商業日就衰微。近一二年來，秋收較豐，匪又肅清。地方景況轉佳，然因洋米進口，穀賤傷農，仍難恢復舊觀。現在各業商號數目，雖無減於前，而實際情形則懸殊矣。

本縣屬之第四區隆盛鎮有商號二百餘家，民國十三四年間，最爲發達。近來，日漸式微，多數商號，移往陶䝤、土木爾台、及集寧，因土木爾台接近內蒙，貿易較多，而集寧則係新闢縣份，易於招徠也。

(三)薩拉齊縣　薩縣商業在民國初葉，頗稱繁盛，自民四年來，十餘年間，中經盧占魁之騷擾，哥老會匪之陷城，或肆行搶劫，或勒借軍餉，全城商業，因以不振。民國十八年又遭大旱，農村破產，商業更形凋敝，迄至十九、二十兩年，農田雖略有收成，然亦僅足自給。惟最近一二年間，糧產豐稔，除大小麥數量較少，僅敷供本地之消費外，所有高糧、小米兩項，尚有盈餘，可資外銷，以故糧商交易，頗見活動，而其他貨布各業，亦因之而現轉機矣。

(四)包頭縣　包頭爲西北之門戶，當水陸之要衝，東由平綏路直達平津，南連晉、陝，西接寧、甘、新、青，北通內外蒙古；凡由內地運往西北各處之零整雜貨，及由西北各處運赴內地之各貨，均以本縣爲起卸轉運之中樞；其出口貨以皮毛、牲畜、藥材，爲大宗，進口貨以綢緞、布疋、綿紗、磚茶、糖類，爲大宗，而十九年進出口貨總值，僅八百萬元之譜。亦天災匪患，致使商業蕭條之故。據傳云：當民國十三四年時，包頭在國民軍統治之下，商務勃興，進出口額，達二千萬元以上，至十五年冬，國民軍退出，向各商戶派捐攤餉，搜括至二千萬元之鉅。於是包頭各業元氣凋傷。加之近五六年，水旱頻仍，農產銳減，輸出亦因之大減，而土匪遍地，商務梗塞，由包頭至甘肅、新疆、青海等路，運輸均感困難；復因外蒙獨立，蒙古貿易，亦告停頓，包頭商業，遂一落千丈。故十九年之進出口貨總值僅八百萬之譜。惟各業均集中於縣城，鄉鎮之較著者，僅有蔴池鎮、蘇木兔、大樹灣等鄉，均無大宗買賣。全縣各商業，稱爲十業十六社。所謂十業者，即米麪業、油糧行業、皮毛業、牲畜業、蒙商業、雜貨業、貨店業、紙烟煤油業、藥材業、錢當業，所謂十六社者，即金爐社（銅銀樓社）、魯班社（木匠）、義合社（皮房）、氈毯社（氈匠）、公義仙翁社（干貨店）、清水社（菜鋪）、栽絨社（毯匠）、繪仙社（畫匠）、六合社（木店）、仙翁合義社（飯鋪）、集義社（靴鋪）、義仙社（染房）、成鎮社（毛毛匠）、得勝社（肉鋪）、恆山社（山貨行）、合義社（留人店）。以上各業各社，大小店鋪一千餘家，若但以十業計，亦僅有二百餘家。

（五）五原縣　五原爲綏西要塞，有汽車直通包頭，商業尚稱發達。縣城因住戶無多，僅有小鋪三五家，大都商業，均集中於隆興長鎮及烏蘭腦包鎮。隆興長鎮俗稱新城，距縣城五里許，商店林立，日臻繁盛。烏蘭腦包鎮在縣城東北六十里，現因蒙路不通，商業日漸蕭條。

（六）興和縣　興和在有清末葉，商賈輻輳，民國肇興，日益繁榮，尤以民十至民十四數年間爲最盛；彼時大小商號約計四百餘家，殷實者居其半數，迨民十五以後，迭遭荒旱兵匪之變，往日繁榮，頓見衰歇。目下商店，稍具資本者，計有糧食業四家，洋廣雜貨業五家，缸油米麪業五家，紙張雜貨業四家，布業二家。此外尚有雜貨小營貨等百餘家。近歲全年入境貨物，計有土布約一萬五千丈，棉花二萬斤，茶葉一百二十箱，洋貨二千五百疋，紙烟三百箱，煤油五百甬，糖類五百包，羊皮一千張，牛馬一百張，羊毛三千斤，大炭二百萬斤。全年出境物品，計有小麥九千石，草麥二千石，菜籽三千石，胡麻三千石，羊皮一千張，羊毛三千斤，牛羊皮四百張，牛馬二百頭，羊二千隻，

（七）涼城縣　涼城位於綏遠東南，自昔即爲赴北京及山西之孔道，故商業頗形發達，迨至民國八年，平綏路通，本縣商業遂一落千丈；然因年穀豐熟，此凋敝之商業，尚可勉維現狀。至民國十五年，國民軍西退，流行市面之西北鈔票價格暴落，僅本縣商業上損失亦在五六萬元左右。兼之連年災荒，農村破產，商業蕭條，達於極點。歇業辭行者，達三十餘家。近數年間，收穫較佳，然穀賤傷農，農村經濟崩潰，商業又受打擊。現在全縣各項商號，三十餘家。以布鋪、洋貨鋪爲多；米麪雜貨行次之，當鋪、山貨行、藥鋪又次之。入境貨物，亦以布、棉、糖、烟、茶、爲大宗；出境以茶、麻、及生皮較多。資本最大者不過三四千元，小者百數十元。每年營業類皆維持現狀；稍獲盈利者，寥寥無幾。

（八）武川縣　武川僻處山後，商業以外蒙爲主，在昔年歲豐稔，地方平靖之時，本縣商號，連同錢行、當行、糧店等共達一百餘家之多。是以市面繁榮，商業稱盛；民國以還，地方連年不靖，大軍雲集，差徭浩繁，因無力擔負，倒閉者有之，遷移他處營業者亦有之。迨民十五，僅餘商號七十餘家，是歲又值國民軍過境，所需給養四萬餘元，均由商號分別擔負，因而受累倒閉者，又達二十餘家。更兼連年荒旱，損失更屬不貲，最近數年間，雖經政府極力維持，然亦僅有商號四五家，人力小商十餘家而已。

本縣所屬烏蘭花鎮，毗連蒙疆，在昔蒙路通暢之時，商業頗稱繁盛，累年以來，所受影響，略與縣市相似。現存商號，僅餘米麪雜貨等行十數家，人力小商三十餘家。至本縣所產皮毛糧食等，均係販至歸綏出售，所銷雜貨等項，亦係由歸綏販運而來。

(九)集寧縣　集甯商業最盛時,爲民國十四年,城内大小商號四百餘家,僅粟店一項,卽二十餘家,歲輸出糧食達二十二萬石市面極爲繁榮。考其原因:

(甲)設治未久,且火車初到,商旅輻輳。

(乙)田地新墾,天雨以時,年歲豐稔,外銷暢旺,農民經濟充裕,購買力自強。

及民國十五年國民軍西退時,負擔餉欵過鉅,十七,十八兩年,又遭空前之奇旱,以致農村破產,商業蕭條,市面冷落異常。近歲年景稍佳,該縣糧食外銷較暢,且城圉修葺,治安無虞;豐鎭及隆盛莊各商號移來者漸多,市面又趨繁盛。

(一〇)臨河縣　臨河縣爲河套最肥沃之區,距黄河僅二十里;東循汽車道直達包頭,西去卽爲寧夏境界。物產豐富,交通便利,故商業頗盛。在前本縣商民,大別可分爲兩類:

(甲)曰蒙古行,專營蒙人生意,以茶、布、烟、糖、米麪,換蒙人之皮張、羢毛、牲畜,俗名外館生意。

(乙)曰雜貨行,專由包頭販買布疋、紙張、烟、糖等項,銷售於本地民戶。

自十八年中俄絕交後,蒙路停滯,本縣商業,大受影響。

(一一)清水河縣　清水河僻處綏南一隅,全境皆山,交通梗塞,車輛不能通行,獨恃驢馱運輸。兼因地瘠民貧,發展維艱。當民國六年以前,境内有殷實商號五十餘家,糧當商均有。民六經盧匪占魁,恣意焚掠,元氣大傷。迨十五年，復被鄭澤生全部兵馬盤據數月，民間蓋藏，羅掘俱窮，前後連遭二次浩劫，商業遂一蹶不振。現僅縣城內有雜貨商及攤販共三十一家，資本合計一萬六千餘元。其中有三家兼營燒酒、搾油、磨麪、碾米、漏粉等業。銷售貨品，以布疋、線帶、麻繩、氈帽、農具、油、酒、米、麪、粉條、菸、糖等爲大宗。他如藥材、水果、點心、皮衣、等亦有代售者。此間各省，以貨物不能暢銷，不採分行營業制，且有鑒於綏省，自通火車以來，糧價漲落無常，本縣消息不靈，恐受賠累，無專門糴存糧食之家。鄉民直接以農產品換取所需物品，金融異常澀滯。清河爲環境所限，預料商業前途，發展綦難。

清河產糧甚少，雖豐收之年，亦無向外運銷之餘糧。大多數農民，全恃羊及絨毛，以維持其所負擔之雜費。羊每年由河北省布商，以國布直接向農村交換。絨毛、除當地製造氈帽需用一小部分外，被外縣毛商收買。本縣商人苦於資本貧乏之限，於農民購買力薄弱，其衰頹情況，與年俱進。對於本縣出產與供需方面，毫無統籌經營之能力。粗瓷雖爲清河大宗出產，但其產銷方法，從未商業化；營斯業者，皆爲農家，臨時有人墊付資本，始裝窰燒製，否則以務農爲主。一因本縣道路阻塞，腳費太貴，運銷他縣，獲利甚微；再則能由黃河運輸素稱暢銷之包頭縣，年來農村破產，購買力弱，銷量頓減。故近數年來出境粗瓷，較諸數年前，約減三分之二。

（一二）沃野設治局　沃野設治未久，境域極爲狹隘，境內因渠道未開，耕地無幾。農產，雖豐收之年，除食用外，亦僅能運出千餘石。牲畜亦有少數輸出，至人民日用雜貨，均係由寧夏遊行小販到境出售，並未設立商號。

鄂托克旗爲本省最富庶之旗，物產豐饒，鹽、城、藥材、銀、銻、煤炭、牲畜皮毛，俱全。鹽城，爲天然富源，取之不盡，現在營業總值約數十萬元。爲少數鹽商，及蒙民所經營。甘草產量亦豐，年採用約值二萬餘元，多爲保德商人所包營。至髮菜一項，年產亦值四五萬元，多爲平羅商人收買。果能正式加以經營，其值當數十倍不止。銀、銻尚未開採。煤炭年產約值數萬元，石嘴子一帶商人所經營。至牲畜、皮毛、產量至鉅，每年營業值約在百萬元以上，多爲隆泰玉、天成西、及榆林商人所經營。隆泰玉及天成西爲鄂旗最大商號。隆泰玉資本最高，天成西次之，各項營業總值約各數十萬元至百萬元不等。均係以雜貨易蒙民之牲畜、皮毛，以之運輸於各大商埠爲主。至各小商百餘家，亦係販運茶、布、菸、糖、與蒙民交易牲畜、皮毛。商業前途發達，殆未可量也。

第五節　蒙民之商業

在游牧經濟生活之蒙民，本無商業之可言，但於某種時期，因受外來之工商經濟侵入之影響，於是發生物與物或物與貨幣交換之狀態，猶在純農或半農牧區域，仍停滯於此種半原始社會經濟之階段上。蒙古人對於商業之觀念，不甚注意，此皆由其本身生活之關係所致也。蓋蒙人生活之簡易，五口之家，有牛羊數頭，即可維持矣。男子除畜牧或應差外，終日遊蕩，或伏案飲酒、吸煙、飲茶、誦經、及賭博等。家庭中一切之操作，完全由女人主持。在此種簡易生活條件之下，最易養成懶惰及墮落之習慣；故對商業上之極意榨取，當無此手段，因是，則蒙古內地之商業，幾爲漢人所獨佔也。但王公富有喇嘛或平民等，亦間有與漢商合資營業，或貸漢人以資本，以取得其高利貸，如土默特旗時有此種現象。

一　蒙商之市場　綏遠之蒙商，多集中在歸綏、包頭兩市場。故此等市場爲綏、蒙商業關係之根據地，而蒙古各地半遊牧或純遊牧區域之商業脈絡，均以此兩處爲連繫之樞紐也。

（甲）歸綏　歸綏商業，以往不及張家口之繁盛，自平綏鐵路完成後，則歸綏成爲商業要地。凡華北之工商品，銷售於西北各省，或寧、甘、新等省之貨物轉銷於平津各地，均以歸綏爲重心，而以平綏鐵路爲輪運之要道。現歸綏之重要商業集團，乃成爲西北行商之經理人，操縱蒙、新、甘等省之貿易，並貿易機關之組織，如集錦社、新疆社、回商社、江莊等四大社，在商業上頗佔重要之地位。茲爲易於明瞭起見，乃將綏垣各商行對於蒙、新、甘之貿易關係，列表以示之。

綏垣各商行對蒙新甘之貿易關係表（各行之當地貿易不計）

- 青龍社
- 伏虎社
- 中興社

- 興隆社
- 聚錦社
- 寶豐社
- 醇厚社
- 綏豐社
- 衡義社
- 木店社
- 估衣社

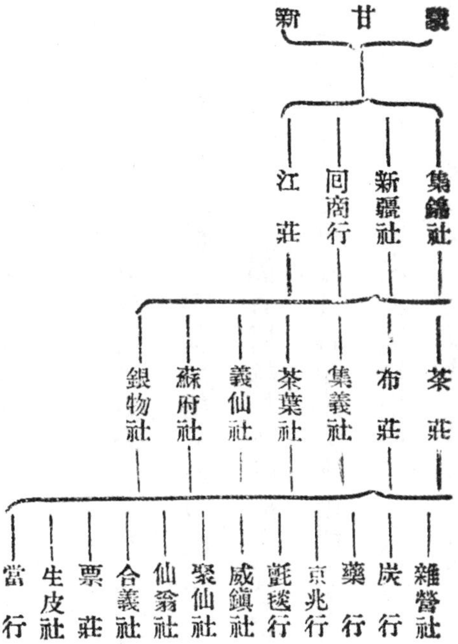

（乙）包頭　包頭爲平綏鐵路之終點，水陸交通兼便，陸則有平綏路爲呑吐之骨幹，而平津各地遂爲包頭出入之尾閭，由包頭可至西寧、肅州、五原、寧夏、蘭州等地；至水路則有黃河之水流，用皮筏可由蘭州至包頭，長凡二千六百五十餘里，沿水路各地著名物產則有皮毛、藥材、糧食、土布等，故於經濟上頗有重要之價値也。至包頭可包有河套之區域全部，寧夏、蒙古（即阿拉善額濟納），甘肅及青海等地之商業均以包頭爲商業之脈絡。因是包頭市行商，以其地勢關係，而作對外商業活動之中心地位。再就西蒙而言，則伊克昭盟之全部，烏蘭察布盟之西南部，及寧夏蒙古之大部，均在此範圍內。如下表所示：

包頭（伊克昭盟之全部
　　（烏蘭察布盟之西南部
寧夏蒙古（阿拉善
　　　　（額濟納

二蒙古行商之經營情形　綏遠蒙古之行商，以歸綏包頭爲其商業活動之根據地，每於春夏之交，蒙地行商多麕集於此。將內地或國外之各種工商品及食糧等組成若干之駝隊或馬羣載囘各蒙旗銷售。其經營方法有二：

1、由各市場商莊，投資數十萬，使役店員百數十人，分頭深入蒙古內地，以物或貨幣換取蒙古人之皮毛產料。

2、零星小販，以小資本或商業信用，購得若干工商品，用駱駝或騾馬，巡歷於各蒙旗間，綏人稱此種行商爲「出撥子」。現將蒙古行商及店員之經營狀態，分別說明之：

（甲）開拓區　此種區域，多係省府縣局所統屬之範圍，爲蒙漢雜居之地，如在千人以上之鎭市，或千人以下之村落，則有若干之零散之市集，此種市集多與市場上有資本或商品上有往來之關係，同時亦爲漢商直接榨取蒙人利益之根據地。而經營之店賈，以山西、河北人居多，尤以山西人利用金融上之特殊勢力，把持全綏遠蒙漢間之金融勢力，因此使山西人在蒙地之行商更易於活動。至所開之商鋪，則有皮莊、糧棧行、燒鍋及雜貨鋪等，一則依據一定之市場——歸綏或包頭掠取西蒙各地所交換之牧產如皮毛等；一則以各市場為中心，以販運熟貨推銷於蒙古內地。

蒙古人間有富裕者，欲自營商鋪，但畏札薩克王公之加重剝削，不敢出頭，惟有祕密與漢商合股投資經營商鋪。對於商鋪之收支及貿易狀況，而蒙人則不知檢查，漢商往往利用其祕密關係，施行種種侵蝕及朦混之手段，以掠取其利益。如初年清算時，縱令有所損失，隱而不言，並揚言獲利頗豐，待次年清算，不言損益，僅言「今年收支平平」；及至第三年，則以虧損相告，並要求補添資本，以後連年虧損，竟將蒙人所投之資本吞盡而後已。因此現與漢人合股經營商業者，祇有少數之蒙古王公或有勢力之喇嘛而已。

在各開拓之市場中，如雜貨行以綢緞、布疋、綿紗、糖、茶葉、火柴、石油、紙、煙草等為輸入之大宗，並備有各種金屬器具及零星雜貨等，除本業之外，兼營牛馬店、大車店、糧行、或油坊、磨行、粉行等，每年派數班之商行，入蒙古內地交易，以購取蒙人之畜產及移住民之農產，而蒙古內地之小經商，亦多為大雜貨行之分業。

另有一種為皮莊，皮鋪，皮莊俗曰「皮窩子」，資本須較雜貨行厚，一方依所在之市場，直接向蒙古人購取其皮毛產料，另一面將「出撥子」由蒙旗中所換得之皮毛產料收買之，每年視某時間市場之需要，輸運至內地或國外之大市場。皮鋪分為爋皮鋪、黑皮鋪、細皮鋪，而爋皮鋪黑皮鋪直接或間接收賣蒙古之皮產物，分別加工製理，至細皮鋪所用其羊、狐狸、山狸、狢、狗、貓等之生皮，亦用此種方法以收買之，以應鞣皮之需用。其他如氈子鋪及鞍韂鋪等，爲數亦甚多。

(乙)未開拓區　在此種區域中，有一種土著商鋪，亦稱之曰定居商鋪。此種商鋪，以年久居於蒙古而從事於一定之小商經營，或由開拓區中之商行，依此爲根據地而經營小商業。至其經營之方法，先與蒙古人積年累月之往來，感情上發生密切之關係，乃先在隙地支設窩棚，漸次貸商貨於蒙人，俟有積畜，卽構造田宅，進行有規模之交易活動，對於所在地之旗王公，每年繳納地價，及營業稅等。

此種住商與市場上之大商鋪，多有直接往來之關係，時介紹蒙古王公與歸綏各錢莊票號，發生金融上之借貸，但亦有住商直接卽爲大市場之錢莊票號之代表，因此，王公每至歸綏時，則各有關係之錢莊票號爭相優爲招待，有時誘其揮霍，如嫖賭鴉片烟等，以取得商業或土地上之特殊利益也。

三出撥子　「出撥子」蒙人稱之曰「貨郎」，其在蒙古經商之方法，於每年陰曆三月至五月，七月至九月爲期。此等行商，對蒙人之嗜好及其日用所需之工商品，頗有經驗。故所販之貨物，均係蒙人所必需要者。至其運輸方法，卽將配好之商品積載於牛車上(大班三四十輛，小班四五輛，每輛至多三百斤，至少一百五十斤)或駝背上，以三四人或十數人爲一組，食料寢具帳幕及炊事等物，均備齊，途中不零售，直運至蒙古內地爲止。此等行商，均係小賣出身，積多年之經驗，巧於蒙古語，對蒙古之風俗人情，頗爲通曉，故一至蒙地，極得蒙人之款待，或住蒙人家中，或展帳幕，冠以蒙文之店號，商品陳列，以招徠顧客之買取，經至四五日後，又移向別處，如營業甚佳，亦可久住。

蒙人每於每年某號撥子到時，羣來爭購其所需之物品，而換得之代價，在夏季，則為各種皮毛，在秋季前後，專收馬匹，在秋末或冬初，以牛為主要，以上所收得之牲畜，常寄在稍有資產之蒙人家或原物主，代為牧養。待至天寒歲暮時，小撥子已將所攜來之商品售完，遂收集其所換得之牲畜如牛馬等，雇用蒙人代為趕送，並將所換得之皮毛馱載於其所換得之牲畜背上，或積載於原來之牛車上，即行歸返，一到市場，探測貿易之動向，如能得一倍或兩倍以上之利潤，即將所換得之牲畜及皮毛等出售至「出撥子」輸入蒙古之貨物，如下表所示：

輸入蒙古之商品

品名	色樣及用途	備註
各種綢緞	有赤黃紫桃等色	
天鵝絨布	以黑色居多	
各種綿布	有赤桃紫綠淺黃藍白等色	
各種絲針	裁縫所用色線及用針等	
洋手巾	蒙人多以之包頭及裹頸	
哈達	絹布	
棉花		
皮革及布所製之靴	上等是俄國皮普通多是牛皮	
高粱酒		
粉條子		

掛麪	
麪粉	
豆油麻油香油	調味及點燈
鼻烟及鼻烟壺	
烟袋	上多刺以花繡
錢袋	上多刺以花繡
各種紙	寺廟及王府用糊窗壁
煙管	有用翡翠鑲口
紅白紙	用寫對聯及經文書等
粗磁器	
各種佛具	祭佛用
各種沙糖	有冰砂白砂赤砂黑砂等種
各種糖食	月餅麻餅芙蓉糕等
磚茶	
細茶	
婦女妝飾品	遊牧地方晚婚女人所用之首飾多是珊瑚銀片所綴成
鐵器	農具炊器等
銅器	多係祭佛用具
錫器	
各種刀子	
洋火	
洋油	不甚通用
蠟燭及線香	
馬鞍及附件	

粳米 粟 糜子米	多是王公及富有者用

四經紀人　蒙古人之牧畜，有不經行商之手，而直接向各市鎮出售者。每於初夏或初冬間，集合附近所需出售牧畜之蒙人，組成集團，當出發時，各人將所需之帳幕、氈子、炊鍋、茶罐、炒米、奶餅、鹽及其他食料等，均須備齊，積載於牛車上，趕至市場後，即覓求牧地，以牧養其畜羣，畜主自赴市場，寄宿於素有往來之棧店或大雜貨店，以資商談其交易事項。

畜主至市場有一定之季期，此種季期之決定，完全根據其本身生活上之需要條件為標準：

1、初夏（舊曆三四月）為補添歷冬所缺乏之物品，如糜子、粟、雜貨等，不得不將其牧畜及皮革運至市場出售換買。

2、初冬（舊曆八月至十二月）利用牧畜之秋肥及其皮毛等產物，以交易穀類雜貨，備迎年及過冬之用，有時亦換取銀元帶回。

此兩季期，歸綏、包頭兩市場，其商業確較平時為繁盛也。

畜主對於市場之商勢不知內情，故多利用兩種中間人從事活動：

（甲）經紀人　此種經紀人又稱爲牙紀、牲口牙子、牛馬販子等名。此等人常迴訪市場中之各錢店及牛馬店，以物色買賣顧主，每聞蒙人來時，常直接自薦爲牙紀，並爲蒙人覓一穩妥而有往來之棧店，以便歇宿；一俟某種買賣成立，兩方均給以手續費，同時對棧店所規定之口錢，亦須提供若干，因是，則買賣兩方，均受其雙重之剝削。普通佣錢約如下所示：

馬一頭｛賣主應出洋四五角或六七角
　　　　買主應出洋七角或一元

牛一頭——賣買兩方各應出洋四角或七角

羊一頭——賣買兩方各應出洋一角或一角半

（乙）棧房及牛馬店　棧房或牛馬店，必有三五店員通曉蒙語，資本亦須雄厚，對蒙人應素有相當之信用，蒙人每趕集於市場，多覓有信用素著關係之牛馬店，以爲歇宿，房主爲其多面派人向市場兜售，或通知素有關係之經紀人至各處物色買主，俟交易成立，亦須取用相當之手續費，普通約有兩種：

1、佣錢，示其有益於買手之意。

2、保錢，示其對買主保證賣主之意。

此兩種手續費之銀額，各市場不同，如下所示：

馬一頭	買主用錢	五角或一元
	賣主保錢	五六角或一元一二角
牛一頭	買主用錢	五角或八角
	賣主保錢	五角或八角
羊一頭	買主用錢	一角或一角半
	賣主保錢	一角或一角半

除上述之兩種中間人外，尚有所謂牛馬房，俗稱「牛馬販子」或「跑馬行」等，此等人多爲移住民介紹牛馬之買賣，有時自己亦跑入蒙古內地販買少數牛馬至市場出售。至於開拓地之市鎮，多有牛馬市之設，每日午前早晨爲交易時間，但其所加入交易者多爲附近之移住農民所牧畜之牛馬騾驢等，每至晚秋之交，尤爲旺盛，其價格殆以市場之遠近，時價之早晚，及畜產品質之優劣等爲標準。

第六節　結言

總觀前述，綏遠得地勢之優越，物產之豐富，交通之便利，爲西北貿易之中心，握經濟之重鎭。惟年來國人忙於內戰，無暇顧及邊陲，以致綏遠之商業爲強鄰所侵奪，利權外溢，深爲可惜。尤要者蒙漢行商受風俗語言之關係，多有未能趨於合作之途徑，而亦易受外人之搖誘，使漢蒙感情不能融洽，而造外人經濟侵略之機會，雖屬微末，國人亦不可不注意焉。

第十七章 綏遠之金融

第一節 概說

綏遠在有明時代，完全爲蒙民遊牧之地，幾無商業之可言。迨歸化後，始有漢人，來此經商。起初多係商行，前來貿易，完全以貨易貨，嗣後商務漸盛，加用貨幣；市面繁榮，錢商繼興。幣制則有制錢、銀兩、譜銀、撥兌帖子、現洋、譜洋、鈔票之更替；錢商則有票號、錢莊、銀號、銀行之代興。

第二節 貨幣之沿革

本省以前大宗貿易，多以銀兩爲貨幣單位，制錢輔之。惟因地處邊陲，現銀與制錢，不敷應用，譜銀與撥兌，乃應運而生。所謂譜銀，與撥兌二者，並無實質，僅由錢行互相轉賬，藉資週轉，用以代表銀兩與制錢而已；其價格且常較現錢與制錢爲高。周使以來，暢行無阻。迄後糧商發行制錢帖子，商民亦頗稱便。鼎革以還，現洋源源輸入，銀兩逐漸絕跡，市面交易，遂成譜銀現洋並用之勢；然積習難改，錢商仍以譜銀爲主。十五年因西北軍潰退，地方現款，搜括殆盡；市面金融，頓呈澀滯狀態；經各商集議結果，決定仿照譜銀辦法，周行譜洋，以資調劑。至此，譜洋遂與譜銀同佔商業上之重要地位，因其較普通貨幣價格漲落無常者，頗爲信用堅定故也。

平綏鐵路既通，平津中交等銀行紙幣漸次流入；民國九年以後，復有平市官錢局，及豐業銀行，發行紙幣。於是市面紙幣，逐漸流通。十四年，西北銀行發行紙幣；後又有商會救濟市面兌換券善後流通券，山西省銀行鈔票等名目複雜，種類不一。民國十五年秋，國民軍潰退，西北銀行鈔票數百萬元，頓成廢紙，商民大受其害。十六年秋，晉、奉戰起，山西省銀行及平市官錢局鈔票，均停止兌現，票價漸落。嗣後奉軍據綏，大肆提款，綏鈔愈跌愈下。十九年中原大戰，需款孔亟，濫發紙幣，晉、綏各鈔，復行狂跌。最後晉鈔跌至二三十元換現洋一元，平市鈔票漸跌至四折；商會救濟券善後流通券，豐業銀行鈔票等，亦均以不能兌現，同時平市鈔票亦以跌落。金融紊亂，達於極點。商民蒙其害者，不可勝計。平市官錢局鈔票，經綏遠省政府一再設法整頓，自二十二年二月，規定按四扣無限制兌現，逐漸收銷，另發兌現新鈔。商會救濟市面券，亦按四折兌銷；豐業銀行鈔票，按六八等折，分期兌換；善後流通券，亦逐漸收回。市面金融，始歸穩定。現在善後流通券，業經絕跡，商會救濟券，及豐業銀行鈔票，亦不多見。平市舊鈔，流已無幾矣。市面周行者，以平市新鈔最多，平市舊鈔及中交兩行鈔票次之，綏西墾業銀行鈔票等又次之。此民國以來，鈔票興替之大概情形也。

當現銀、譜銀、制錢、撥兌、現洋、譜洋等相互並行之時，錢商概以譜銀爲標準貨幣。其他貨幣，及代表之價格，均漲落不定；各錢商爲交易便利計，每日早晨集合錢市，按市面之需要，定銀分（如上海之洋釐）匯水、利率、及各幣之價格。各幣因價格漲落無定，錢商或他商常以各幣相互買空賣空（俗名做虎盤），形同賭博。均由錢行過賬，錢行坐取裏外四分佣錢，獲利頗厚。迨鈔票停止兌現時，價格更忽漲忽落；錢局每日上市定價，均以銀分爲標準，甚且一日而數易其價，抑勒高擡，從中漁利，市面金融，愈不穩定矣。

民國以來，銅元盛興，制錢漸廢。十七年兵災、旱災、救濟會等，以農民糶糧，頗受撥兌折合之虧，曾經呈准，廢除撥兌，又省政府爲整理金融計，禁止濫發紙幣，取締糧行帖子，糧商頗受影響。迨二十二年二月，奉中央命令，廢兩改元，錢市虎盤，均行停止，金融於以統一。二十四年十一月中央施行新幣政策，而綏遠對於法幣之通行亦無阻矣。

第三節　銀錢業之盛衰

本省在清末，票號最爲盛行，專營匯兌事務。初祁太幫有大盛川、存義公、合盛元、錦生潤；平幫有蔚豐厚等，繼起者有大德恆、大德通等。彼時因銀行未興，匯兌頗能獲利。降及民初，錢莊發達，票號即就衰落；及銀行代興，手續進步，費用低廉，於是在前依票號匯兌者，多舍彼而就此，票號遂相繼淘汰。現在僅餘大德通一家。錢莊在民國元年，省會一處計有三十二家之多，頗極一時之盛。二年因政變影響，祇餘十家。至十四五年，復增至十八家，營業亦頗發達，十七八年外蒙不通，兵旱爲災，業務蕭條。截至現在，計有錢莊十五六家，行商銀號等十餘家。銀行，在民國四年，設有中國銀行支行，繼有交通銀行支行，九年有平市官錢局及豐業銀行之興起，迄後又有山西省銀行及北洋保商銀行之增設。中間，西北銀行，曇花一現，旋卽消滅。現存者爲中交平市等六行而已。至各縣鄉鎭間，農民信用合作社，雖爲最近五年提倡試辦之新事業，而澎薄發揚，頗有不可揭抑之勢，未始非本省金融界一好現象也。

第四節　金融之趨勢

綏省金融狀況，旣如前述，其貨幣係由制錢、銀兩、而譜銀、撥兌、帖子，而現洋、譜洋、鈔票。其組織亦由錢鋪、錢莊、而銀號、滙票莊，而官錢局、銀行。現在所盛行之主幣，厥惟現洋與鈔票兩種；輔幣現銅元與角銅元票而已。滙兌、轉運，如押滙、押運等之組織，亦正方興未艾；似皆整齊劃一，尙在演進之中，蓋前由交換時期而入於貨幣時期，茲已由貨幣時期，而漸趨入於信用時期。若仍長足進步，行見信用合作社，普及全省，而農村經濟自日益發揚矣。

第五節　金融之重心

綏遠省之金融重心在歸綏縣，卽綏省之省會也。東達晉、察，西至包、寧，當平綏交通之衝，爲全省政治經濟之中樞。故其商業範圍，頗爲廣闊。其在本省金融上之地位，亦至關重要。茲就調查所及，略述梗概如次：

一金融機關　本省會金融機關，計有平市官錢局一家，中國、交通、豐業、山西省、北洋保商等銀行五家，銀號錢莊二十七家。茲分述如左：

(1)平市官錢局　平市官錢局爲本省官督官辦之機關，握全省金融樞紐，其地位與各省地方銀行性質相似。該局剏設於民國九年，設總辦一人，監督全局事務，設經理一人，主持全局事務，副經理一人，襄助經理，辦理全局事務。內分營業、文書、會計、出納、發行五股，每股各設主任一人，股員練習生若干人，分任各種事務。此外，又於本省包頭、豐鎮、五原、薩縣、興和、臨河、托縣、清水河等縣，及天津、太原各設分局一處。資本，成立時爲五萬元，後由十八年純益項下，續添資本五萬元。其營業範圍，除辦理匯兌、貼現及存放款項倉庫等業務外，享有發行紙幣特權，並代理省金庫及經理公債還本付息事項，營業頗爲發達。截至二十一年六月底，統計資產項下，共爲四百零三萬八千元，負債項下共爲三百九十八萬三千元。實業投資，計有綏遠電燈公司股本二十一萬六千三百元，平記裕盛厚銀號十萬元，山西晉華紡紗廠三千元。其鈔票流通遍全省，且及於山西大同等處，現在舊鈔未收回者四十餘萬元，合計現洋十餘萬元；發行新鈔約一百五十餘萬元，庫存現幣平均約百萬元。

(2)豐業銀行　豐業銀行成立於民國九年。最初資本二十六萬，係有限公司組織。曾呈准發行紙幣十四萬元。十七八年，因受政變影響，紙幣暴跌，停止兌現。嗣以地方人士羣起反對，經法院調解，按六八等折，八期兌換；

至現在收銷者，已達十三萬元。該行係於二十一年三月間，停止營業，後復招添資本十萬元，於同年九月重行復業；並擬賡續舊案再發行鈔票十萬元。在過去每年放款約三十萬元，存款二十萬元，匯兌平均約二百萬元。

(3)中國銀行　中國銀行係於民國三年，來綏設立分行。後因營業不振，逐漸縮小，現在改為寄莊，歸天津分行管轄。該行專營匯兌事業，每年匯出數，約七八十萬元，匯入數約四五十萬元。庫存現款約萬餘元。

(4)交通銀行　交通銀行係於民國六年，來綏設立分行。嗣因營業蕭條，改為支行，又改為辦事處；現又恢復支行，歸天津分行直轄。該行二十一年度營業，匯兌約六十萬元，存款約十餘萬元，放款係舊欠三十餘萬元。庫存現款約萬元。

(5)山西省銀行　山西省銀行設立於民國七年間。組織係屬分行，歸太原總行直轄。該行營業方針，係以活動市面，調劑匯劃為主，惟因其為山西地方銀行，故對於本省政治金融，關係頗鉅。據查最近三年間，每年平均存款約六十餘萬元，以公款居多數。放款約一百五十餘萬元，其中公家商號各佔半數。匯劃每年平均約四百萬元左右。至該行以前流通之不兌現太原本券，早經絕跡，現在籌備發行新券，尚未實現。

(6)北洋保商銀行　保商銀行係於民國十九年間，來綏設立辦事處，歸總行管轄。其營業存放寥寥，惟匯兌一項，年達六七十萬元。該行在本省營業清淡，於市面金融影響不深。

(7)銀號錢莊　本省會銀號錢莊，共二十七家，茲就其較著者，列表於後：

錢莊名稱	性質	距今開年數	資本數	公積約數	備考
天亨永	獨資	二十三年	一五、〇〇〇元	一五、〇〇〇元	
義泰祥	獨資	五十餘年	一五、〇〇〇	二、〇〇〇	
義豐祥	獨資	二十二年	一五、〇〇〇	四、〇〇〇	
晉義祥	獨資	二十二年	一五、〇〇〇	三、〇〇〇	
法中庸	獨資	四十餘年	四〇、〇〇〇	?	
聚義恆	獨資	十四年	一〇、〇〇〇	三〇、〇〇〇	
泰和昌	獨資	六十餘年	一五、〇〇〇	一〇、〇〇〇	
雙興厚	獨資	七十餘年	一四、〇〇〇	三六、〇〇〇	
雲集祥	集股	十八年	四〇、〇〇〇	一〇、〇〇〇	
日昇元	集股	十五年	三〇、〇〇〇	?	
晉升恆	集股	六年	二〇、〇〇〇	三、〇〇〇	
豐盛隆	集股	十三年	四〇、〇〇〇	?	
乾文通	集股	十七年	四〇、〇〇〇	五、〇〇〇	
大同銀號	獨資	九年	一五、〇〇〇	?	
裕蘇厚	獨資	八年	一〇〇、〇〇〇	?	

和成錢莊	獨資	九年	二四、〇〇〇	三〇、〇〇〇

說明：本表係就民國二十二年下期調查情形列報，其資本及公積金數，因各家多不願公開，故或有未盡符合之處，合併聲明。

此外尚有舊存票號，大德通一家，由外埠分設之匯通銀號、和記錢莊、永利銀號、晉興錢莊等四家，以及資本較小之通記銀號等數家，均不詳述。

二通行貨幣　綏省自廢兩改元以後，所有譜銀譜洋等項，概已取銷，現在所存者，僅有銀洋銅元，與鈔票三種。略述加左：

(1)銀洋　銀洋凡新舊各項現幣，均可通行，不分軒輊；此項現幣，流通於本市之數量，約視本地就外埠利率之高下，而時有伸縮。大概最高約三百萬元，最少約百萬元。平均約一百五十萬元至二百萬元。輔幣概無銀角。

(2)銅元　銅元流通市面數量極少，僅供買賣找零之用而已。

(3)鈔票　鈔票種類頗爲複雜，計由地方發行者，有平市官錢局、豐業銀行、商會救濟券、善後流通券等；由外埠發行流入本省者，計有中國、中央、交通、保商、山西省銀行等，此外尚有綏西墾業銀號鈔票一種。其中以平市官錢局發行兌現新鈔，信用最佳，舉凡公私款項，一律通用，與現洋無異；其舊鈔按四折兌現，亦通行無阻。至商會救濟券，善後流通券及豐業鈔票等，因分別收銷，所餘無幾。山西省銀行鈔票，境內尚少周行；綏西墾業銀行鈔票，已逐漸增多。至中央、中國、交通等券，幾到處皆是，蓋因攜帶便利，與現洋並用，往來平津，通行無阻故也。保商之券，頗屬罕見。統計現在市面流通鈔票數目，計平市兌現新鈔約一百五十萬元。連同角票，銅元票，舊鈔二十餘萬，約合現洋十萬元。中交、中央、三行鈔票，約五十萬元，其餘各銀行，約十萬元，總計約二百餘萬元。此外輔幣券，計有平市官錢局新舊角票、銅元票等角票均每十角換洋一元，新銅元票每四百枚兌現洋一元，較現銅元以五百枚換現洋一元者，價格爲高舊銅元票每五百枚兌舊票一元，可換現洋四角，名目繁雜，頗不一致。

三金融季節與利率　綏省金融季節，頗與內地相似，即按春、夏、秋、冬分爲四標；不過時有先後而已。其特異者，即標期之外，尚有騾期是也，按騾期性質，亦與標期相似，相傳係昔年用銀時代錢商結賬後，有往內地以騾載運現銀之舉，故名騾期。迄今相習成風，現銀雖廢，而騾期猶存。計一年四標之外，尚有八騾期。普通短期放款，多按騾期結算；每屆騾期，依市面之需要，定利率之高低，名曰滿加。大概金融平穩之時，每千元滿加不過五六元；如遇銀根緊急，每至二十元左右不等。長期放款，多係按標期結算，利息常較滿加爲高；然其輕重漲落，亦視金融之鬆緊以爲斷。騾期多在月底前數日舉行，標期每年由商會規定。

四匯劃概況　綏省匯兌業務，以銀行較錢莊爲多。全年匯兌總額約二千萬元。本省大宗貨物，多購自天津；出口貨物，亦多以天津爲銷場；故匯兌款額，亦以天津爲最鉅。匯費大小，依各地方金融鬆緊而定。大概交通方便之處，匯水較小，偏僻之處匯水較多；各銀行錢莊，有時亦難一律也。現在匯平、津每千元貼水四五元；匯山西每千元貼水六七元；最高時，可至十四五元或二十元不等。

第六節　各縣金融市場

綏遠金融，除省會歸綏縣外，綏西則以包頭爲中心，而安北、五原、臨河各縣屬之。綏東則以豐鎮爲中心，而集寧、陶林、興和、涼城各縣屬之。此外則北部之武川、固陽、南部之薩、托、和林、清水河以及橫跨伊盟之東勝、沃野兩縣，其金融狀況，均極幼稚。茲姑就調查所及，略述如左：

一　包頭縣

(甲)金融機關　本縣金融機關，計有平市、中、交、豐業銀行及墾業銀號五家，錢莊二十餘家。

(1)銀行　平市包分局，設立於民國九年。每年營業，存款約五六萬元，放款約十五萬元。匯劃數目，最多年份一百五十萬元，最少一百萬元。中國銀行支行係於民國二十年八月間，重新派員籌備成立。該行主要業務，係提倡堆棧貨物押款，及火車郵包墊款押匯等項，凡麵粉、雜糧貨物，皆可隨時向該行押借款項，以資活動。交通銀行支行成立於民國七年間，該行營業因歷經變故，力主愼重，並感於市面凋敝，資金運用之不易，故對存款亦不力注吸收。惟匯劃一項頗見發達，近二年來，每年匯劃均在一百五十萬元左右。農業分行因事停頓，本年方始復業。其舊日每年存款約三萬元，放款約十萬元，匯劃約七十萬元至百萬元左右。綏西墾業銀號，創設於民國二十一年八月，以扶植綏西墾牧事業爲宗旨，由太原綏靖公署組織經營，資本實收四十萬元，該號名義雖爲銀號，但其性質頗與實業銀行相似，且因兼有發行特權，故其營業，頗爲活動。截至二十二年六月底止，計存款已達四十四萬八千元，放款達八十九萬七千元。匯劃達三百八十九萬六千元，鈔票由太原分號發行者達三十五萬五千元。由本地發行者，達八萬三千元。

（2）錢莊　綏遠包頭縣之錢莊，其著名者如次：

錢莊名稱	性質	開設年度	已收資本	十九年盈餘	十九年營業總値
寶昌玉	合資	光緒二十三年	一萬兩	一千五百兩	一百餘萬元
懋和允	獨資	光緒二十二年	三萬兩	七千兩	八九十萬兩
正義銀號	股份有限	民國十六年	八萬元	七千兩	一百餘萬兩
德中庸	獨資	光緒十九年	三萬兩	一萬五千兩	二百餘萬兩
晉泉源	獨資	民國十五年	三萬元	六千兩	一百餘萬兩
復盛全	獨資	同治三年	五萬兩		一百餘萬兩
廣順恆	獨資	光緒三年	三萬兩	二千五百兩	三四百餘萬兩
復興恆	獨資	光緒十八年	一萬兩	七千四百兩	二百餘萬兩
興隆永	合資	民國五年	二萬兩	三千七百兩	一百餘萬元
宏遠銀號	股份有限	民國十九年	五萬元		七八十萬元

（乙）通行貨幣　本縣通行貨幣，硬幣有新舊之通行銀元、袁幣、孫總理幣、及大清幣等；以袁幣及大清幣爲最常見。中交兩行鈔票係與硬幣同值相使。輔幣係十進，每十角合大洋一元。平市鈔票，分新舊兩種，與省會情形相同。

（丙）存款及匯兌　本縣銀行與錢莊業務，大致相同，其不同之點，卽在銀行不加入錢市買賣。銀行往來款項，普通以匯劃方法抵銷，有時或用現金。錢莊與錢莊間或錢莊與銀行間，抵銷方法，亦與上同。銀行對活期存款無利息，對定期存款，給年息約八九釐；利息以銀根鬆緊而定，銀根鬆，年息七八釐，銀根緊，月息一分。每年二月至七月爲銀根鬆時期，八月至正月爲銀根緊時期。錢莊放款，全憑信用，利息大致在週息一分五釐至一分八釐之間。至本處匯水，匯往天津，每千元匯價十元至十五元；匯往北平，每千元匯價十元至十五元；匯往張家口，每千元匯價三元至四元；匯往本省各縣，每千元匯價一元至二元，均係直匯。

二　安北設治局

本地無金融機關，各商號與包頭往來，均用現洋交易。其流通貨幣，與包頭五原略同。硬幣以北洋造，與袁頭幣爲最通行。紙幣則交通票亦可通用，但以平市票爲最普通。輔幣有平市官錢局所發之角票，及銅元票。

三　五原縣

（甲）金融機關　本縣有本省平市官錢分局及豐業銀行分行二家。豐行因初經復業，無從查報。平市官錢分局內部組織，計主任一員，會計、出納、文牘、庶務、各一人，分司局內事務。

(乙)通行貨幣　本縣貨幣1、現銀元；2、平市舊銀元票，每元折抵現銀元四角；3、平市舊銅元票，每五十三枚抵現銀元一角；4、平市新銀元兌換券以現銀元週使；5、平市新銅元票，每四十枚抵現銀元一角；6、墾業銀號銀元票及天津中國交通兩銀行銀元票，均以現銀元週使。以上現銀元，均佔全縣貨幣十分之二；平市舊票，約佔十分之二；平市兌換券，約佔十分之三・七；墾業票約佔十分之二；天津中國交通兩行票，約佔十分之・三。

(丙)存放款利率　五原經營放存款商號，只平市官錢分局一家。該局除公家稍有存款外，并無其他商民存款。公家存款均不起息，惟放款則收利百分之一・七至百分之二。至於農商私人間之貨款，社會習慣上，則按百分之三。現在地方金融滯澀，此種私人貸款，爲數甚少。

(丁)匯兌情形　五原辦理匯兌約分三種，如左：

(1)郵政局匯兌　郵政局辦理匯兌，每年平均匯出額約九千餘元，匯入額約六千餘元，近年無大差別。內計商人佔十分之六，軍政佔十分之四。匯費平津包頭一律百分之六。

(2)平市官錢局匯兌　該局匯兌分公私兩項，公家匯兌以軍餉及各稅局解款爲多，均在本省，不收匯費；私人匯兌以商人居多(此內以河曲人匯包頭者佔十分之七八，平津太原佔十分之二三。)匯往綏遠包頭者，收匯費百分之一；太原及平津百分之三；但亦視金融狀況，稍有增減。每年匯出匯入額，因維持市面金融關係，大致相抵。在民國十七八兩年間，每年匯額，在五十萬元左右，近年來，只有十五萬元上下耳。

（3）商業撥兌　五原爲產糧及皮毛之區，近年糧食出路，厥惟包頭；皮毛又爲東輸之產物。而各業商貨，來源多自包頭。平津各商民，爲節省支出及減少危險計，莫不自行接洽兩相撥兌，因事出兩便，非至萬不得已時，不向錢局辦理匯兌。至外來客商則均帶貨來五，交易後，仍購運糧食及皮毛而去，更少匯兌之事矣。

四　臨河縣

本縣之金融機關，僅有平市官錢分局一處。其通行貨幣：1、現幣（A）有站人（B）袁頭（C）盤龍三種，2、鈔票以平市官錢局新舊鈔票爲最多，墾業鈔票次之，中交兩行鈔票又次之。既無錢業，故存放款項，極爲少見。普通鄉村貸款，約在月息三分以上。匯兌僅平市一家，惟與商人頗少往來。且匯費極大，故調撥款項甚感困難。

五　豐鎮縣

（甲）金融機關　本縣有平市官錢分局一家，錢莊九家。錢莊組織，每莊設經理一人，總理一切事務；協理一人至二人，協助經理籌備一切；司賬一二人，書帖一人，辦理賬目書寫事務；坐櫃一人，辦理出納事務；交際三人至五人，辦理打聽行市及交際事務。

（乙）通行貨幣　本縣貨幣以現洋爲最多，城市交易，現洋約佔八成，鄉間往來，現洋尤多。現洋之中，以民三造最多，北洋造次之，開國紀念幣最少。鈔票以平市票爲最多，流行市面者約爲五萬元；中交票約一萬元，山西省票約二萬元，保定邊業中南農工等銀行票，共約五千元，此外本地各票店所發之角票，市面週使者亦多，信用尙好。

(丙)存放及匯兌　凡存款於錢莊者，月得利三釐至五釐；借款者，月出利四釐至六釐；但最高時，可自二分至三分。至匯兌之處，爲北平、天津、太原、忻州、大同、歸綏等地，匯水，視行情漲落而定，有時顧客貼錢莊，有時錢莊反貼顧客。大概每千元貼水一二元至四五元不等。

(丁)鄉間借貸情形　又本縣鄉間重利盤剝之風甚盛，凡貧民向富戶貸款者，月利三分至五分，且須殷實之擔保，並以田地作抵；而所貸又半係現款，半係糧粟或貨物；貧民既受高價，復蒙重利，以故貧者愈貧，而富者益富。迭經官廳查禁，仍無效果，根本辦法，宜設立農民貸款銀行，則此風不禁自戢矣。

六　集寧縣

本縣並無正式金融組織，僅由豐鎮及隆盛莊各錢莊，分設支號四處，附住其他商號內，辦理放款及匯兌事項。其通行貨幣，本縣鄉間多使現幣，城市交易，現幣約佔三成。鈔票流通市面者，平市現票約一萬元，中交票約二千元，山西省票約一千元，中南、農工、保商等票，約共五百元。凡向錢莊借款者，月利一分二釐至一分三釐；存款者無利息，且存者亦少。通匯之地，爲歸綏、張家口、忻州、崞縣及平、津等處。匯水視行情而定，大約匯款千元，須匯水一二元至三四元不等。

七　陶林縣

金融機關，本縣無正式組織，一切借貸撥兌，全賴豐鎮接濟。近年市面蕭條，豐鎮利率高漲，致本縣商號，亦深感週轉不靈之苦，且有因而倒閉者。其通行貨幣，則現幣來自豐鎮，運送頗感不便。每年秋季值農人收割時期，以豐鎮撥兌洋，掉換現幣，每百元須貼費二元。市面鈔票，僅有平市現鈔一種。本縣無大宗存放款，設遇少數，每月利率約需二分左右。匯款只達豐鎮，通常多以簡便方法，開一撥款證，交由收款人前往覓保支用。

八　興和縣

本縣銀錢業，在民十五年以前，頗稱繁盛。嗣因時局變遷，閉歇一空，現只有平市官錢分局一家。其通行貨幣，則市面以現洋為主幣，銅元輔之；鈔票只有平市官錢局一種。少數存放款，普通月息一分二釐。匯兌因地面阻滯，商業蕭條，幾無可言，僅有平市所作少數而已。

九　涼城縣

本縣無金融組織，察哈爾興業銀行曾一度設立，旋因虧累撤回。通行現幣，僅國幣一種；鈔票有平市官錢局之現幣券，間有中交鈔票，為數甚少。因鄉農多不願收受鈔票，故通行市面者，仍以現幣為多。人民經濟困敝，商業蕭條，故無存放之可言。私人借貸，月息約需二分至三分不等。匯兌除郵局少數外，概不多見，因貨物入境多於出境故也。商人購貨，均以豐鎮為目的地，大都係攜帶現款辦理。

一〇　武川縣

本縣並無銀錢業組織。貨幣有現銀元，有平市官錢局之新舊鈔票，及中交墾業等行鈔票。因商業蕭條，金融滯澀，所有零星交易，均係向省會直接辦理，故亦無匯兌之可言。

一一　固陽縣

本縣爲荒山僻壤，商業向不發達，故無銀錢業組織，亦無存放匯兌之可言。流行市面者祇有中交墾業各銀行及平市官錢局新舊鈔票而已。

一二　薩拉齊

本縣舊無金融組織，二十二年春間，平市官錢局來縣設立分局一處。其通行貨幣除現洋外，以平市新舊鈔票爲最多。年來商號窮困，無存放之可言，現僅本市分局有少數放款，利率每月一分二釐。該局對放款，限制頗嚴，除殷實商號八九家外，概不作信用放款。匯兌無獨立行市，純視包頭爲轉移。

一三　托克托縣

本縣設有平市官錢分局一處，並無其他銀錢業。通行貨幣僅有現洋，與平市新舊鈔票兩種，但現洋頗感缺乏。至存放及匯兌，平市存款月息約八釐，放款月息一分五釐；由托縣匯綏每百元匯水三角，私人放款月息二分五釐至三分。

一四　和林縣

本縣無銀錢業組織。其通行貨幣多係現洋，鈔票不過平市一種；其他銀行鈔票，概不多見。至存放及匯兌因本縣金融，深感滯澀，間有存放，概係少數。大約存款多無利息，借貸約需三分左右。至大宗交易，或匯兌，多在省會辦理。去年五月間，曾由本縣，呈請設立平市官錢分局，以資調劑，尚未實現。

一五　清水河縣

清水河縣土地磽薄，人民貧苦，商業不甚發達，向無錢行營業。民國初年，有當鋪兩家，賴以調濟金融。自六年被盧匪劫掠後，均已倒閉。本年春間，平市官錢局設分局於本縣，因貸款條件綦嚴，金融仍不見活動。其通行貨幣除平市新舊鈔票及現幣三種外；無他項鈔幣。以現幣流通額較多。每現幣一元，換平市舊鈔兩元五角，換現銅元四百枚至四百五十枚。每平市舊鈔一元，換平市舊票銅元五百枚，因其生活程度甚低，一般人零星購買物品，喜用平市舊銅元票。至存放及匯兌，因清水河無專做銀錢業，民間借款年息由三分五釐至四分，其差額以借款者之資力爲標準。商家互相幫貸，至多月利一分五釐。當平市未設分局以前，本縣不通匯兌，與外省縣交易，存欠之款，均係派人取付，至今商家仍牢守舊習，吝惜匯水，寧冒險攜帶現款，不願由平市匯兌，現正由縣政府會同商會設法矯正。

一六　沃野設治局

該局境內，無任何金融組織。其通行貨幣以現洋爲主，其次則爲寧夏紙幣。寧夏紙幣，分爲兩項：

1、爲馬主席鴻府所發者，尚能兌現；

2、爲前任馬主席鴻賓任內所發行者，每二元折現一元。

至鄂旗境內各埠，完全使用現洋。寧條梁一帶，則間用陝票，本省平市鈔票反不能行使。

第七節　綏省合作事業

一合作事業之緣起　綏省合作事業，孕育於民國十八年大災之後，良以時遭四年水旱霜雹空前未有之奇災，全省十八縣局災民達數十萬之多，全陷於無法覓食之苦境，竟演成鬻妻賣子流亡載道之慘劇。雖經當軸與地方士紳組織賑務會，籌謀救急辦法，辦理急賑、工賑、平糶貸放籽種、流通券等等，然均係治標之法，尚非根本救濟之計。迨至十九年大災雖屬免強度過，而農村經濟已全部瀕於破產，設不謀其根本救濟辦法，則全省農事廢弛，前途更不堪設想。於是李前主席涵礎及馮子和廳長有見於此，遂發起組織綏遠省農村信用合作總社，以期發展綏遠農村合作事業，救濟農民經濟恐慌，此乃爲綏遠省之有合作事業概況也。

二合作社籌辦之概況　綏遠當十九年災荒劫餘之後，由建設廳馮廳長發起倡辦合作事業，呈請備案，經省府核准由馮廳長兼充總社社長，陳賓寅（前民廳長）、李紅、郭象伋爲執行委員，樊庫、田圃、韓敬爲監察委員，周晉縣爲文書幹事，閻肅爲司庫，並呈請省府撥充基金，經省府第一百十九次例會決議撥充基金鈔洋五萬元，由禁煙辦事處撥平市局鈔洋兩萬五千六百元，山西省銀行鈔洋四千四百元，墾務總局撥平市局鈔洋一萬元，省政府籌撥平市局鈔洋一萬元，共撥平市局鈔洋四萬五千六百元，山西省銀行鈔洋四千四百元，總數爲五萬元，（現已折合爲國幣兩萬元），同時擬章程，經省政府例會修正通過，而農村信用合作總社，因以正式成立，迄二十年十月二十七日，遵照實業部頒佈之各項合作社方案及辦法，並爲符全國合作事業指導機關名稱起見，遂改稱爲綏遠省農村合作事業指導委員會，當以下列機關法團及對農業素有研究之地方士紳，充任委員，機關以省政府、建設廳、民政廳、教育廳、省黨部、墾務局、水利基金保管委員會，法團以省農會、省教育會，地方士紳有田圃、閻肅等爲委員，馮子和廳長兼充主席，爲工作便利起見，內部又分爲三股，即總務股、指導股、編查股，而農村合作事業指導委員會，遂於是日正式成立。

三合作社試辦之經過　農村合作事業指導委員會，於二十年十月二十七日，召開全體委員會議，除討論農村信用合作總社改由農村合作事業指導委員會接替，並改聘委員分配工作等事項外，兼討論如何實施各情形，當決定先由歸綏縣東西南三區，擇選附近城郭之適當鄉村，先行試辦三處，同時擬定農村合作事業實施方案，農村信用合作社貸款辦法，實用合作社空白章程，以及各項應用之表冊簿記等格式，派員分別出發實地選擇，並向農民將信用合作社之意義，經營之手續，以及將來之益處，作深切之剖解，無如言之諄諄，聽之藐藐，斯費時數月，經十數村而各村農民，始行敷衍，繼則推諉，終則不敢與指導人員接談，數月之久，不特毫無成效，甚且謠言紛起，彼此疑慮，且謂公家豈能有錢借給人民，多不崇信，以致無法進展，此種現象，固由一般農民無知所致，而官廳過去失信於民，亦爲一最大原因，最後百般開導，始有農民信任者作有力之介紹，遂於二十一年三月在省垣北之廟花板鄉及省垣南之橋靠鄉相繼成立，先是廟花板鄉信用合作社有社員十四人，橋靠鄉有社員九人，社股總數，一爲五十元，一爲五十四元，旋城西付拉門更亦於二十一年五月指導成立合作社一處，爲向各縣農村宣傳起見，又於八月在集寧縣察漢營鄉，十二月在包頭縣留寶窰鄉各成立信用合作社一處，各社以其自集股款洋數目作比，由本會基金項下貸以十倍之資金，各放國幣洋伍百元，連同自集股款按照社員信用程度高低，需款緩急，用途正當與否，分別信用放於各社社員，迨借款到期，均先期歸還，無一失信者比截至二十一年年終試辦期間之大略情形也。

四合作社現在之情形　綏省合作社當試辦期間，先後共成立信用合作社六處。迨二十二年有如春筍怒發，不可遏止之象。計成立三十餘處。及二十三年各縣請求設立者，甚爲踴躍，尤以歸綏縣爲最多。總計全省有九十四社，社員人數一、七八四人，已收股款六、五六〇元。

五合作社成立之步驟　在試辦時期，因各鄉村農民，對於合作事業，不甚明瞭，非由上發起，派員下鄉宣傳協力進行，不克收效，而現在各鄉農民，雖對信用合作社之性質及理論，不十分明白，要亦知合作社爲救濟農民經濟之組織，所以現在組織信用合作社，必須由農民自己發起，來會登記，然後派員前往指導並將信用合作社之理論經營之手續，社員資格之選擇，社股籌集及如何組織，一一向全體社員，作詳盡之剖解，再將章程條逐解釋，務使其人人明白爲止，此外指導員將該村之經濟狀況，風俗習慣，與夫社員組織合作社之原意詳細調查塡表具報後，再派員復查認爲無誤時，方准其成立，同時頒發許可成立證書，長方圖記，簿記股證等，至此各合作社社員，如有需用款項時，除將其自集款貸放外，本會酌量情形，協助其借款，如合作社借得款項時，本會不時派員調查其借款用途，及各社員之信用程度，與合作社經營之狀況，隨時予以糾正。

六合作社社員之訓練　各鄉村農民，對於信用合作社組織及理論，向未有此觀念，如無適當之訓練，則滋生叢脞，在所不免，於未辦信用合作社訓練班之先，得由調查員，每到一村，召集社員與非社員，對於信用合作社之理論，社員資格，社員各個之責任、地位，權利與經營之方法，作長時間之講述，以期養成社員自助互助合作之精神，經濟逐漸流通，信用日益增高之良好習慣，設無相當之訓練，則借款尚難保得穩妥，遑顧其他，本會全以信用放款於各社，均恃各社員之有訓練也。

七籌辦合作之講習所　綏省合作事業，既見普及，而經營人才殊感缺乏。若聽其自由發展，基礎難期穩固，因之合作教育急應舉辦，以冀培植合作社經營技術人才；奠合作事業永久之基礎。原擬在各縣分組舉辦，嗣以各縣組有合作社者，除歸綏縣外，僅包、集、豐、興等五縣，而此五縣中之合作社，爲數又寥寥無幾，復因區域遼闊，合作社星散，且無適中地址，以供講習，故對於外縣，暫不舉辦。於民國二十四年二月間，假歸綏師範附小校址，召集歸綏縣各社優秀社員，開第一屆合作講習會。到聽講人員六十餘名，課程理論與實際並重，務使聽講人員了解合作意義及經營之方法，以導合作於正軌，爲期雖僅十月，而頗見成效。嗣後逐年舉辦，期普及合作教育，以資改善，專務實際，不尚虛聲，但求質之精純，不計量之多寡，有一合作社，卽求表其效能，此爲合作教育之目標也。

第八節 結言

綏省僻處邊陲，因交通阻滯，故於金融事業，無甚發展。且金融機關，仍以錢莊爲重心，銀行次之。金融勢力，多操縱於少數鉅商及富有者，而鄉村經濟，枯窘不堪。流通之紙幣，多係莊行印發，時局一有變動，則紙幣之效用，等於廢紙，影響人民，實非淺鮮。自中央實行法幣後，而綏遠困於民智未開，尚未能通用全境，故政府當局應善爲開導，免爲外人所利用也。至農村經濟破產，已成普遍之現象，當普設信用合作機關，深入民間，以流通農村金融，俾農作事業不致因資金而荒廢田園也。

第十八章　綏遠之教育

第一節　概說

目前欲挽救中國之危亡，在各民族融合一片，以期實現國族主義，但一般人，只知有個人家族宗族，而於國族，則淡焉漠焉，若無所事者然，而綏遠各民族，因教育程度低落之關係，其國家觀念之淺，民族意識之薄，較內地尤有過之，因此外人利用此種缺點，實行其分化政策，如某也壓迫蒙旗之自治，此種事業，已演於吾人之目前，造成民族向外之心理，究屬何因而得此果，吾人則以爲皆緣教育效力未普及邊疆之所致。

教育爲實現立國大計之工具，必須順應世界潮流，體察民族實情，凡民族之優點，必須發揚而光大之，凡民族之劣點，必矯正而補苴之，此發揚光大與補苴矯正之事，皆教育上唯一之要圖，蘇俄爲實驗共產主義之勞動教育，卽在學校中發生共產主義青年團之組織，日本爲發揮其大和魂之民族性，以期霸佔東亞大陸，遂有軍國民之提倡，意大利在法西斯主義下，卽實施有組織的規律之法西斯教育，德意志在希特拉統治下，卽遂行抗進的嚴格的紀律的國社黨教育，凡此皆莫不有其一定之宗旨與目的。

現在中國之綏遠問題，卽中國生死存亡之問題，未有邊疆不守，而內地能安者，歷史上如東晉、南宋、明末，此卽遺傳於吾人之寶貴敎訓，九一八後國步日艱，東北之失地未復，而熱河隨之淪喪，塘沽協定簽字，而敵騎深入冀察，使我綏遠目前不特整個華北感其威脅，而華南方面亦且受其影響，舉國皇皇，不可終日，綏遠各民族其忠實擁護國家者，固不乏人，而心懷疑貳，唯利是圖者，亦所在皆有。自明清以來，中國文化已非復單獨漢族之文化，而爲各民族混合之文化，現在吾人更一步，使混合之關係，發生化合之關係，卽對綏遠，無論學校敎育，社會敎育，生產敎育等，皆以國族主義之目標，爲綏遠敎育之中心敎材，以期國族主義之實現，庶幾俾一盤散沙之各個民族間發生黏性，而成一偉大團結之力量，則綏遠固而國防之基礎永寧矣。

第二節　學校敎育

一學校之簡史　綏遠僻處塞外，文化落後，昔在有淸，以科甲取士，以鄉里之間，不乏經師，設帳課徒。然此非論於今日之學校敎育也。綏遠之有學校，當以第一中學爲嚆矢。淸光緒二十九年，當庚子拳亂之後，淸廷下詔停科舉，廢制義，設立學校，造育人材。時西林岑春煊撫晉，籌辦新政，不遺餘力。是年九月，歸綏道樸壽奉部令，就古豐書院遺址，改辦歸綏中學堂，此綏遠有中學之始也。事屬草創，規模狹小，學生僅三十餘人。至三十三年，添設師範簡易科一班，此綏遠有師範之始也。辛亥以後，綏遠由晉劃分，改設特別行政區，置敎育廳，專司學政，責任既專，成效愈著，十一年設第一師範學校於歸化，十四年五月，省立職業學校成立，六月設第一中學於包頭，九月又設第一女子師範學校於歸化。二十年四月，設第一中學於集寧縣。嗣後歲有擴充，迄至今日，雖不能與內地等省並駕齊驅，然較之清末民初，言質言量，固不可同日而語矣。

二初級教育　綏遠省初級學校，可分省立、縣立、私立三種。省立小學校五所，及第一師範、第一女師、中山學院各附屬小學校一所，共計八校。全年經費三九、八〇八元。男教職員六一人，女教職員一〇人，男生一、二九三人，女生三一七人。縣立小學校全省計六三五校，全年經費二四七、九九〇元。男教職員一、二七九人，女教職員一七一人，男生二一、三二二人，女生二、四五三人。私立小學校，多係教會所立，計屬於瑞典協同內地會者十一校，屬於美國協同會者四校，屬於天主教聖母聖心會者十二校。教職員均會內神父牧師兼充，學生人數未詳。此為綏遠省初級教育大概之情形也。

三中級教育　綏遠中級教育，有省立中學二，男師範二，女師範一，中山學院一。一年需經費十八九萬元。男生八百餘人，女生二百餘人；私立正風中學一所，係趙允義等二十三人所創辦，年需經費一萬二千餘元，除由教育廳每月補助五百元外，餘均自籌。今該校有基金萬餘，再加努力，不難蔚為塞上最佳之私立學校也。

綏省教育廳對中學生有獎學金制，每年由教廳籌四千元，以為成績優良而家境貧寒學生之獎學金。得獎金學生，限於在本省各中學肄業者。給獎之法，以考試計之，教育廳內設有中學獎學金考試委員會，專司其事。每學期開始，舉行考試一次，高級中學，每人每次可得奬三十元，高師、初中及職業學校，每人每次二十五元；初級師範，每人每次二十元。其有成績特優者，且可酌給特奬，以示鼓勵。中學學生，多歸、薩、包、豐數縣人士，玆數縣者，於綏號爲富饒，故求學者多也。

四大學教育 綏省教費拮据，未設大學。省內士子之欲研究專門學術者，多投考國內各大學，以求深造。嗣政府制定國外留學生津貼規程，始有出洋留學者。及至今日，留學東西洋歸國學生，計有十人。現肄業國外及准許留學尚未出國者，九人。其留學國內各大學之學生，如在教育廳所指定之學校，肄業指定學科者，男生年給津貼一百元，女生年給津貼八十元。惟男生名額，以百名爲限，女生以十名爲限。滿額卽停止遞補。迄今由國內各大學專門畢業者，計一百一十一人。肄業國內各大學者男七十六人女十八人。此爲綏遠省大學教育之概況也。

第三節　社會教育

綏遠之社會教育，始自民國十三年。時李鳴鐘主綏政，李泰芳長教育廳，於歸綏市設民衆教育館一所，豐鎮縣設立圖書館一所。十四年復設省立圖書館一所於綏市。嗣以政局易人，經費拮据，社會教育事業，略有停頓。民國二十年，傅作義來綏主政，社會教育，復形活躍。集寧、陶林、涼城、五原、清水河等縣，先後成立民衆教育館，民衆圖書館，民衆閱報處。豐鎮、薩縣、涼城、包頭等縣，均設有通俗講演所。所員每日外出講演。惟一切經費，均感拮据。總計全省，僅有民衆閱報處十二，年需經費一千一百一十六元，備報章雜誌九十八種。平均閱覽人數，每日六百餘人。在此風氣僻塞，文化落後之綏遠，不無小補也。

第四節　義務教育

綏遠省之義務教育，在積極努力中，觀其第一期實施義務教育計劃內規定各縣局應劃分甲乙兩等小學區三百九十八個，丙等小學區一千三百八十五個，共計一千七百八十三個。每一小學區設置短期小學一所，共設一千七百八十三所。所有甲乙兩等小學區應設之短期小學三百九十八校，在二十四年度內一律設置完竣，其餘丙等小學區應設之短期小學一千三百八十五校，在二十五年內一律設置完竣。茲將二十四年度短期小學經費收支情形，分述如次：

（1）收入數　中央補助費五萬元，本省自籌義教費十二萬元，各縣局黨費移作義教費約三萬元，以上三項共收入二十萬元。

（2）支出數　每校年支三百三十六元，以三百九十八校計，應年支學校經費十三萬三千七百二十八元。學生書籍用品費每一學生每年姑定爲一元，本年度就學兒童約三萬人，應支洋三萬元，每校補助五十元，以三百九十八校計，共支一萬九千九百元。以上合計本年度約共支出洋十八萬三千六百二十八元。

以上收支兩項除支出外，約餘一萬六千三百七十二元，移作二十五年度開辦費之用。所有二十四年共需短期小學教員三百九十八名，該項教員係由短期小學教員登記辦法從嚴選出，計登記合格者二百五十四名，其餘一百四十四名，經分別招考錄取，現已分發各縣局任用矣。至教育待遇，計月支薪金十八元，辦公費月支六元，工友一名月支四元，共計二十八元。此爲綏遠省二十四年度義務教育之大概情形也。

第五節 囘族教育

囘族與漢民，久已畛域悉泯，化爲一體。且因散處各地，其子弟入學，類皆就近入省縣各中小學校。現在歸化市設有囘教完全小學一所，學生約二百餘名。包頭縣設有清眞兩級小學校一所，係囘教促進會於民國三年出資設立。每年經費二千二百元。現有學生一百五十八人，教員六人。學校組織全倣縣制，學校假設爲新民縣，校長爲新民縣縣長，學生爲公民，其他如公安、財政、建設、教育四局局長，均由學生中推選，其用意在使學生於日常生活中，明瞭社會現狀，習於政權之使用，頗爲塞上別開生面之教育方式也。

薩拉齊縣亦有清眞小學校一所，設於清眞寺內，民國二年成立。現在學生七十三人，共分五班，高級一、初級四。學生籍貫，漢籍四分之三，囘籍僅有四分之一。教職員五人，校長月薪二十元，高級教員十三元，事務員五元，每月經費八十八元，由囘教橋屠捐項下支領。但因橋屠捐辦理不善，經費時有拖欠。設備方面，有高級教室一，初級敎室二，陳設均頗整齊。游藝室成績室各一所，均頗可觀，學生精神亦佳。

第六節　私塾教育

綏遠各縣，私塾林立，內容腐敗，頗足妨礙地方敎育之進行，阻礙學校敎育之發展，敎育當局，亦迭次嚴令取締，惟當此敎育經費困難，民衆學校未能普遍設立之時，山坳水涯，甕牖繩樞之子，亦端恃有一二私塾冬烘，於農暇樵餘，敎識之無。惟於師資方面，加以甄別，敎材方面，亦當改用公立小學之課本耳。本省各縣凡經甄查合格之塾師，均改爲代用學校，敎材全用公立小學課本。此爲綏省私塾之概況也。

第七節　蒙旗教育

一　蒙旗敎育之現狀　綏境蒙旗因地理之區分，可稱爲烏盟伊盟，土默特旗與綏東四旗。茲將此數區不同之單位，分別敍述，再奠以包頭政分校之現狀，庶較醒目。

（甲）伊盟　伊盟位於綏省之西南，蒙人統稱之曰河西，卽伊克昭盟是也。全境分左右翼，共七旗，左翼三旗，僅準葛爾境內有學校，緣準旗昔日有少年英豪奇子俊者，父爲準旗東協理，掌權有年；奇本人常從國民軍，後任監察院監委；復兼準旗西協理，頗有熱心改革旗務之意，乃於民國十八年返旗，籌設同仁兩級小學一所，募集經費，招收蒙人子弟，自任校長，聘教員四人，招生八十名，分編四級，課程除加授英語、蒙語外，均與普通小學同；教材亦採用商務印書館出版之新時代課本，自始即生氣虎虎，前途本有希望。不料民國二十年二月，旗內發生政變，奇子俊死於非命，學校遂致停辦。奇育才氏任職後，自兼校長，始於二十二年恢復，然蓬勃之氣，遠不如初，學生人數，亦減少大半，二十三年改由本旗財務處長奇宏智兼校長，努力恢復舊觀；惟承事變之後，本旗事官，尚難竭誠合作，故經費頗感困難，除由蒙藏委員會月助二百元外，其他不足之數，頗感躊躇，現有學生四五十名，教員亦多新聘者。但若能努力不懈，前途仍有希望。

達拉特與郡王二旗，從未正式設立小學校，至今僅在籌劃中，達拉特旗之巴彥得啃有蒙文私塾一所，學生十餘人，開辦已二年，僅一教師授蒙文。去秋又於旗公署西七十里之才登，創辦一私塾，聘漢商任教職，預備日後改爲正式小學。郡王旗於民國二十一年在旗署成立私塾，現有蒙籍學生二十餘名，聘陝西神木李如棠先生坐館，因一部份事官，對此尚稱熱心，故現籌備以此改爲教育部指定設立之郡王旗小學。

準達郡等左翼各旗，蒙漢合居，情形複雜，民人所設立之私塾，各旗均有，蒙人子弟，間亦加入，惟事近例外，故不列舉。

左翼四旗爲杭錦、鄂托克、烏審、札薩克等名稱，杭錦旗有私塾一處，烏審與札薩克二旗曾設過私塾，今已不存，鄂托克則連私塾待創舉，故右翼四旗，實無教育可言，僅類烏盟之四王子、達爾罕等旗，貴族子弟偶從專師，平民則隨熟諳蒙文者在旗署服務，藉此稍習一二。

（乙）烏盟　烏盟即烏蘭察布盟之簡稱，位於綏省之北部及西北，共爲六旗，因歷史上同遊牧之關係，居於本盟西北部之三公旗，又另成系統，茲先就東北部各旗教育之現狀言之；東北部範圍之旗，分爲四子王、達爾罕、茂明安三旗，教育現狀並無差異，一言以蔽之，殆無教育可言。四王子、達爾罕兩旗，曩年聘漢商設過私塾，達爾罕旗且曾於盟長公署之旁，修葺土房數椽爲校址；然其室早空居人亦絕。四子王旗之私塾，亦於去春停辦，據云兩處私塾中斷之原因，或謂學無成績，或謂兒童不便靜坐，致罹疾病，然此不過表面之詞，究其實，則有經費、師資、敎語、教材、學童等問題耳。茂明安旗連私塾亦從未舉辦。今則三旗之情形如出一轍，除貴族子弟間有拜精通蒙文者爲終身業師，及準備應筆帖式差事之平民子弟，常隨役在旗公署學習外，毫無教育之可言。

烏拉特三公旗，又分西公、中公、東公等名稱，同爲元太祖仲第哈布圖哈爾薩十五世孫布爾海之後，清順治朝，因從征有功，遂封布爾海三子裔爲二鎭國公，一輔國公，各授札薩克職，世襲罔替，同游牧於今土，不分旗界，故又統稱烏拉特。因歷史淵源之故，三旗於民國十五年合力在包頭成立三公旗公立兩級小學校一所，並擬共撥學田一千五百頃（先由西公旗撥五百頃），將收入地租銀爲辦學之用，當時負實際責任之郝校長，頗能盡職。其後蒙藏委員會並月給補助費二百元，於是學校經濟開支，甚稱充裕，一時頗具成績，開烏伊兩盟興辦教育之先鋒，嗣以郝氏物故，繼起掌校者爲西公旗東協理鄂寶齋，鄂不過垂涎學田而已，對教育事業本無興趣，以致積久弊生，學田相繼而押，學款逐漸被侵；最後教育經費之來源，除蒙藏委員會月助之二百元外，已付缺如，值此人事既非，經濟亦感困乏之際，不幸西公旗之糾紛突起，鄂校長出亡，於是此最有希望之三公旗兩級小學，遂於民國二十三年停辦，最近石王所恢復者，較原情稍有不同，當於後節述之。此外中公旗曾於前年在旗署西北十里地設立私塾，聘土默特旗老先生法福里負責，學童二十餘名，課本爲四書及雜亂之新教科書，蒙漢文兼教，情形殊紊亂，東公與西公均無私塾。

（丙）土默特旗　土默特旗之轄地區域，卽所謂歸、武、和、薩、托、清，及包頭之一部份，爲綏省人口稠密，百業最繁榮之所在。惟以境內大都早年設治，概統轄於省縣政府，其歸旗政府管轄之蒙民，爲數約六萬口，地域亦甚有限，但究以得風氣先聲之故，旗內在清光緒末年，已開創教育，至今存有中學一所，小學九所，不過均厄於經費之故，無論中小學內容不免簡陋。中學早年曾辦理一班學生卒業，嗣後竟停；茲於去秋復課，校長爲榮總管兼任，實際負責人爲經革陳氏，去歲每月僅有經費二百餘元，招生五十名；本年三月始，教育部由邊疆教育經費項下按月補助二百元，於是情況稍佳，但下期是否繼續招生，尚在審議計劃中。小學僅設於歸綏市文廟街者，有學生二百餘，爲一完全小學，亦卽爲本旗於光緒三十年最初成立之小學，按月由蒙藏委員會津貼二百元，其他分設各地之八校，半數爲民國元年成立，半數爲近二年成立，考其內容，無不因陋就簡，勉強維持，學生各約三十名，教師一人，若二十三年成立之蘇花坂第七小學，僅一閻老先生在內撐持，經費拮据已極，而教材新舊不分，殆有類私塾，其他各校，亦與此相去不遠也。

（丁）綏東四旗　綏東四旗之教育，曩年在察省教育行政管轄之下，本以略具規模，民國五年各旗於總管所在地設立國民小學一所，由漢人任校長兼教員，蒙人管理員兼繙譯，民國九年，又改正黃旗國民小學爲省立第二高級小學，以備各國民小學學生升學之餘地，民國二十年察省教育廳擬定蒙旗三年教育計劃，限各旗於三年內各成立完全小學一所，但及今爲止，所謂各旗之完全小學尚仍在籌備中，現正黃旗第二高小有學生六十餘名，其他三旗之國民學校，各有學生二三十名，經濟與熱心教育之人材兩缺，故四旗教育之現象亦殊不佳也。

（戊）包頭政分校　中央政治學校爲推廣邊疆教育起見，曾於民國二十三年秋季在綏屬之包頭縣，成立中央政治學校包頭分校一所，初規定受該校附設蒙藏學校之指導監督，自今歲一月始，改由該校直接指導監督，分校之負責人爲張蒞莊氏，職教員共十餘人，內分簡易師範部兩班，共有學生八十人，小學部三班，共有學生九十四人，兩部總計五班，學生一百七十四人，所有教職員概以儘先任用中政校附設之蒙藏班畢業生爲原則；兩部之學生亦概爲蒙籍（簡易師範部招生雖規定不限於蒙籍，但必須通蒙語，事實上漢人完全皆不通蒙語，故無求應考者）以經費充裕，負責人熱心之故，自二十三年雙十節開課及今不過兩載，內部一切設施，均粗具規模，蒙旗人士亦漸加重視，前途頗有希望。

二綏境蒙旗教育之實施計劃

(甲)中等教育實施計劃　綏境蒙旗之中等教育，發軔於民國十五年成立土默特旗第一中學，前次所有蒙籍中學生皆考入綏省中等學校或往北平一帶肄業，如省立綏中及女師各校，蒙籍青年肄業者甚衆；自平京之蒙藏學校相繼成立，對於前往求學之蒙籍青年，特別優待，於是負笈遠方之學生，年有增加，民國二十三年包頭政分校成立，其內容與待遇，均與南京蒙藏學校相同，對於綏境蒙籍青年之上進，更加便利；本年度開始招生之國立綏遠蒙旗師範，已在綏垣成立，斯後對於蒙旗之中等教育將有長足進展，自不待言也。茲分別說明之：

(一)土默特中學　土默特中學自去秋復課以來，又繼昔日之精神，招取新生一班，將來是否仍須不斷招生，尚視財力爲標準，至目下因賴邊疆教育經費之補助，始能勉強維持。但邇年來政府爲獎勵邊疆教育，對於蒙籍求學子弟特殊優遇，往往膳宿服裝書籍等費全免，如平涼之蒙藏學校，係採此種辦法，而先後成立之包頭政分校及綏遠國立蒙旗師範，亦採同樣優待辦法，惟土默特中學，則爲普通中學之待遇；於是蒙籍青年投考者反少，學生籍貫以綏遠各縣局之漢人佔多數，所以維持土默特中學存在，即爲綏遠各縣局之小學生增一升學之所，故此後政府對該校之經費，應特予津貼，免再有停辦之危險也。

(二)包頭政分校　根據中央政治學校辦理邊疆教育之程序，則包頭政分校在第一期應籌辦者爲簡易師範部及小學部，已如擬進行。第二期除維持原有之簡易師範部及小學部外；並應添辦初級中學與義務教育及平民教育，至第一期已經進行，而第二期亦已開始矣。

(三)國立綏遠蒙旗師範學校　國立蒙旗師範學校原設於集寧，直接由教育部主管，由錫、烏、伊三盟各旗，察哈爾部各旗羣及土默特旗等，各保送高小畢業生或具有相當程度之學生兩名，另由學校巡行招考學生若干名，其保送之學生，如程度不齊，得設補習班，予以相當時間之補習，校內編制，以先辦簡易師範為原則，修業年限，暫定為四年；課程則按照教育部頒布之師範學校課程標準，另增設蒙文、醫藥、畜牧、獸醫及附產品製造等科目，酌減其他學科或教學時數，學生之膳宿制服書籍及其他學用品，均由學校供給，經費每年定為三萬元，由教育部指定察綏兩省辦理蒙旗師範內撥發；現已招生開學矣。

自察北事變後，綏東告緊，綏省情形，大有山雨欲來風滿樓之勢，故將國立蒙旗師範學校改為國立綏遠師範蒙旗學校，校址改設於綏垣，俾減少外來之影響，除經費酌減五千元，招生以蒙境蒙旗為對象外，其他一切，仍如教育部之規定也。

(乙)小學實施計劃

(一)指定設立小學　根據教育部頒發之蒙旗教育實施辦法，綏境蒙旗指定設立之小學有喀爾喀小學，中公旗小學，杭錦旗小學，郡王旗小學及土默特旗小學五校，所有負責人招生辦法，課程、經費及成立年月等，均一一規定，惜乎蒙人辦事蹣跚，至今猶無正式成立者。

(二)補助小學　凡未指定設立小學之各旗，在二十五年三月以前成立小學者，得呈請教育部及蒙藏委員會，於綏省邊疆教育經費項下指定蒙旗小學經費內，酌量予以補助。如包頭前此創辦之三公旗公立兩級小學，則被石王恢復，蒙藏委員會自本年四月始，按月補助二百元。準噶爾旗之同仁小學，與土默特旗之第一小學亦繼續由蒙藏委員會按月補助二百元，

(三)自動擬辦之小學　四子王旗自潘王遊歷晉綏回旗後，即聘漢人恢復昔日之私塾，冀藉此種基礎，漸漸改爲正式小學，圖獲補助費，以利進行。茂明安旗今夏在旗署與合窰村分別成立兩小學，除各聘漢人負責外，並有熟練蒙文之事官在內幫助，以期得教育部及蒙藏會之補助。

第八節　綏遠教育之將來

吾人進而論綏遠教育之將來，教育當局對於綏遠教育政策究將採取何種方針乎？查二十四年度教育部所舉辦者，僅有師範與小學，小學爲一切教育之基礎，而小學師資，應就地取材，亦爲切要之政策，二十五年度對於生產教育社會教育，已樹其端倪矣。其次蒙、回學生之升學，亦爲綏遠民人求深造之重大問題，以前教育部在中大設回民補習班，而北平蒙藏學校及中政校附設之蒙藏學校，均爲邊民升學內地之機關。然對綏遠教育，中

央尚未有整個之辦法，雖有國立綏遠師範學校及包頭政分校之設立，此亦不過稍開其端，尚非根本解決之辦法也。茲僅就管見所及，略舉數端於下：

（一）確立學校制度　北平蒙藏學校及中政校附設之蒙藏學校爲招收蒙藏子弟入內地求學之學校，此種政策，實屬重大錯誤。

（甲）蒙旗子弟既入內地求學，除應予以語文上補習外，不應劃分界限，特設環境使蒙旗青年不能與一般內地青年接觸。

（乙）內地環境優越，此項青年，僅屬中等學校學生，較易養成其安逸驕侈之惡習，致養成之人材，不願回去，擔任地方工作。

有上二端，中學以下教育以就地辦理爲宜，最低限度亦宜設於與蒙旗地方接壤之邊地，故包頭政分校即此意而設立也。

但於蒙旗地方設立初等教育機關，最困難者厥有數端：

（甲）蒙旗地方遼闊，人烟稀少，往往數十里或相距數百里始有一二人家，兒童就學不易。

（乙）蒙旗人民安於逸樂，各項工作，多由婦女及兒童任之，如放牧、拾糞等往往由兒童擔任，一經入學，則家長工作加重，易招家長之反對。

（丙）蒙旗地方經濟較困難，家庭多屬貧苦，學生入學往往須津貼衣服、書籍、伙食等，推行初等教育用費過鉅，地方無法擔任，中央尤不能不全部負擔。

（二）均等教育　綏遠民族雖風氣閉塞文化落後，惟彼等智能毅力則視內地青年並無遜色。故彼等所受教育決不能巧立名目減低程度，所有課程均須與內地學校均等，但得視地方實際情形及其需要，酌量變更課程之內容。

（三）推行國語　語言文字除固有外，尤須切實注意推行國語，蓋一國中各民族間如果語言文字不能統一，則彼此之隔閡將永無法消除，終貽將來之禍患，故教學應逐漸改用國語。教育部國語統一委員會應將各族文字發音詳爲研究，酌增注音字母以便應用，同時應鼓勵邊省地方教育行政機關，應在普通中學及師範增設蒙、藏、回語文科目，使一般青年習邊語文，以便溝通文化。

（四）適應於生活環境　中國普通教育無裨於國計民生，年來已爲舉世所詬病，教育部現方致力於提倡生產教育，改良課程。顧積習既深，改革非易。吾人對於方興之綏遠教育，進行之始，決不能再蹈覆轍，各級學校之編制均須略具彈性，其課程尤須切合於當地生活情形，如遊牧民族則須將普通科目酌量減少，增加畜牧衞生醫藥農藝並於可能情形之下酌增製革毛織等科，俾學生畢業後，對於社會有相當之貢獻。

（五）注意國防訓練　綏遠爲國防門戶，際此國難臨頭，強鄰積極侵略之時，對於培植國族意識，及施以國防必要之訓練，殊屬重要，故綏遠學校實施國防教育，比內地尤爲切要。

第九節　結言

綏遠地域遼闊，民族複雜，文化低落，於西北之開發，障礙至鉅，顧開發之道萬端，而啓發民智，改變思想，實爲目前當務之急，尤以綏遠成爲今日國防前線之要地，對人民不授以相當教育，不灌以愛國之思想，於內於外均大有所不利也。民智不開，對內各種族不知團結之精神；對外易受異類之煽惑，故危害國防，至爲可虞。由是以言，提倡綏遠之國防教育，誠不可緩而忽之。

第十九章　綏遠之鄉村

第一節　概說

我國人口百分之八十五，分佈於農村，故國民經濟完全建築在農村之上，然而近年國內農村因天災人禍之頻仍，率皆破產。有識之士，莫不引以爲憂，咸倡復興之策。夫復興農村，鞏固國基，固合理之論也。然而今日農村經濟枯渴，復興之策，自必由救濟始，綏遠僻處邊陲，地廣人稀，近十餘年來，兵匪騷擾，風旱爲災，赤地千里，民不聊生。自傅作義氏主持綏政以來，目覩斯狀，故決心以救濟農村爲建設之基，數年以來，減除民衆痛苦之工作，如勦除土匪，整理金融，取消苛捐雜稅，整飭吏治等，皆有顯著之進步，人民因之安其所業，政府亦可從其事建設矣；孰料綏遠環境驟變，在此情形之下，當局努力建設之心不但未懈，且增努力之決心。故於二十三年間決定以全力謀鄉村之建設，以復興農村，實施以來，雖未及二載，然其成績，確顯成效。茲當綏遠四伏危機之時期中，謹將近二年來鄉村建設之情況，分述於下，俾讀者易於認識也。

第二節　工作人員之訓練

綏遠省政府於二十三年間，爲推進鄉村建設起見，曾派員前往鄒平、定縣等處考察鄉村建設情況，歸來經幾度研究，訂立鄉村建設之程序，故決定以訓練人才爲始，於二十四年春，在省垣創設鄉村工作人員訓練所，專門培養實施鄉村工作之人才。所內組織除所長由省主席兼任外，另設副所長一人，下分設教務，訓導，事務三處，招收初中畢業以上程度之學員二百名，定期爲六個月，採取嚴格訓練，務使其對鄉村各種實際問題，具充分之認識與瞭解，並應付解決之知識技能。其課程共分政治、經濟、敎育、自衞、衞生五門，其教授以對鄉村建設素具研究者，或有關鄉村建設之機關長官分別聘請之。此外復敦請定縣平民敎育促進會孫伏園、彭一湖、李景漢、張含清諸先生，暨鄒平鄉村建設研究院李淵庭先生，到所作短期演講。是年九月第一期學員訓練期滿，當卽分發各鄉村實地工作，名稱爲鄉村工作指導員。當時尙無一主管機關以責成，同時各縣縣長又多不明瞭，於事多所扞格，致使工作效率未能增進，當局有鑒於此，深覺無主管機關專掌其事，則一切工作不易進行，故於是年十月仍令訓練所招收第二期學員三百名，同時組織鄉村建設委員會，內設總幹事一人，分設指導、訓練二處，訓練處卽由鄉村工作人員訓練所改組而成，其課程及訓練方式略加變更，茲分述之：

（甲） 課程

（一）教育研究組——共授一四二小時

1、義務教育——短期小學——普通小學

2、民衆教育——（婦女教育）

3、補習教育

（二） 自衞研究組——共授三〇五小時

1、自衞學科及術科

2、保甲組織

3、壯丁訓練

4、防匪訓練
5、建築碉堡

㈢經濟研究組——共授一〇〇小時

1、土地利用
2、合　作
3、農牧推廣
4、動植肥料研究
5、水利森林
6、農具改良

㈣政治研究組——共授一〇五小時

1、新生活組織勞動服務團
2、農村研究
3、整頓村公所
4、本省鄉村建設

5、實施方案及法令
6、訴訟常識
7、社會調查
8、整頓交通
（五）衛生研究組——共授三〇小時
1、診療
2、防疫
3、公共衛生
4、戒煙
5、放足與剪髮
（乙）訓練目標
（一）必須具有組織及領導鄉村工作之能力。
（二）必須具有堅忍不拔之意志。
（三）必須具有吃苦耐勞之精神。

（四）必須具有謙恭和靄之精神。

（五）必須具有淺近易曉之語言。

（丙）訓練方式

（一）大隊組織　將全體學員編爲一大隊，下分若干中隊及小隊，並若干組，每種組織，均規定一種具體活動，每種活動，均含有教育之意義及實施步驟和方法，使每個學員之生活與行動，均時被一種理想之目標所吸引，激起同學之勤奮，實行有規律之團體生活。

（二）軍事訓練　完全採用普通軍隊中一般訓練原則及方式，以期養成一種健壯活潑勇敢有爲之青年，採取嚴格訓練應付非常時期之需要。

（三）自我訓練　以正心與修養爲出發點，使學員養成能管理自己，管理他人並被人管理之精神，其大綱摘錄於左：

自我訓練

- 正心
  - （意）……思想社會化
  - （志）……精神革命化
  - （誠）……知識現代化
- 修身
  - （勤）……身體勞動化
  - （謹）……行動紀律化
  - （能）……工作自治化
  - （簡）……生活經濟化
  - （明）……語言通俗化

現為應急需起見，乃將第二期學員，縮為四個月之訓練期，故於本年三月卽行卒業，並於同時繼續招收第三期學員二百名。七月間復招收第四期學員三百名，訓練期均縮為三個月，先後於七十兩月間均已畢業，並分發各鄉村工作，總計前後四期學員共達千餘名，此千餘幹部人員，分佈全省各鄉村，施行鄉村建設計劃，本年十月四期學員卒業後，鄉村建設委員會，深感經費與人才之不足，故將訓練處停辦，同時亦改組鄉村建設委員會，將訓練指導二處撤銷，會內組織於常委之下，設總幹事一人，並分設文書、文化、經濟、政治、自衛、人事六組，每組設組長一人，研究員若干人，以指導全省鄉村建設事業，目前情況，訓練人才工作已告一段落，其所表現於現在者，卽所受訓人員分配於綏省全境，實施政府之計劃矣。

第三節　建設計劃之概況

甲　目標

（一）完成民衆組織

A、完成保甲及防匪自衛之組織與訓練等自衛建設。

B、完成勞動服務團之組織，俾為鄉村建設主力。

C、促成地方自治，並自動執行鄉公約之力量，以為憲政基礎。

（三）改進人民生活

A、完成農民合作事業。

B、完成開渠造鑿井流等國民經濟建設。

C、完成改良農牧事業。

乙　主旨

（一）硬組織，能發生硬的集體活動力量，組織則由敎育建設的訓練中產出，故敎育建設乃鄉村建設之首要目標。

（二）爲適應鄉村現狀及統一敎育建設之訓練計，確定由政府以政治力量，全力推動全部之鄉村建設。

（三）認民衆自衞自養自治，均須經過敎育階級才能成功。

（四）以政治之力量，厲行組織敎育，促成自衞的，經濟之建設，以爲全部鄉村建設之完成。

（五）確認初中以上畢業在鄉村服務過之青年學生，富有政治思想之感染性，可能接收訓練，負起鄉村建設之指導責任。

（六）確認青年農民富有政治理想之感染性，可能接收指導，實現政治思想，造成鄉村建設運動。

（七）確定鄉鎭爲鄉村建設之單位。

（八）限三年內，將鄉村工作普及全省各鄉村。

丙　指導經費

（一）以縣地方教育經費，自治經費，短期義務教育經費，及鄉公所書記原有薪工爲固定經費。

（二）以歷年建設專款劃撥之農村指導費爲補助經費。

丁　推進程序

（一）鄉村工作指導員分五期訓練，每期平均三百人，以分配各鄉足額爲止。

（二）鄉村工作指導員，分配分集中縣試辦縣兩種。

（三）將全省鄉鎭分爲三種，人口在二千以上或並有土地萬畝以上者爲甲種鄉鎭，人口在一千以上或並有土地五千畝以上者爲乙種鄉鎭，人口不滿一千或並有土地不滿五千畝者爲丙種鄉鎭。

（四）集中縣不分鄉等，每個鄉鎭須派鄉村工作指導員一人或二人，試辦縣甲種鄉，須派鄉村工作指導員一人或二人，乙種丙種鄉鎭須視卒業人數多寡，酌量分配。

（五）分期增辦集中縣，卽每期增辦一處，直至第五期，全省完成。

（六）分別鄉村工作性質，甲種鄉限一年至二年內必須完成，乙種鄉限二年至三年完成，丙種鄉限三年一律完成。

（七）勞動服務團等組織健全達到鄉村建設目標後，自治完成，憲政開始，鄉村工作指導員撤回，另進行其他各項工作。

第四節　實施以來之情況

綏遠以其地域特殊關係，對鄉村建設運動所定之計劃及推行方式，未能依據各地之普通方法。綏遠之特殊方式，爲集敎、養、衞於一體；換言之，卽三位分工協作之組織，其工作指導員在鄉村之工作，以勞動服務團方式，對鄉鎮工作人員及青年農民實施組織訓練勞動服務團組織，將鄉鎮公所、鄉鎮自衞隊、鄉村小學包含在內，而認爲團中一部分，亦卽勞動服務團附設於鄉鎮公所、自衞隊、鄉村小學等組織之上，得有民運、敎育、政治、經濟、自衞之各種變形組織之運用。故成三位一體之分工協作之組織，鄉村工作指導員除兼任勞動服務團團長實施組織民衆及指導工作外，並兼任鄉公所書記，使實際成爲鄉鎮之一員，以監督鄉村公款，其減輕人民負擔，節省一切靡費，同時復兼任鄉村小學校長或敎員，藉敎育之力量，提倡鄉村文化，推進其他建設事業，如此情況，雖覺工作繁重，兼顧爲難，然當此非常時期中，尤其迫處邊陲綏遠，不如此不特農村不得以救濟，且日趨破產之途，況邊境僞赤匪警，時有侵襲可能，內部近年雖經駐軍勦除，匪類似告平靖，然潛伏於農村中不良份子，稍有防範未週，則時有擾亂之虞，故鄉村工作第一卽淸査戶口，編制保甲，訓練民衆自衞，勸導民衆積粟備荒，故推行以來，頗見成效也，目前綏遠壯丁訓練，遍及全省，義務教育推行順利，使全省兒童，按期均有受教育之機會，其成人補習教育與民衆教育，亦已次第舉辦，使綏遠文化上爲之一變，其他如鄉公所之財政公開，免除已往土劣把持或藉端勒索之弊，人民負擔，因之減少，復興農村之建設，如修築道路，開渠，鑿井，推廣合作，改良生產事業，以及保健設施等，目前均在積極指導建設中。本年以來，綏東情勢驟變，漢奸匪類，潛伏鄉村爲數甚夥，經鄉村工作指導員之巡查緝拿，破獲頗多，使地方治安無虞，更爲鄉村建設另一明顯之功效也。

第五節　結言

當此民族生死存亡之時，吾人應具絕大之期望與努力，無論若何困難，冒大無畏之精神而奮鬬，相信吾民族復興之期，指日可待也。綏遠情況以經濟言，大部面積，仍爲游牧區域，其所經營墾殖之地，不過十八縣耳，此十八縣中，河套地方，雖然盛產雜糧，惜運輸爲艱，萁經濟活躍，與物產豐饒之區，卽今之綏東一帶，吾人覘視綏遠，忽略綏東問題，苟綏東不守，不但整個綏遠無存在之可能，卽晉、陝、寧、甘亦岌岌可危矣。告我國人，綏遠危機迫眉睫矣，但相信此鄉村建設之推進，實開綏遠政治上之新貢獻，有此偉大力量，整個綏遠二百餘萬之民衆，成爲一個整體，敵雖頑強，吾人只有沉着以應付，以增吾民族之光榮也。

第二十章　綏遠之民俗

第一節　概說

綏遠之民俗，因民族之不同，故其風俗因之而互異。漢族之風俗，雖有稍異於內地漢人，但其生活常態亦無甚大之差別。惟蒙古族與回漢族確有其奇異之風俗，而與漢族不可同日語也。

蒙古民族自元開國後，撫有中原，漸染文化，信崇蕃教，始戢雄風。以今之綏省蒙人之程度而言，雖非古比，然一般人強悍成性，今固不甚於古也。客至帳幕，乞蓐食無不與，宿氈坑，主代客牧，失則償。天性尚武，寬則隨畜獸爲生業，急則急攻戰以侵伐。長於弓矢刀鋋，利則進，不利則退。貴壯健而輕老弱，然蒙古疆域遼闊，人種不一，風俗因有異同。往昔之大部份係勇敢耐勞，守常安故，質朴而少機械。小部分則狡猾乖巧。今則以恆受邊地漢、滿族人之詒，多變爲懷詭猶疑之習矣。

至回族係突厥種人，由漠北而轉漠西，由牧畜而臻耕稼，由帳幕而進於城郭。漢、唐以來，其風俗屢變矣。北史所述突厥、回鶻之風俗云：「披髮左衽，穹廬氈帳，逐水草畜牧射獵爲事。食肉飲酪，身衣裘褐，賤老貴壯。今回部文化，東取於華夏，西採於猶太，而兼襲古西域諸國。內地回族風俗，如居室生活多與漢族同化。唯其教律禮儀仍嚴爲保守，而纏回之俗自成風氣。

第二節　蒙古人之風俗

一　蒙人之生活狀態　游牧之民頗具質朴之風，然鮮奮發有爲之氣。蓋蒙民動作若童稚，凡見貴人，始則跪於前自述口儀極表尊敬之意。及其久也不堪其繁。言語粗魯呼笑如無人在其旁者。蓋游牧生涯，不受他人檢束，曠野習慣一若天性也者。蓋其人於看守家畜而外，不勞心思。閑散無事之餘，善飲食好談論，若得新聞，不論遠近疾跨馬以告知於親友，以是爲樂，然寒地之蒙人，有其常識，嚴冬能服勞於野曠，能豫知風雨氣候之變化。其探測井泉所在甚確且敏捷，感覺之經驗然也。然一遇未嘗熟慣之事，則驚訝之色見於面，反覆贅問不已。

蒙人嗜好駿馬、革服、烟袋、古玩、美酒，意之所欲必得而後快。富者醉酒馳馬於大野，或招賓客歌唱於幕中。所歌皆贊美古人之大勳偉績之詞與情歌。歌時必男女多人和音齊唱。其調悲壯酸楚，令聞者怕然有凄涼之感，旅行沙漠長途中互相唱和以慰羈愁，征人聞之益增思鄉之念。又有一種專以唱歌爲業者，常應野幕之招聘。樂器有笛、弦二種。

蒙人男女項上多掛小佛像一尊，敬神佛，信占卜。祭日、月、星辰、山川鳥獸。人間一切吉凶禍福天變地異，皆謂出自神意。蒙人如有數子，除長子外，餘多爲喇嘛。以一入沙門可免一切差徭兵役，且以爲榮也。有病則召喇嘛巫師以祈愈，或服食喇嘛藥面而已。至於禁忌習慣所在亦多，如謂蹲踞而食則途中必遇災難。陰天或日沒後不買賣，出門臨行不可妄談等是。

二蒙人之飲食　蒙人主要食品爲乳、茶、黍、牛肉、羊肉及小麥粉、雜穀等；惟因氣候與位置之關係，其物產亦有多寡繁簡之異。在已經開墾地方，如綏遠之一部與漢人相同；每用高粱、小麥、粟、黍及其他雜穀野菜類。在鄰近開墾地方，以粟與黍爲常食之品；牛乳或其製品及野菜獸肉則混用之。在山麓地方，如綏遠之北部，則食野菜、牛乳及其製品，並用多量之獸肉。茲將重要分述於次：

(一)牛乳　蒙古人以牛乳供飲料，各地皆然。牛乳多在靑草茂盛時榨取，冬季榨取者甚少。一牛一日之榨取量，平均爲四五合；每家均有數頭，乃至十數頭之乳牛；婦女專任榨取之責。以三四升入鍋煮之，取其上面凝結之脂肪；取三四次後，其餘乳移入桶內，所取之乳皮，則別貯之，稱爲奶皮子。大部分多製乳酪，味頗佳。其一部則混於茶乳供餘用；常用以款客。奶皮子爲最貴重；其移入桶內之餘乳，則有各種製法，如煮之而減其水分，移入箱內，曝於日光，使成凍豆腐之形，貯藏之以供冬季之用者，稱爲奶豆腐。又有使之發酵，以釀造燒酒之法製成一種乳酒者。奶豆腐有混以種種果汁，使成各種式樣。

(二)牛酪　食黍時混用之。又以之入於乾燥之羊胃貯藏，爲冬季之用。其一部，販賣於商場。在昔時，蒙古王公朝覲時，則攜帶爲贈送品。

（三）乳酒　似清水，爲無色透明，飲之則醉。蓋蒙人酷好飲酒，無家不釀此酒，然以其量不多，故日常少用之。每逢價値昂貴時，或出售於市場。

（四）茶　蒙古人無論男女老幼，無不酷嗜飲茶。茶均係由漢口輸入；其用法則與內地異。茶之中混以牛乳，與少量之鹽，名爲奶子茶，亦名蒙古茶。蒙古人單稱茶時，其意卽指混牛乳之茶也。近年在已開墾地方漸仿漢人用茶方法；然爲數亦無幾。

（五）鳥獸肉　牛、馬、羊、豚、雞、及其他鹿、兔、野羊、雉子等野生肉類，乃常用之。惟牛非富者有大典時，不見多用。平常僅食自斃之牛、馬而已。羊肉則蒙古各地皆有之。豚與雞僅於開墾地方用之；野獸肉，以兔爲最多，鹿與野羊則較少。雉子甚多。

（六）雜穀及野菜類　雜穀以黍爲主，小麥粉次之，食高粱者甚少。野菜則有白菜、胡瓜、葱等，僅用於開墾之處。黍爲粳黍，收穫時炙之而搗於舂。飲奶子茶時，入於茶而食。小麥粉王公或富者多用之；往往製成饅首或餅，以充食料，用之款客。

三　蒙人之衣飾

蒙人之衣飾，多由滿清服制相傳而來；間有因地方情形，而有差異；各旗亦略有不同。上衣多用赤紫色或黃色者。外衣特長，解腰則達於地；故就寢之際，往往可用以代被；穿時則須提上一尺有餘，以腰帶緊束腰際。帶之前面，掛鼻烟袋，左腰則懸掛烟囊，右腰則掛小刀，以便食物時取用。後則掛燧石，與刀鐵相磨則發火。其烟管插入靴腰中，或插在腰帶上以爲常。靴爲革製或布製。常戴帽，或以手巾爲鉢卷，頸懸佛像，手提念珠。其出外必攜鞭仗。其衣服又分官服與便服二種；官服乃王公以下有爵位者所用。凡合上衣下衣三部而成。下衣爲襯衣，其上則卽著袍，袍之上復著褂；褂之前胸後背各有補子，一稱黼服，用以分文武官之品級。補子係由各種刺繡而成。官服之袍褂，亦因四季而異，夏用紗，冬用皮毛。便服之著於內部者爲衫與大袵，衫爲單衣而貼肌膚，大袵則爲上衣，有夾棉皮之分。便服無階級，惟所用材料，亦隨貧富而有布絹緞等之不同。大袵之上，更用短衣，卽馬褂坎肩之類是也。亦著袍有馬蹄袖以禦寒。便服在男子則與滿漢人無大差異；婦女則略有不同。

四　蒙人之居住

蒙人之居住，大概以地勢及水草之豐否，爲標準。從來蒙人均以蒙古包爲居住之所。迨後人之發達，亦漸有構造定住之家屋，其家屋多在四時水草充足之區，率皆以土塊或甎瓦爲之；周圍繚以土垣，或柳條門，門前書經文，懸以尺大之赤白色小旛。家之附近，又有圍家畜之土壁；其前面或側面，堆積牛糞如小山，以供燃料。在沙漠地方，則住蒙古包或小土屋，此屋亦不能常常移動。小屋之周圍繞以樹枝製成之圍牆。（一）蒙古又稱蒙古拉格爾，包有大小數種；其普通者項高約十三四尺，周繞之高約四尺，中徑則視包之大小爲七八尺，乃至十七八尺之圓

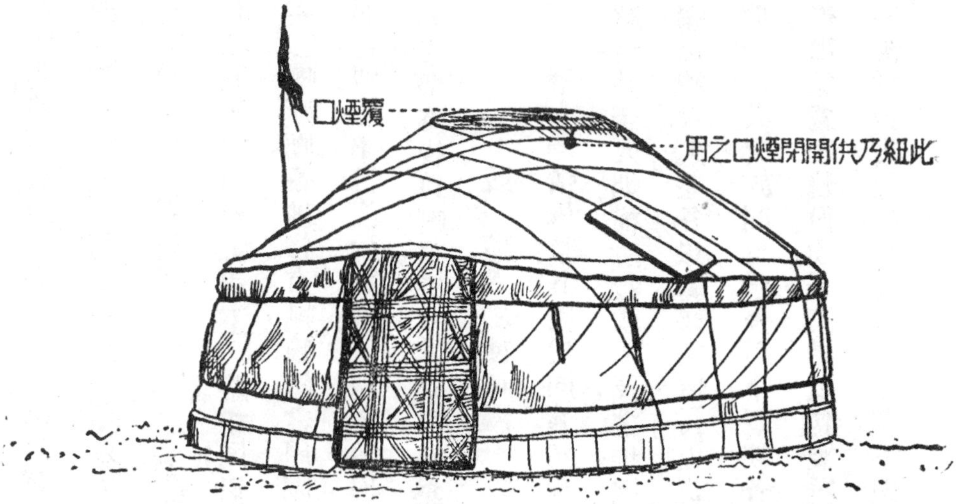

蒙古包

筒狀。此圓筒上蓋以傘形之屋頂。圓筒部之柱，多以徑一寸左右之柳條爲之，互相連接，亦易於分解。屋頂之椽，亦以柳條爲之，能自由開閉；惟尖頭部則有特別之框骨形之全部，被以重量之羊毛氈子層或兩層，以防飛落；更以駱駝之毛絢繩，由外部捆縛於上下左右尖頭之一部，則繫繩以作開閉。包之門戶，則在南方或東方，高三尺五六寸，寬約二尺五寸。有小扉兩扇，又有用絨氈製成之垂幕者，亦有兼用之者。包內除中央一部鋪氈子外，富者則於正面設高座，入其包左方爲男子居所；來客於此處入座爲禮。正面或左面置木櫃，其上供佛或活佛之相片，其前設佛具及乳肉，此爲聖壇，朝夕禮拜。婦女之居所，設於右方，此處置貴重品之大小櫃及庖廚、器皿、水桶、食料品等。中央空地，則置鐵爐，正對烟口，俗不準動，動則不祥。其高約尺許，中盛獸糞。通常每包僅容數人，富者有包數組，但就寢之際，則將鋪在土上之毛布拂拭，用自身所著衣服爲被褥，僅解其帶，和衣橫臥爲常，包內有羊肉及乳之臭氣。相傳在康熙以前，無開閉烟口之制，特遵康熙之命而製之。每戶有車五六輛，以至十數輛，排列於包之周圍，作大圓形，並將牛羊之圍場，包括於內。蒙古包又分兩種：一在開墾鄰近之地方，蒙古包漸爲固定不動，蒙古人稱曰：「托古爾克爾」，即圓房之意也。其轉移無定者，稱爲「烏爾古克爾」。固定者多以泥土代氈子，此爲蒙古包之進化者。(二)房屋在已墾殖地方有之，其構造與內地房室大略相同；以土或瓴瓦爲之。其建築不甚宏大，室內窗戶及坑之構造與內地略有差異。(三)喇嘛廟各地皆有，喇嘛廟之周圍有喇嘛房室，成爲喇嘛街。喇嘛廟之建築，視地方人民之貧富，而有大小繁簡之別。然率皆位於風景清幽之地，內部頗清潔，不若蒙古包之汚濁也。其附近爲信仰喇嘛之人民，張幕而居者頗多。蒙俗，皆以喇嘛廟爲各部落聚集之所。

五　蒙人之性情

蒙人性情眞摯；其對於同族勿論矣，即對於外來者亦一見如故，有舉家歡迎之風。日暮途窮者，常蒙殷勤之款洽。然至人烟稀少行政不及之地，因匪徒出沒，村落遠隔，往往對於來者而生恐怖，不許輕易入幕。有客來訪，先囑以視犬入座，各以套語寒暄：「格爾斯們道」，即「家內好」；「阿道塞白腦」，即「馬羣好」；言「數克塔塔」，即「請吸烟」也。其部族間自酋長以下，每族各設族長一人。家庭純係家長制，家長享有一切權利。家有數子，祇留長男，他得出家爲喇嘛僧。女子築屋、造食、製靴外，皆能乘馬疾馳。其業務之勤奮，性情之活潑，有獨立生活之資格。性質仁慈，善於救災恤鄰。凡貧苦孤寡，莫不撫慰而賴養之，故蒙人無乞丐，此蒙人婦女之優點也。

六　蒙人體格之鍊鍛

蒙古民族恃其強壯之體魄，足與風沙病魔相抵抗，蓋其生長寒帶，初秋之際，冷氣迫人，小兒赤裸走游，父母了不愛憐，是其身體鍛鍊匪伊朝夕矣。惟其間小兒死者極多，其存留者必爲壯健頑強。觀其冒雪衝霜馳逐牧野，絲毫不覺困憊，其具備戰士之體格至原，烏可輕忽視之。

七　蒙人社會之現象

蒙古人社會之現象，極爲單純，階級區別不外三等，王公、喇嘛及平民（黑人）是也。王族者元朝之後裔，或其重臣之子孫，曾受封爵。高德之喇嘛，片言隻語，雖王公不得反背。喇嘛又爲蒙族之智識階級，洞曉事理，工於周旋。經營蒙古者，未可以忽視也。黑人之類不一，有往昔蒙族奴隸之子孫者，有滿、漢之土著者，有旗人所生之庶子與非喇嘛者，皆屬之。

八　蒙人教育一斑

蒙人教育子弟，在望其長成後能任王府隨從事掌旗事。子弟八九歲時，授以蒙文字母與事物名詞，最高教以公文書及英雄故事歌謠。學者限於王公官吏子弟。東南文化饒有華風。錫林郭勒、烏蘭察布盟多爲天幕生活。教師胡坐而教，常通學子不過二三人。墾務發達之處，多與漢民接近，通漢文漢語者較多。同化教育實亦不可緩云。

九　蒙人之祭鄂博

蒙人初各族間無山水自然界限者，立「鄂博」以標識之。近則各村多設於山環水繞之處，高丈餘或數丈不等。鄂博之頂上立長竿，上繫牲畜毛角及獸骨。祭祀時竿上懸呪文之旗，供獻誦經。男女禮拜求福，繞轉三匝，棄祭物於地。此為蒙地之盛會。祭祀之日，官長多臨其會，士女雜踏，極一時之盛也。

一〇　蒙人之婚姻

蒙人之婚姻，多沿用成吉思罕之大婚遺式；惟純農區域，間有參用滿洲或漢族禮節者。至於婚姻之成立，完全由父母決定，此與內地舊式婚姻同。其進行程序如下：

（甲）說婚　媒人探取男女兩家之意見後，即請喇嘛占定吉日，用紅布包裹燒酒兩瓶，哈達幾份，攜赴女家商洽婚事。一有結果，女家即要求男家應贈與元寶一對或兩對（每個約五十兩），織物數疋，衣服若干，及其他貴金屬所製成之裝飾品若干件，此種要求，男家若無異議，婚姻即可確定。

（乙）定親　婚約成立後，男家復請喇嘛選定吉日，由男家親屬數人與媒人同往女家，並贈以豬羊二三頭，燒酒一百斤，小麥粉一百斤，白布數尺，漢語乃稱之曰「四盒禮」，隨即與女家親屬數人集合共商結婚儀式及其他有關問題，並聘喇嘛選定結婚日期，此漢語所謂「定親」是也。

（丙）結婚　將屆結婚期之前，女家父親與親近數人共訪男家，入其屋或包，應先禮佛壇，並於佛前供以羊頭、乳品、絹布等物，及至結婚日，新郎騎馬佩弓矢以迎新婦，新婦親戚朋友均出而迎接招待，移時，新婦裝飾後，卽出門跨馬，巡視自家屋或包三週，然後隨新郎馳至男家。此時男方鄰里親友陸續致送禮物，同時喇嘛開始唸經，爲新夫婦祈福。新郎復導新婦至別室，行拜火禮，禮畢，新婦入別室另行裝飾，再出拜見舅姑及重要親戚，遂大開宴會，至數日始罷。此種耗費，爲數至鉅。

至於純遊牧地方之婚姻程序，稍有不同，如純農區是以貨幣爲合婚禮，而純牧區則以牧畜爲合婚禮：爲牛、羊、馬等普通多以九相乘，如五九相乘爲四十五頭，六九相乘爲五十四頭，九九相乘爲八十一頭；惟蒙人風氣最忌偶數，如銀寶多爲三隻，牛、羊、馬多爲十一頭（羊六頭、牛三頭、馬二頭），此皆爲單數所成之結果。

二　蒙人之娛樂

蒙人之於祭祀鄂博之時，必跑馬摔角，由首事者備有贈彩。遠近以數十里百里爲限。以十餘歲兒童男女騎之，由預定之處，一齊縱鞭馳來。其將至也，但見飛塵蔽天，歌聲盈耳，電馳雲飛，爭先恐後，實爲最盛之觀。此外有鬬牛、鬬蛇者，只以踢、咬分勝負。大漠車、船行不一，一切以馬代步。孩童五、六歲卽習騎馬，男女老幼無不能騎馬，駛馭之術非他地之人能比。雖悍劣之馬，一經其手，卽便訓良。跨駿馬而馳驅，實爲蒙人得意之事。醉人騎馬上，雖口閉目迷，傾仰依斜而不墜也。至其競於高山危崖及亂石坑坎之地，或馳馬拾物，或二人共騎，互相戲鬬，往來履險如夷焉。

第三節　回漢人之風俗

綏遠之回漢，男女衣服皆從華製。婚姻亦大同小異。惟須經禮拜寺主教者證明耳。喪葬則異，不棺不立主，不獻祝。病者垂死則誦經更衣，既死則浴尸纏白布，穿穴瘞尸而已。孝子朝夕省墓，三年不宴客不遊戲不嫁娶，冠服皆素皁，遵王制也。

回教專祀摩罕默德，聖誕聖忌皆祭之。一日五時禮拜，七日一小會，又有大會。大會之日無貧富貴賤老幼皆沐身盛服入寺，跪聽讚頌，各施數十錢於寺。回民相慶弔無叩首禮，示不敢當教主也。入學校飲食教誨不取費，由禮拜寺給之。寺中誦讀者曰掌教，司事者曰社長。教授經典者曰阿渾。其教愛羣合衆，有不能自存活者相與助貧財謀生聚。過餬口遠人資而遣之。戒菸酒，不信堪輿巫覡，不演劇不置木偶，汚水不以入浴。解疑伸屈悴經決之。

第四節　蒙漢之風俗

綏省東西數千里間，蒙漢並處，多能漢語，南部蒙人多住房屋，半耕半牧，與北部專事游牧者異。村落不密，行三五十里始見一村，約三五十家或七八十家，攢聚一處。其傍山水或河水灌溉之地，偶有一二大村，房屋多係土房，大村鎮及城鎮偶有用甎瓦建築者。室皆有土坑，間有傍山穴居住。普通裝束，衣料多用內地土布。以其所產羊皮製成皮襖、皮褲。漢女纏足之風猶甚，士人多嗜菸草多用羊腿骨製成之羊槍，向胡麻油燈上吸食。食物以莜麥穀稷爲多。燃料多用羊、馬糞。近煤礦處多有用煤，後套多用枳棘草。旅客行途，以沿路無旅館飯店食宿，輒叩門投止，少拒而不納者。備食供飽不索酬資。但人家畜犬最爲猛鷙，晝繫而日落縱之，客宿初至最宜注意。至後套一帶工人多來自晉、陝等省，其留居者皆地主大戶也。

第五節　各教之分佈

綏遠居民夙以蒙旗爲主體。然今縣鎮間，實以漢族爲最繁。蓋自前清康熙時。大軍西征，設驛於殺虎口，由歸化城西抵包頭，北出狼山，固所以便軍旅。而秦、晉之民負耒牽車，循驛前進。乾隆年間遂越包頭入後套，築室耕田，操業半耕半牧半商半旅。蓋自綏遠以迄後套，其間邑聚村居，均係移住之漢人，以燕、晉、秦、隴之人爲多。各處召廟以歸綏爲最盛，其次以薩拉薩齊縣及固陽縣間之武當召（卽廣覺寺）爲著。五當山產牡丹，夏季花滿山谷，召卽建於山之深處，風景絕佳。蒙人呼爲巴達格爾寺。召中喇嘛一千三百人。道教唯包頭有呂祖廟。回教隨處有淸眞寺。最發達者唯天主敎，合計綏遠區有敎會三十四處，信徒約三萬人。本地鄉民無知無識，仗洋人之威風無所不爲。故自天主敎傳入綏遠，各地敎堂紛紛設立。凡鄉愚受過洗禮者，往往欺壓良民反抗官府，殊爲可慮。

第六節　結言

風俗之成也，有天然，有人爲，綏遠各區，雁度寒雲，馬嘶左道。遼荒千里，峻嶺崇山。或帷幕而居，或鑿穴以處，故其風物簡單。而氣候純乎大陸性。溪井不易覓，流水垢濁不堪飲，亦不任洗滌之用。朔風晨號，黃塵萬斛，種種事物無華潔清雅者。生計奇絀，民終歲吁喘奔走以從事耕牧，猶不足以贍其妻子。工商之業不盛，故貧困者多。民常處於逆境，故體魄意氣豪健而不少挫，論事輒主實行，而短於想像力。迷信太重文化遂低。天氣寒冷，生計艱難，畢生拮据於衣食，無餘力以及其他，故勞苦而憔悴。方今世變日亟，交通日捷。風俗之流行速於置郵傳命。人種之進退，國家之強弱，胥於風俗之轉移決之。而人事之措施方張，教育之方針未定，正綏遠風俗移變之時矣。

第二十一章　綏遠與國防

第一節　概說

甲抗敵爲復興我國民族之基礎　綏遠爲我國「西北」之門戶，居國防前線之重要地位。自蒙僞匪軍盤據綏北進犯綏東以來，更蓄意圖謀綏寧二省，以遂其建立所謂「大元帝國」之迷夢，破碎我國整個疆土，孰甚於此，幸我傅將軍抱着沉毅態度和抗敵之決心捍衞前方，殲此醜類，一舉而收復百靈廟，僞匪西進之途徑，從此斷絕矣，如能再進而恢復察北以及所有失地，復興民族之基礎，將唯此一線曙光而開展乎？

乙抗敵爲解除我國民族之急難　然僞匪雖經我軍痛擊，受創甚深，紛紛潰退，惟牒報傳來，匪軍猶在積極準備反攻，綏事現狀，未可視爲定局，且也匪軍之後，有外人爲之指使操縱，東北僞政府一日不能取消，卽察綏一日不能安寧，亦卽吾民族之急難，一日不能解除。

丙抗敵應須有堅强不屈之決心　自綏遠戰事發生以來，眼看西北又將繼東北而成爲國防第一線，以西北之形勢地位，及敵人之陰謀，此時若不緊籌對策，則將來變局已成，那時欲加佈置，而勢亦不可能。吾人嘗讀我國各代歷史，覺歷史興亡之際，其機微之點，全在若干有力有識之士，對當時若干重要問題之認識是否眞確，與能否將其中眞確認識付諸實行以爲斷。明珠以察之，果毅以行之，往往能打開陰霾之時局，若失其時機，而一代之安危大計，動與國家民族存亡有關。今綏事以起，則我西北骨幹之甘、寧、靑等省直接間接將受制於敵人勢力控制之下。此時吾人認爲綏遠之藩籬，絕對不可再退，必須繼續武裝守土與敵人相周旋，吾人爲西北國防前途與夫整個國家及民族復興之關係計，有急待提出討論注意之點，俾國內人士有所認識也。

第二節　綏遠在國防上之重要

甲　在國防上交通之地位　綏遠在國防上之交通路線，如駝路、大車路、汽車路、鐵路及航路等皆是也。平綏鐵路自北平至包頭長約八百二十公里，爲西北交通幹線，在國防上關係至爲重大。敵人攻我綏東，其目的卽在截斷平綏路，使歸綏、包頭與太原、平津等地失其聯絡。目前平綏路在國防上之價值，尙未充分發揮，計劃中之平滂、包五二線，皆與平綏相接，實有早日興工之必要。張家口大境門外之大壩，鐵路工程至爲困難，故張庫鐵路改以平綏路集寧站（平地泉）爲起點，稱爲平庫鐵道。平庫全線長約一千公里，分爲平滂（滂江屬察省）、滂烏（烏得）、烏叨（叨林）、叨庫四段，其中平滂一段於民國十四年交通部曾經派員測量，長約二百四十公里。平庫鐵道在國防上具有特殊意義，蓋在中國沿海被敵人封鎖之時，欲得一歐亞交通之孔道，以此路爲最便捷。自集寧至西伯利亞鐵道上烏丁斯克車站，僅等於自潼關至甘肅嘉峪關之路程。又自平庫鐵道至天津出海，較之經由中東至南滿路至大連出海，可縮短路程五百公里。在目前鐵道未成，張庫汽車路亦儘有利用價值。故守護集寧，並進而恢復張庫交通，在國防上實爲必要。

包五鐵路自包頭於烏拉山之南至五原縣，民國十四年亦經測量，長一百七十五公里，此路爲平綏路之延長，亦可視爲包寧鐵道之第一段，蓋由五原可沿包寧汽車路線展築至寧夏，再延長至甘肅蘭州，與隴海路銜接，其重要可以想見。平綏與包五構成綏遠交通之大動脈，此外復有南北二道，於西陲國防亦極有關係，北道即綏新汽車路，此路第一段利用歸綏至百靈廟之汽車路，（長二百三十公里八小時可達。）至百靈廟而西橫貫戈壁沙漠，直至新疆迪化，全長三千公里，曾經通車；其中分爲三段，歸綏至居延海爲一段，汽車需行五日，居延海至哈密行四日，哈密至迪化行三日，共十二日可達。南道現爲駝路，僅駱駝隊通行，以晉綏界上長城殺虎口爲起點，西行至喇嘛灣（古稱君子津）渡黃河，橫貫鄂爾多斯高原，至磴口再渡黃河，至阿拉善定遠營，復西行一路至甘肅武威（涼州）一路至青海西寧。前清時代達賴喇嘛來京，即由此道。成吉斯汗陵寢在鄂爾多斯郡王旗，即在路沿線，其地名伊金霍洛，今爲綏遠境內盟旗地方自治政務委員會所在地。中南北三道之間又可互以公路或水運相聯絡，黃河水道每年雖僅能航行八個月，在西北究不失爲水運要道。

總之綏遠爲中國由東北通達西北之門戶，其所處之地位，至爲重要，所謂北界蒙古，東界察省，西界寧夏，南界晉綏，其交通路線，北經庫倫，可通西伯利亞，東經察北，可通熱河、遼寧，西經寧夏，可通新疆，西南溯河而上，可達甘肅青海，南由平綏路，可通山西河北，交通四達，形勢險要；綏遠如爲匪僞所得，則南下晉陝，西侵寧新，任其所至，無可遏阻，數年以來國人急急盼開發之西北，將與東北同其命運，言念及此，不寒而慄！

乙在國防上軍事之地位　陰山橫亘綏遠省之中部，故有山前山後之分，山前爲大平原，東曰歸綏平原，西曰河套平原，連爲一片，東西長約四百公里，南北廣自三十公里至一百公三十里，海拔約一千二三百公尺，陰山高出平原約六七百公尺。此平原爲綏遠省精華所在，亦爲中國西北部最重要之農業地帶，僅關中平原寧夏平原足與相比。陰山爲此平原天然屏障，故極富於歷史興味，山勢自西而東，隨地立名，如河套北面之狼山，包頭以北之烏拉山，歸綏以北之大青山等，而總稱曰陰山。以地質構造言，陰山與太行山同，均由斷層而成，懸崖急坂，勢極雄峻，及登臨山頂，重見平地，卽蒙古高原，海拔約二千公尺左右，太行山有所謂「八陘」者，陰山亦然，「陘」卽溪澗所成之山徑。此種溪澗皆甚短，水勢易洩易盡，常爲旱溝，亂石滿布，攀登極難，然爲山前山後必經之路，歷史上著名之高闕塞，卽今之狼山口子，在臨河縣北五十公里，石門障卽今包頭城北之昆都倫溝，白道嶺卽今歸綏城北之吳公壩山口，距省會僅十公里。此類溝壑，極爲險阻，適於建設軍事工程，以爲平原區之屏障。但因地勢關係，自上攻下易，自下攻上難，故秦代建築長城，皆在陰山高處，以防敵人居高臨下，深得因地制宜之法。現代所謂長城乃明代之「邊牆」，卽保守時代之防線。至秦代陰山長城，至今遺蹟宛然猶存，前人遊記，屢有記載。自包頭至固陽縣城西北大青山上見高不過四尺之頹垣，此卽秦代之長城，自高峰東西望，見長城隨山起伏，一望無際。陰山長城卽古代詩人所詠歌曰「紫塞」，可見古代對於北方邊防，實有整個之計劃也。

陰山在秦漢時爲中國與匈奴之國界，現代綏遠省境兼有山前山後，此古今國勢不同之處也。故目前軍事要塞必須向北推進。昔竇憲勒銘燕然，燕然卽杭愛山，在外蒙古杭愛山一帶作軍事準備，在民國初年尚能辦到。今日國事之責任應堅守綏遠境內之蒙古高原。高原地勢坦蕩，無所隱蔽，其空曠處天蒼蒼，野茫茫，幾有置身海

綏遠志略　廖兆駿撰

一九三七年

南京　正中書局出